종교적인 것의 귀환

종교적인 것의 귀환

탈종교 시대 인문-신학

이상철 지음

울력

종교적인 것의 귀환
탈종교 시대 인문-신학

지은이 | 이상철
펴낸이 | 강동호
펴낸곳 | 도서출판 울력
1판 1쇄 | 2025년 12월 10일
등록번호 | 제25100-2002-000004호(2002. 12. 03)
주소 | 08275 서울시 구로구 개봉로23가길 111, 8-402
전화 | 02-2614-4054
FAX | 0502-500-4055
E-mail | ulyuck@naver.com
정가 | 24,000원

ISBN 979-11-85136-81-3   03200

차례

2부. 경계를 넘는 신학적 상상들

3부. 오늘의 종교 · 문화 비평

일러두기
1. 이 책은 띄어쓰기를 원칙으로 하였다. 그리고 외래어 표기는 국립국어원의 외래어 표기법 용례를 따랐다. 단 몇몇 인명과 띄어쓰기는 지은이의 의견에 따랐다.
2. 이 책에서 책과 잡지 등은 『 』, 논문과 기사 등은 「 」으로 표시하였다. 원서 그대로 표기할 때는 책과 잡지 등은 이탤릭체로, 논문과 기사 등은 " "로 표시하였다.
3. 본문 중에서 단순한 출처 표시는 괄호로 처리하였다. 예를 들면, (제닝스, 2014: 100)은 참고 문헌에 있는 제닝스의 2014년 도서, 100쪽을 말한다.

추천사

　동시대의 이슈와 통해야 한다는 메시지를 담은 이상철 원장의 글을 통해 우리는 대화하는 신학, 신학적 대화의 중요성을 다시 한 번 깨닫는다. 이는 그동안 에큐메니컬 운동이 이룩한 성과임과 동시에 60년 동안 크리스챤아카데미가 주도해 온 대화 운동을 통해 얻은 교훈이기도 하다. 책은 우선 탈종교 시대의 사상적 계보와 지형을 그린다. 그리고 이 시대와 어울리는 경계를 넘는 사유를 펼친 사상가들을 소개한다. 발터 벤야민에서부터 시작하여 슬라보예 지젝까지, 강원용과 안병무를 거쳐 김경재에 이른다. 신학적 경계와 아우라를 넘어간 한국과 서양의 대표적인 탈경계의 사상가들이 망라되어 있는 셈이다.

　하지만 이 원장은 탈종교에 대한 사변적 논의로만 함몰되지는 않는다. 그에게 있어 탈종교의 언어는 개념으로만 존재하는 것이 아니라, 우리 시대 영화와 다큐멘터리, 소설의 예를 통해 오늘을 이해하는 실제적인 도구가 된다. 또한 그의 작업은 현실의 사건과 동기로부터 기인하지 않은 것이 없다. 생태계 위기와 팬데믹, 포스트휴먼으로 상징되는 묵시적 현상에서 개신교 극우주의 문제, 팔레스타인 전쟁, 양심적 병역 거부, 동성애 혐오에 대한 비판까지 멈출 줄 모른다.

　이런 여정을 통해 작가는 다음과 같은 메시지를 독자들에게 전한다.

그것은 세상을 향해 열려 있는 신학적 자세와 시대의 고통에 응답하는 신학 본연의 임무에 관한 내용들이다. 결국 이 책을 통해 이 원장이 추구하는 것은 게토화 되어 버린 신학이 아닌 대화하는 신학이다. 타 학문과 이웃 종교에게 열려 있는 신학, 시대의 사건과 고민 한가운데서 대화하는 신학! 이것은 새로운 것이 아니다. 그것이야말로 우리가 잃어버린 신학의 본질이다. 이상철의 작업은 잊고 지냈던 신학의 포용성과 개방성, 그리고 신학의 아름다움을 상기시키고 있다는 점에서 값지다.

– 강대인 (배곳 바람과물 이사장)

기독교 인문주의를 토대로 교회 개혁을 꿈꾸다!

이상철 박사가 새로 출간한 『종교적인 것의 귀환』은 영적 생기를 잃은 한국 교회에 던지는 희망의 언어이다. 저자의 말처럼 탈종교 시대에 '종교적인 것의 귀환'을 말하는 것은 흥미로운 역설이다. 종교적이라는 말은 기독교 관점에서는 구체적으로 교회를 지칭한다고 볼 수 있다. 다시 교회의 시대가 온다는 것인가? 그렇지 않다. 오늘 한국 교회는 다시 종교 개혁의 도마 위에 놓여 있는 생선과 같다. 교회가 직면한 탈교회, 교회의 실존적, 윤리적 위기와 대중의 외면은 교회로 하여금 새로운 길을 찾지 않으면 영영 길을 잃게 될 것을 예고하고 있다.

저자가 기대하고 있는 길잡이는 부제처럼 "탈종교 시대 인문-신학"이다. 인문학과 신학의 이음표는 사이(between)와 너머(beyond)의 긴장과 '틈'을 내포하는 부호로 보인다. 종교 개혁은 500여 년 전 인문주의 운동이 발흥한 대학에서 태동하였다. 그 이유는 세속적 인문주의 표어 "Ad Fontes!"와 종교 개혁의 근본정신 "Sola Scriptura!"의 결합이 있었기 때문이다. 탈종교, 종교 비판이 새로운 종교적인 것의 태동을 가능하게 한 것이다. 결국 세속적 인문주의와 기독교 신학 운동의 결합으로 인문-신학 계보가 만들어진 것으로 볼 수 있다.

저자가 이 책에서 붙들고 씨름하는 '인문-신학'은 오늘도 그 효용성을 입증하기에 충분한 신학 운동이자 인문학적 사유의 체계이다. 자본으로 재편된 세계 질서 속에서, 극우주의가 득세하는 현실에서 대안적 삶의 질서와 새로운 종교적 상상을 도모하려는 사람들에게 이상철의 메시지는 큰 울림을 준다. 비록 교회가 사회를 걱정하는 것이 아니라 사회가 교회를 걱정하는 안타까운 현실이지만, 이럴 때일수록 우리에게 필요한 것은 하느님 나라를 향한 신실한 영성이 아닐까. 탈종교의 시대에 참다운 종교적인 것의 귀환을 꿈꾸는 독자에게 일독을 권한다.

— **강성영** (한신대 총장, 한국기독교학회 회장)

이데올로기에 점유되었던 광장에 어느 때부터인지 종교가 넘실댄다. 정치, 시장, 대학… 그 각각의 장(field)에서 남발하고 있는 각양의 문제의식과 생각의 얽힘, 그렇게 벌어지는 경합의 승자가 되기 위한 온갖 판단들에도 '종교적인 것'이 끼어들어 있다, 아니 흘러넘친다. 온·오프라인 공간의 무수한 담론의 장들은 저마다 지극히 자기중심적인 염원들로 가득 채워진 종교의 난장 속에서 고객을 유치하려는 신들의 쟁투로 가득하다. 이 혼란스런 세상에서 어떻게 생각하고 살아가야 할까. 복잡한 세상을 읽어 내기 위한 하나의 실마리는 '종교적인 것'에 대해 좀 더 깊게 사유하는 데 있을 것이다.

저자는 "종교적인 것의 귀환"이라고 책의 제호를 지었다. 그것은 그가 이런 난장 같은 세상 속에서, 어디부터 종교인지, 어디부터 신학인지, 어디부터 진리인지 선험적으로 판단할 수 없는 세계 속에서 그간 일어났던 여러 사건들을 논하고 있기 때문이다. 뒤죽박죽의 세계가 우리가 살고 있는 현실인 이상, 그 안에서 우리는 생각하고 대화하고 판단해야 하기 때문이다. 내가 보기엔 이 책은 그런 세상에서 살아가야 하는 우리에게 제법 친절한 안내서다.

글쟁이로서 저자의 미덕은 이런 복잡한 현실을 해석하는 지식들에 대하여 간명하면서도 명쾌하게 소개해 준다는 데 있다. 하나 더, 그는 정보의 전달만이 아니라, 그 정보들과 함께 생각의 놀이 속으로 초대하는 글을 쓰는 작가다. 원고를 읽으면서 나는 벌써 그에게 홀려 버렸다. 생각하게 하는 마력에….

— 김진호 (작가, 제3시대그리스도연구소 이사)

저자 이상철은 신학자이자 철학자이며, 목회자이자 실천가다. 그의 저작 전반을 관통하는 주제는 종교와 사회의 대화, 닫힌 경계의 초월, 타자와 환대의 윤리, 그리고 인간의 고통이다. 그는 한국 교회의 위기와 권력·자본의 결탁, 반지성주의와 일부의 극우적 경향을 비판하면서, 교회가 다시 사회의 고통 받는 이들과 연결되어야 한다는 윤리적 소명을 거듭 강조해 왔다.

이상철은 기존 종교의 제도와 권위가 해체되는 '탈종교의 시대'에 역설적으로 도처에서 확산되고 있는 '종교적인 것의 귀환'을 예민하게 포착한다. 정치와 종교의 결탁, 극단주의, 무지와 광기의 확산을 목도하며 그는 묻는다. "그렇다면 '종교적인 것의 귀환'은 오늘의 현실 속에서 어떤 함의를 지니는가?" 그의 질문은 "신은 어디에 있는가?"가 아니라 "신을 말하는 우리는 지금 어디에 서 있는가?"이다.

이 책에서 그는 데리다, 레비나스, 지젝, 벤야민, 그리고 강원용·안병무·김경재를 횡단하며 '인문-신학'이라는 새로운 지적 영토를 개척한다. 인문과 신학 사이의 슬래시(/)를 벗겨 내고 그 자리를 하이픈(-)으로 잇는 그의 사유는, 단절된 진리들을 통합하려는 시도 대신에 진리들의 "사이, 잉여, 빈 공간"에서 그동안 보이지 않았던 현실을 드러내고 들리지 않았던 목소리를 되살리는 작업이다.

그는 현실의 틈새를 떠도는 유령들 — 사회의 주변부, 신학의 타자, 역사의 패배자들 — 을 불러내어 기존 질서를 뒤흔들고 재편하려 한다. 학문적으로 그것은 이성과 신앙, 인간 이해와 초월의 감각을 서로 침투시키는 실험이며, 실천적으로는 자본과 권력, 폭력과 억압이 봉쇄한 세계에 틈을 만들어 빛을 비추고, 죽은 줄 알았던 존재들에게 숨결을 불어넣는 윤리적 실천이다.

민주화 운동의 산실 크리스찬아카데미 원장이자, 민중신학의 목회철학 위에 세워진 한백교회의 담임 목사로서, 저자는 오늘의 교회가 잃어버린 '지성과 윤리'의 회복을 간절히 호소한다. 두 단어 사이에서 나는, '사랑'이라는 단어를 본다.

지금 한국 교회의 진정한 위기는 신자의 감소나 사회적 신뢰의 상실에 있지 않다. 교회의 영적 죽음은 곧 사랑의 상실이다. 오늘의 교회는 더 이상 세상에서 매 맞고 버려진 영혼을 끌어안고 함께 울어 주는 공동체로 여겨지지 않는다. 돈을 숭배하고 권력을 탐하며, 스스로 신의 자리에 앉아 인간을 심판하는 자들로 비친다. 이 참담한 폐허 위에서 우리는 다시 묻는다. '종교적인 것의 귀환'은 어떤 모습이어야 하는가? — 바로 그 물음이 우리를 이 책으로 이끈다.

— 신진욱 (중앙대 사회학과 교수)

이상철이 말하는 '종교적인 것(the religious)'의 귀환은 '종교(religion)'의 귀환을 뜻하지 않는다. 그가 말하는 종교의 귀환 또는 회귀란 오히려 무지와 광기의 부활에 가깝다. 이상철이 붙들고 씨름하는 종교적인 것은, 제도적·관습적 종교의 권위를 부정하고 초월한다는 의미에서 '탈종교적'이며 '영적'이다. 종교적인 것에 대한 이해나 지향은 다양할 수 있지만, 출발점은 하나, 곧 기존 종교에 대한 환멸이다. '환멸'이라는 말은 흔히 부정적 의미로 쓰이지만, 해체를 통한 재구성을 가리킬 때는 긍정적 차원도 지닌다. 이를테면, 종교에 대한 그릇된 기대나 환상이 깨어지는 환멸(幻滅)을 거쳐 근원적 깨달음의 지평으로 돌아가는 환멸(還滅)을 경험할 수 있는 것이다. 이상철이 시도하는 종교적인 것의 귀환은 이 두 층위의 환멸을 모두 포괄하는 여정이다. 종교에 대한 그의 정교하고 치밀한 환멸의 사유를 따라가다 보면, 종교적인 것의 귀환이 서서히 드러난다. 이러한 이중적·과정적 환멸을 이상철은 '인문-신학'으로 수행한다.

그는 인문-신학이란 인문학과 신학 사이에서 방황하고 탈주하는 '사이(between) 너머(beyond)'의 사유라고 한다. 그리고 이 인문-신학의 방법론은 현실에서 유령처럼 떠도는 존재들, 역사에서 사라져 버린 타자들의 흔적을 통해 종교적인 것을 복원하는 '유령론'이라고 한다. 이상철이 고대 그리스 철학, 중세와 현대의 그리스도교 신학, 동시대의 전복적 철학과 신학과 윤리학과 문학의 사유를 넘나들며 생성하는 인문-신학은, 종교의 과잉에 질려 버린 이들, 종교의 부재에 지쳐 버린 이들, 종교에 대한 환멸과 환멸 사이에서 비틀거리면서도 멈추지 않고 길을 찾아 걸어가는 이들에게, 지성과 영성과 윤리의 지도(map)가 되어 줄 것이다.

– **정경일** (심도학사 원장)

종교의 퇴장, 혹은 탈종교 현상을 종교인은 교인 수 급감에서 체감하지만, 비종교인 혹은 무종교인은 오늘날 오히려 종교의 귀환 현상으로 보고있다. 이른바 '아스팔트 극우'라고 불리는 한국 개신교 집단 혹은 신천지, 통일교, 구원파 같은 사이비 이단 집단들의 정치 개입, 증오 발언, 폭력 행위에서 종교는 여전히 죽지 않았다는 것을 확인한다. 한국만의 현상이 아니다. 극우 정치 세력이 세계적으로 정치적 영향력을 행사하고 있고, 극우개신교 집단과 긴밀한 관계를 맺고 있다. 역설적이게도 가히 '신이 죽은 시대의 종교 르네상스'라고 할 만하다. 그런데 이런 종교의 귀환이 근본주의, 전통주의, 광신주의로의 퇴보라는 것이 문제다. 그래서 이상철 박사는 '종교의 귀환'이 아니라 '종교적인 것의 귀환'을 주목한다. 특히 '포스트휴먼' 논쟁과 '포스트 코로나'라는 징후적 사건 때문이다. 탈종교 시대에 종교적인 것의 가능성을 본 사상가들이 있다. 발터 벤야민에서부터 테드 제닝스까지, 여해 강원용 목사와 심원 안병무 박사, 숨밭 김경재 교수가 그들이다. 저자인 이상철 박사도 그런 사상의 계보에 속한 신학자이다.

'반동적인 적에 대해서는 물론 자기보다 더 진보적인 반정부당에 대해서 공산주의라는 낙인을 찍으며 비난했던' 이들에게 이런 낙인찍기와 비난은 오히려 '공산주의가 이미 유럽의 모든 세력들에게서 하나의세력으로 인정받고 있는' 표징이라며 '공산주의를 유령으로 폄훼하는동화에 맞선' 이는 카를 마르크스와 프리드리히 엥겔스였다. 이상철박사는 '종교는 아직도 죽지 않았다'고 외치는 아스팔트 극우 개신교인들에게, '종교는 이미 죽은 제도 종교의 유령일 뿐'이라고 주장하는이들에게 '종교적인 것의 귀환'을 외친다. '종교적인 것의 귀환'이 제도종교의 정체성을 회복하고, 철저한 자국 중심주의로 분열되고 강퍅해지는 세계를 구원할 수 있기 때문이 아닐까.

- **채수일** (크리스챤아카데미 이사장, 前 한신대 총장)

왜, 다시 종교인가?

1

책 제목을 "종교적인 것의 귀환"으로 정한 이유는 데리다의 책을 읽다가 발견한 한 구절 때문이었다. 시카고 유학 시절 지금은 돌아가신 테드 제닝스 교수님과 데리다의 저작들을 함께 읽었는데 당시 도서 목록 중에 *Acts of Religon*(Derrida, 2002)이라는 데리다의 종교 관련 글들을 모아 놓은 서적도 포함되어 있었다. 그중에서 우리가 함께 읽었던 글이 "Faith and Knowledge"[1]다. 「신앙과 지식」은 1990년 중반에 쓰인 글이다. 데리다는 이데올로기 시대가 막을 내리고 세계화가 왕성히 진행되어 가던 그 무렵에 종교의 재출현을 기이하게 생각하면서 '종교적인 것의 회귀(return of the religious)'(데리다, 2016: 79)라는 표현을 썼다. 데리다는 이 현상을 단순히 종교적 도그마로의 회귀로 보지 않았다. 근본주의, 전통주의, 광신주의로의 퇴보가 아니라 뭔가 다른 종교적 효과 내지 상상을 기대한다. 그런 의미에서 데리다가 말하는 종교는 제도적, 관습적 종교를 뛰어넘는 종교적인 것에 대한 새로운 요청이라 할 수 있겠다.

---

1. 데리다의 *Acts of Religon*에 수록된 글들 중에서 "Faith and Knowledge"가 번역되어 출판되었다. 자크 데리다, 신정아 · 최용호 옮김, 『신앙과 지식/세기와 용서』(파주: 아카넷, 2016).

그로부터 30년이 흐른 오늘, 우리는 21세기 서울 한복판에서 벌어지는 망연자실할 수밖에 없는 '종교의 회귀'를 목도한다. 대통령이라는 사람은 온갖 무속 논란에 휩싸여 있고, 그런 대통령을 대형 교회 목사들이 달려가 머리에 손을 얹고 기도한다. 광화문 광장에서는 전광훈 목사가 벌이는 기괴한 발언과 퍼포먼스에 적지 않은 사람들이 호응하고 있다. 전 세계적으로 극우주의 정권이 득세를 하고 있는 상황 속에서 그 배후에 근본주의 기독교 세력이 있다는 것은 잘 알려진 사실이다. 데리다가 예측했던 대로 '종교적인 것의 회귀'가 이루어졌는데 그것은 새로운 종교에 대한 기대와는 거리가 멀고 고대·중세 때나 있을 법했던 종교적 무지와 광기로 부활하는 형국이다.

그렇다면 "종교적인 것의 귀환"은 오늘의 현실 속에서 어떤 함의를 지니는가? 이것이 본서가 쓰이게 된 집필 의도인데, 데리다도 당시에 비슷한 고민과 직면했던 것 같다. 데리다 역시 당신이 살았던 시절을 "밤의 어둠 속"이라고 규정하면서 "(우리는) 적극적으로, 또 수행적으로 해석하고 재정립하면서… 미리 설정된 규범도 없이 기억을 재창조해야" 함을 역설하였다(데리다, 2016: 226-7). 20세기 말 데리다가 당면했던 종교를 둘러싼 딜레마와 종교적인 것을 향한 절박함이 느껴지는 대목이고, 그것은 고스란히 21세기 중반을 향해 가고 있는 우리의 문제로 귀환하였다. 본서에 수록된 글들은 데리다와 같은 문제의식 속에서 오늘의 종교 현상을 성찰적으로 바라보고 과거로 퇴행하는 종교가 아니라 미래를 향해 열려 있는 종교가 무엇인지를 묻고 상상하는 가운데 쓰인 퇴적물들이다.

2

책의 제목은 "종교적인 것의 귀환", 부제는 "탈종교 시대 인문-신학"이라 붙였다. '인문-신학'이라는 말은 형용 모순이다. 일찍이 막스 베버(Max Weber)가 '근대를 주술로부터 세계를 해방시킨 합리화의 과정'이라고 했을 때, 주술은 고대·중세 시절 신앙의 언어를 의미했고, 해방과 자유는 르네상스로부터 시작된 근대 인문 정신의 총아였다. 이런 이유로 신학계에서 인문학을 언급하면 인본주의라는 누명을 쓰게 되고, 인문·사회 과학 진영에서 신학의 언어로 말하면 조롱의 대상이 된다. 양자 간에는 건널 수 없는 강이 존재하고 있는 셈이다.

고대 그리스 현인들이 말했던 최초의 인문 정신이라 할 수 있는 아레테(Arete)에 대한 추구는 '누가 뭐라 하든 너 자신이 지닌 가능성과 덕을 찾고 따르라'는 격려의 메시지였다. 신학은 세상의 법이 아닌 하늘의 명령에 귀를 기울이는 것이었다. 둘은 공히 세상을 지배하는 쾌락의 원칙과 세이렌의 음성이 아닌 현실 질서 너머에 있는 사람의 무늬인 인문과 하늘의 목소리인 천명을 추구하였다.

21세기 한국 사회에서 이런 발언을 한다면 그야말로 소귀에 경을 읽는 격이다. 오늘날 인문학을 전공한다는 것, 그리고 신학을 공부한다는 것은 조금 과장하면 천형(天刑)을 감수하는 것이 아닐까 싶다. 자본에 의한 전 지구적 지배가 한 세대 넘게 지속되고 있는 시점에서 모든 가치는 시장에서 화폐로 환원되는 교환 가치일 뿐이다. 그나마 지난 세기까지 남아 있었던 정신의 가치들, 양심, 순수, 자유, 평화, 민주, 정의, 평등과 같은 고매한 언어들도 모두가 예외 없이 지구적 자본의 법칙 아래 복속되었다.

이러한 세태 속에서 인문학의 총아인 문·사·철(文史哲) 관련 학과가 대학에서 하나둘 사라지고 있다. 교회는 반지성주의를 대표하는 집단으로 사회에서 게토화 된 채 존재할 뿐 아니라 사회가 오히려 교회를 걱정해야 하는 형국이다. 사정이 이러할진대 왜 다시 인문학이고 신학인가? 몰락한 인문학과 신학을 소환하여 '인문-신학'이라는 합성어를 만든 이유는 무엇이고, 그것을 통해 기대하는 바는 무엇인가?

3

필자는 2018년에 출간한 졸저에서 '인문-신학'이 아닌 '인문/신학'이라는 표현을 사용한 바 있다(이상철, 2018: 9-27). 세월이 흐르면서 내 안에서 '인문/신학'(인문 · 슬래시 · 신학)에서 '인문-신학'(인문 · 하이픈 · 신학)으로의 변화가 일어났다. 그 차이를 드러내는 것이 지금부터 말하고자 하는 '인문-신학'을 이해하는 데 있어 중요한 관전 포인트이다. 내가 애초에 '인문/신학'이라는 말을 썼을 때, 그것은 인문 정신으로 신학 하기, 혹은 신학적 영감으로 인문학 하기를 염두에 둔 것이었다. 인문과 신학 사이에 있는 슬래시(/)는 양자를 구별하는 표식이 아닌 서로를 비추는 거울의 의미였다. 서로가 서로를 반영하는 해석학적 순환을 통해 '인문/신학'은 반쪽의 목소리를 넘어 통합적 진리로 나가야 함을 강조하였다. 하지만 거기에는 다음과 같은 무리수가 있었다.

거울 앞에 있는 존재와 거울 속에 있는 대상은 서로 겹쳐진 대립 (opposition)하는 관계이다. 대립은 기본적으로 차이를 전제로 한다. 예를 들어 밤과 낮은 차이가 있고, 그래서 밤과 낮은 대립적이다. 차이가 있거나 대립하고 있다는 말은 사이가 없고 틈이 존재하지 않는다는 의미다. 20세기 최고의 사상적 발견이라고 할 수 있는 구조주의는 이런 차이에 주목하였다. 기존 서구 형이상학이 견지했던 실체 중심의 사유에서 벗어나 구조주의는 대상의 본질은 그리 확고한 것이 아니라 다른 존재와의 차이에 의해서 판명되는 것이라 주장하였다. 이렇듯 사물 자체에 의미가 내장되어 있는 것이 아니라 다른 대상과의 차이를 통해 존재가 드러남을 밝힌 것은 구조주의의 혁명이라 할 수 있다.[2]

---

2. 소쉬르는 기표와 기의 사이 관계는 자의적이라 말하면서 구조주의의 개막을 알렸는데, 여기서 뜻하는 '자의적'의 의미는 기호 자체가 질서가 없고 제멋대로라는 뜻이 아니라 기표와 기의의 결합이 필연적이지 않음을 의미한다(소쉬르, 2012: 134-8).

하지만 구조주의가 지니는 차이의 해석학은 다음과 같은 수행적 모순을 드러낸다. 구조와 시스템이 정해지고 그 안에서 일정한 법칙이 작동되기 시작하면서부터 구조주의는 예상 가능한 의미 계열에서 움직이는 대응 이론으로 전락하게 된다는 점에서 그렇다. 예를 들면 이렇다. 녹색(기표)을 떠올리면 연쇄적으로 떠오르는 의미(기의)가 무엇인가? 생태, 환경, 안전, 자연, 청정 등이라 할 수 있다. 녹색을 보고 나서 정열, 사랑, 유혹, 위험을 떠올리지는 않는다. 이는 구조주의 역시 자신들의 영토(계열)를 고수하고 있는 것은 아닌지, 라는 의혹을 불러일으켰다. 여기서부터 탈구조주의의 문제의식이 시작된다. 물론 기존 서구 형이상학이 견지했던 완강한 이원론의 세계는 아니지만 구조주의 또한 각각의 닫힌 장(field) 안에서 일대일 대응을 이룬다는 점에서 완만한 형태의 형이상학적 사유라는 비판을 받는다.

4

'인문-신학'은 탈구조주의의 구조주의를 향한 비판에 동의한다. 내가 이전에 전개한 '인문/신학'은 인문학과 신학을 대립되는 둘의 관계로 상정하였다. 이는 인문학으로 신학을 재단하거나 신학적 도그마 안으로 인문학을 가두는 결과를 초래할 수 있는 구조다. 물론 겉으로는 서로 대화 소통하면서 이루어 낸 결실이라고 하겠지만 슬래시가 갖는 경계와 단절의 기호는 틈과 사이를 허락하지 않기 때문이다. '인문'과 '신학' 어느 한쪽으로 편향되지 않고 상호 반영적이고 대화적이어야 함을 드러내고자 했던 '인문/신학'의 슬래시가 오히려 이항 대립의 구조를 인정하는 꼴이 된 것은 아닌지 하는 후회가 밀려왔다. 시간이 흐르면서 나는 뭔가 다른 표식이 필요하다고 생각했고, 구조주의와 탈구조주의의 차이를 살피면서 '인문/신학'에서 '인문-신학'으로의 전이를 상상하기에 이르렀다.

'인문-신학'에서 인문과 신학 사이에 있는 '하이픈(-)'은 인문학과 신학 '사이(between)'를 의미한다. '사이'는 공백이고, 나머지이고, 잉여다. 부연하면 '인문-신학'은 인문학과 신학 사이에서 서성거림, 방황하기, 사이(between) 너머(beyond)로 탈주하기라 말할 수 있다. '인문-신학'은 정합적인 체계와 이론을 의식적으로 추구하지는 않는다. 그것에 의도가 있다면 세상 속에 개입해서 현실이 감추고 있는 진리의 틈을 드러내는 것, 그리하여 세계 자체가 전부가 아니고(not-all) 현재가 아님(not-yet)을 선언하는 것이다. 본래 철학사의 전통에서 진리란 의미를 드러내는 것이고 무질서한 세상에 질서를 부여하는 것이었다. 그러나 '인문-신학'이 추구하는 사이, 잉여, 빈공간, not-all, not-yet은 진리의 개진이 아니라, 진리의 중지다.

이런 생각이 새로운 것은 아니다. 근대 이후만 따져 봐도 현상학의 선구자 후설(Edmund Husserl)이 판단 중지(에포케)를 선언했고, 데리다와 바디우와 지젝의 작업에서도 우리는 '인문-신학'적 시도를 엿볼 수 있다. 데리다(Jacques Derrida)의 해체와 차연은 기존의 진리에 대한 중단과 의미의 지연을 촉구하는 전략이었다. 바디우(Alain Badiou)에게 있어서 사건이란 진리의 중지를 선언하는 것이었고 그런 사건을 감행하는 주인공이 주체다(Badiou, 2001: 40-4). 지젝(Slavoj Žižek)도 '멈춰라! 생각하라'(지젝, 2012)는 발언을 통해 현재 시스템의 중지를 강조하였다. 물론, 여기서 말하는 중지는 자본에 의한 전 지구적 재편이 이루어지고 난 이후 완성된 현실의 자본주의에 대한 중단이다. 자신과 적대적인 대상까지 포용하면서 진화하는 21세기 자본의 관용성과 수용성에 수직적 적대를 선언하는 것이 '멈춰라! 중단하라! 해체하라!'에 담긴 의미이다. 여기까지가 '인문-신학'이 지니는 해석학적 전회에 대한 부분이라면, 이후 전개되는 내용은 '인문-신학'의 방법론이라 할 수 있는 유령론에 대한 내용이다.

5

유령론(Hauntology)이 본격적으로 등장한 것은 데리다의 『마르크스의 유령들(*Specters of Marx*)』(1994) 출판 이후라 할 수 있다. 고대 그리스 철학자 파르메니데스의 '세상에는 왜 아무것도 없지 않고 무언가 있는가'라는 물음으로부터 시작된 서구 존재론의 역사는 그 후 2,500년 동안 서구 정신의 근간이었다. 하지만 19세기에 등장한 마르크스와 프로이트와 니체에 의해 이에 대한 비판이 시작되었다. 마르크스(Karl Marx)는 정신이 아닌 물질을, 프로이트(Sigmund Freud)는 의식이 아닌 무의식을, 니체(Friderich Nietzsche)는 이성보다는 반이성을 전면에 내세우며 서구 정신의 역사를 부정한다. 그들의 후예들이 포스트모던 시대를 거쳐 신자유주의 시대를 지나면서 동일한 문제의식을 이어가고 있는데 그 중심에 있는 인물이 데리다이다.

데리다와 같은 시기에 활동했던 리오타르(Jean-François Lyotard)는 서구 정신의 역사를 거대 서사라고 지적한 바 있다. 대문자 역사는 민중의 역사와 타자들의 몸부림을 본질이 아니고 예외적이고 우연적인 사건, 사고에 불과하다고 치부하였다. 리오타르는 이러한 대문자 역사를 부정하면서 작은 이야기의 발견을 포스트모던 사유의 특징이라 말한다. '작은 이야기를 발견한다' 함은 주류 담론으로 편입되지 못하고 지워진 타자의 목소리와 자취를 채굴하여 역사의 수면 위로 소환시키는 일이라 할 수 있다. 리오타르의 발언은 데리다의 유령론으로 진화한다.

데리다는 대문자 역사에 기록되지 못한 구천을 떠도는 유령들로부터 은폐된 과거의 진실을 청취하고 미래에 대한 조언을 간구한다는 취지로 유령론을 제안하였다(데리다, 2007: 33-41). 나는 이것이 존재론에서 유령론으로 패러다임이 바뀌는 중요한 사건이라 본다. 데리다는 체제와 권력에 의해 주도되는 상징 질서에 틈을 내기 위해서는 살아 있으나 죽은, 혹은 죽었으나 죽을 수 없는 존재들에 주목하였다. 상징 질서 내로 편입되지 못하고 대문자 역사 밖에서 떠도는, 그러다가 어느 날 문득 상징계로 출몰하는 존재들을 발견하고 그들의 이름을 호명하는 것이 유령론의 목적이다(데리다, 2007: 9-16).

그렇다면, 유령론으로서의 '인문-신학'은 무엇일까. 본래 인문학과 신학의 언어는 유령의 언어들이었다. 현실에 있지만 현재가 지나온 과거와 아직 도래하지 않은 미래를 주목하기에 그렇고, 현실의 쾌락보다는 현실이 누리지 못하는 불쾌를 발견하는 일, 현실의 원칙보다는 상징 질서 밖 실재(the Real)로 시선이 향한다는 점에서 그렇다. '인문-신학'의 역할이 있다면 상징 질서를 떠도는 유령들의 흔적을 찾아 그들의 말 못한 사연을 듣고서는 현전을 축복하는 일이다. 그 틈으로 진리가 개입하고, 불가능이 가능성으로 변하고, 공적인 것이 다시 귀환할 것이다. '인문-신학'은 그곳에서 실종된 정치를 복원하고, 죽은 신이 다시 살아날 것이라고 예언하며, '법 밖의 정의'가 진실로 정의였음을 선언한다.

6

책의 부제로 '탈종교'라는 말을 달았다. 2019년에 불교 월간지 『불광』에서 특집 기사로 각 종단의 탈종교화 현상을 진단하고 대책을 논하는 시간을 마련한 바 있다(이상철 외, 2019: 33-53). 필자는 명법 스님, 지성용 신부, 종교학자인 성해영 교수, 오강남 교수와 함께 필진으로 참여했는데, 내 역할은 개신교 진영의 탈종교에 대한 단상을 펼치는 것이었다. 돌이켜 보면 그것이 개인적으로 탈종교의 문제와 본격적으로 씨름을 하게 된 계기가 되었던 사건이었고, 그 후로 탈종교 시대 신학과 윤리의 문제는 코로나19와 포스트휴먼 논의와 겹치면서 필자의 중요한 학문적 주제가 되었다. 여기에 모인 원고들은 이러한 배경을 깔고 있다.

그런데 곰곰이 생각해 보면 탈종교라는 주제는 근대 이후 시대를 달리하면서 변형되어 왔던 익숙하고도 오래된 제목이었다. 19세기에 등장했던 프로이트와 마르크스와 니체, 그리고 다윈의 진화론은 본격적인 탈종교의 서막을 알리는 사건이었고, 20세기로 접어들면서 만개한 비종교화 논쟁, 세속화 논쟁은 탈종교의 구체적 현상이었다고 할 수 있다. 1960년대 미국에서 등장한 '신 죽음의 신학(사신 신학)'도 그 연장선상에 있다.

20세기 말에 부상한 포스트모던 사상의 주제인 중심의 부재, 주체의 해체는 새롭게 등장하는 탈종교의 언어였다. 근대적 탈종교성이 신의 부재를 선언하고 주체를 강화하는 측면으로 나갔다면, 포스트모더니즘에서는 주체마저 지우는 단계로 나간다. 뉴에이지 운동, 선불교에 대한 관심, 영성에 대한 유행은 완고한 근대적 주체에서 벗어나려는 세기말적 탈종교 현상이라 할 수 있다. 반드시 전통적 신으로 귀의해 나를 찾고 나의 구원을 의탁할 필요가 없다. 내 안에 나를 구원시킬 구원의 동력이 있어서 그것이 나를 절대 자유와 해방의 경지로 인도할 것이다. 이러한 포스트모던의 신앙 고백은 제도 교회의 입장에서는 부정적 의미의 탈종교 현상이겠지만, 새로운 영성의 등장이라는 측면에서 종교성의 진화, 혹은 '종교적인 것의 귀환'이라고 지칭할 수 있다.

포스트모던 사회를 거치면서 변화되던 종교의 지형은 포스트휴먼의 등장과 코로나19를 거치면서 새로운 국면을 맞는다. 21세기 중반을 향해 가고 있는 오늘날 우리 곁으로 다가온 포스트휴먼 논쟁과 포스트 코로나 이후 세상에 대한 염려는 탈종교 현상이 묵시적 단계로 진입했음을 알리는 징후적 사건이었다. 인공 지능, 사이보그, 유전자 조작 등으로 상징되는 포스트휴먼 담론은 인간과 기계의 공진화를 지향한다. 그럴 경우 오래된 종교적 주제인 인간이란 무엇인가, 고통이란 무엇인가, 구원이란 무엇이고, 신이란 누구인가를 둘러싼 물음은 이전의 종교적 관습으로는 도저히 납득이 안 되는 탈종교적 주제가 된다.

코로나19 현상은 모든 분야에서 이전과 이후의 세계를 구분하는 중대한 분수령이 되었다. 특별히 그리스도교 전통에서 보자면 사회적 거리 두기로 인한 비대면 예배의 일상화는 교회의 근간을 무너뜨리는 탈종교적 현상이라 할 수 있다. 그리스도교의 핵심 교리는 성육신이다. 초월했던 신이 인간 세계로 내재한 사건, 즉 언택트했던 신이 택트한 사건이 성육신의 핵심이었고, 교회는 이러한 교리에 입각해 함께 모여서 드리는 예배, 얼굴을 마주하면서 이루어지는 친교, 몸으로 하는 봉사를 강조하였다. 그런데 코로나19로 인해 교회의 모든 작용이 중단되는 초유의 사태를 맞이하였다. 극한적인 탈종교 현상이 일어나면서 '종교적인 것'에 대한 근원적 물음을 던지게 한다.

근래 활발히 전개되고 있는 마르크스주의 사상가들과 신학 사이 대화도 나는 중요한 탈종교 현상이라고 생각한다. 20세기에 있었던 현실 사회주의의 실험이 실패로 돌아가자 좌파 사상가들은 신학적 상상력을 현실의 변혁을 위한 도구로 끌어왔다. 사상적으로 대척점에 서 있었던 유물론자들에 의해, 즉 신학 외부의 요인에 의해 신학은 교회를 위하고 봉사하는 범위를 넘어서 유물론자들의 신학, 유물론자들을 위한 신학이 되었다. 이러한 흐름도 기존 신학의 테두리와 한계를 넘어 신학의 외연을 확장시키고 세속적 주제와 대결하고 대화한다는 측면에서 탈종교의 중요한 증상이라 할 수 있다.

탈종교에서 '탈(Post-)'을 어떻게 해석하느냐에 따라 탈종교의 메시

지는 달라진다. 종교 이후(after)라는 의미로도 쓰이고, 종교 밖(Ex-),
혹은 종교 아님의 뜻으로도 해석이 가능하다. 종교 이후이든 종교 밖
의 논의든 탈종교는 기존 종교에 대한 부정, 잉여, 균열을 의미한다는
취지에서 '인문-신학'과 어울리는 짝패가 아닐까 싶다. 본서로 모아진
원고들은 지금 활발히 이야기되고 있는 탈종교의 징후적 사건들을 검
토하면서 탈종교 시대에 걸맞게 신학적 언어와 논의들을 각색하고, 탈
종교 시대를 맞아 변화하는 윤리적 테제들을 재음미한다. 이런 논의들
을 총칭하여 나는 '종교적인 것의 귀환'이라 이름 붙이기로 했다.

7

본서는 크게 3부로 구성되어 있다. 1부 "탈종교의 고고학·현상학"
은 책의 대문과도 같은 역할을 한다. 근대 이후 전개된 세속 사회의 도
래와 21세기를 넘어오면서 등장하는 탈세속화의 지형을 따라가면서
종교가 어떤 부침을 겪었는지를 말하고자 하였다. 팬데믹의 출몰과 포
스트휴머니즘의 등장은 '종교적인 것'이란 무엇인지를 다시 묻는다.
두 사건은 앞으로의 종교가 나가야 할 바를 숙고하게 하는 중요한 분
기점이라 중요하게 취급하였다. 1부의 마지막은 탈종교 시대에 극우
주의라는 혐의를 받는 한국 개신교에 대한 변명이다. 수년간 추적해
온 개신교인 인식 조사 결과를 토대로 한국 개신교가 진정 극우적인지
를 합리적으로 의심한다.

2부 "경계를 넘는 신학적 상상들"에서는 현대 철학자들이 제시하는
개념들이 어떻게 신학적 상상과 연루될 수 있을지를 묻는다. 특별히
발터 벤야민, 에마뉘엘 레비나스, 자크 데리다 3인은 공히 메시아론으
로 묶을 수 있는 공통점이 있다. 서로 간에는 겹치는 부분도 있지만 갈
라지는 대목도 있다. 바로 그 차이로 인한 상상이 새로운 신학적 사유

의 실마리를 제공하리라는 기대가 있다. 슬라보예 지젝은 다른 분야도 그렇지만 신학적 사유에 있어서도 탁월함을 드러낸다. 특별히 그리스도의 괴물성을 논하면서 역사적 그리스도교가 걸어왔던 도착성에 대한 비판과 본래 그리스도교가 지녔던 전복성으로 복귀를 기대한다. 테드 제닝스는 한국에서는 퀴어 신학자로만 알려져 있지만 그의 진면목은 사실은 다른 곳에 있다. 내가 시카고에서 만나고 경험했던 선생은 좌파 철학자들의 신학적 논의들에 반응하고 응답했던 21세기 미국 진보 신학의 자존심이었다.

2부의 후반부는 한국 신학의 급진성을 대표하는 인물들을 소개하는 데 할애했다. 우선 여해 강원용과 심원 안병무를 초대하였다. 두 인물은 한국 진보 그리스도를 대표하는 사상가이자 운동가이다. '중간 집단 운동'과 '민중신학'으로 대변되는 양자의 업적과 사상을 복기하는 가운데 실추한 한국 신학의 명예와 자부심을 곧추세우는 계기가 되기를 바란다. 이어서 숨밭 김경재에 대한 논의가 이어지는데, 그는 대승적 그리스도교를 말하면서 닫힌 종교가 아닌 열린 개신교 운동을 전개했던 신학자이다. 이 글에서는 김경재가 언급한 '대승적 그리스도교, 대승적 민중신학'에 대해 진술할 것이다.

3부 "오늘의 종교·문화 비평"은 '종교적인 것'이란 무엇인가를 둘러싼 다차원적인 글쓰기 모음집이다. 특별히 서두를 장식하는 "종교적인 것에 관한 열 가지 단상 혹은 연상"은 비단 3부만이 아닌 본서 『종교적인 것의 귀환』을 대변하는 글이라고 봐도 무방하다. 영화 〈기생충〉, 다큐멘터리 〈나는 신이다〉. 한강의 『소년이 온다』에 드러난 윤리성과 종교성에 대한 이야기가 중간에서 무게 중심을 잡고 있다. 전광훈 현상과 한국 개신교의 문제는 단순한 종교적 이상 현상을 넘어 파시즘과 연관된다는 점에서 심각하게 취급할 필요가 있었다. 한국 땅에서 전개되었던 양심적 병역 거부 운동의 역사와 현실을 소개한 후에 근본적으로 '양심'이란 무엇인가를 둘러싼 정신 분석학적인 측면과 신학적인 측면에서 접근을 시도하는 글도 포함되어 있다. 이스라엘과 팔레스타인의 오래된 갈등과 반복되는 폭력의 역사를 복기하면서 '종교란 무엇인지'를 비판적으로 숙고하는 시간도 마련하였다. 마지막은 동성애 혐오의 가장 강력한 텍스트인 구약 성서 창세기에 나오는 '소돔과 고모라'에 대한 전복적 읽기다.

8

프롤로그를 마무리하면서 독자들에게 두 가지 고해 성사를 한다. 우선, 책 대문에 거창하게 '종교적인 것'이라는 명패를 달았는데 '종교적인 것'이 무엇이고, 그것에 걸맞은 '인문-신학'적 글쓰기가 어떻게 구성되어야 하는지 현재까지도 묘연하다는 점이다. 혹 독자 중 '종교적인 것' 혹은 '인문-신학'에 대한 사전적 정의, 일관된 메시지에 대한 청취를 기대해 본서를 선택했다면 아쉬운 결정이 될 수도 있다. 어찌 보면 그것은 당연한 귀결인지도 모르겠다. '종교적인 것', '인문-신학', 유령론, 탈종교 등의 키워드들이 내 안에서 만나고 대화한 이력이 짧았던 까닭이다.

궁색하게 말하면 탈종교 시대에 귀환하는 '종교적인 것'을 대면하는 태도가 '인문-신학'이고, 구체적인 '인문-신학'의 방법론을 '유령론'이라 부를 수 있겠지만 그것이 얼마나 엄밀하게 이 책에서 취급되고 있는지는 미지수이다. 그래서일까, 원고를 쓰고 나서 뭔가 부족해 그 위에 덧칠을 하는 과정을 되풀이했다. 어느 정도 완성이 되었다 싶으면 그 사이로 빠져나가는 잉여들이 눈에 보이고, 그것들을 긁어모아 다른 성을 쌓고 무너뜨리고 하는 작업을 반복하였다. 본서에 수록된 원고들은 그렇게 수집되었다.

한편으로는 이런 생각도 해본다. 본서가 인문-신학적 글쓰기에 실패하여 독자들이 책을 읽는 도중에 길을 잃는다면, 역설적으로 이 작품은 성공한 '종교적인 것'을 다루는 서적이 아닐까, 라는 생각 말이다. '종교적인 것'을 추구하는 '인문-신학'적 글쓰기는 유령의 목소리에 담긴 진실의 조각을 채굴하면서 진리와 정의를 향해 나가지만, 나는 그것이 실패하리라는 것을 예감한다. '인문-신학'은 진리를 잡으려고 노력하나 진리를 잡았다는 확신에 속아서는 안 된다. 왜냐하면 종교적 진리란 항상 잉여를 남기면서 미끄러져 가는 것이고 중심을 허락지 않는 목소리이기 때문이다.

마지막으로 탈종교 시대에 '종교적인 것'을 찾아 방황하는 '인문-신학'적 글쓰기를 시작하기에 앞서 아래와 같은 다짐으로 마음을 추스른다. 다양한 전선을 형성하면서 펼쳐지는 탈종교의 지형 속에서 이전의 종교적 도그마와 교회 전통으로 회귀하려는 시도는 시대착오적이다. 탈종교의 물결에 부응하는 새로운 종교적 패러다임의 등장과 그에 걸맞은 해석학적 전환이 필요하다. '인문-신학'은 종전 인문학과 신학이 견지했던 압도적 보편성 내지 절대성과는 상관이 없다. 또한 '인문-신학'은 현실에서 유령처럼 떠도는 존재들과 역사에서 사라져 버린 타자들의 흔적을 통해 '종교적인 것'의 복원을 소망한다. 그것이 진리이고 그것이 신앙임을 믿기 때문일 것이다. 새로운 종교적 상상과 믿음에 대한 과감한 도전을 감행하려는 이들에게 본서가 생각의 각성과 사유의 전환을 도모하는 계기가 될 수 있다면, 졸저의 목적은 어느 정도 달성한 셈이다. Are You Ready?

1부

탈종교의 고고학 · 현상학

중세라는 용광로

1. 너희가 중세를 아느냐?

근대성에 대한 본격적인 탐색에 앞서 근대의 극복 대상이었던 중세에 대한 이해는 필수적이다. 중세를 어디서부터 어디까지 한정해야 하는지는 근대를 어떻게 규명하는지에 따라 다양하다. 근대는 정치적으로는 지금과 같은 유럽의 국경선이 그려진 베스트팔렌 조약(1648)으로부터, 경제적으로는 애덤 스미스가 『국부론』(1776)을 쓰면서 자본주의의 기획이 등장하면서부터라고 말할 수 있겠다. 종교적으로는 아우구스티누스 이후 칼케돈 공의회(451)를 거쳐 초대 교회의 복잡한 교리들이 정리가 된 시점을 중세의 시작으로 보고 마르틴 루터의 종교 개혁(1517)을 끝으로 중세 교회가 막을 내렸다고 본다. 이렇듯 각자가 서 있는 삶의 자리에 따라 중세는 시차성을 띤 채 존재한다.

범박하게는 교황권이 권력의 핵심으로 등장하던 무렵부터 교황의 힘이 쇠락하기까지가 중세를 구분 짓는 손쉬운 구분이 아닐까 싶다. 그 시기는 교황의 권위와 교회의 명령과 교리적 판단이 절대적 가치와 위엄을 지니고 있었던 시절이었고, 그것 이외의 것은 모두 이단으로 취급되어 마녀사냥의 대상으로 내몰리던 시대였다. 이런 독단이 팽배했던 시기가 중세였고, 이런 이유로 우리는 중세를 암흑의 시대(Dark

Ages)라 부른다.

하지만 그렇게 칼로 두부모 자르듯 중세를 재단하기에는 중세는 너무 길고 넓고 깊다. 이성과 계시, 계시와 이성 사이의 견제와 균형이 팽팽하게 대립하였던 기간이 중세였고, 양자 사이의 긴장과 이완이 어느 한쪽의 일방적인 독주로 끝나지 않고 서로 자극을 주고받으면서 길항관계를 유지했던 기간이 중세였다. 그러므로 중세를 암흑기, 혹은 일방적인 교회의 패권기라 말하는 것은 중세가 지니는 복잡한 지형에 대한 성급한 일반화의 오류이고 억지다.

중세는 오히려 시간이 갈수록 이성의 요구를 수용한 신학으로, 즉 '이해를 추구하는 신앙'으로 나갔다고 볼 수 있다. 이성이 무엇인가? 근세의 시대정신이 아니었던가. 도저히 눈 뜨고 볼 수 없는 신앙의 광기와 억지까지도 최대한 인내심을 갖고 이해하고 객관화해 보겠다며 다짐하고 노력한 결과물이 바로 '이해를 추구하는 신앙'이다. 서구의 근대는 이성을 추구하는 신앙으로 나갔던 중세의 산물이었다.

2. 이성 대 믿음

중세의 과제는 신앙과 앎, 앎과 신앙의 조화였다. 이런 중세 철학의 기조를 흔히 스콜라주의라고 하는데 안셀름(Anselm von Canterbury, 1033-1109)이 그 초석을 놓았다고 평가된다. 그는 '지성을 추구하는 신앙(fides quaerens intellecturm)'이라는 입장에서 신앙과 앎의 관계를 정리하였다. 안셀름은 『하느님은 왜 인간이 되셨는가?(Cur Deus Home?)』라는 저술에서 "알기 위해 믿는다"는 입장을 천명하였다. 당시 서서히 대두되기 시작한 믿음과 이성의 우선순위 문제에 있어 이성을 통한 신앙의 획득이 아니라, 믿음이 신학의 출발점임을 분명히 한 대목이었다. 이는 '믿음을 근거로 할 때 앎에 이르게 된다(credo ut intelligam)'는 아우구스티누스의 입장에 대한 옹호라 할 수 있다(헤넬, 1983: 207-18).

안셀름과는 반대로 "믿기 위해 안다"고 하는 입장을 취한 사람은 피에르 아벨라르(Pierre Abélard, 1079-1144)이다. 그는 당시 막 번역되기 시작한 아리스토텔레스 철학에 기초하여 안셀름의 객관적 구원론이 아닌 주관적 구원론을 전개하였다. 유일회적이었던 예수 그리스도의 십자가 사건을 말하는 것이 아니라, 현재의 시간과 공간 속에서 십자가로 상징되는 예수의 구원 사역에 구체적으로 참여함으로써 인간은 구원에 이른다는 말이다. 그는 이성과 믿음의 관계에서도 안셀름과는 다르게 "이성으로 믿음에 이른다(intelligo utcredam)"고 주장하였다. 이해를 위한 노력과 분투가 먼저이고 그럼에도 불구하고 포착되지 않는 부분은 믿음으로 받아들여야 한다. 그러므로 인간의 의지와 노력, 그리고 선한 행위들이 강조된다. 이는 인간 의지를 강조하면서 아우구스티누스와 대결하였던 펠라기우스의 영향이 강하게 작동한 결과라 할 수 있을 것이다(헤넬, 1983: 218-24).

이렇듯 중세로 깊숙이 진입하면서 그동안 경원시 되었던 아리스토텔레스 사상과 펠라기우스의 자유 의지에 대한 새로운 접근이 시도되면서 교회 내 이성과 신앙 간의 대립은 커져만 갔고, 중세 교회의 이러한 난맥상을 정리하면서 중세 스콜라 철학을 완성시킨 인물이 바로 토마스 아퀴나스(Thomas Aquinas, 1225-1272)이다. 그때까지 아우구스티누스의 영향에 의해 플라톤 사상에 무게 중심을 두었던 중세 교회는 토마스 아퀴나스에 의해 아리스토텔레스 사상을 멋지게 결합함으로써 스콜라 철학을 완성하게 된다.

3. 중세라는 유리 천장에 균열을 내다

토마스 아퀴나스 당시 중세 교회는 십자군 원정의 패배로 인한 심한 내상에 시달리고 있었다. 교회의 권위에 균열이 가기 시작한 것이다. 이교도의 예루살렘 정복에 자극을 받은 중세 교회는 성지 회복이라는 지상 과제를 내걸고 십자군 원정(1096-1270)을 200여 년간 수차례에 걸쳐 단행했으나, 전쟁은 성지 회복이라는 본래의 목적을 달성하지 못하고 처참한 실패를 맛보게 된다. 십자군 전쟁의 후폭풍은 실로 막대하였다. 특별히 지중해를 통한 동방 무역이 발달해 문화적으로 낙후되었던 서유럽 세계가 이슬람 세계나 비잔틴 제국과의 접촉이 늘어남으로써 문화 발달에 많은 자극을 받게 되었다. 주로 동방 전통에서 간직되어 왔던 아리스토텔레스의 저작들이 서방 교회로 번역되기 시작하던 때가 이 무렵이었다.

아리스토텔레스는 플라톤식의 완강한(Radical) 이원론이 아니라, 형상과 질료가 맞물려 있는 완화된 이원론을 주장하면서 인간성에 대한 긍정을 도모했던 학자였다. 교회와 성서의 권위에 짓눌려 있었던 중세인들에게 아리스토텔레스 사상의 유입은 신선한 자극과 충격으로 다가왔다. 그전까지 그리스도교가 독점적 해석의 권위를 가지고 있었던 질문들, 예를 들어 세계의 영원성, 영혼의 불멸, 창조의 섭리, 행복이란 무엇인가라는 문제들에 있어 아리스토텔레스는 다른 답을 가지고 있었던 것이다. 교회는 무로부터의 창조와 마지막 날 도래할 '새 하늘 새 땅'을 가르치는데, 아리스토텔레스는 우주는 영원하다고 가르친다. 교회의 신부들은 원죄로 인해 타락한 인간은 오로지 하느님의 은혜로 구원받아 행복해질 수 있다고 설교하지만, 아리스토텔레스는 인간에게 주어진 아레테, 즉 인간의 소질과 본성을 잘 훈련하고 발현하는 것으로 행복에 닿을 수 있다고 말한다.

아리스토텔레스가 중세 교회에 던진 파문을 배경으로 했던 소설이 바로 움베르토 에코의 추리 소설 『장미의 이름』이다. 중세 말 한 수도원에서 의문의 살인 사건이 연속적으로 발생한다. 범인을 추적해 가는 과정에서 독자들은 중세 교회의 균열과 대면하게 되고, 흔들리는 교회의 권위를 다시 잡으려는 수구 기득권 세력의 몸부림과 만나게 된다. 결론부터 말하자면 살인 사건의 범인은 수도원 도서관 관장으로 40년 넘게 수도원을 장악했던 호르헤 수도사였다. 호르헤의 범행은 십자군 원정 실패 후 추락하는 교회를 지키려 했던 수구 기독교 세력들의 과잉이 빚어낸 참극이라 할 수 있을 것이다.

소설을 이해하기 위해서는 중세 교회 신학사에 대한 이해가 필요하다. 교회 갈등의 원인은 계시와 내재, 자연 신학과 초월 신학 간의 긴장이었다. 이 대립이 아리스토텔레스의 영향을 받은 스콜라 철학에 의해 정리되었다. 스콜라 철학은 신의 섭리를 이해하는 도구로 인간 이성에 대해 우호적인 태도를 취했던 사조로 중세 철학을 집대성한 것으로 알려져 있다. 즉, 신앙과 이성의 조화를 선언한 것이다. 이를 계기로 오랜 세월 교회의 권위에 의해 억압되어 왔던 인간 정신에 대한 긍정이 도모되기 시작하였다. 호르헤로 대표되는 수구 기독교 세력은 신앙이 이성에 의해 침범을 받고 있다는 것에 대해 당연히 불안해 하고 초조해 한다. 그 강박이 아리스토텔레스 서적을 훔쳐 봤던 자들에 대한 살인으로 나타났던 것이다.

『장미의 이름』 속 호르헤의 아리스토텔레스 사상에 대한 적대감은 다음 문장을 통해 유추해 볼 수 있다. "창세기에는 우주의 창조에 대해 모자람 없이 설명하고 있는데도 저 아리스토텔레스라는 철학자는 자연과학으로 우주를 음산하고 불결한 언어로 나타내고 있소 … 저 철학자의 일자일언은 이 세상의 형상을 바꾸어 놓았소. 그의 책이 공공연한 해석의 대상이 되는 날, 우리는 하느님이 그어 놓으신 마지막 경계를 넘게 될 것이오."(에코, 2006: 553). 하지만, 호르헤의 저항은 이미 시작된 새로운 시대를 향한 역사의 진행을 막을 수 없었다. 르네상스는 그렇게 서서히 다가오기 시작했던 것이다.

소설 『장미의 이름』 속에서 수도원 연쇄 살인 사건의 수사관으로 등장해 호르헤에 대항했던 윌리엄 수사의 마지막 대사는 우리로 하여금 중세가 지녔던 종교적 광기에 대한 경고의 메시지를 던진다. 하지만 비단 그것은 중세 종교를 향한 철퇴는 아니다. 현대를 살아가는 오늘의 종교인들에게도 던지는 금언이라 생각해 아래에 남긴다.

진리를 위해서 죽을 수 있는 자를 경계하여라. 진리를 위해 죽을 수 있는 자는 대체로 많은 사람을 저와 함께 죽게 하거나, 때로는 저보다 먼저, 때로는 저 대신 죽게 하는 법이다. 호르헤가 능히 악마의 대리자 노릇을 할 수 있었던 것은, 저 나름의 진리를 지나치게 사랑한 나머지 허위로 여겨지는 것과 몸 바쳐 싸울 각오가 되어 있었기 때문이다. 호르헤가 아리스토텔레스의 서책을 두려워한 것은, 이 책이 능히 모든 진리의 얼굴을 일그러뜨리는 방법을 가르침으로써 우리를 망령의 노예가 되지 않게 해줄 수 있어 보였기 때문이다. 인류를 사랑하는 사람의 할 일은, 사람들로 하여금 진리를 비웃게 하고, 진리로 하여금 웃게 하는 것일 듯하구나. 진리에 대한 지나친 집착에서 우리 자신을 해방시키는 일… 이것이야말로 우리가 좇아야 할 궁극적인 진리가 아니겠느냐? (에코, 2006: 638-9)

4. 아포칼립스 중세

'아포칼립스(apocalypse)'는 신약 성서 마지막 책인 요한계시록의 그리스어 제목이다. 신약 성서가 고대 그리스 헬라어로 쓰였다는 것은 잘 알려진 사실이다. '아포칼립스'의 뜻은 신의 비밀, 신의 계시가 드러난다는 말이다. 그럼, 신의 계시란? 그것은 말할 것도 없이 종말이다. 종말에 대한 서사와 종말을 둘러싼 현상학에 관한 책이 요한계시록, '아포칼립스'이다. 아포칼립스적인 환상과 예언은 서구 역사의 전개 과정에서 당대의 모순과 부조리를 해결할 중요한 해법으로 요청되곤 했다. 그것이 유독 강하게 대두되었던 시기가 중세 말이 아니었나 싶다.

무너질 것 같지 않았던 중세 교회의 권위는 십자군 원정의 실패와 유럽 인구의 1/3을 죽음에 이르게 한 흑사병의 창궐로 위기에 빠진다. 십자가를 앞세우고 나갔던 십자군은 이교도들에게 패배의 수모를 당하였고, 흑사병으로 인한 죽음의 그림자는 그 누구도 비껴가지 않았다. 언젠가 김연아 선수가 세계 피겨 스케이팅 선수권 대회에서 생상의 〈죽음의 무도〉를 배경 음악으로 깔고 연기를 한 적이 있었다. 그 곡은 중세 말 유행했던 '죽음의 무도(dance macabre)'에서 모티브를 얻었다고 한다. 당시 화가들의 작품들을 보면 백성, 귀족, 사제, 심지어 교황까지 해골과 손을 잡고 춤을 추는 장면이 많이 등장한다. 마치 전 세계가 죽음과 한판 대동의 춤을 추는 형국인 셈이다. 죽음이 선사하는 목표와 슬픔, 허무를 초극하려는 의지가 오히려 춤이라는 모멘트로 승화되면서 '죽음의 무도'라는 찬란한 슬픔을 만들어 낸 것이다. '메멘토 모리(memento mori)', '죽음을 기억하라!'는 이러한 배경에서 나온 경구다. 이 죽음의 한복판에 아포칼립스적인 절망이 있다.

사실 돌이켜 보면 '아포칼립스'는 요한계시록뿐 아니라 성서 전체를 관통하는 중요한 주제였다. 야훼를 떠나간 백성들에게, 야훼를 버린 지배 계급에게, 야훼를 핍박하는 제국에게 그리고 그 제국의 식민인 이스라엘 백성들에게, 초대 그리스도교 발전 과정에서 핍박당하는 성도들에게 아포칼립스, 즉 파국의 도래는 두려움인 동시에 희망이었고,

당대의 절망을 견디게 하는 힘이었다. 그것의 대표적 예가 중세를 휩쓸었던 천년 왕국 운동이다. 전쟁과 전염병과 기근, 그리고 봉건 제후와 중세 교회의 착취로 인민들의 삶은 마지막 때의 연속이라 해도 과언이 아닐 정도로 고통스러웠다. 앞서 언급했던 '죽음의 무도'는 일상에서의 고통과 탄식에 지친 사람들이 스스로에게 바치는 삶에 대한 레퀴엠이었다.

그러나 역설적이게도 중세 말을 지배했던 주술적이고 신비적이었던 죽음의 광시곡은 대척점에 놓여 있던 이성에 대한 각성을 불러일으키는 계기가 되었다. '죽음의 무도'로부터 야기되었던 존재에 대한 허무, 실존에의 불안, 미래를 향한 공포에 포로가 되어 염세적으로 흘렀던 중세 말을 벗어나 이러한 현상들을 좀 더 합리적인 틀에서 보다 이성적인 잣대로 관찰하고 대면하자는 움직임이 꿈틀거리기 시작한 것이다.

이렇듯, 실존적으로 다가왔던 삶에 대한 공포와 그 공포를 초극하려는 죽음에 대한 예찬을 인식론적으로 회의하게 되면서 서서히 근대는 그 자리를 예비하고 있었다. '모든 것을 회의한다'고 하면서 '생각하는 나'를 외친 데카르트의 일성은 근대적인 이성적 주체의 탄생을 알리는 신호탄이었다. '순수 이성 비판'을 통해 기존 서구 형이상학에 대한 근본적 불신을 선언한 칸트의 발언은 더 이상 중세적 패러다임으로는 변화하고 진보한 세상을 담을 수 없다는 진단이었다. 중세 말 파국을 지향하던 아포칼립스적인 절망이 점점 시간이 흐르면서 근대 특유의 유토피아적인 열망으로 전환되기 시작하였다.

5. 르네상스의 도래, 다시 태양은 떠오르고

죽음과 패배와 절망의 기운이 유럽을 감싸고 있었던 아포칼립스 중세! 하지만 그 절정에서 커다란 빛줄기가 유럽을 강타하면서 서서히 중세는 막을 내리기 시작하였다. 르네상스는 바로 그 지점에 위치한다. 신과 교회의 권위가 무너진 자리에서 피어난 인간에 대한 관심, 즉 '후마니타스'에 대한 재발견이 이탈리아를 중심으로 대두되면서 유럽은 중세를 벗어나 새로운 시대 근대를 향한 발돋움을 시작하였다.

이탈리아에서 르네상스가 발흥할 수 있었던 데에는 몇 가지 요인이 있다. 십자군 원정으로 인한 동서 무역로가 확보되면서 지중해 무역권이 형성되었고 그 통로에 위치했던 이탈리아의 도시들, 예를 들면 피렌체, 베네치아 같은 도시들이 막대한 부를 축적하게 되었다. 특히 동로마 제국이 1453년 오스만투르크에게 멸망하면서 아리스토텔레스 전통을 이어받았던 동로마의 학자들이 대거 이탈리아로 유입되었고, 동서 문화가 다시 한 번 대융합 하는 계기가 만들어졌다. 이제는 더 이상 과거의 패러다임으로는 새로운 시대적 요청에 부응할 수 없다는 공감대가 형성되기 시작하면서 고대 그리스 고전에 대한 복기가 시작되었다.

르네상스 휴머니스트들은 로마 시대의 자유 학문(liberal arts)을 복원하고 시대가 요구하는 필요를 수용하면서 새롭게 학문 체계를 재구성하였다. 원래 자유 학문이란 라틴어로 'ars liberalis', 즉 '자유인에게 필요한 학문'이라는 뜻으로, 이는 자유인에게 고용되는 직업인을 대상으로 하는 '노예 학문(ars servilis)'과 대비되는 개념이었다. 중세 대학은 고대 로마의 9 자유 학문(문법, 수사학, 논리학, 대수학, 기하학, 천문학, 음악 이론, 의학, 건축학)에서 의학과 건축을 제외한 7과목을 삼학(문법, 수사학, 논리학)과 사학(대수학, 기하학, 천문학, 음악)으로 구성하였다(서보명, 2011: 65-81).

이러한 학문 분류는 프란체스코 페트라르카로 상징되는 이탈리아 휴머니스트들에 의해 studia humanitatis(인문학)라는 이름 아래 재편되었는데, 그 과정에서 기존의 논리학이 위축되었고 수사학은 중요하게 부각되었다. 그리고 역사학, 시학, 윤리학, 정치학 같은 학문들이 새롭게 부상하였으며 라틴어와 헬라어 원전에 대한 독해가 요구되었다. 이 대목에서 오해의 소지가 있을 수 있겠다. 르네상스의 모토로 알려진 '고전으로의 복귀'가 미래를 향한 도전이라기보다는 과거의 전통(경험) 안으로 수렴될 수밖에 없는 인간의 한계를 드러내는 것 아닌가라는 의혹이 그것이다.

하지만 르네상스 휴머니스트들의 생각은 그와는 정반대였다. 고대의 시간을 현재로 소환하여 타산지석으로 삼기 위해서, 신화적 이야기를 현재를 위한 창조적 상상의 원천으로 소급하기 위해서 르네상스는 고전으로 돌아갔던 것이다. 변화된 세계와 함께 호흡하고자 새로운 창을 내고자 했던 시기가 르네상스였고, 세계를 재구성하겠다는 능동적, 긍정적 마음이 모아지던 시기가 또한 르네상스였다. 르네상스인들은 그 변화의 동력을 인문학에서 찾았던 것이다.

이는 인문학의 위기론 속에서 인문학의 갈 바를 몰라 방황하는 우리에게 많은 시사점을 선사한다. 인문학이 스펙과 힐링, 즉 현실 적응과 현실 도피의 도구로 전락한 한국 사회에서 르네상스 휴머니스트들이 우리들에게 주는 충고는 인문학이란 상상력의 학문이라는 점이다. 현실에 대한 매몰과 현실에 대한 적응에 목적을 두는 인문학이 아니라, 현실과의 거리 두기, 현실에 대한 낯설게 하기를 통해 현실에 대한 변혁을 꿈꿨던 사람들이 르네상스 시절 휴머니스트들이었고, 그것은 전 유럽으로 확장되어 간다. 종교 개혁은 이런 르네상스의 시대정신이 낳았던 결과물이라고 해도 과언은 아니다.

탈종교의 기원으로서의 근대

1. 근대성의 두 가지 축

우리는 근대를 어떻게 정의할 수 있을까? 정치-경제적으로는 국민 국가의 탄생과 자본주의의 등장을 근대의 특징이라 부를 수 있을 것이고, 철학적으로는 주체의 발견과 이성에 대한 긍정이 근대를 규정하는 말일 것이다. 과학계에서는 뉴턴의 고전 물리학과 다윈의 진화론이 근대의 서막을 알렸다. 과학이 해석한 세계는 신에게 부여되었던 기존의 무소불위한 권좌를 허락하지 않았다. 이러한 현상들은 중세를 지배했던 신적인 권위에 대한 도전, 그리고 해체를 선언했다는 점에서 중요한 의미를 지닌다.

무엇보다도 종교 개혁은 신으로부터 독립한 인간을 선언한 사건이었을 뿐 아니라, 유럽이 국민 국가로 발전하는 계기가 되었던 도화선이었다. 교회와 봉건 제도로 상징되던 중세 유럽은 종교 개혁(1517)을 거치면서 전개되었던 종교 전쟁을 통해 와해되기 시작하였고, 종교 분립의 과정에서 발생했던 전쟁들은 베스트팔렌 조약(1648)을 통해 수습되었는데 그 회의를 거쳐 유럽은 지금과 같은 국경과 영토가 그려지기 시작했다.

국민 국가의 반대말은 왕조 국가이다. 유럽인들은 이런 과정을 거치면서 더 이상 신민(臣民)의 자리에 머무르지 않고 국민(國民)이 되기로 결심하였다. 탄핵된 윤석열 전 대통령이 대선 기간 중 손바닥에 왕(王) 자를 새기고 다녔다고 해서 화제가 된 바 있는데, 이는 그가 정치를 중세적 왕정 체제로 이해하고 있다는 반증이다. 왕권신수설에 입각해 최고 권력자가 된 왕에게 있어 국민은 신하이다. 하지만 국가의 권력은 하늘로부터 내려오는 것이 아니라 국민으로부터 나온다. 그것이 국가와 국민에 대한 근대의 각성이었다.

정치적으로 국민 국가의 등장이 중요한 근대성의 축이라면 다른 하나는 자본주의다. 자본주의를 설명할 때 반드시 거론되는 개념이 사용 가치와 교환 가치다. 사용 가치는 기본적으로 어떤 물건 안에 본유적이고도 개별적인 가치가 있음을 전제한다. 예를 들어 시골 농부에게 소에 대한 값을 매기라고 한다면 측량할 수가 없다. 평생 함께 동고동락한 소는 단순한 가축이라기보다는 식구 같은 존재이기 때문이다. 가족을 어떻게 값을 매길 것이며, 가족에 대한 사랑을 얼마로 측정할 수 있겠는가? 그러나 가족 같았던 소가 시장으로 나왔을 때는 상황이 달라진다. 시장에서 쌀 20가마니로 교환되는 순간 소의 특별한 가치는 사라지고 등가적인 가치만 남는다. 쌀 20가마니는 현대로 와서는 화폐로 전환되었다. 화폐를 통해 사물이 지닌 특별함을 소거하고 화폐를 매개로 평가되어 거래되는 가치를 교환 가치라 부른다. 교환 가치에는 동일성의 원칙이 있다. 7천 원짜리 짜장면 한 그릇의 가격은 대통령에게도 중학생에게도 똑같이 적용된다.

슬라보예 지젝이 자본주의를 냉소주의라고 규정했을 때(지젝, 2002: 60-4), 지젝이 지적하는 자본주의의 문제는 그동안 인류가 중요하게 생각했던 특별한 가치들, 예를 들어 사랑, 정의, 평화, 자유 같은 것들이 예전에 유행했던 드라마 대사처럼 "그거 얼마면 되니?"로 전환되기 때문이다. 자본주의의 교환 가치는 사물과 대상 안에 깃든 특별한 가치와 소중함을 화폐라는 등가의 원리로 환원해 버렸다. 지젝은 자본주의 안에 깃든 냉소주의를 말할 때 그것의 밑바탕에는 이익이 되는 거라면 뭐든 교환 가능하고 어떠한 수단도 상관없다는 논리와 정서를 전제한다. 과거에는 물질에 대한 욕망을 드러내 놓고 말한다는 것은 어딘가 점잖지 않고 속물적이며 부끄러운 일이라 생각했다. 하지만 자본주의가 허락한 냉소는 그런 예의와 염치를 부정하는 몰염치라 할 수 있다. 그렇다고 볼 때 자본주의는 인류가 쌓아 왔던 모든 에토스를 허무는 강력한 '파토스의 그림자'[1]라고 할 수 있을 것이다.

　표면적으로 등장하는 근대성의 두 가지 축을 국민 국가의 등장과 자본주의의 탄생으로 잡았고 그것들이 지니는 함의를 간략하게 기술하였다. 그런데 이 대목에서 보다 근원적으로 근대성을 이끌었던 동력, 혹은 원리가 무엇인지에 대한 궁금증이 생겼다. 근대의 사상적·인식론적 패러다임이 존재한다면 뭐라 말할 수 있을까. 나는 그것을 '로고스에서 코기토로의 전환'이라 명명하면서 다음으로 넘어간다.

2. 로고스에서 코기토로!

　헬라어(그리스어) 로고스(logos)와 라틴어 코기토(cogito)는 둘 다 이성으로 번역되는 말로서 인간이 지닌 사유의 능력을 가리키는 용어라 할 수 있다. 로고스에서 코기토로의 전환은 고대·중세인들이 지녔던 로고스를 바탕으로 한 삶의 원환적 완결성이 근대적 이성인 코기토의 개입으로 붕괴 혹은 대체되었음을 뜻한다. 루카치는 신적인 로고스의

---

1. "…(자본주의는)* 더 나은 미래를 예견하며 인간을 위무하는 단정한 에토스가 아니라, 타협 불가능한 단절을 만들며 기존의 의미들을 파산시키는 날 선 파토스를 받아들였다."(강지희, 2022: 8), *원본에는 '한국문학장'이라고 되어 있는데 여기서는 문맥상 '자본주의'로 바꿔 적었음을 밝힌다.

원리로 운영되던 그 시절을 다음과 같이 적은 바 있다.

별빛이 길을 훤히 밝혀 주던 시대는 얼마나 행복했던가? 이런 시대
에 있어 … 세계는 무한히 광대하지만 마치 자기 집에 있는 것처럼
아늑한데, 왜냐하면 영혼 속에서 타오르는 불꽃은 별들이 발하고 있
는 빛과 본질적으로 동일하기 때문이다. 다시 말해서, 세계와 자아,
천공의 불빛과 내면의 불꽃은 서로 뚜렷이 구분되지만 서로에 대해
결코 낯설어지는 법이 없다. 그 까닭은 불이 모든 빛의 영혼이며,
또 모든 불은 빛 속에 감싸여져 있기 때문이다. 이렇게 해서 영혼의
모든 행위는 의미로 가득차게 되고, 이러한 이원성 속에서도 원환
적 성격을 띠게 된다. (루카치, 1998: 25)

하늘에 떠 있는 저 별은 온갖 공상 과학 영화에 나오는 우주 전쟁과
정복의 대상이 되는 별은 아닐 것이다. 그 별은 고대 · 중세인들에게는
삶의 지도, 인생의 나침반, 선택의 기준이 되었던 좌표였다. 인간은 그
저 하늘에 떠 있는 별로 대변되는 천상의 이치(로고스)를 따라 가기만
하면 된다. 그렇게 별을 보고 걷다 보면 우리는 어느새 목적지에 이르
게 될 것이고, 인류가 꿈꾸는 구원에도 도달하게 될 것이다. 이처럼 천
상의 원리와 인간의 소망은 로고스를 매개로 하나로 이어져 삶의 완결
성과 총체성을 완성하였다. 이것이 루카치가 『소설의 이론』에서 바라
보는 서사시 시대의 특징이다.

이스라엘에서 발생했던 유대교 개혁 운동이라 할 수 있는 예수 운동
이 바울에 의해 로마로 침투해 들어가 세계화되는 과정에서 그리스도
교가 되었다. 바울로 대표되는 초대 교회는 복음에 헬레니즘적인 요소
를 받아들여 지역화 하는 전략을 취하였다. 그 과정에서 히브리의 신
야훼 하느님은 헬라적 천리(天理)라 할 수 있는 로고스로 대체되었다.

요한복음 1장은 이렇게 시작하고 있다. "태초에 말씀이 계셨다. 그 말씀은 하나님과 함께 계셨다. 그 말씀은 하나님이셨다. 그는 태초에 하나님과 함께 계셨다. 모든 것이 그로 말미암아 창조되었으니, 그가 없이 창조된 것은 하나도 없다." 여기서 말씀으로 번역된 헬라어가 '로고스'이다. 로고스가 신적 권위와 존엄을 획득하는 순간이었다.

로고스로서의 이성은 단순히 우리가 한 개인을 판단할 때 '저 사람은 이성적인 사람이야'라고 할 때 사용되는 말이 아니다. 로고스는 단순히 인간의 지적인 능력을 넘어서는 절대적 하늘의 이치와 천명에 붙이는 이름이다. 하지만 신적 원리의 상징이었던 로고스는 중세 말 교회의 위기와 르네상스를 거치면서 균열이 생기기 시작했다. 태양 중심설과 진화론, 만유인력의 법칙과 같은 신과학의 등장은 로고스의 위상에 해를 끼친 결정적인 사건이 아니었을까 한다. 길이 끝나는 곳에서 다시 길은 시작된다고 했던가. 로고스의 위력이 힘을 잃어 가는 지점에서 인류는 로고스를 대체할 대안적 시대정신을 찾았는데, 그것이바로 데카르트에 의해 채굴된 코기토이다. 자고로 철학은 진리에 대한 사랑인 까닭에 진리를 찾아 나서는 과정에서 진리에 대한 의심과 회의를 두려워해서는 안 된다. 데카르트는 '방법적 회의'를 통해 존재하는 모든 것들에 대한 의심과 회의를 도모하지만, 모든 것을 다 의심해도 현재 의심을 하고 있는 나 자신은 의심하지 못하겠다는 통찰에 다다른다(제1성찰). "나는 생각한다, 고로 존재한다"(제2성찰)는 아포리즘이 탄생하는 순간이었다.

우선, 우리가 눈여겨봐야 할 것이 '방법적 회의'다. 의심의 여지가 없는 지식을 얻기 위해 의심할 수 있는 모든 것을 의심했음에도 불구하고 도저히 의심할 수 없는 단 하나가 남겨졌는데 그것이 바로 '코기토'이다. 우리는 이런 생각을 할 수 있다. 예전에 장자가 꿈에 나비가 되었는데, 펄럭이며 날아다니는 나비가 진실로 기뻐 제 뜻에 맞았더라!

(그래서 자신이) 장자임을 알지 못했다. 그런데 갑작스레 깨고 보니, 곧 놀랍게도 장자였다. 장자가 꿈에 나비가 된 것인가, 나비가 꿈에 장자가 된 것인가?[2]

그럼에도 불구하고 분명한 것은 꿈을 꾸고 있는 나, 속고 있는 나는 엄연히 존재한다는 사실이다. 모든 것을 의심하더라도 그런 의심과 회의를 하고 있는 나 자신은 부인할 수 없었다고 데카르트는 고백했다. 이런 인식론적인 회의를 거치면서 그는 "나는 생각한다. 고로 존재한다(cogito ergo sum)"라는 명제를 이끌어 냈다. 이후 코기토, 즉 이성은 오늘날 우리가 사용하는 인간의 고유한 인식 능력을 뜻하는 단어가 되었다.

종합하면, 로고스에서 코기토로의 전환은 우선적으로 인간 의식의 바깥에 존재한다고 믿었던 절대(absolute)에 훼손을 끼쳤다. 절대적인 것의 자리가 인간 외부에 초현실적으로 초감각적으로 존재하는 것이 아니라 우리 내부 어딘가에 똬리를 틀고 앉았다. 그 결과 (인간) '밖의 사유(thinking of outside)'가 아닌 '안의 사유(thinking of Inside)'에 따라 생각하고 행위하는 근대적 주체가 출현하였다. '로고스'에서 '코기토'로의 전환은 이후 전개되는 근대성 일반의 현상과 운동에 중요한 바탕이 되었다. 다음 장에서 전개되는 '주술로부터 해방된 세상'도 그 연장선상에 있다.

3. 주술로부터 해방된 세상

'인간이란 무엇인가?'를 둘러싼 질문은 오래 전부터 철학의 단골 주제였다. 플라톤 이래로 서구인들은 인간을 세 차원으로 이루어진 존재

---

2. 호접지몽(蝴蝶之夢): 『장자』 '내편' 중 두 번째 장인 '제물론(齊物論)'에 나오는 고사성어. 한자 그대로의 뜻은 '나비의 꿈.'

로 파악하였다. 그것이 바로 '진 · 선 · 미'이다. 세 가지는 이성과 의지와 욕망을 상징한다. 즉 인간은 이 세 능력의 소유자라는 말이다. 진은 과학과 학문의 영역이고, 선은 윤리와 종교의 영역이며, 미는 욕망과 감성의 영역이다. 칸트의 유명한 3대 비판서인『순수 이성 비판』,『실천 이성 비판』,『판단력 비판』은 이성과 도덕과 미학을 다루고 있다는 점에서 위에서 언급한 분류법에 따른다.

『순수 이성 비판』은 '나는 무엇을 알 수 있는가?'라는 화두를 던지면서 인간의 인식에 대해 다루고,『실천 이성 비판』은 '나는 무엇을 해야 하는가?'라는 문제의식 속에서 인간 행위의 문제에 천착한다. 마지막으로『판단력 비판』은 '나는 무엇을 바랄 수 있는가?'라는 감성의 영역을 취급한다. 하지만 여기에는 일정한 위계가 있다. 그것은 플라톤이『국가』에서 언급한 이상 국가론으로 소급된다. 이상 국가란 이성 계급이 의지 계급을 작동시켜 욕망 계급을 잘 통제하는 나라다. 플라톤이 지목하는 이성 계급은 철학자이고, 의지 계급은 경찰과 군인, 욕망 계급은 노동자, 농민이다.

요약하면, 이상 국가란 철학자가 경찰, 군인 계급을 잘 부려서 노동자, 농민들을 잘 다스리는 나라인 셈이다. 플라톤 이래로 진 · 선 · 미 간의 등급이 정해지지 않았나 싶다. 이 대목에서 오해의 소지가 있어 한 가지 설명을 곁들인다. 얼핏 보면 진 · 선 · 미에 바탕한 사회 체계가 강자에 의한 약자에 대한 횡포의 정당화 논리로 비춰질 수 있는데, 그렇지는 않다. 오히려 그 반대의 논리가 더 강하다. '각자의 것은 각자에게!'라는 모토 아래서 정의롭게 각자의 몫을 나누려 했던 지혜와 의지가 진 · 선 · 미의 배후에는 숨어 있다.

고대 · 중세 세계관에서 세 영역 사이의 차이와 등급은 존재하지만 삼자는 각기 분열된 채 남겨진 고립된 단자가 아니다. 우주를 지배하는 원환적인 질서 속에서 삼자는 조화롭게 결합하여 운동한다. 호모 사피

엔스는 우주적, 인륜적 원리라고 할 수 있는 진·선·미가 구현된 복합체이다. 인간이 진·선·미의 복합체라는 말에는 참된 것은 선한 것이고, 선한 것은 아름답고, 아름다움이 진리다, 라는 전제가 깔려 있다.

인간은 진리에 관심하지 거짓을 알려고 하지는 않는다. 인류는 갈등과 선택의 상황 속에서 선을 추구하고자 한다. 또한 인간은 기왕이면 아름다운 것을 보고 듣고자 하고, 맛있는 것을 먹고 싶어 하며, 부드러운 감촉을 느끼고 싶어 한다. 이 복합적인 연관을 유지시키고 견인하는 힘이 바로 절대선, 물자체, 궁극적 실재, 더 나가면 신이다. 이것이 바로 고대·중세를 지배했던 '진·선·미'의 해석학이다.

막스 베버(Max Weber, 1864-1920)는 이러한 서구의 근대를 "세계의 탈주술화"(베버, 2013: 45-6)와 "신들 상호간의 영원한 투쟁"(베버, 2013: 80), 풀어서 '가치 영역의 분화'라는 말로 요약한 바 있다.[3] 진리는 선한 것이고, 선한 것은 아름답고, 아름다운 것이 진리였던 고대·중세의 신학적 종합력은 수천 년 동안 세계를 통합시켜 왔던 원동력이라 할 수 있다. 그러나 이러한 세계의 총체성은 근대의 도래와 함께 무너졌고, 베버는 중세의 몰락을 니체(Friedrich Nietzsche, 1844-1900)의 "신은 죽었다"(니체, 2005: 200)라는 선언을 좀 더 디테일하게 다듬어 다음과 같이 묘사하였다. "옛날의 많은 신들은, 이제 그 주술적 힘을 잃어버리고 그래서 비인격적 힘의 모습으로, 그들의 무덤에서 기어나와 우리 삶을 지배하고자 하며 또다시 서로 간의 영원한 투쟁을 시작하고 있습니다."(베버, 2013: 72).

---

3. 영국의 마르크스주의 비평가 테리 이글턴은 근대의 도래로 인해 신적인 원리에 의해 운영되던 중세가 분화되고 이탈되어 가는 현상을 아래와 같이 묘사한다. 베버의 근대론을 잘 요약한 문장이라 할 수 있다. "근대의 역사는 다른 무엇보다 신의 대리자를 찾는 일에 집중한다. 이성, 자연, 정신, 문화, 예술, 숭고함, 민족, 국가, 인류, 사회, 타자, 욕구, 삶의 원동력과 개인적 관계 등이 모두 이따금씩 신의 대체자 역할을 했다."(이글턴, 2017: 65).

막스 베버가 그가 살았던 근대를 주술로부터 해방되고 분화된 세계 속에서 개인들 간의 투쟁이 시작된 시절이었다고 회고했을 때 그것은 최종적으로 고대·중세 사회를 유지하고 지탱하였던 진·선·미의 완고한 결합이 시효가 만료되었다는 말에 다름 아니다. 그 결과 개별 가치들이 독립적으로 각자의 목소리를 내기 시작했고, 기성의 권위와 권력으로부터 자유로운 주체의 도래가 전개되었다.

이어지는 장에서는 근대를 설명할 때 가장 빈번히 언급되는 개념어라 할 수 있는 주체에 대한 심도 있는 접근을 시도하는데 그 중심에 임마누엘 칸트가 있다. 데카르트에 의해 코기토가 빛을 발했다고는 하나 실질적으로 지금과 같은 근대적 주체의 의미를 코기토에 불어넣었던 인물이 바로 칸트다. 칸트에 의해 인류는 비로소 근대의 정신권으로 진입하게 되었다.

4. 칸트의 근대

코페르니쿠스와 갈릴레오가 전하는 태양 중심설과 다윈에 의해 주장된 진화론은 아리스토텔레스적인 우주관과 신학적 창조론을 무력화시켰다. 인간이 신의 섭리가 아니라 원숭이로부터 진화되었다는 설은 진리가 선함과 아름다움과는 상관이 없고 어쩌면 요즘 유행하는 청년들 말처럼 괴랄(怪剌: 괴이하며 어그러진 바)하기까지 하다. 근대로 접어들어 윤리와 예술의 영역이 분화된 것은 과학의 발전에 따라 전개된 현실 세계의 패러다임 전환과 밀접한 연관이 있다.

무엇보다 윤리는 근대에 와서 새롭게 쓰였다. 이전까지의 윤리는 코스모스적인 우주관에 입각한, 수미일관하게 운행되는 천상의 질서가 땅 위에서도 구현되고 있다고 믿는 법과 도덕에 근거하였다. 도덕적 원리들은 플라톤과 아리스토텔레스 전통에 뿌리를 둔 형이상학적 체계 위에서, 혹은 아우구스티누스에 이르러 종합되고 중세 1000년을 지나면서 굳어진 종교적 믿음 위에 명징한 틀로 존재하였다.

그러나 칸트로부터 시작되는 근대성의 윤리는 이런 문법을 벗어난다. 칸트는 자신의 묘비명에 이렇게 새겼다. "생각하면 할수록 놀라움과 경건함을 주는 두 가지가 있으니, 하나는 내 위에서 항상 반짝이는 별을 보여 주는 하늘이며, 다른 하나는 나를 항상 지켜 주는 마음속의 도덕률이다." 흔히 줄여서 "저 하늘에 별이 빛나듯 내 마음엔 도덕률이 빛난다"로 쓴다. 칸트가 말하는 '하늘의 별'은 루카치가『소설의 이론』에서 말하는 삶의 지도와도 같았던 별이다. 별을 보고 걷다 보면 목적한 곳에 도착할 수 있다는 안도감이 인간에게 있었다. 그런 시절이 정말 있었는지, 그 별이 지금도 빛나고 있는지를 파악하고 증명하는 것은 중요하지 않다. 당시 사람들의 마음속에 무언가 강렬한 그리움, 동경, 열망 같은 것들이 공유되고 있어서 나의 나 됨, 혹은 우리의 우리 됨에 동요와 갈등이 없었다는 점이 중요하다. 그러했기에 소설 속 주인공은 별을 보고 기꺼이 길을 떠날 수 있었던 것이다.

하지만 근대로 접어들면서 그 별은 더 이상 세상을 밝힐 수 없는 처지가 되었다. 캄캄한 세상에서 유일하게 빛났던 별은 계몽 이성의 빛으로 인해 이전과 같은 영향력을 상실했기 때문이다. 근대의 대표적 정신을 계몽주의(Enlightenment)라고 했을 때 그 말의 중심에는 빛(light)이 존재한다. 암흑의 중세를 비추는 계몽의 빛이 천상의 별을 대체하였다. 칸트의 묘비명에 쓰여 있다는 문구는 이러한 시대적 변화를 암시한다. 이전 시대의 별은 시효를 다했고 이제 근대를 밝히는 새로운 별이 필요했는데, 칸트는 그것을 마음의 도덕률이라 적었다.

칸트는 달라진 세상 속에서 윤리를 좋음, 쾌락, 행복, 공동체, 공리(功利) 등에 관여하는 목적론적 윤리와는 다른 영역에 위치시키고자 했다. 인간 주체가 행위를 결정할 때 목적론적이고 이기적인 계기가 아니라 보편적이고 당위적인 무엇이 있어 그것으로 인해 쾌락과 공리로부터 자유로운 선택을 할 수 있다면, 칸트는 그것이 새로운 시대의 도덕 원칙이 되어야 한다고 믿었다. 즉 '좋음'보다 선행하는 '옳음'의 윤리학을 칸트는 제안한 것이다.

칸트의 윤리는 칸트 사상의 전체적 흐름을 따라가다 보면 당연한 귀결이 아닐까도 싶다. 『순수 이성 비판』 서문에서 칸트는 유명한 인식의 코페르니쿠스적인 전환에 대해 언급한다(칸트, 2006: 50). 코페르니쿠스가 지구를 중심으로 우주가 돈다는 지구 중심설을 대신해 태양을 중심으로 지구가 돈다는 태양 중심설을 주장했던 것처럼, 칸트도 대상을 중심으로 돌아가는 인식이 아닌 인간의 사유 안으로 대상이 포섭된다는 것을 주장하였다. 진리란 이제 인간의 외부에서 현실의 우리를 초월하여 존재하지 않는다. 진리가 있어 내가 그것을 진리라고 고백한다고 함은 진리가 내 안으로 들어왔다는 의미다. 어떤 'X'가 나의 생각과 경험과 언어 안으로 들어와서 나만의 서사가 될 때 비로소 미지수 'X'는 진리가 된다.

구체적으로 칸트를 종교와 윤리에 적용하면 이렇다. 인간이 신을 고백하는 사건은 신의 실체 전부를 알고 감동해서 벌어지는 일이 아니다. 물론 신은 전지전능한 분이겠으나 인간에게는 신의 무소부지를 재현할 능력도 없고 그럴 필요도 없다. 칸트에 의하면 인간에게는 각자 저마다의 꼴이 있다. 신과 합일을 한다는 것은 내 마음의 꼴에 담기는 그 신을 만나는 것이다. 그렇다면 신은 외부에 독야청청 존재하는 이가 아니라 내 안에 담기는 그이다. 그것을 고백하는 것이 종교적 언어가 되어야 한다.

칸트의 윤리도 마찬가지다. 윤리를 갈등과 선택의 상황 속에서 행위를 감행하는 것이라고 했을 때, 지난 시절 윤리-도덕적 행위는 하늘에 떠 있는 별처럼 규범적이고 보편적인 확고부동한 원칙을 따라가는 행위였다. 하지만 칸트에 이르러 윤리는 그런 것들과는 분리되어 한 개인의 각성과 의지, 경험과 서사로부터 기인하는 새로운 보편성을 취득하였다. "네 의지의 준칙이 항상 보편타당한 입법에 의거해 행위하라"는 정언 명법은 이러한 과정을 거치면서 탄생하였다. 칸트 이후 인간의 행위는 개인의 결단과 명령에 의해 보증 받을 수 있게 된 것이다. 그것의 보편성을 어떻게 입증할 것인지와 그것의 구체적 내용에 대해 칸트는 설득력 있게 답을 하지 못했으나 그럼에도 불구하고 칸트는 인간 개개인의 양심에서 나오는 결단에서 도덕적 행위의 근거를 삼았다는 점에서 윤리의 지평을 새롭게 개척했다고 평가 받는다.

하지만 복잡하고 많은 것들이 얽혀 있는 현대 사회 속에서 칸트의 제안처럼 개인의 결정만으로 윤리적 문제들이 해소될 수 있는지는 미지수이다. 도덕적이고 자율적인 개인을 확립하고 그것에 대한 설명에 치중한 나머지 인간 중심주의로부터 기인하는 현대 사회의 문제에 칸트의 윤리는 한계가 있어 보인다. 인간 중심주의에서 벗어나지 못한 도덕적 개인의 선택과 행위가 기후 위기와 관련하여 자연과의 관계를 재설정할 수 있는지, 혹은 포스트휴먼 논의에서 비롯되는 비인간 존재, 나아가 생명 전체로까지 윤리의 범위를 확장시킬 수 있을지에 대한 물음 앞에서 칸트의 윤리는 스스로를 증명해 보여야 할 것이다.

5. 야누스적인 근대

전통 사회가 동심원적인 가치의 서열 아래서 움직이던 진·선·미의 결합체였다면 근대는 그것이 분리, 해체되어 가는 과정이었다. 이제 세계와 진리는 더 이상 아름답지도 선하지도 참되지도 않다. 아니, 어쩌면 진·선·미는 위(僞)·악(惡)·추(醜)와 맞물려 있는 어떤 것인지도 모르겠다. 특별히 문학과 건축, 미술 등 아름다움의 영역에서 전개된

모더니즘 예술계는 그러한 경향을 뚜렷하게 드러내 보였다. '악의 꽃'이라고 명명했던 보들레르의 시집은 당시 예술의 특징을 극명하게 보여 주는 예가 아닐까 싶다. 근대로 접어들면서 미학은 조화와 균형, 질서와 비율로서의 아름다움을 추구하는 것이 아니라 다른 작품과 구별되는 나만의 독창성과 이전과는 다른 감각을 드러내 보이는 것이 중요했다.

특히 문학계에서는 과학 기술의 발달에 따른 실증주의적 사고에 대한 대립 항으로 낭만주의 문학이 등장하였다. 사건과 대상에 대한 재현 가능성에 대해 확신을 갖는 리얼리즘에 대한 불신이 낭만주의의 특징이라 할 수 있는데, 그 안에서는 객관성이 아닌 주관성, 보편성에서 벗어난 특이성이 미학적 가치로 작동하였다. 이런 영향으로 모더니즘 소설 속 주인공이란 천상의 질서를 밀고 나가는 지사적 주체도 아니고, 세상에 대한 선량한 판정을 내리는 도덕적 주체도 아니다. 소설 속 그(녀)는 어딘가 모순적이고, 세상에 대한 불만으로 가득 찬 삐딱한 인물이다. 그는 현실과 조화를 이루지 못해 갈등하고 고민하는 인물이고, 여전히 마음속에서는 강렬한 진리를 추구하나 현실 원칙과의 괴리에서 오는 시차로 인해 번민하고 방황하는 주체로 묘사된다. 햄릿, 돈키호테, 드라큘라, 프랑켄슈타인, 카프카의 소설 등 근대 문학 작품 속 주인공들은 근대가 내세우는 선명한 주체, 희망찬 미래와는 거리를 두는 냉소적이고도 비극적인 주체들이다. 근대 소설이 그리는 세계는 현실을 지배하는 실증주의와는 다르게 객관적으로 우리가 만나는 세계가 아니다.

이러한 특징은 근대 미술에도 적용된다. 사진술 발견 이후 리얼리즘에 입각한 대상에 대한 정밀한 묘사는 가치를 상실했다. 사물에 대한 모방이 아니라 대상에 대한 느낌을 표현하는 것이 회화의 주된 관심사가 되었다는 말이다. 이런 이유로 구상보다는 비구상이 미적인 기준이 되어 인상주의, 초현실주의, 큐비즘(피카소) 같은 유파가 종전의 고전주의와 리얼리즘을 대신하였다. 대상이 갖고 있는 진실이란 프레임 속에 갇혀 버린 정형성에 있는 것이 아니라, 피카소의 그림들처럼 흩어진 대상들이 일그러진 캔버스에 놓일 때 비로소 그것들의 진가가 드러난다. 거기에는 고전 회화가 지녔던 조화와 균형, 원근법에 입각한 균형 잡힌 비례의 아름다움 따위는 없다. 독창성, 파격, 충격, 잡히지 않는 의식의 흐름, 감각적으로 경험되지 않는 대상 앞에서 느끼는 숭고함 등이 새로운 미적 기준으로 등장하였다.

결론적으로 말하면, 근대는 신이 사라진 세계에서 등장한 근대적 인간이 이룩한 성취에 대한 찬양이 한쪽에 존재하고 그에 반하는 불신과 회의가 한편에 존재하는 시기다. 이렇듯 근대를 규정하는 편차가 다양한 까닭에 근대를 논의하는 장, 혹은 근대 이후 탈근대를 논의하는 자리에서 근대가 어떤 의미와 맥락에서 쓰이고 있는지를 밝힐 필요가 있고, 분야에 따라 지시하는 근대도 다르다. 이런 이유로 근대를 야누스적인 근대라 불러도 무방하리라 본다.

20세기 신학, 세속화의 도전과 응전

1. 근대가 직면한 신학의 위기

철학은 신학의 시녀다, 라는 말은 이제는 아득한 추억이 되었지만, 그럼에도 불구하고 서구에서 학문의 출범과 발전은 신학적 영향력과 불가분 관계에 있다. 신학의 개념과 언어들은 문학, 철학, 과학, 인문학 전반에 영향을 끼쳤고, 서구 학문의 발전은 신학적 아우라에 대한 동의와 반역을 통해 이루어졌다. 신학과의 긴장과 갈등, 대화와 타협을 통해 진행되었던 역사가 서구 학문의 발전사였고, 그것은 동시에 신학의 흥망사이기도 했다. 근대에 대한 많은 평가가 있겠지만, 신학의 위상에 대한 제고와 쇠락의 역사가 시작된 시기를 나는 근대라 부르고 싶다.

르네상스와 종교 개혁과 산업 혁명, 그리고 자본주의의 등장을 거치면서 진척된 근대의 서사가 19세기에 이르렀을 때, 신학은 더 이상 학문의 중심이 아니라 변방으로 밀려나야 하는 신세로 전락하고 말았다. 근대는 신이 모든 사유의 중심적 위치에 존재했던 고대·중세가 막을 내리고 계몽 이성의 등장을 알렸던 시기다. 신적 원리가 아니라 인간 이성이 진리의 척도가 되는 시대에 형이상학적인 신학과 신율에 입각한 도덕은 더 이상 인간 세계를 설명하는 원리와 행위를 판가름하는 기준이 될 수 없었다.

근대성의 도래로 인해 우선적으로 타격을 입은 대상이 교회였다. 신학적 권위도 당연히 이전의 영향력을 발휘할 수 없는 처지가 되었다. 달라진 세상 속에서 신학은 무엇이고 왜 존재하며 무엇을 하고자 하는지에 대한 물음은 신학의 위기를 야기했다. 19세기에 등장한 진화론과 마르크스주의는 가뜩이나 약화되어 가던 세계에 대한 신학적 진단과 세상에 대한 신학적 해석에 타격을 가하면서 신학의 권위를 송두리째 뒤흔드는 사건이었다. 이런 신학의 위기는 근대성 일반에 대한 신학의 입장, 근대 사회 전체를 바라보는 신학적 인식의 전환을 요구하였다. 그 결과 신학은 근대성의 요청을 긍정적으로 수용해야 한다는 입장과 전통 신앙의 고유성을 바탕으로 변화된 세계를 바라보아야 한다는 입장으로 양분된다.[1]

하지만 근대성의 신화가 깨어지기까지는 오랜 시간이 걸리지 않았다. 인간 이성의 힘으로 유토피아를 이룰 수 있다고 믿었던 낙관적이고 진보적이었던 근대의 욕망은 1차 세계 대전의 발발로 실패한 기획

---

1. 계몽주의의 부상으로 교회가 위기에 처하자 빗발치는 당대의 요청에 교회는 경건주의로 대변되는 보수적 진영과 상대적으로 진보적인 신프로테스탄트 진영으로 나뉘어 근대성의 요구에 응대하였다. 경건주의 운동은 17세기 영국의 청교도주의와 퀘이커 운동, 18세기 영국의 감리교 운동으로 이어진다. 경건주의의 특징은 내면의 종교성(경건, 자기 성찰)을 강조하고 경건의 실천을 추구한다. 그리고 금욕주의적 생활을 영위한다. 때로는 종말적인 기대들과 연결되기도 하였고, 국가 교회를 반대하면서 자신들만의 신앙 공동체를 추구하였다. 경건주의는 루터의 두 왕국 이론을 극단적으로 해석해 정치적 영역과 개인적 영역은 무관한 것으로 파악하기도 했다. 따라서 일련의 종교적 복고 운동의 성격을 띠기도 했다. 반면, 신프로테스탄트주의는 계몽주의 신학, 독일 관념론, 자유주의 등을 배경으로 한다. 대표적인 인물로 슐라이어마허, 리츨, 트뢸치, 하르낙 등을 들 수 있다. 신프로테스탄티즘은 인간의 이성을 신학적 진술과 신앙의 도그마에 대한 비판적 도구로 받아들인다. 구프로테스탄티즘이 지닌 전통적 성서관, 교회의 전통과 권위에 대한 복종을 거부한다. 특별히 그들은 당대의 문화와 사상, 가치들에 대해 자신들을 개방하였다. 후에 신프로테스탄티즘은 자유주의 신학으로 이어진다. 손규태, 『개신교 윤리 사상사』(서울: 대한기독교서회, 1998), 96-118를 참조하라.

임이 판명되었다. 서구 근대의 욕망은 제국주의 식민 통치를 정당화하는 과정에서 후안무치한 통치술이었음도 드러났다. 근대가 지녔던 야만과 광기의 역사는 20세기 신학의 방향을 새롭게 수정하게끔 하는 계기가 되었다.[2]

2. 20세기 신학의 음(陰)과 양(陽)

빛나는 이성을 바탕으로 유토피아적 세계관과 진보적 가치관을 가지고 질주하던 근대성의 신화는 20세기 전반에 일어난 양차 세계 대전과 그 후 전개된 냉전 체제, 20세기 말 몰아친 이데올로기의 붕괴, 신자유주의의 등장으로 길을 잃었다. 뒤돌아보면 20세기 내내 근대적 이성은 위기의 연속이었다고 해도 과언은 아니다. 이성의 위기는 이성의 타자에 대한 발견술과 연동되면서 나타났다. 이성의 타자에 대한 논의는 무의식의 발견, 이성이 아닌 감성과 의지에 대한 제고, 마르크스주의로 상징되는 유물론의 등장으로 시작되어 20세기 말 포스트모던 논쟁으로 절정에 이른다.[3]

---

2. 미셸 푸코는 『광기의 역사』(김부용 옮김, 서울: 인간사랑, 1999)에서 이성을 정상, 광기를 비정상이라 규정한 근대의 기획을 다음과 같이 비난한다. "광기를 측정하고 심리학을 통해 광기를 정당화했다고 믿어온 세계는 이제 광기 앞에서 스스로를 정당화해야 한다"(289). 광기라고 규정할 수 있는 특정 대상은 없다. 단지 어떤 것을 광기라고 지목하는 권력, 힘, 이성이 있을 뿐이다. 『광기의 역사』는 광기를 광기라 지목하는 이성이 지닌 권력과 힘을 '광기'라고 지적한다.

3. **근대 이후 타자(성) 논의의 흐름:** 흔히 타자성에 대해 논의할 때 헤겔을 먼저 이야기한다. 헤겔은 『정신현상학』 4장 '자기의식' 편에서 주체와 타자의 변증법을 논하면서 주체는 타자를 전유하는 과정에서 형성된다는 주장을 펼쳤다. 주체라는 특정한 실체가 있는 것이 아니라 타자를 전제하고, 타자에 의지하는 주체를 말했다는 점에서 의의가 있는 발언이라 할 수 있다. 후에 타자성에 대한 논의는 19세기 3대 천재라 할 수 있는 프로이트와 니체와 마르크스에 의해 더욱 정교하게 발전되었다. 프로이트는 의식의 타자였던 무의식, 니체는 이성의 타자였던 감성과 욕망, 마르크스는 정신의 타자였던 물질의 중요성을 채굴하면서 타자성 논의의

급변하는 근대는 인류에게 타자성을 계속 소환하면서 그에 합당한 답변을 요구하였다. 그때마다 인간의 위기, 세상의 위기를 논하는 위험 담론들이 난무하였고, 그때마다 인류는 인간이란 무엇인가를 둘러싼 오래되고 익숙한 물음을 계속 던져야 했다. 그 질문은 뫼비우스의 띠처럼 자연스럽게 타자란 누구이고 무엇인가를 둘러싼 또 다른 물음으로 이어졌다. 왜냐하면 근대를 통과하면서 주체는 타자를 전제하고 이해하고 감안하지 않으면 말해질 수 없는 존재가 되었기 때문이다.

타자적인 것과의 만남과 충격을 통과하면서 신학도 변화해 갔다. 특별히 2차 세계 대전 나치의 홀로코스트 만행과 그로 인한 전율과 공포는 신학으로 하여금 아우슈비츠 이후에도 신에 대한 신앙이 가능한가, 라는 의문을 남겼다.[4] 신학적으로 홀로코스트는 신정론에 대한 근본적인 문제 제기를 하는 계기가 되었고, 그것은 그리스도교의 구원에 대한 물음으로 이어졌다. 그리하여 전후(戰後) 신학은 세상과 상관없는 초역사적 공간에 위치하는 신에 대한 탐구가 아니라, 고통과 폭력이 상존하는 이 땅의 현실 속에 임재하는 하느님 사건으로의 동참이라는 사실을 깨닫게 되었다. 이러한 과정을 거치면서 20세기 신학은 신학적 방법론에 대한 전회와 새로운 해석학에 대한 모색으로 들어간다. 20세기 후반에 등장한 정치 신학, 에큐메니칼 신학, 마르크스주의와의 대화, 세속화 신학, 여성 신학, 흑인 신학, 해방 신학 등은 고난의 현장에 대한, 고

장을 확장시켰고, 이는 20세기 후반 등장한 포스트모더니즘 계열의 학자들에게 영향을 끼친다. 레비나스의 타자론, 데리다의 해체론, 라캉의 욕망론, 푸코의 계보학, 리오타르의 포스트모던 담론 등은 근대 이후 타자를 둘러싸고 벌어졌던 논의의 연장이라 할 수 있다.

4. 대부분의 전후 유럽의 신학자들이 아우슈비츠 이후 신학의 존립 가능성에 대한 고민을 지녔다. 위르겐 몰트만, 『나는 어떻게 변하였는가』(이신건 옮김, 서울: 한들, 1998) 중 도로테 죌레, 요한 밥티스트 메츠의 글은 당대 신학자들의 홀로코스트 이후 신학에 대한 물음을 대변한다. 그레고리 바움이 엮은 『20세기의 사건들과 현대신학』(연규홍 옮김, 서울: 대한기독교서회, 2009) 중 로즈메리 래드포드 류터가 쓴 「유대인 대학살: 신학적이고 윤리적인 고찰」(127-50)도 참조하라.

통의 현실에 대한 신학적 고투의 결과라고 해도 과언이 아니다.

21세기 중반을 향하는 현시점에서 활발히 논의되고 있는 포스트휴먼은 타자성에 대한 더욱 심도 있는 물음과 성찰로 우리를 내몰고 있다. 인공 지능과 사이보그, 유전자 조작 등 공상 과학 영화에 등장했던 상상 속 개념과 존재들이 현실에서 실제가 되어 등장하고 있다. 유발 하라리(Yuval Harari, 1976-)는 이 시대를 호모 데우스(Homo Deus)의 시대라 말한다. '호모 데우스'는 인간(호모)이 신(데우스)이 되었다는 뜻이다. 포스트휴먼의 미래상에 대한 비판적 함의가 '호모 데우스'라는 용어 자체에 담겨 있는 셈이다.

첨단 테크놀로지의 도움으로 초인이 된 극소수의 인간들은 '호모 데우스'가 되겠지만 모든 인간들이, 아니 대부분의 인간들은 '호모 데우스'가 되지 못한다. 이런 이유로 하라리는 다음과 같이 포스트휴먼 시대의 위험성을 경고한다. "인류는 지금 전례없는 기술의 힘에 접근하고 있지만, 그것으로 무엇을 해야 하는지 잘 모른다. 다가올 몇십 년 동안 우리는 유전공학, 인공지능, 나노기술을 이용해 천국 또는 지옥을 건설할 수 있을 것이다. 현명한 선택이 가져올 혜택은 어마어마한 반면, 현명하지 못한 결정의 대가는 인류 자체를 소멸에 이르게 할 것이다. 현명한 선택을 하느냐 마느냐는 우리에게 달려있다."(하라리, 2017: 10-1).

하라리의 발언은 포스트휴먼 시대 속에서 인간은 인간의 경계와 의미를 물어야 하는 상황으로 내몰리고 있음을 지적한 것이다. 기계와 공진화하는 인간을 인정하느냐 거부하느냐의 문제에서부터, 사이보그, 트랜스휴먼을 인간으로 포함시킨다면 기존의 인간관을 어떻게 수정해야 하는지의 문제까지 그야말로 혼돈의 터널 속으로 인간은 진입하였다. 이 모든 문제가 결국 타자성에 대한 제고의 문제로 연결되고, 그 과정에서 우리는 이타성에 대한 사유를 진척시켜야 한다.

지금까지 기술한 내용은 20세기 신학의 역사에서 타자의 발견술이 어떠한 경로를 거치면서 지나왔는지를 간략하게 조망하는 것이었다. 다음 절에서는 좀 더 논의를 좁혀서 근대 이후 해석학의 발전 과정에서 등장한 타자성이 어떻게 신학적 논의를 전환시켰는지를 다룰 것이다. 이는 타자의 해석학이 무엇인지에 대한 논의가 아니라, 20세기 신학의 방법론 자체가 타자에 대한 발견술이었음을 증언한다. 탈종교 시대에 전개되는 세속화 신학은 타자에 대한 발견술로부터 기인하고, 종교와 인간 사이 관계의 단절을 의미하는 것이 아니라 타자와의 새로운 관계 모색을 강구한다는 측면에서, 종교적 패러다임의 전환이라고 부르고 싶다.

3. 인간 경험의 신학화

시대마다 새로운 신학적 물음이 등장했고 그것은 당대의 세계관과 맞물려 시대의 화두가 되었다. 20세기 신학도 그러했다. 신학은 무엇이고, 신학은 어떤 학문이어야 하는지에 대한 물음은 세상이 신학에게 던지는 질문이기도 했지만, 특별히 20세기 신학이 스스로에게 던지는 성찰적 물음이었다. 20세기 신학은 전 시대와는 어떻게 다른 신학적 방법론을 구사하였고, 무엇이 20세기 신학을 타자의 신학으로 향하게 했는가? 나는 20세기 신학의 해석학적 전회를 세 가지 관점으로 바라보면서 그것이 탈종교 시대에 세속화 신학으로 가는 도화선이었음을 밝힐 것이다.

우선적으로 말하고 싶은 것은 20세기 신학은 인간의 경험을 종교의 중요한 요소로 편입시켰다. 인간 경험에 대한 신학적 반응은 칸트의 선험적 주체, 슐라이어마허의 해석하는 주체, 헤겔의 종합하는 주체로 요약되는 근대 철학의 주체성을 둘러싼 논의와 연관된다.[5] 기존 신학

---

5. 칸트와 헤겔과 슐라이어마허의 사상과 신학적 함의에 대한 부분은 스탠리 그렌츠·로저 올슨, 신재구 옮김, 『20세기 신학』(서울: IVP, 1997), 31-75를 참조하라.

에서는 세계를 초월해 있는 신을 인간이 깨달을 수 있는 방법은 전적 타자(Absolute Other)의 자기 계시로 제한되었다. 신학이란 신의 존재 양태인 초월과 신의 출현 방법인 계시의 구조와 세계와의 관계를 이해 하는 것이었다(Barth, 1975: 348-68). 그에 반해, 인간의 경험은 욕망 과 감성의 영역이었고, 그것은 인간의 이성과 믿음(의지)에 의해 억압당 하고 제거되어야 했던 대상이었다. 거기에는 인간 경험을 불신하고 부 도덕하다고 판단하고, 선하지 않다고 정죄했던 서구의 뿌리 깊은 영육 이원론이 깔려 있다.

경험에 대한 새로운 발견은 칸트로부터 비롯되었다. "대상이 인식 을 낳은 것이 아니라 인식이 대상을 구성한다"(칸트, 2006: 182)라는 칸 트의 유명한 말은 서구 형이상학적 인식론에 대한 전면적 도발이었다. 대상이 객관, 본질, 실재라면, 인식은 주관, 경험, 개별을 의미한다. 인 간은 객관을 온전히 재현할 수 없다. 칸트가 말하는 주체는 진리를 온 전히 재현하는 주체가 아니다. 인간에게는 그런 능력이 없다. 그렇다 면 인간은 진리를 어떻게 알 수 있는 것일까. 칸트에 의하면 진리란 인 간의 인식 틀 안에 담기는 진리인데, 그 틀은 저마다의 경험과 기억에 따라 다르다. 결국 진리란 특정한 개별의 틀 안에 담기는 인식이다. 경 험을 통과한 진리인 셈이다. 내가 있기 전에 진리가 있는 것이 아니라 내가 있기에 진리가 있는 것이다. 이것이 칸트가 말하는 인식의 '코페 르니쿠스적인 전환'(칸트, 2006: 182)이다.

칸트로 인해 근대 신학은 신에 대한 이해가 인간의 경험과 불가분의 관계에 있다고 고백할 수 있었고, 이를 통해 신학은 비로소 이성과 신 앙의 타자였던 경험을 신학 내의 언어로 편입시킬 수 있었다. 누군가가 신을 고백한다는 것은 본인의 경험과 언어와 기억 속으로 들어오는 특 정한 신을 고백하는 것이다. 그것을 넘어가는 초월적인 신의 영역에 대 해서 우리는 이해할 수 없고, 이해하려고 노력할 필요도 없다. 왜냐하면 신은 내 안에 담기고 나의 언어로 고백될 때 비로소 현현하기 때문이다. 인간의 경험이 신학적 이해와 사유로 승인되기 시작하면서 신학은 드디어 세상의 변혁을 향해 눈을 돌릴 수 있게 되었고, 그것은 당연히 타자를 향한 사유, 관심, 배려, 연대를 도모하는 상상으로 이어졌다.

인간 경험에 대한 신학적 성찰은 최종적으로 인간의 고난에 대한 해석을 요구하였다. 나의 고난과 우리의 고난과 저들의 고난을 묻기 시작하면서 신학은 고난의 연대를 추구하는 학문이어야 함을 깨달았고, 이제부터의 신학은 '눌린 자의 하느님'(콘, 1987)을 선포해야 한다는 외침이 설득력 있게 전파되었다. 20세기 후반에 등장했던 흑인 신학, 여성 신학, 해방 신학, 민중신학, 포스트콜리니얼 신학, 퀴어 신학 등은 이러한 신학적 흐름을 상징하는 사건이었다. 다음 절에서는 구체적으로 인간의 고난에 주목하는 20세기 신학의 해석학적 전회에 대해 다룰 것이다.

4. 고통의 발견술로서의 신학

20세기 신학이 경험을 신학의 요소를 끌어들이기 시작한 이래 형성된 신학 하는 태도의 전환은 중요했다. 이성과 믿음의 타자였던 경험을 신학적 해석학으로 끌어들임으로써 다양한 고통의 경험을 신학적 제목으로 상정할 수 있는 가능성이 만들어졌기 때문이다. 전통적으로 고통은 종교와 믿음이 정복하고 지우려 했던 타자였다. 대부분의 고등종교가 마지막으로 던지는 질문은 삶의 타자인 고통의 문제였고, 그것은 지금까지도 풀리지 않는 난제이다. 그리스도교 전통에서 마련된 고통에 대한 신학적 답변을 흔히 신정론(Theodicy)이라 부른다.[6]

---

6. 전통적인 신정론은 다음과 같은 몇 가지 경향이 있다. 1) 우선, 인간의 고통을 죄와 심판이라는 인과응보의 논리로 바라보는 것이다. 욥의 고난을 설명하는 욥의 세 친구들이 이러한 입장을 대변한다. 이 주장은 손쉽고 분명하게 인간의 죄와 고통의 원인을

하지만 고통에 대한 교회의 신정론적 해설은 고통에 대한 실존적 물음을 외면하거나 봉합한다. 고통은 하나의 고통이 아니라, 다양한 고통의 토대 위에 존재한다. 고통의 현장에 존재하는 당사자들은 대부분 그 사회 주류의 논리와 세력의 눈으로 볼 때는 타자적 존재이고, 그러므로 지워지고 목소리가 들리지 않아야 하는 존재였다.[7] 20세기 신학은 고통을 은폐하는 구조에 주목하였고, 고통당하는 타자들의 소리를 듣기 시작하면서 '제2의 타자의 신학'을 전개하였다.

기존 신학의 대상은 바르트가 말하듯 세상과 초월해 있는 전적 타자로서의 하느님이었다. 초월의 하느님은 계시를 통해 인간들에게 당신을 현현하는 신이다. 하지만 새롭게 부상하는 타자의 신학은 그와는 다르다.

규명할는지는 모르겠지만, 죄와 고통 간의 관계를 너무나 단순하게 도식화한다. 고통의 원인이 되는 모순과 구조적인 악 자체에 대해서는 간과하는 경향이 있다. 2) 인간의 고통을 부분과 전체의 조화로 파악하는 심미적 해석도 있다. 하느님이 창조한 우주 속에 분명 악도 포함되어 있는데, 악으로 인한 카오스는 더 높은 차원의 코스모스로 나가기 위한 조건이라는 것이다. 하지만, 이것은 지금 악으로 인해 고통을 당하는 사람들에게 우주의 질서에 대한 냉소와 체념을 선사할 수도 있다. 3) 아우구스티누스, 토마스 아퀴나스로 이어지는 중세 교회의 전통은 악과 고통을 선의 부재 혹은 결핍으로 바라보았다. 악이란 어떤 실체가 있는 것이 아니라 100% 충만했어야 할 선의 결핍 상황에서 발생한다. 이렇듯 악의 실체를 인정하지 않고, 악을 선의 결핍으로 보는 견해는 악과 고통이 주는 존재론적 위압으로부터 벗어날 수 있는 계기를 마련해 주었다. 하지만 세상의 법칙으로 엄연히 존재하는 악과 고통에 대한 도외시는 오히려 악의 진실과 실체를 가린다(힉, 2007: 30-130 참조).

7. 서구 역사의 순간순간마다 권력은 악과 불신과 부도덕의 대상을 명명하면서 그들을 희생양으로 삼아 체제의 모순을 은폐시켜 왔다(르네 지라르). 그들은 '호모 사케르'라 불렸는데, 이 말은 사회에서 셈하여지지 않는 자들을 일컫는 말로 통용되었다(아감벤). 권력의 광기에 의해 희생당한 모든 이름의 총체를 타자라 불러도 무방하지 않을까(푸코). 레비나스는 『전체성과 무한』에서 서구 역사에서 드러난 타자에 대한 전체성(totality)의 폭력을 조목조목 반박하고 있다. 위에서 언급한 타자에 대한 폭력의 역사, 그로 인한 고난의 해석사를 연구하고자 한다면 다음의 책들을 주목하라. 르네 지라르, 박무호·김진식 옮김, 『폭력과 성스러움』(서울: 민음사, 2000); 조르조 아감벤, 박진우 옮김, 『호모사케르: 주권 권력과 벌거벗은 생명』(서울: 새물결, 2008); 미셸 푸코, 김부용 옮김, 『광기의 역사』(서울: 인간사랑, 1999); 임마누엘 레비나스, 김도형 외 옮김, 『전체성과 무한』(서울: 그린비, 2018).

우리 안으로 들어온 신, 그 신은 성서가 증언하듯 나그네와 고아와 과부의 형태로 들어오는데(레비나스, 1996: 101), 그러한 대상들에 대한 20세기 신학의 버전이 흑인 신학, 해방 신학, 여성 신학으로 등장하였고, 이를 바탕으로 20세기 신학은 제2의 타자의 신학을 출범시켰던 것이다.

역사를 승리의 서사가 아니라 고난에 대한 기억으로 읽어 내고자 했던 20세기 신학은 선택받은 주체의 빛나는 지혜와 의로운 결단에 의지했던 신학적 언어에서 빠져나와 권력에 의해 배제되고 혐오와 폭력의 대상으로 전락한 타자에 대한 발견술, 혹은 타자의 해석학으로 전환된다. 그럴 수 있었던 배경에는 고통에 대한 20세기 신학의 새로운 이해가 있었기에 가능했다. 지금까지 20세기 신학이 성취한 타자의 해석학에 대한 논의를 진행하면서 경험과 고통의 발견을 이야기했는데 마지막으로 다룰 내용은 세속화 신학에 대한 건이다.

5. 세속화 신학에 대한 오해와 진실

근대성의 도래와 더불어 세속 사회는 시작되었고, 다윈의 진화론과 니체의 신의 죽음 선언은 세속화를 20세기의 보편적 정서로 확장시키는 역할을 하였다. 신학의 근거가 세상을 창조하고 다스리는 신이라면, 창조가 아닌 진화를 선언하고 영원한 신을 향하여 죽음 운운하는 발언은 전지전능한 신에 대한 훼손이라 할 수 있다. 홀로코스트 이후 1960년대에 등장한 사신 신학(Death of God theology)[8]은 세속화의 정점이라 할 수 있다.

---

8. 1960년대 초 미국에서 일어나 화제가 되었던 신학으로 윌리엄 해밀턴과 토머스 알타이저에 의해 주도되었다. 두 사람이 공저자로 참여한 *Radical Theology and the Death of God* (Indiannapolis: Bobbs Merrill, 1966)가 필독서이고, 알타이저의 *The Gospel of Christian Atheism* (Philadelphia: Westerminster, 1966)도 중요한 저서이다.

하지만 '신 죽음의 신학'은 신은 죽었다, 라는 사실을 밝히는 작업이 아니다. 사신 신학은 이전의 도그마와 이데올로기로는 세상을 설명할 수 없고 신을 입증할 수 없다는 사실을 주지하면서 변화된 상황 속에서 그리스도교의 의의를 다시 물었다는 점에서 의의가 있다. 몰트만의 '십자가에 달리신 하느님'은 사신 신학에 대한 정통 신학의 답변이었고, 그의 발언은 그리스도교는 신의 죽음에 기초한 종교임을 다시금 상기시킨다.[9]

세속화 신학이란 변화된 세상 속에서 그동안 신학이 취급하지 못했던 대상과 안건들을 향해 신학의 시선을 확장시켰다는 측면에서는 타자성의 신학이라 할 만하다. 일찍이 본회퍼는 세속 사회를 "하나님이라는 후견인 없이도 잘 살아갈 수 있는" "성인이 된 세계"라 정의하였다(본회퍼, 2010: 607). 본회퍼는 성인이 된 세계에서 그리스도교는 과거의 종교적 권위와 영광을 유지할 수 없게 되었다고 말한 후에 세속화된 세상 속에서 고백되는 신앙 고백을 다음과 같이 변형하였다. "하나님 없이, 하나님 앞에서, 하나님과 더불어."(본회퍼, 2010: 680-1).

위 문구는 본회퍼의 '그리스도교의 비종교화(religion+less Christianity)'를 요약하는 말이라 할 수 있는데, 그는 곧이어 다음과 같이 부연한다. "인간은 하나님을 상실한 세계에서 하나님의 고난에 동참하도록 부름을 받고 있다네. 인간은 진정으로 하나님을 상실한 세계 속에 살아야 하며 자신의 무신성을 종교적으로 숨기고 은폐시켜서는 안 되지. 인간은 세상적으로 살아야 하며 바로 그렇게 함으로써 하나님의 고난에 동참하지. 인간은 세상적으로 살도록 허락받았다네. 달리 말하

---

9. "그의 부활을 통하여 예수는 하나님의 그리스도로 승화되어 있다. 그러므로 그의 고난과 죽음은 하나님의 그리스도의 고난과 죽음이라고 이해될 수밖에 없다. 비로소 그의 부활의 빛 속에서 그의 죽음은 특별하고 일회적인 구원의 의미를 얻게 된다."(몰트만, 2017: 262).

면 인간은 잘못된 종교적 속박들과 장애들로부터 해방되었지."(본회퍼, 2010: 682-3).

나는 본회퍼의 비종교화 발언이 신학을 타자성의 신학, 이타성의 윤리학으로 나가게끔 했던 신학적 선언이라고 보고 싶다.[10] 20세기 신학은 신학의 정체성을 둘러싼 많은 토론을 거치면서 발전하였고, 세상의 변화에 능동적으로 몸부림치면서 대안을 마련하고자 노력했던 세속화 신학이었다. 교회를 위해 봉사해야 하는 신학이라는 주장에서부터 종교 현상학, 혹은 종교 사회학 차원에서 교회와 거리를 두고자 했던 관점까지 20세기 신학은 넓게 분포하였다. 그럼에도 불구하고 20세기 신학의 역사는 변화하는 세상과 그 과정에서 등장하는 타자에 대한 발견술을 획득했다는 측면에서 성과가 있었다. 바로 이 점이 신학을 대화의 신학, 타자에 대한 성찰의 학문으로 인도하면서 신학의 공공성을 논하게 하였다.

신학이 더 이상 교회 밖 타자적인 것에 대해 수직적 적대를 선언할 수도 없고, 그래서도 안 되는 세상이 되었다. 신학은 타 학문과 이웃 종교와 새로운 문물과 과학의 성취들에 대해 열린 마음으로 바라보고 전향적 자세로 대화해야 하는 학문으로 요청받고 있고, 그러면서도 여전히 인류로 하여금 신과 진리를 향한 방향성과 가치를 상실하지 않도록 견인해야 하는 종교 본연의 역할에 대한 기대도 여전히 받고 있다. 이러한 이중고가 탈종교 시대에 현대 신학이 맞닥뜨리고 있는 운명인지도 모르겠다.

---

10. 본회퍼의 타자성을 주제로 한 논문은 다음을 참조하라. 강성영·이상철, 「코로나19 시대의 타자의 윤리: 본회퍼와 레비나스를 중심으로 살펴본 혐오극복의 윤리학」, 『신학사상』 제194집(2021년 가을호), 127-60; 김성호, 「타자를 향한 교회: 본회퍼와 레비나스 사상을 중심으로」, 『신학사상』 제190집(2020 가을호), 319-54; 강성영, 「디트리히 본회퍼의 타자의 윤리의 신학적 토대와 오늘의 의미」, 『신학연구』 제76집(2020. 6), 101-22.

탈종교 시대, but 탈세속화된 인간

1. 포스트모더니즘에 대한 소묘(素描)

근대가 흔히 빛의 세기, 계몽의 시절, 진보의 세기라고 알려져 있지만 내막을 들여다보면 그렇게 명쾌하게 근대성을 정의할 수 있을지는 의문이다. 뒤돌아보면 근대성이 절정에 이른 19세기 이래로 세계는 위기의 연속이었다고 해도 과언은 아니다. 위기의 요체는 아이러니컬하게도 유토피아를 보장해 줄 것 같았던 인간 이성에 대한 회의로부터 시작되었다. 부연하면 근대가 저질렀던 이성의 타자들에 대한 배제와 폭력의 문제가 수면 위로 등장하면서 근대성에 대한 의심이 번져 나가기 시작했다. 19세기와 20세기 초반에 전개된 제국주의의 역사는 이성적 존재임을 자부하던 서구 열강들의 타자들을 향한 마음과 태도가 얼마나 반이성적이고 반지성적이며 반종교적인지를 드러냈던 잔혹사였다. 이러한 근대성의 실체가 낱낱이 밝혀지고 난 폐허 속에서 포스트모더니즘이 등장하였다.[1]

---

1. 포스트모더니즘 담론은 두 가지 맥락으로 쓰인다. 하나는 문화계, 예술계에서 20세기 후반에 등장했던 새로운 예술 사조를 칭할 때 사용되는 포스트모더니즘이다. 다른 하나는 근대적 이성, 근대적 주체를 바탕으로 하는 근대적 사유 전반에 대한 비판적 성격으로서 포스트모더니즘이다. 본서에서는 후자의 의미로 포스트모더니즘을 사용했음을 밝힌다.

포스트모더니즘은 근대성 일반에 대한 전방위적 비판을 총칭하는 말이라 보면 맞다. 여기서 근대란 무엇인가, 라는 질문이 등장할 텐데, 정치적으로 국민 국가의 탄생, 경제적으로 자본주의의 등장, 사회적으로 시민 사회의 출현, 문화적으로는 낭만주의의 유행, 사상적으로 이성 중심주의, 근대적 주체의 등장을 거론할 수 있겠다. 포스트모더니즘 하면 떠오르는 프랑스의 학자들, 예를 들어 푸코, 데리다, 리오타르, 라캉, 들뢰즈 같은 이들은 근대적 이성과 주체를 전면적으로 부정하는 입장이다. 그들은 공히 자신들이 니체로부터 영향을 받았다고 진술한다.

  앞 장에서 근대성의 특징에 대해 논하면서 가치 영역의 분화와 종교적 주술로부터의 해방을 언급했다. 플라톤 이래로 진·선·미가 하나로 엮여 총체적 진리를 형성했던 세계는 근대에 이르러 각각의 영역으로 분화되어 나갔다. 우주적 진리인 로고스 안에서 원환적 통일성을 이루고 있었던 인류는 근대적 이성인 '생각하는 나(코기토)'의 등장으로 비로소 성인(成人)의 세계로 진입하게 된 셈이다. 종교적 권위는 근대적 이성에 의해 극복되었고, 신이 차지하고 있었던 위상은 인간 이성으로 대체되었다.

  하지만 그것은 신앙에서 이성으로 이름만 바뀌었을 뿐 자리는 유지되었고 지배 방식은 여전했다. 신적인 로고스가 지배하던 세상이 '생각하는 주체'를 의미하는 코기토로 그 주인이 바뀌었을 뿐이다. 일찍이 니체는 이런 이성의 횡포가 인간을 불행으로 이끄는 주범이라고 지적하면서 아폴론적 이성이 아닌 디오니소스적인 감성과 욕망의 부활을 촉구하였고, 프랑스의 포스트모던 계열 학자들은 이런 니체의 발언에 환호하였다.

  니체의 고독한 외침은 비록 당대에는 별 주목을 받지 못했지만 후대에 포스트모더니즘을 견인하는 역할을 하였다. 포스트모더니즘이란 이성과 의지에 의해 억압되고 제거 당했던 감성과 욕망에 대한 재발견이다. 이성과 도덕, 법과 제도라는 원칙과 질서 아래서 인간의 감성과 욕망은 언제나 수면 위로 올라와서는 안 되는 불온하고 위험한 그것이었다. 포스트모더니즘은 그동안 정당한 대접과 평가를 받지 못했던 이성에 반하는 감성, 도덕과 윤리에 반하는 욕망을 새롭게 바라보자는 움직임이다. 그럼으로써 근대성으로부터 야기되는 현대 사회의 문제점들을 다양한 각도와 시선에서 접근할 수 있도록 우리를 인도한다.

『포스트모던의 조건』을 쓴 리오타르(Jean-François Lyotard, 1924-1998)는 포스트모더니즘을 "거대서사의 붕괴와 작은 이야기들의 발견"이라는 말로 짧게 요약한다. 그는 주체 중심의 동일성에 입각한 사유가 근대의 프로젝트라는 미명 아래서 타자들의 사연과 입장에 귀 기울이지 않고 공감을 표하지도 못하다가 부메랑이 되어 돌아와 작금의 현실에 이르렀다고 비판하였다. 이러한 이유로 리오타르는 전체성의 논리에 묶여 있었던 다양한 개인들과 가치들의 해방을 지지한다. 전체성이 아닌 다양성, 집단이 아닌 개별, 보편성이 아닌 상대성, 주체성이 아닌 타자성, 미래의 비전이 아닌 지금 현재의 욕망과 감성에 주목한다는 말이다. 공동체의 목표와 의식보다는 개인의 취향과 심리가, 변혁을 위한 일사불란한 대오보다는 개인의 소소한 일상을 나누는 것이 리오타르에게는 더 중요하다. 이것이 거대 서사에서 미시 서사, 즉 작은 이야기로의 전회이다(리오타르, 2018: 19-24). 그래야만 전 시대에 집단성과 보편성과 전체성 아래에서 행해졌던 폭력으로부터 탈출할 수 있다고 포스트모던은 믿는다.

결론적으로 말하면, 포스트모더니즘이란 신이 사라진 세계에서 주인공으로 우뚝 선 근대적 인간이 이룩한 근대성 전반에 대한 불신이고 회의이며, 그 과정에서 사라져 간 가치들에 대한 재발견이라 할 수 있다. 왜 이런 현상이 일어나는 것일까? 더 이상은 전통적인 패러다임으로는 지금의 사태를 변화시킬 수 없다는 절망이 그 원인일 수 있겠고, 그것이 오히려 실재와 대면하는 진정성의 추구라 생각되기 때문이다. 여기서 말하는 실재(the Real)란 기존의 형이상학과 신학에서 말해 왔던 우리의 감각과 경험을 초월하여 존재하는 실재(Being)가 아니라 근대라는 상징 시스템이 만들어지는 과정에서 망각되고 상실된 가치들, 즉 타자라 부를 수 있는 것들이다. 이런 이유로 포스트모더니즘 시대는 주체 중심의 사고에서 타자를 향한 전회로 패러다임의 전환이 일어난 시대라 할 수 있다.

지금까지 포스트모더니즘에 대한 개괄적 이해를 살펴보았다. 이러한 전 이해를 갖고 다음 절에서는 포스트모던 시대의 종교에 대해 접근할 것이다. 혹자는 포스트모던 사회가 탈종교 사회라고 말하고, 또 어떤 이는 종교의 귀환을 이야기한다. 포스트모던 사회는 탈종교 사회인가, 탈종교를 脫(탈)한 사회인가? 이 문제는 포스트모더니즘을 바라보는 분열된 시선만큼이나 논쟁적이다.

2. 하비 콕스가 바라본 오늘의 종교

포스트모던 종교 현상학은 포스트모더니즘이라는 시대정신 아래 영향을 받은 종교의 이전과 이후가 어떻게 다른지를 추적한다. 포스트모던 담론에 따르면 종교는 대표적 거대 서사이다. 현대적 삶의 조건과 현실에서 볼 때 기존의 종교가 선사하는 메시지는 시대착오적이다. 하지만 이런 견해에 전적으로 동의를 표하기도 만만치는 않다. 위에서 언급했던 포스트모던 사상가들의 주장들이 포스트모던 시대의 종교를 이해하는 데 있어 유의미한 해석의 틀로 작동하는 것은 맞지만, 그것에 잡히지 않고 미끄러져 나가는 부분도 있기 때문이다. 그것 역시 포스트모던 종교 현상의 중요한 지점이 아닐까 싶다.

하비 콕스는 포스트모던 종교 현상을 연구하는 대표적인 학자라 할 수 있다. 포스트모더니즘 열풍이 맹위를 떨치던 1990년대 중반 하버드 대학의 하비 콕스(Harvey Cox, 1929-)가 쓴 *Fire from Heaven* (1995)이 출판되었다. 번역하면 '하늘에서 내리는 불'로 해석이 될 텐데 한글 번역본 표제는 『영성, 음악, 여성』으로 되었다(콕스, 1996). 책의 부제로 "the rise of pentecostal spirituality and the reshaping of religion in the twenty-first"가 달렸는데, 우리말로는 "오순절 성령 운동의 도약과 21세기 종교의 재형성"이다. 한국에서 출판 당시 포스트모던 시대 종교 현상학 혹은 신학의 미래를 예측할 수 있는 책이라고 하여 많은 이들에게 회자되었던 도서이다.

『영성, 음악, 여성』이 화제가 되었던 몇 가지 이유가 있었다. 세속화 신학 논쟁을 이끌었던 진보적인 신학자 하비 콕스의 신작이었다는 점, 그가 예상 밖으로 세계적으로 유행하는 보수적인 오순절 성령 운동을 다루었다는 점, 특별히 한국 독자들에게는 하비 콕스가 오순절 성령 운동의 사례 중 하나로 여의도 순복음교회를 소개하고 있다는 점이 도서에 대한 관심을 유발시켰던 요인이었다. 개인적으로 이 책은 포스트모던 시대의 종교 현상을 다루고 있다는 점에서 흥미를 불러일으키기에 충분했다. 하비 콕스는 합리주의, 전체성, 관료적 시스템에 물들어 있는 제도화된 종교가 아니라, 직관력, 상상력, 감성, 심미성, 초월적 영성을 강조하는 종교가 포스트모던 사회에 걸맞은 파트너가 될 것이라고 말한다. 그는 제도 종교는 쇠퇴하고 새로운 영성 운동을 기반으로 하는 종교들이 미래 종교의 자리를 차지하게 될 것이라고 조심스레 예측하면서 끝을 맺는다.

2009년 하비 콕스는 『종교의 미래(*The Future of Faith*)』를 출판하였다. 1995년에 출간된 『영성, 음악, 여성』으로부터 13년이 지난 시점이었다. 특별히 이 책은 하비 콕스가 2009년 하버드대에서 정년 퇴임을 맞아 자신의 학문적 이력을 집대성하는 의미로 출간한 작품이라는 점에서 세간의 주목을 끌었다. 근대와 탈근대를 지나면서 도래한 문명의 전환, 시민 사회와 관료제의 등장, 과학 기술의 발전은 종교의 위상에도 변화를 주었다. 유럽의 교회가 텅 비어 가고 있다는 뉴스, 미국의 대형 교회가 클럽으로 변했다는 소식 등은 미래 종교의 디스토피아적 전망을 반영하는 것처럼 들렸다. 낙태와 동성애 문제, 생태 문제, 이주자와 난민 문제 등 새롭게 떠오르는 이슈들에 대해 종교가 보수적 입장을 취하면서 젊은 세대들로부터 교회는 시대에 뒤떨어진 집단으로 인식되었다. 여기에 기독교와 이슬람의 일부 근본주의 세력이 보이는 퇴행적 행보는 비종교인들로 하여금 종교에 대한 혐오를 증가시키는 효과를 낳았다. 종교를 둘러싼 부정적 소문들이 난무하는 가운데 과연 미래에도 종교는 존속 가능할까, 라는 문제의식에서 이 책은 시작된다.

하지만 하비 콕스는 책의 서두에서부터 미래에도 종교가 예상과는 달리 부흥할 것이라는 것과 그 시대는 '성령의 시대'가 될 것이라는 것을 분명히 한다(콕스, 2010: 9). 종교적인 것의 의미도 변화하여 수직적 초월이 아닌 '수평적 초월 쪽으로 이동' 또는 '내적인 것에로 돌아섬'으로 궤도가 수정되리라 예상한다(콕스, 2010: 11). 하비 콕스는 변화하는 기독교 인구 분포의 변화에서 그것을 예감하고 있다.

> 1900년에는 그리스도인들의 거의 90%가 유럽 또는 미국에 살았다. 오늘날에는 60%가 아시아, 아프리카, 또는 라틴아메리카에 살고 있다. 그런데 아마도 그 숫자는 2025년까지 67%로 상승할 것이다. 1975년 즈음에 그리스도교는 '서양'종교이기를 그쳤다. 벨록(Hilaire Belloc)의 유명한 말("신앙은 유럽이고, 유럽은 신앙이다")을 뒤집어 말하자면, 신앙은 이제 유럽이 아니고 유럽은 신앙이 아니다.

예수를 따르는 사람들의 대다수는 더 이상 '그리스도교 나라'라는 옛 영토에 거주하지 않고 지구의 남반구에 거주한다. 여기서는 그리스도교 운동이 가장 급속하게 성장하고 있다. (콕스, 2010: 249)

위에서 언급하고 있는 제3세계 기독교는 토착화된 민족의 신앙과 대화적으로 교제하고, 전통적 교리 중심보다는 각각의 경험과 서사가 신앙의 언어로 활발히 유입되는 종교이다. 하비 콕스는 이러한 모습들에서 종교의 미래를 낙관적으로 바라본다. 그것은 우리 시대 종교가 나가야 할 방향과 가치에 대한 하비 콕스의 바람이기도 하다. 이 책의 번역에 참여한 신학자 김창락은 이러한 현상을 다음과 같이 평하면서 미래의 종교에 대한 정의를 일단락 짓는다. "신조와 교리가 이른바 정사(正思)를 뜻하는 정통(正統, orthodoxy)의 척도로 위력을 떨치던 믿음의 시대는 물러가고 정행(正行, orthopraxis), 즉 올바른 실천이 그리스도인들의 행동 규범으로 작용하는 성령의 시대가 열리고 있다."(콕스, 2010: 336).

지금까지 하비 콕스의 논의를 따라가면서 미래 종교에 대한 전망을 나누었다. 근대가 세속 사회로 접어들면서 영향력이 줄어들고 종말을 고할 것 같았던 종교는 포스트모던 사회를 지나면서 새로운 종교성으로 발현되고 있다. 피터 버거(Peter L. Berger, 1929-2017)는 이를 '탈세속화(Desecularization)'(Berger, 1999)라고 칭하였다. 다음 절에서 탈세속화 시대의 종교 현상학에 관한 내용을 살펴보기로 하겠다.

3. 탈세속화 사회의 도래

탈종교 사회를 가리키는 지표들은 많다. 한국의 경우 통계청에서 5년마다 발표하는 종교 인구 조사는 종교 현상에 관한 많은 시사점을 제시한다. 특별히 2015년 종교 인구 조사가 관심을 끌었는데 '종교 없음'이라고 답한 이들이(56.1%) '종교가 있다'고 답한 사람들을 앞질렀기 때문이다. 당시 이런저런 보도에서 한국 사회가 탈종교화, 비종교화 시대로 접어들었다고 평했던 것이 기억난다. 한국갤럽에서 2021년 발표한 한국인의 종교 의식과 종교 생활에 대해 조사한 결과에 의하면 믿는 종교가 '없다'고 답한 비율이 60%로 나왔는데,[2] 이는 2015년 인구 센서스 결과에서 무종교로 답한 비율(56.1%)보다 높은 수치다. 각 교단 총회에서 발표하는 신자 수도 점점 줄어드는 추세다. 2022년 가을 각 교단의 총회가 끝난 후에 나온 보도에 의하면 개신교 6개 주요 교단이 10년 연속 교세가 감소하고 있다는 총회 보고가 있었다.[3]

탈종교 경향은 미국의 경우도 마찬가지다. 여론 조사 기관인 퓨리서치센터는 미국의 기독교 현황에 대한 조사 결과를 발표했다(2022. 9. 14). 보도에 따르면 미국의 종교 분포는 1990년대 이후 흔들리기 시작했다고 한다. 기독교 인구는 1990년대에 약 90%에서 2007년에 78%로, 2020년대에 들어와서는 인구의 약 64%로 감소하였다. 현재도 문제이지만 앞으로가 더 비관적이다, 라는 전망이 나오는데, 젊은 층들의 이탈이 매년 급속도로 커지고 있다는 점에서 그렇다.[4]

이렇듯 표면상으로는 탈종교 현상이 농후한데 그 이면을 보면 고개를 갸우뚱거리게 하는 요소들이 있다. 제도 종교는 떠났지만 종교심혹은 종교적 세계관을 버리지 못하는 현상이다. 한국갤럽(2021) 조사에 의하면, 초월적 존재와 현상에 대한 믿음을 묻는 질문에 만만치 않은 사람들이 손을 들었다. 종교에서 말하는 다섯 가지 초자연적인 개

---

2. https://www.gallup.co.kr/gallupdb/reportContent.asp?seqNo=1208
3. 뉴스앤죠이, 「6개 주요교단, 10년 연속 교세 감소...정점 대비 202만명 줄어」(2022. 9. 28). https://www.newsnjoy.or.kr/
4. http://www.ohmynews.com/NWS_Web/Viewat_pg.aspx?CNTN_CD =A0002865312

념 각각에 대한 존재 여부를 물었더니, '기적' 57%, '죽은 다음의 영혼' 과 '극락/천국' 각각 43%, '절대자/신' 39%, '귀신/악마' 38% 순으로 나타났다. 갤럽은 1984년 이래 종교의 사회적 위상은 많이 바뀌었지만, 초자연적 존재에 대한 믿음은 상대적으로 변화가 적은 편이었다는 설명을 달았다.[5]

2022년 대선 과정에서 당시 윤석열 국민의힘 후보자와 관련된 ○○ 법사 논란이 세상을 시끄럽게 했다. 21세기 중반을 향해 가는 최첨단 대한민국의 대통령을 선출하는 자리에서 돌출된 무속 논란을 지켜보면서 들었던 생경함과 기괴함은 가히 충격적이었다. 그런데 곰곰이 생각해 보면 이것은 그리 새로운 것은 아니다. 입시나 선거철마다 여전히 점집들은 성업 중이다. 그 무렵 이런저런 무속 관련 시장의 규모에 대한 기사가 윤석열 관련 무속 논란과 함께 떠돌아 다녔다. 무속/역술 산업의 시장 규모가 수조에서 수십조까지 이를 것이라는 것, 무속인의 숫자가 100만은 넘을 것이라는 추측성 보도 등이 넘쳐났던 것은 우리 사회가 아직까지 종교적인 것, 영적인 것의 영향력으로부터 자유롭지 못하다는 반증이 아닐까 싶다.

제도 종교의 전통 예식인 미사, 법회, 예배에 참석하는 신도들의 수는 줄어 가지만 종교 기관에서 행하는 각종 종교 프로그램들은 성황이다. 불교 사찰의 템플스테이는 보편화되어 가는 추세이고, 가톨릭의 수도원 체험과 성지 도보 순례도 많이 늘어나고 있다. 걷기 열풍의 원조라 할 수 있는 스페인 산티아고 여정은 성 야고보의 무덤으로 가는 순례길 '카미노 데 산티아고'에서 영감을 받아 시작되었다. 많은 세계 시민들이 성자를 찾아 깨달음을 갈구하며 길고 먼 순례의 길을 걷고 있는 셈이다. 근대 이후 세속 사회가 전개되면서 종교가 머지않아 사

---

5. https://www.gallup.co.kr/gallupdb/reportContent.asp?seqNo=1209

라지리라는 예상이 심심치 않았는데 작금에 벌어지는 종교 현상은 기존의 종교 문법을 탈(脫)하면서 새로운 종교적 패러다임을 향(向)하고 있는 것이 아닌가 하는 물음을 던진다.

특이한 것은 탈세속화 혹은 탈종교 현상은 종교 내의 변화이기도 하지만 종교 외부로까지 그 영역이 확대되고 있다는 점이다. 현대 종교가 세속화되고 탈종교화되었다는 것이 놀라운 것이 아니다. 문제는 세상이 종교화되어 가고 있다는 것이다. 이것이 어쩌면 탈세속화, 혹은 탈종교 현상의 핵심 메시지일는지 모르겠다. 영성 마케팅을 통한 영성의 대중화 현상이 우리 사회에 새롭게 등장한 종교 현상학의 풍경이다. 스페인 산티아고 순례 길에 오르는 수많은 사람들, 템플스테이로 몰리는 일반인들의 모습에서 탈세속화 시대의 징후를 엿볼 수 있다. 종교의 전문 영역이었던 힐링, 코칭, 웰빙/웰다잉 분야가 기업의 주도 하에 시장을 확장해 가고 있는 것이 대표적인 예이다.

내가 주목하고 있는 것은 정치 영역에서 종교성이 대두되고 있다는 점이다. 촛불 정국에서 대표적으로 드러났듯이 각종 집회 현장에서 인민들은 혁명의 도구로 종교적 염원의 표출인 촛불을 든다. 시위라는 가장 정치적이고 세속화된 공간이 촛불로 상징되는 종교적 의례와 별다른 충돌 없이 호환된다. 촛불 집회와 대척점에 서 있는 태극기 집회를 주동하는 세력 역시 개신교 우파이다. 한국의 민주주의를 해설할 때 소환되는 정치적 메시아니즘에 대한 논의는 기독교의 용어를 정치의 언어로 초대한 케이스가 아닐까 싶다.[6] 21세기 종교 현상이 이렇다면 근대 이후 전개되어 왔던 세속화에 대한 이해는 다각적으로 검토되어야 한다. 좀 더 다양한 측면과 입장에서 세속화의 증상 혹은 증환으

---

6. 한국 정치와 메시아니즘에 대한 논의는 구체적으로 죽은 박정희와 노무현을 둘러싼 팬덤 정치와 관련된 부분인데 이에 관한 자세한 내용은 김진호의 『권력과 교회』(파주: 창비, 2018). 172-88를 참조하라.

로서의 종교에 대한 논의가 필요하다.

이러한 점들에 주목하면서 피터 버거는 근대 이후를 세속화 사회라고 단정 짓는 것에 반대한다. 그는 오늘날 종교의 귀환 현상을 탈세속화라고 보았고, 제도 종교와는 다른 신앙적 의례를 찾고 전통 종교와 다른 영성을 갈구하는 종교 운동이 탈세속화 시대의 종교 현상임을 분명히 한다(버거, 2002: 17). 이 말은 기존 종교의 영토와 범위를 넘어서 종교가 삶의 공간과 정치의 영역에서 영향력을 발휘하고 있다는 말이다.

세속화를 주장했던 사람들이 범박하게 '신의 죽음'을 이야기했다면, 탈세속화를 주장하는 피터 버거는 무한한 가능성의 세계에 존재하는 신으로 향하기 위해서 기존 종교 제도와 교권에 갇힌 '신의 죽음'을 선포한다. 피터 버거와 함께 현대 사회학 발전에 공헌한 토마스 룩만(Thomas Luckmann, 1927-2016) 역시 종교란 늘 존재하는 인류학적 상수이며, 단지 형식만이 변화하는 것이라고 말한다. 제도적 종교는 쇠퇴할지 모르지만, 보이지 않는 종교, 즉 사사화(Privatization)된 종교는 여전히 사람들에게 의미를 지닌다고 하면서 탈세속화 논쟁을 이어 간다(룩만, 1990: 145-54).

이 순간 프로이트가 『문명 속의 불만』에서 종교심의 근원에 대해 언급한 내용이 떠오른다. 프로이트(Sigmund Freud, 1856-1939)는 종교심을 "망망대해 같은 느낌(oceanic feeling, 대양적 느낌)"이라 표현하였다(프로이트, 1997a: 242). 망망대해에 가면 나를 포함한 우주 삼라만상이 하나로 연결되어 있는 느낌을 받지 않을까. 거대한 대양의 한가운데서 느끼는 전 우주적 에너지가 내게로 모아졌다는 각성을 통해 인간은 절대 용기를 지니고, 또한 인간은 대양의 한가운데서 자신이 전 우주적 에너지의 일부에 지나지 않는 미약한 존재임을 느끼며 절대 겸허의 마음을 지닌다. 프로이트가 『문명 속의 불만』에서 언급한 종교심 관련 내용은 탈종교 시대를 살아가는 현대인들이 한 번 음미해 볼 만한 구절이다.

결론적으로 말하면, 제도 종교의 위상을 나타내는 여러 지표들이 하락하고 있다고 해서 실제로 사람들 사이에서 '종교적인 것'에 대한 관심이 동반 하락하고 있다고 단정하기는 어렵다. 앞에서 언급했던 것처럼 종교 단체에는 가입하지 않았지만 여전히 현대인들은 영적인 것에 관심이 많다. 아니 오히려 더 활발히 기성 종교에 의존하지 않으면서 자신의 종교성을 적극적으로 발견하고 개진하려고 노력하고 있다. 영미권에서는 이런 현상을 SBNR(spiritual but not religious)(지용근 외, 2022: 52-75)이라고 표현하는데, 이는 교회를 벗어나 홀로 신앙생활을 하면서 영적인 것을 추구하는 현대인의 종교 패턴을 잘 드러내는 말이라 할 수 있을 것이다.

4. 종교 없는 종교

데리다(Jacques Derrida, 1930-2004)의 해체주의를 신학적으로 풀이하는 존 카푸토(John D. Caputo, 1940-)는 SBNR 시대의 종교 상황을 "종교 없는 종교(religion without religion)"라고 표현한다(카푸토, 2003: 133-71). 카푸토는 "진리의 배타적 소유권을 주장하지만은 않는" 종교를 '종교 없는 종교'의 특징이라 말한다(카푸토, 2003: 134). 제도화된 종교가 보이는 독선적 신앙을 부정하고, 위계적인 성직 구조와 교권의 폐쇄성을 비판하면서 새로운 신학적 실천을 도모하려는 의도가 '종교 없는 종교'에는 있다.

하지만 '종교 없는 종교' 시대에는 근본주의 종교로 회귀하려는 반동적 움직임도 거세다. 나는 이것이 탈세속화 시대에 출몰하는 종교 현상학의 한 단면이라 본다. 전 세계에서 동시다발적으로 출몰하는 근본주의 정치와 종교 세력들은 반동성애, 반이슬람, 인종주의, 여성 차별을 기치로 내걸고 혐오의 메커니즘을 작동시키고 있다. 그들은 자신들의 모순과 부조리를 가리우는 처방으로 타자를 향한 혐오와 증오를 선택했고, 신자들을 향해서는 종단으로의 귀속성 강화를 요구한다. 그 과정에서 탈성직, 탈제도, 탈권위를 지향하는 신도들이 빠져나가는 현상이 발생한다. 이들은 제도 종교가 지니는 교조적인 면에는 반대하나, '종교적인 것'에 대한 미련을 버리지 못하는 신자들이다. 근래 언급되고 있는 가나안 신자, 떠돌이 신자, 냉담 신자들은 이런 배경 속에서 등장하였다.

종교가 사회를 걱정하는 것이 아니라 사회가 종교를 걱정하는 형국임에도 불구하고 기존 종교는 그 원인을 잘못된 종교(대타자) 자신에게 두지 않고 외부의 타자들에게 돌린다. 그리고 자기들의 실패에 대한 원인과 이유를 타자를 향한 혐오와 폭력으로 분출하면서 내부의 문제를 봉합하고자 한다. 개인의 영성과 깨달음에 대한 갈증과 기대가 높아진 것에 비해 각 종단들의 상황은 고양된 신자들의 눈높이를 따라가지 못한다. 양자 사이 부족분은 오롯이 개별 신자들의 몫으로 돌아오고 이런 이유로 신자들은 종단 밖에서 '종교적인 것'을 서치하고 쇼핑한다. 근본주의적 종교들의 성급하고 근시안적인 선택이 빈번할수록 신자들의 이탈은 증가하고, 빠져나간 신자들은 저마다의 종교성을 찾아 종단 밖에서 서성이고 있는 형국이 계속되는 상황 속에서 '종교 없는 종교'에 대한 논의가 등장하였다.

종교는 본디 신과 인간의 끊어진 관계를 다시(Re-) 연결(ligare)한 후에 도래하는 온전함을 꿈꾼다. 종교학자 엘리아데(Mircea Eliade, 1907-1986)는 "인간이란 항상 전체적이고 조직된 세계, 즉 코스모스안에서 살기를 바란다"(엘리아데, 1998: 71-4)는 말로 종교적 인간을 정의하였는데, 이 경우 종교는 신과 개인 사이뿐 아니라, 신이 창조한 자연과 인간의 사이, 인간과 인간의 관계, 인간과 사회의 관계, 심지어 사물과 사물의 관계로까지 영역이 확대된다. '종교 없는 종교'는 종교성 일반에 대한 비판이 아니라, 관성화 되고 화석화된 종교 문법과 종교 생활에 대한 반성적 성찰이라 할 수 있다. 하지만 '종교 없는 종교' 시대에 이르러 그런 문법이 원활히 작동되지 않고 있다. 나는 이러한 오작동이 종교를 개혁하는 데 있어 중요한 모멘텀이 될 수 있는 기회라 생각한다.

하지만 이 대목에서 짚고 넘어가야 할 것이 있다. '종교 없는 종교'의 진행 과정과 종착점에 대한 문제이다. 나는 카푸토가 말하고자 하는 문제의식에는 공감을 한다. 하지만 '종교 없는 종교'가 성취한 깨달음 이후의 종교는 무엇인지, 그 과정에서 공동체와 타인들과의 관계는 어떻게 맺고 유지되어야 하는지에 대한 논의는 부족하다. 그들이 도달하고자 하는 영성과 깨달음이 혹 사적 영역과 감성적 차원에만 머물러 있는 것은 아닌지, 하는 의심이 드는 대목이다.

세상을 향한 종교적 실천과 수행은 어떻게 도모할 것인지에 대해서 '종교 없는 종교'는 지금보다는 책임적인 자세로 묻고 반추해야 할 것이다. '종교 없는 종교'의 메시지가 중요한 제안인 것은 맞지만, 너무나 신과 개인 간 관계에만 집중한 나머지 나와 나를 둘러싼 '타자적인 것'으로의 전환이 느린 것은 아닌지 되돌아봐야 한다는 말이다. 자아를 깨달음의 주체로만 한정하지 않고 실천과 윤리의 주체로 고양시키는 종교, 세계와 타자를 향해 자신을 개방하는 종교, 나의 깨달음보다는 타자들의 목소리에 전적으로 수동적으로 반응하는 종교로 비상할 때 '종교 없는 종교'는 비로소 그들이 지적했던 제도 종교의 결핍을 극복하는 종교로 도약할 수 있다.

팬데믹 이후의 종교

탈종교의 묵시록(1)

"폭풍은 지나가고 인류는 살아남겠지만 우리는 다른 세상에 살 것"[1]
— 유발 하라리

1. 파국으로서의 코로나19

2020년 봄, 코로나19가 출몰하던 무렵 유발 하라리의 기사를 읽다가 끄적였던 메모가 기억난다. "묵시는 파국(catastrophe)을 지나고 난 후에 우리들에게 당도한다. 종교란 파국을 지향하고 파국을 견디며 파국을 통과한 후 살아남았던 잉여가 아니었을까. 파국은 전체인 하나를 걸러내는 장치이고 종교는 몰락 이후에 남겨진 유산일는지 모르겠다. 전부를 날리고 살아남은 남루하지만 숭고한, 찬란하지만 슬픈 유작이 종교라고 말하는 것이 지나친 망상이라는 사실을 나도 알지만 이런 판타지로 인해 종교는 세상과 달리할 수 있었다고 말하고 싶어졌다. 그리고 다시 몰락이 찾아왔다. 우리의 생에 균열이 가해질 것이며, 사회는 요동칠 것이다. 그렇다면 이 소란이 끝난 후에는 새로운 종교의 시대가 열리는 것일까."

코로나19가 오랫동안 지속될 것이라는 전망이 흘러나오던 시절이었는데 불안했지만 왠지 이유를 설명할 수 없었던 쾌감이 마음속에서 작

---

1. Yuval Noah Harari, *Financial Times*, 2020.03.20, "The world after coronavirus" https://www.ft.com/content/19d90308-6858-11ea-a3c9-1fe6fedcca75 (최종 검색일 2021. 4. 12)

동했다. 어쩌면 지금의 추락이 무엇이 진실하고 옳으며, 어떤 것이 선하고 아름다운 것인가에 관한 오래된 물음에 답을 할 수 있으리라는 생각이 들었다. 역사의 전개 과정에서 몰락하는 중 파국을 예감하면서 생생하게 떠올랐던 깨달음과 생의 질문들을 모아 종교가 탄생했고, 그것을 행위하고 수행하면서 윤리가 완성되었던 것은 아닐까. 그렇다면 코로나19는 종교적으로 그리고 윤리적으로 인류에게 다가온 전환점이라 할 수 있다. 그것이 희극이 될지 비극이 될지는 나중에 밝혀지겠지만 현재 우리는 새로운 문명 전환을 향한 요청으로 급하게 내몰리고 있다는 사실만은 분명하다.

코로나19는 2020년부터 현 2024년까지를 회고할 때 세계사적이고 문명사적인 사건으로 기록될 것이다. 팬데믹은 정치, 경제, 사회, 문화 모든 영역에서 현대 문명의 취약점을 여과 없이 드러내 보였다. 각 분야에서 감염병을 둘러싼 진단과 예측이 이루어졌지만 뾰족한 대책이 보이지 않았다. 역병의 후폭풍에 가장 타격을 입고 그래서 누구보다 활발히 대안을 찾기 위해 몸부림치던 집단은 종교계였다.[2] 그중 주목을 받았던 움직임이 있었는데, 크리스챤아카데미와 한국기독교교회협의회(NCCK)가 공동 기획으로 2020년 9월부터 2021년 5월까지 "코로나 19 이후 한국사회와 교회"라는 제목으로 진행한 연속 토론회이다. 사회와 문화, 정치와 경제, 생태와 생명, 신학적 도전 등 주제별로 9차례 심포지엄과 20여 차례 문서 작성 모임을 거쳐 "코로나 19 한국교회

---

2. 팬데믹 초기였던 2020년 봄, 가톨릭(박문수), 개신교(이상철), 불교(유승무) 연구자들이 모여 『가톨릭 평론』 27호(2020년 5-6월호) 기획으로 "코로나 이후, 종교의 길을 묻다"(11-30)라는 주제로 좌담회를 열었고, 그로부터 1년 6개월 후 2021년 10월 함께 대화했던 패널들이 다시 모여 코로나19 상황에서 각 종교계에서 어떤 변화들이 있었는지 논의하였다. 두 번째 좌담회에 대한 기사는 『가톨릭 평론』 34호(2021년 겨울호) 특집 기사 「종교는 어떻게 위드 코로나를 맞이해야 하나」(153-75)라는 제목으로 게재되었다.

고백문서"를 완성하였고, 이를 교회협 제71회 총회에서 정식으로 채택하였다(2022. 11. 21). 교회 고백 문서는 팬데믹으로 인한 성찰과 사회와 교회에 대한 전망, 과제, 대안 등을 거시적으로 담은 신학 문서로 모두 163개 고백을 담았다.[3]

작업들을 수행하면서 다음과 같은 생각이 들었다. 팬데믹 이후를 대비하는 종교적 상상력이 필요하다는 것, 코로나19는 이전과는 다른 종교적 지평과 플랫폼을 우리에게 요구한다는 사실이다. 무엇이 우리로 하여금 종교적 대전환을 예감케 하는 것이고, 우리는 어떤 자세로 이 시기를 넘어가야 하는 것일까? 어쩌면 그동안 미루어 왔던 한국 교회의 갱신이 우리가 예상하지 않았던 역병의 출몰로 인해 도적과도 같이 도래한 것은 아닐까. 비상한 영감과 간절한 기도가 필요한 이유다. 이 장은 이러한 문제의식을 갖고 코로나19를 둘러싼 역사 철학적 함의와 종교 현상학적 분석을 시도한 후에 그에 따른 탈종교 시대에 믿음의 변화와 그에 걸맞은 윤리적 방향 모색을 도모하고자 한다.

2. 코로나19가 지니는 역사 철학적 함의

중세 페스트를 배경으로 한 그림을 보면서 논의를 시작하겠다. 페스트와 관련된 기록을 살펴보면, 1300년대 페스트로 인해 유럽 인구의 1/3이 죽음을 맞았다는 기록이 있고, 그 이후에도 국지적으로 페스트가 꾸준히 창궐하였다. 그리스도교 특유의 회개(고백, 고해성사)의 교리가 강조되면서 발전하던 때가 이 시기였고, 창궐하는 죽음을 다스리고자 했던 교회의 결정은 어처구니없게도 면죄부 판매로 이어졌다. 그것으로 인해 중세 교회가 파국을 맞으리라고 예상했던 사람은 아무도

---

3. 한국기독교교회협의회 · 크리스챤아카데미, 『바이러스, 팬더믹, 그리고 교회』, 서울: 여해와 함께 대화출판사, 2023.

그림 1. 고야, 〈채찍질 고행단〉

없었다.[4] 교회는 페스트 앞에서 죽음에 대한 공포를 조장하면서 교회의 권위를 유지하려고 했는데 그것이 결국 중세 교회의 운명을 단축시키는 꼴이 되었다.

교회 역사를 살피다 보면 페스트로 인한 죽음과 정면으로 맞서고자 했던 교회의 고투도 엿볼 수 있다. 그것을 다룬 작품이 〈채찍질 고행단〉이다. 일부 교회는 흑사병을 인간이 저지른 죄에 대한 신의 심판이라고 생각했다. 그런 믿음을 가진 사람들은 자신의 몸에 고통을 가하는 퍼포먼스를 통해 역병을 극복하고자 했다. 프란시스코 고야(1746-1828) 작품 〈채찍질 고행단〉(1812-1814)에는 이러한 배경이 깔려 있다.

그림 가운데 긴 고깔모자를 쓰거나, 하얀 두건으로 얼굴을 가린 채 상체를 드러낸 남자들의 등에 찍힌 채찍 자국을 볼 수 있을 것이다. 붉

---

4. 이상철, 『탈경계의 신학』(서울: 동연, 2012) 중 「중세, 죽음이 편재했던 시기」(208-13) 참조.

은 피가 등을 따라 하반신을 가린 흰 옷까지 흘러내리고 있다. 이들은 씻지도 않고 옷을 갈아입지도 않았다. 그냥 저대로 아무 데서나 자고 먹고, 채찍질로 인해 생긴 상처는 흑사병의 숙주가 되고 결과적으로 전염병을 널리 퍼뜨리게 하는 요인이 되고 만다. 근대 화가인 고야는 중세 인간들의 무지와 광신, 교회의 타락, 종교적 광기가 빚어낸 인간의 반이성과 잔인함을 이 그림에서 표현하고자 했다.

문득, 전광훈 목사와 이만희 교주가 코로나19 시국에서 보인 말과 행태가 이 순간에 오버랩 되는 이유는 왜일까. 전염병 확진자가 급증하던 2020년 2월 22일 광화문 집회에서 전광훈 목사는 이렇게 말했다. "우리는 조국 대한민국을 지켜낼 것! 오히려 이런 예배에 참여하면 성령에 불이 떨어지기 때문에 걸렸던 병도 낫는다." 이만희 총회장도 코로나19 확진자가 폭발적으로 증가하던 2월 21일(2020년) 신도들에게 보낸 메시지를 통해, "금번 병마 사건은 신천지가 급성장됨을 마귀가 보고 이를 저지하고자 일으킨 마귀의 짓임을 안다"라는 망언을 한 바 있다. 이 자들의 말과 행동이 중세 페스트가 창궐하던 무렵 등장한 〈채찍질 고행단〉의 광신적 행위와 뭐가 다른가. 무엇이 이런 만행을 가능하게 하고, 무엇이 이런 광기를 가능하게 하는 것일까? 이렇듯 중세의 페스트와 21세기에 창궐한 코로나19는 동일한 질문을 던지면서 중세의 신앙인과 현대의 신앙인을 같은 자리로 초대한다.

이 대목에서 역사적으로 우리가 주목해야 할 사실은 페스트로 인해 등장한 죽음의 그림자 뒤에서 합리주의가 등장했다는 점이다. 감염병으로 인한 죽음의 편재는 중세의 패러다임을 송두리째 무너뜨리면서 회의주의를 전파시켰다. 이는 인식론적으로 계몽주의와 이성주의를 앞당기는 계기가 되었다. 르네상스가 꽃피울 수 있었던 것도 신적 세계에서 벗어나려는 인간 정신에 대한 찬양과 중세에 대한 근본적인 회의로부터이다. 데카르트의 '방법적 회의'도 죽음의 폐허를 극복하려는 인간 정신의 발버둥에서부터 시작되었다. 아이러니컬하게도 역병이 휩쓸고 간 자리에서 〈채찍질 고행단〉 같은 반지성주의를 극복하려는 노력이 있었고, 그것이 근대적 이성의 탄생을 앞당겼다.

지금까지 중세 사회가 페스트 위기를 지나면서 어떻게 변모하였는지를 살폈는데, 이를 통해 코로나19 이후 세계가 어떻게 변화되어 갈는지에 대한 예단을 할 수 있지 않을까 싶다. 페스트로 인해 중세가 무너지고 근대라는 새로운 시대로 나갔듯이 코로나19는 우리들에게 지금과는 다른 삶의 패턴과 의식의 고양을 요구하면서 새로운 미래를 향한 준비와 진격을 재촉하고 있다. 이것이 코로나19가 우리에게 선사하는 역사 철학적 의미라 할 수 있을 것이다. 하지만 현실의 코로나19 현상은 역사 철학의 낙관적 기대와는 다르게 녹록치 않은 상황이다.

다음 절에서는 감염병에 대한 종교 현상학적 분석이 이루어지는데, 코로나19를 대하는 한국 개신교인의 인식 조사와 근래에 진행된 개신교인의 신앙 양태 관련 인식 조사를 가지고 올 것이다. 그 결과를 추적하면서 개신교인의 신앙 패턴 변화가 코로나19를 계기로 속도를 내어 확연히 다른 지평으로 옮겨 가고 있다는 사실을 주지할 것이다. 코로나19로 인해 변화된 우리 삶과 인식은 믿음의 형태와 방식에 대한 물음으로 이어지고, 이는 종교가 무엇인지에 대한 근원적인 질문으로 우리를 내몰고 있다. 그 자체가 탈종교적 현상이고 사태라 할 만하다.

3. 아우라의 파괴

코로나19 이후 한국 교회의 현장 예배 중단과 비대면 예배를 둘러싼 개신교인 인식 조사가 몇 차례 시기별로 진행되었고, 그 변화의 추이를 통해 한국 개신교의 탈종교화 현상을 실감할 수 있었다. 제일 먼저 발표된 개신교인을 상대로 한 인식 조사는 한국기독교목회자협의회

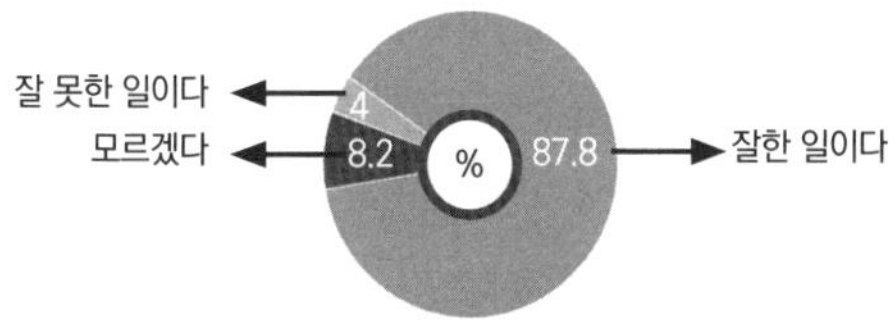

그림 2. 주일 현장 예배 중단에 대한 의견

와 한국기독교언론포럼이 지앤컴리서치에 의뢰하여 전국 만 18세 이상 남녀 개신교인 500명을 대상으로 한 긴급 여론 조사였다(조사 기간: 2020년 2월 24-25일). 조사가 이루어졌던 시기는 2020년 2월 18일 31번 확진자(신천지 교인)가 등장하고 코로나19 확진자가 가파르게 증가하던 무렵이었다. 개신교인들은 '코로나19 확산으로 인한 주일 대예배 중단' 찬반 여부를 묻는 질문에 응답자의 71%가 찬성했다. 반대는 24%에 그쳤고, '잘 모르겠다'는 응답은 6%였다.[5]

그로부터 6주 뒤에 다시 양 기관이 지앤컴리서치에 의뢰하여(조사 기간: 2020년 4월 2-6일/조사 대상: 전국 만 18세 이상 남녀 개신교인 1000명) "코로나-19로 인한 한국교회 영향도 조사"를 진행하였다.[6] "주일 현장 예배 중단"을 묻는 항목에서 '잘한 일이다'라는 응답이 87.8%로 압도적으로 높게 나타났으며, '모르겠다'는 응답이 8.2%, '잘못한 일이다'라는 응답은 4%로 조사되었다. 2월 말 조사보다 주일 현장 예배 중단에 대한 긍정 지수가 17.8% 증가했다는 것을 확인할 수 있다.

코로나19를 전제하지 않고, "일반적인 상황에서 주일예배의 온라인

---

5. 도재기, 『경향신문』, 2020. 2. 27, 「주일예배 중단, 개신교인 71%가 찬성, '한목협' 등 여론조사 결과」, http://news.khan.co.kr/kh_news/khan_art_view.html?artid= 202002271755001&code=960100(최종 검색일 2021. 4. 12).
6. 최경배, CBS노컷뉴스, 2020. 4. 10. 「코로나 19 사태 개신교인들의 인식 변화」, https://www.nocutnews.co.kr/news/5325917 (최종 검색일 2021. 4. 12).

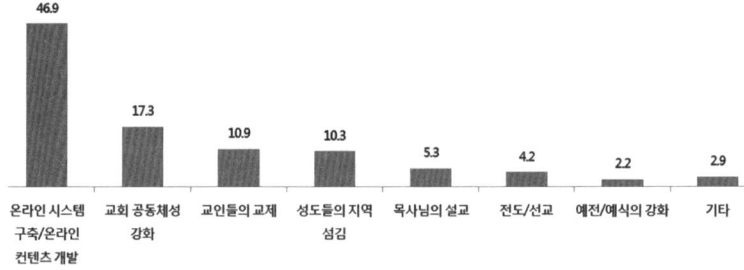

그림 3. 코로나19 이후 교회가 강화해야 할 사항*

* 기독교사회문제연구원, 기독교사상, 크리스챤아카데미가 공동으로 "2020년 주요 사회현안에 대한 개신교인 인식조사"를 실시하였다. 이를 분석하여 묶어서 『코로나19와 한국교회의 사회인 식』(서울: 대한기독교서회, 2021)으로 출판되었고, 위의 표는 상게서 39쪽에 실려 있다.

예배화에 대한 의견"을 물었다. 전체 응답자의 54%가 '온라인 예배 또는 가정 예배로도 대체할 수 있다'고 답하였고, 40.7%는 '주일 예배는 반드시 교회에서 드려야 한다'고 응답했다. "주일성수에 대한 의견"도 물었는데, 42% 응답자가 '주일에 교회에 가서 예배 드려야 한다는 생각이 더 간절해졌다'는 의견을 피력했고, 22.9%의 응답자가 '주일에 꼭 교회에 가서 예배를 드리지 않아도 된다는 생각을 하게 됐다'고 답했다.

코로나19로 인한 비대면 예배의 확산이 일시적인 현상인지, 아니면 예배에 대한 근본적인 변화와 혁신까지 나아갈 것인지에 대해서는 아직 섣부르게 판단할 수 없지만, 교인들의 예배에 대한 기존의 생각이 변화하고 있는 것은 확실하다. 실제로 팬데믹이 종료된 현시점(2024. 12)에서 코로나 이전과 이후를 비교했을 때 교회마다 다소 차이는 있겠지만 대략적으로 20% 내외로 대면 예배 참석 교인 수가 감소한 것을 확인할 수 있었다.

코로나19로 인해 공예배 참여와 주일 성수에 대한 불문율이 깨어진 것은 한국 개신교 역사에서 엄청난 사건이라 할 만하다. 실제로 팬데믹이 기승을 부릴 때 예배를 중단한다는 광고를 교인들에게 전했더니 일부 원로 교인들 중에는 '전쟁 통에도 중단하지 않았던 예배를 감기 때문에 중단해서 되겠느냐' 하면서 반대의 목소리를 냈다고 한다. 그럼에도 불구하고 30~40대 젊은 교인들은 교회 출석을 빠르게 포기하고 비대면 예배로 전환했다. 주일 성수라는 깨지지 않았던 불문율이 코로나19로 허무하게 무너지는 일이 발생한 것이다.

코로나19는 교회의 정체성을 유지하고 보존하는 데 있어 절대적인 역할을 하고 있는 대면 예배를 정지시키고, 비대면 온라인 예배 시대의 개막을 알렸다. 주일 11시에 나의 몸이 참여하면서 드렸던 하나의 예배, 한 분의 목사님에 의해 전달되던 복음은 다중의 교회와 여러 목사들에 의해 교인들 앞으로 선택적으로 주어지고 있고, 교인들은 그 사이를 유랑하며 자신의 취향에 맞는 예배와 복음을 취사선택할 수 있게 되었다.

변화의 조짐은 '코로나19 이후 교회가 강화해야 할 사항'을 묻는 인식 조사를 통해 감지되었다. 개신교인들은 '온라인 시스템 구축/온라인 컨텐츠 개발'(46.9%)을 1위로 꼽았고, 반면 목사님의 설교는 5.3%에 불과했다(그림 3 참조).

신도들 앞에서 많은 예배들과 목사들이 서로 경쟁을 하고 있는 셈인데, 아마도 이것이 개신교 목사들에게는 가장 큰 위기감이 아닐까 싶다. 당신들이 면대면 하면서 던지는 메시지보다 인터넷 공간, 비대면 공간에서 떠다니는 익명의 목사들과 메시지가 더 위력적이다, 라는 공포가 현실의 목사들에게는 있다. 이러한 현상을 발터 벤야민(Walter Benjamin, 1892~1940)의 표현을 빌려 요약하면 '아우라의 파괴(decay of the aura)'(Benjamin, 1968: 222)라고 말할 수 있다.

'아우라의 파괴'는 본래 발터 벤야민이 「기술복제 시대의 예술작품」

이라는 글에서 테크놀로지의 발달이 전통 미학 이론을 전복시킬 것임을 예감하면서 사용한 용어이다. 여기서 말하는 테크놀로지는 구체적으로 벤야민 당시의 사진술인데, 사진이 발달하면서 원본(원형, Original)에 대한 아우라에 훼손이 생겼다는 것이다. 사진이 등장하면서 원본의 권위는 추락하기 시작했고, 원본과 사본 사이 관계의 혼돈을 추구하는 것이 현대 예술의 쟁점으로 부각되었다. 급기야는 원본이 지니는 영기(靈氣)의 해체가 현대 미학론의 주된 흐름으로 등장하였는데, 벤야민은 그것을 '아우라의 파괴'라 불렀다.

나는 '아우라의 파괴'가 코로나19 시대 탈종교화 현상의 핵심적 요소라 판단된다. 왜냐하면 주일 성수의 해체와 온라인 예배의 등장이 교회가 견지했던 전통적인 믿음의 체계와 은혜의 방식을 교란하기 때문이고, 그것은 결국 예배가 담보했던 영기(靈氣)의 파괴로 이어질 수 있기 때문이다. 하지만 돌이켜 보면 '아우라의 파괴'는 새로운 것이 아니다. 새로운 종교의 출몰과 종교의 개혁은 늘 기존의 종교적 관습과 도그마가 지녔던 아우라를 극복하려 했던 절규와 몸부림이었다. 그런 의미에서 볼 때, 코로나19 시대에 벌어지고 있는 탈종교화 현상은 포스트 코로나 시대로 나가는 과정에서 벌어지는 전조 현상인지도 모르겠다. 그렇다면 우리는 코로나19 이후 종교의 자리를 어떻게 예비해야 할 것인가.

4. 팬데믹 이후의 종교

카렌 암스트롱(Karen Armstrong)은 『축의 시대: 종교의 탄생과 철학의 시작』에서 기원전 8-3세기 사이에 현재까지 이어지는 고등 종교들이 발생했다고 말한다. 신석기 혁명을 거치면서 농경이 시작되고 그에 따른 부의 축적이 이루어지면서 권력이 등장했는데, 권력은 생리상 전쟁과 폭력을 통해 더 큰 권력을 쟁취하려는 속성을 지닌다. 암스트롱은 타인을 혐오하고 폭행하는 권력에 맞서 반대로 타인의 고통에 반응하고 자비를 구하는 종교가 등장했다는 점에 주목한다. 그는 세계의 주요 종교와 철학이 탄생한 이 시기를 '축의 시대'라 부르면서 다음과 같이 적고 있다. "축의 시대 현자들에게 종교란 정통적인 믿음이 아니라, 모든 존재의 신성한 권리를 존중하는 것이었다. 사람들이 다른 사람들에게 친절하고 관대하게 행동하면 세상을 구원할 수 있다."(암스트롱, 2010: 6).

타자의 고통에 반응하면서 '축의 시대'가 등장했던 것처럼, 코로나19는 수면 아래 있었던 다양한 타자들의 고통을 들려주면서 새로운 '축의 시대'를 향한 분발을 촉구하는 듯하다. 실제로 코로나19는 많은 고통의 서사들을 보여 주고 있다. 생태적인 문제에서 빈부 격차의 문제까지, 의료 체계를 비롯한 사회 전반적인 시스템의 문제에서부터 자국의 이익을 우선하는 국가주의적 태도가 지닌 문제점까지 지구촌의 우울하고 절망적인 실상을 여과 없이 드러내 보인다.

그 과정에서 여러 가지 윤리적 이슈들이 등장했는데, 코로나 팬데믹과 관련된 이슈들의 근저에는 새로운 인간론에 대한 요청이 있다. 다시, 인간이란 무엇인가? 코로나19 이후 전개되고 있는 인간론의 화두는 결국 모든 인간은 다 이어져 있다는 사실이다. 슬라보예 지젝(Slavoj Žižek)은 이를 다음과 같이 설명한다. "우리는 무엇보다 더 거대한 집합의 내부에 결박되어 있는 존재라는 사실을 인식해야 한다. 우리는 공적 존재들의 요구에 좀 더 민감해져야 하며, 자기 이해를 새로운 의미로 정식화하여 그것들이 처한 곤경에 반응해야 한다. … 인간은 그저 잠재적으로 무한정한 세력들의 네트워크 중 하나의 세력일 뿐이다."(지젝, 2020: 138).

지젝의 말대로라면 우리가 유념해야 할 것은 바이러스가 아닐지도 모른다. 세상은 이데올로기와 성과 계급과 문화와 종교와 자본에 따라 엄격히 분리되어 있는 것 같지만, 코로나19는 그 모든 경계를 가로지르면서 인간은 서로 이어져 있다는 사실을 주지시켰다. 이런 이유로 우리에게는 새로운 삶의 스타일과 패러다임, 그리고 종교적 각성이 필요하다. 그것의 대전제가 타자에 대한 관심과 배려이고, 그것의 구체적 실천이 타자의 목소리에 대한 응답과 연대라는 것을 우리는 본회퍼와 레비나스의 타자의 윤리를 통해 가늠할 수 있다.

코로나 팬데믹이라는 전대미문의 사태 속에서 인류는 강제된 선택의 상황으로 몰리고 있다. 뉴 노멀을 인정해야 하고, 언택트 상황에 적응해야 하며, 사회적 거리 두기를 실천해야 한다. 그 과정에서 사회적 약자들, 이방인들, 소수자들, 노인들은 달라진 세태에 적응하지 못해 도태되는 상황이 발생하고 있다. 이러한 증상은 점점 심해질 것이고, 그로 인해 디스토피아적 세상으로 진입하게 될 것이라는 전망은 그것의 사실 여부를 떠나 이미 유포되어 버린 코로나19 묵시록이 되었다.

우리는 이 시점에서 코로나19라는 거대한 파도에 휩쓸려 그동안 지키고 사수했던 중요한 가치들이 휩쓸려 가고 있는 것은 아닌지 경계해야 한다. 우리가 간직했던 소중한 정신과 신앙이 팬데믹이라는 "불가항력"에 휩쓸려 갈 때 사회는 야만의 법칙들이 난무하는 정글이 될 수 있다. 어쩌면 바이러스보다 더 위험한 것은 팬데믹으로 인해 번지는 불안과 의심, 타자에 대한 경계와 배제의 마음이 아닐까 싶다. 왜냐하면 바로 그 지점에서 타자에 대한 혐오가 출몰하기 때문이다. 코로나19 상황 속에서 외국인 혐오, 소수자 혐오, 노인 혐오, 개신교 혐오, 빈곤 혐오 등이 같은 맥락에서 등장하였다.

최초의 '축의 시대'가 고통에 신음하는 타자들의 통곡에 반응하면서 시작되었던 것처럼, 다시 문명은 코로나19를 통해 타자들의 고통의 목소리에 주목하라고 우리들에게 요청하고 있다. 분명 코로나 팬데믹은 전 지구를 위기와 혼란으로 빠뜨렸다. 하지만 이 위기가 파국 (catastrophe)으로 끝나서는 안 될 것이다. 성서는 파국을 말하지만, 그것은 파멸을 의미하는 파국이 아니라, 새로운 시작을 알리는 파국 (apocalypse)이었다.

아포칼립스적인 파국의 관점에서 코로나19를 바라본다면 그것은 위기이자 기회이고, 절망이자 한편으로는 희망이다. 바로 이 지점에서부터 타자의 목소리에 귀 기울이고 손을 내미는 인간들의 노력과 분투가 전개되면서 새로운 '축의 시대'가 펼쳐질 것이다. 코로나19 이후 종교의 역할이 있다면 팬데믹을 계기로 전개되는 문명의 전환기에 고통의 자리에 남겨진 타자들 곁에 서 있는 것이다. 존재의 그림자가 지워지고 목소리가 들리지 않는 이들을 향한 시선과 마음을 모아 가는 일, 그들을 지지하고 그들과 함께 연대하는 일이 코로나19 이후 종교의 새로운 정언 명법으로 등장하였다.

포스트휴머니즘과 종교

탈종교의 묵시록(2)

1. 종교와 과학의 만남

종교와 과학 사이 학제 간 대화는 어느 정도 상식이 되어 가고 있지만 방식과 태도에 있어서는 모호하고 정해진 바가 없다. 평소 만날 일이 거의 없는 과학자와 신학자가 일정 주제를 놓고 대화하는 모습은 여전히 낯설다. 이성과 논리를 통해 자연 세계를 탐구하는 과학과 초자연적인 존재를 믿으며 신앙의 도그마를 받아들이는 종교 사이에는 건널 수 없는 강이 존재하기 때문이다. 이런 이유로 종교와 과학, 과학과 종교의 대화는 논쟁적이고, 종교와 과학 사이의 갈등과 대화의 역사는 세계사와 신학사의 중요한 장면이기도 했다. 그것은 신앙과 이성, 초월과 내재, 계시와 신비로 대변되는 그리스도교 변증의 역사와 맞물린다.

특별히 생명 현상을 둘러싼 과학적 탐구와 신학적 성찰은 과학과 신학의 역사만큼이나 오래되었다. 과학과 신학의 과거는 공히 생명의 신비를 논해 왔던 역사였다고 해도 과언이 아니다. 생명이라는 화두는 종교와 과학을 이어 주는 연결 고리였고, 근래 포스트휴머니즘 논의도 그 연장선상에 있다고 보면 맞다. 그런 의미에서 알베르트 아인슈타인이 했던 "종교가 없는 과학은 절름발이요, 과학이 없는 종교는 맹인이

97

다"[1]라는 말은 과학과 종교 사이 관계를 고민하는 현대인들에게 많은 영감을 선사한다. 이 말은 달리 표현하면 신앙 없는 과학은 위험하고, 과학 없는 신앙은 맹목이라는 의미일 것이다.

하지만 종교적 이해를 바탕으로 한 과학, 과학적 전제를 기반으로 한 신학을 말한다는 것은 쉬운 일이 아니다. 잘못하면 잡탕밥이 되기 쉽기 때문이다. 이런 한계와 위험이 역설적으로 종교와 과학 사이에 대화를 요청하게 되는 이유이고, 양자의 대화를 통해 서로의 지혜를 빌려야 하는 까닭이다. 이 경우 대화의 전제는 상호 개방과 애정이다. 서로의 차이를 확인하기보다는 양자의 공통점을 찾고자 하는 노력이 먼저 선행되어야 하고, 내게는 없는 상대방의 다름이 내 안의 결핍을 보완하는 계기가 될 것이라는 소망이 대화의 기저에 깔려 있어야 한다.

2. 생명이라는 현상

본격적으로 포스트휴먼 시대의 종교와 과학을 논하기 이전에 생명 현상 일반에 대한 양자의 논의를 살필 필요가 있다. 최근 과학이 밝혀 낸 생명의 신비에 대한 성과는 눈부시다. 종교 역시 수천 년 동안 생명에 대한 놀라운 성찰과 심오한 진리를 쌓아 왔다. 돌이켜 보면 과학과 종교는 따로 또 같이 생명의 비밀을 인류에게 풀어 주었던 동반자라 할 수 있다. 이렇듯 생명이라는 화두는 종교와 과학을 이어 주는 연결 고리였고, 근래 팬데믹과 기후 위기 시대를 맞아 다차원적인 각도에서

---

1. "Science without religion is lame, religion without science is blind." Albert Einstein, *Science, Philosophy and Religion: A Symposium* (New York: Conference on *Science, Philosophy and Religion* in Their Relation to the Democratic Way of Life,Inc., 1941), chapter 13.

접근해야 하는 과제로 떠올랐다.

과학과 종교의 문제는 자연과 문화의 관계를 묻는 질문과 겹친다. 범박하게 말하면 과학은 자연의 법칙과 연관되고, 종교는 문화와 관련이 있다. 문화에 방점을 두는 학자들은 인간은 자연을 극복하고 초월할 수 있는 유일한 생명체이므로 자연보다는 문화로부터 많은 영향을 받는다고 믿는다. 반면 자연과학자들은 문화 또한 자연으로부터 자유로울 수 없고, 자연에 대한 반응과 적응이므로 인간은 결코 자연의 법칙을 벗어날 수 없다고 말한다.

자연과학자 장회익은 생명을 기계론과 생기론으로 나누는 전통적인 생물학에 반기를 든다. 이는 과학과 종교를 분리주의적이고 환원주의적으로 인식하는 사유에서 비롯된다고 보기 때문이다. 동일자 중심의 서구적 사고가 유기체적으로 인식되어야 할 과학과 종교 간 대화를 가로막고 있고, 그것이 생명과 우주에 대한 올바른 접근을 방해하는 요소로 작동한다고 장 교수는 비판하면서 '온 생명'에 대한 주장을 피력한다.

> 생명이 하나하나의 생명체, 예컨대, 세포나 토끼 한 마리 또는 사람
> 한 사람 속에 들어 있지 않다는 사실이다. 이러한 생명체들은 모두
> '온생명'이라 불릴 더 큰 체계 안에서 그것의 유기적 일부로 작용할
> 때에 생명으로서의 기능을 할 뿐이지 그것 자체로서 생명이 되는
> 것은 아니라는 것이다. (장회익, 2019: 381)

장회익은 하나하나의 생명체를 '낱 생명'이라 부르면서 지금까지 인간은 생명을 다룰 때 개체 중심의 '낱 생명'에만 집중하고 그들끼리 관계에만 주목하는 우를 저질렀다고 비판한다. '온 생명'은 보다 근원적인 관계의 망이라 할 수 있다. 이는 마치 『화엄경』에서 언급하고 있는

수많은 구슬들로 연결된 그물인 인드라 망을 연상시킨다. 하늘을 뒤덮은 촘촘한 그물의 가로줄과 세로줄이 교차하는 지점마다 구슬이 달려 있다. 그물은 우주를 상징하니까 수많은 구슬들이 천체에 매달려 있는 셈이다. 바람이 불어 출렁이면 그물에 달려 있는 구슬들이 각양각색의 소리를 내면서 합주를 할 것이다. 여기에는 범아일여(梵我一如), 즉 우주와 개인이 궁극적으로 같다는 진리가 깔려 있다. 이는 당연히 인간과 세계를 유기체적인 관점으로 바라보게 한다.

이러한 토대 위에서 장회익은 "자연과 인간은 대립되는 대립이 아니라 이들이 합쳐 비로소 생명이 이루어지는 온생명의 한 부분임"(장회익, 2019: 423)을 강조한다. '온 생명'은 40억 년 전에 태양-지구계를 바탕으로 태어나 수많은 우여곡절을 겪으며 성장해 온 '우주사적 사건'(장회익, 2019: 425)이라 할 수 있다. 하지만 지난 19-20세기 인간의 역사가 이를 역행하면서 '온 생명'의 질서를 거슬렀고 그로 인해 지구 온난화와 생물의 멸종 같은 병리적 증상이 등장했다고 장회익은 비판한다. 결론적으로, 장회익에 의하면 생명이란 하나하나의 '낱 생명' 형태로 존재하는 것이 아니라 거대하게 묶인 '온 생명'으로 존재한다. 개인들끼리의 갈등과 투쟁, 최종적인 승리를 향해 달리는 근대적 변증법적 논리가 아니라 전체적인 상생과 울림과 조화가 궁극적인 생명의 원리이다. 생명을 이렇게 이해하게 되면 '어떤 자세로 살아야 하는가?'라는 물음 앞에서 우리는 이전과는 다른 삶에 대한 태도를 요구받게 된다. '낱 생명'인 나만을 생각하는 것이 아니라 '온 생명'인 나와 대면한 후에 전체 생명을 의식하는 주체로 거듭나야 작금의 문명의 위기를 돌파할 수 있다. 이것이 바로 과학이 종교를 향해 던질 수 있는 물음이자 제안이다. 나는 포스트휴머니즘의 등장도 결국 생명이란 무엇인가, 라는 근원적 물음의 연장선상에 위치한다고 본다. AI, 사이보그 등으로 대변되는 기계와 인간의 공진화라는 새로운 인간 현상에 대해 우리는 어떤 입장을 취해야 할 것인가?

3. 포스트휴머니즘의 등장

20세기가 인간의 고난과 역사의 부조리가 신학 하는 보편적 토대라는 사실, 그리고 인간 이성이 근대성의 애초 기획과는 다르게 납루한 것임이 밝혀진 시기였다면, 21세기 포스트휴먼 시대에 들어와서는 전통적인 인간 자체의 의미가 훼손되고 위협받는 세기가 되었다. 인간의 미래는 포스트휴먼이라는 단어 아래서 새로운 그림을 그려 나가고 있고, 인공 지능, 게놈 프로젝트 등 SF 영화에 등장했던 소재들이 현실의 질서가 되어 소환되고 있다.

포스트휴먼을 둘러싼 논의의 쟁점은 결국 다시 인간이란 무엇인가를 묻는 물음에서부터 시작된다. 과학 기술의 발달로 인해 이전보다 강화된 능력을 소유하게 된 인간에 대한 묘사가 문학이나 영화의 소재로 등장한 지도 꽤 오랜 시간이 지났다. 그렇다면 인간 본성이 미래에는 변화된다는 말인가. 포스트휴먼 논의가 묵시론적이라는 사실은 기존 인간이 강화 후 변화되어 새로운 존재로 다시 태어날 것이라는 전망에 기대고 있기 때문이다. 하지만 여기에는 다양한 결이 존재한다.

손화철은 칼루스(Callus)와 헤러브레히터(Herbrechter)의 주장을 인용하면서 포스트휴먼 논의를 크게 두 가지로 분류한다. 첫 번째 입장은 인간과 기술의 구분이 사라진 공진화가 가능한 '포스트휴먼-이즘'(트랜스휴머니즘)이다. 앞으로의 인간은 장기가 노후화되면 떼어 내 인공 장기를 장착하고 유전자를 조작하여 질병과 죽음으로부터 해방될수도 있다. 인간의 의식을 컴퓨터가 리부팅 할 수 있고(한스 모라벡), 기계가 마음을 갖는 것도 가능하다(커즈와일). 기술의 발전이 새로운 인간 종의 탄생을 가능하게 한다는 말이다. 포스트휴먼을 둘러싼 유토피아, 디스토피아 논쟁은 '포스트휴먼-이즘'(트랜스휴머니즘)이 지닌 동전의 양면이다(손화철, 2020: 178-80).

두 번째 입장은 '포스트-휴머니즘'으로서의 '비판적 포스트-휴머니즘'이다. '포스트휴먼-이즘'이 기술 발전에 따른 변화된 인간에 방점이 있다면, '포스트-휴머니즘'은 르네상스-종교 개혁-산업 혁명을 거치면서 형성된 근대적 인간, 투명하고 계몽적이며 반성적인 이성을 지닌 근대적 주체에 대한 제고이고, 그들이 일군 문명과 야만에 대한 성찰적 성격이 담겨 있다(손화철, 2020: 181-3). 브라이도티는 비판적 포스트휴머니즘을 대표하는 학자인데, 그녀의 아래 발언은 비판적 포스트휴머니즘이 지닌 트랜스휴머니즘과는 다른 격을 잘 드러내고 있다.

> 우리시대의 비판적 포스트휴머니즘을 재구성하는 데 영감을 주는
> 아주 다르지만 마찬가지로 강력한 원천은 생태학과 환경운동이다.
> 그것들은 인간-아닌 '대지'의 타자들을 포함한 타자들과 자아 사이
> 의 상호연계에 주목하는 확장된 의식에 의존한다. 타자들과 이렇게
> 관계를 맺는 실천은 자아-중심의 개인주의를 거부하라고 요청하
> 며, 그러한 거부에 의해 강화된다. 이로써 자신에 대한 이해관계와
> 확장된 공동체의 안녕을 결합하는, 환경적 상호-연계들에 기반을
> 둔 새로운 방식이 만들어진다. (브라이도티, 2015: 65)

우리는 '포스트휴먼-이즘'에서 테크놀로지의 발전이 새로운 인간 종의 탄생을 가능하게 한다는 사실을 감지했다. 새로운 인류의 등장에 대한 낙관적, 혹은 비관적 전망은 다시 인간이란 무엇인가, 라는 질문을 던진다. 인간의 한계와 능력이 극복되고 정복되면서 지금까지 지니고 있었던 인간성에 대한 회의와 반성을 하게 되었다. 브라이도티의 시각에서 보자면 기계와의 공진화를 기획하는 시대에 기계와 구분된

다고 믿어지던 인간 본성에 대한 믿음은 위기를 맞을 수밖에 없다. 그 과정에서 흑인과 백인, 남성과 여성, 이성애와 동성애의 차이에 무슨 대단한 권위와 진리의 서열이 있다고 믿어 왔던 인간계의 체계는 무너진다. '포스트휴먼-이즘'의 창궐이 근대 과학 기술과 이성에 바탕한 주체, 근대적 휴머니즘을 넘어설 수 있는 계기가 될 수 있다는 말이다.

결론적으로, '포스트-휴머니즘'은 근대적 주체가 만들어 놓은 인간 중심적이고 유럽 중심적이며 남성 중심적인 인간성과 문명에 대한 반성의 기회를 제공한다. 브라이도티가 주장하는 비판적 포스트 휴머니즘의 핵심은 실체론적인 존재를 거부하고 관계론적 존재로서의 인간과 포스트휴먼의 가능성을 지지한다는 점이다. 관계론적 주체는 근대적 주체가 지녔던 동일성의 원칙과 주체 중심적 사유에서 벗어나 자아와 타자들 사이에 맺는 상호성에 주목한다.

지금까지 필자는 우리 시대를 지배하는 키워드 중 하나인 포스트휴먼을 둘러싼 소문과 포스트휴먼의 지형학에 대해 살폈다. 트랜스휴머니즘과 비판적 포스트휴머니즘이 복잡한 포스트휴먼 현상학을 정리하는 꽤 유용한 정의라는 점, 특별히 브라이도티의 입장은 포스트휴먼 시대 이타성의 자리를 마련하려는 사람들에게 도움이 되리라 본다. 이제 다음으로 넘어가 포스트휴먼 시대의 윤리와 신학의 문제에 대해 논하기로 하겠다.

4. 포스트휴먼 시대의 윤리

인간의 미래는 포스트휴머니즘의 기획 아래에서 새롭게 전개되고 있고, 인공 지능, 게놈 프로젝트 등 SF 영화에 등장했던 소재들은 서서히 현실의 질서로 빠르게 자리를 잡아 가고 있다. 포스트휴먼 세상이 유토피아가 될지, 아니면 디스토피아가 될지에 관해서는 의견이 분분하지만, 분명한 것은 그 과정에서 많은 사람들이 제외되거나 도태되어 고통의 한복판으로 몰릴 것이고, 그 파장이 종전보다 광범위하고 상흔 또한 깊을 것이라는 파국의 전망은 그것의 진위 여부를 떠나 이미 번져 버린 포스트휴먼 묵시록이 되어 버렸다.

포스트휴머니즘의 등장으로 인해 하느님의 형상으로 창조된 특별한 피조물 인간이 뭐가 그리 대단한 존재인지를 묻는 것이 이상한 질문이 아닌 것이 되었다. 과학 기술의 발달은 몸에 대한 인식의 전환을 촉진시켰는데 구체적으로는 현실의 몸으로서 사이보그 등장이 그것이다. 사이보그는 기술의 도움으로 인간의 기능이 강화되고 도움을 받는 정도의 차원이 아니다. 전통적으로 인간을 규정하는 생물학적 토대가 비생물학적 요소를 만나 확장되고 초월하여 혼종적 존재로서의 인간을 상정한다는 점에서 기존의 인간학과는 차원이 다른 문제를 제기한다.[2]

사이보그의 등장, 넓게는 포스트휴먼의 도래를 대하는 입장은 엇갈린다. 의심의 눈초리로 바라보는 이가 있는가 하면, 그것의 도래를 적극적으로 끌어당기고 추구하는 사람들도 있다. 양자 사이 어디선가 유보적인 양비론적 입장을 취하는 무리들도 있다. 현재 유통되는 포스트휴먼 관련 소문은 무성해 보이나 그렇다고 뚜렷한 진로가 정해져 있는 것은 아니다. 포스트휴먼에 대한 논의가 갈리는 것은 그것을 견인하는 기술이 현재보다는 미래 시제로 존재하기 때문이다. 기술의 현재 맥락과 층위보다는 앞으로 그것으로 인해 펼쳐질 신기루에 대한 전망과 기대로 기울어진 포스트휴먼 담론 지형이 우려된다.

이 대목에서 다음과 같은 의문이 들었다. 사이보그는 누구를 위한

---

2. 사이보그 관련 담론들은 다음 책들을 참조하라. 앤티 클락, 신상규 옮김, 『내츄럴-본 사이보그』(파주: 아카넷, 2015); 도나 해러웨이, 황희선 옮김, 『해러웨이 선언문: 인간과 동물과 사이보그에 관한 전복적 사유』(서울: 책세상, 2019); 유발 하라리, 조현욱 옮김, 『사피엔스: 유인원에서 사이보그까지 인간 역사의 대담하고 위대한 질문』(파주: 김영사, 2015); 크리스 그레이, 석기용 옮김, 『사이보그 시티즌』(파주: 김영사, 2016).

존재이고, 포스트휴먼 논의는 누구에 의해 진행되고 있는가? 혹 그 분야에 종사하는 과학자, 사업가, 정책 입안자들을 위한 포스트휴먼 아닌가. 사이보그에 관심을 갖고 그 개발에 대한 이슈를 계속 유지시키면서 막대한 이익을 챙기는 사람들 말이다. 현재의 포스트휴먼 논의는 기술의 유토피아적 전망만을 근거로 움직이고 있는 측면이 강하다. 나는 이것이 포스트휴먼에 대한 정확한 논의를 어렵게 만드는 요인이라는 느낌을 지울 수 없다. 역사에서 현재 시제가 아닌 미래에 방점을 찍고 앞만 보고 그것을 향해 달려갔던 사람들이 지녔던 공통점은 지금 이 땅에서 벌어지고 있는 아픔과 고통에 대한 무관심과 외면이 아니었던가.

이것은 푸코가 지녔던 문제의식과 겹친다. 푸코는 역사의 발전 과정에서 지식 권력, 국가 권력, 제도 권력, 종교 권력에서 도태되고 지워진 존재들에 주목하였다(푸코, 1993: 11-54).[3] 푸코는 권력에 의해 가려지고 잊히고 제거된 자들을 '타자'라고 칭하면서 '타자의 윤리학'의 부상을 견인하였다. 윤리가 무엇인가, 라는 질문에 여러 가지 답변이 있을 수 있겠으나 현실에 존재하는 생명의 들리지 않는 목소리와 지워진 흔적에 주목하는 것이 윤리의 첫 발자국이라 말하고 싶다. 윤리의 태도가 그렇다면 포스트휴먼 시대 속 윤리는 요란한 포스트휴먼 담론과 기술 담론 속에 가려진 목소리들과 사연으로 눈길을 돌려야 함은 마땅하다.

---

3. 푸코는 특정 진리가 어떤 과정과 맥락을 거치면서 '진리'가 되었는지를 따지면서 실체 중심의 진리관에 균열을 가한다. 진리가 태초부터 존재했던 것이 아니라 역사의 과정에서 권력에 의해 그것이 정의되었다고 보기 때문이다. 진리가 어떻게 만들어지기 시작했고 진리로 구축되었는지를 따져 가는 것이 푸코의 '계보학'이다. 푸코의 문제 제기는 포스트휴먼에 직면하고 있는 우리들에게도 유효하다. 온갖 첨단 테크놀로지(지식 권력)에 의해 정당화되고 있는 포스트휴먼 담론이 과연 정당한지 푸코 식으로 성찰할 필요가 있다.

기독교 윤리는 당대에 존재하는 타자들의 고통에 주목한다. 본회퍼는 예수를 "타자를 위한 존재"(본회퍼, 2010: 711)로 정의하였고, 예수 그리스도를 구주로 고백하는 공동체인 "교회는 타자를 위해 현존할 때 교회가 된다"(본회퍼, 2010: 713)고 피력하였다. 본회퍼의 윤리학은 타자의 윤리학이라 해도 과언이 아니다. 법과 제도와 권력과 종교로부터 지워진 타자와 함께 그들의 곁을 지켰던 예수의 삶을 기억하면서 따르는 것이 기독교 윤리의 핵심이다. 본회퍼의 외침은 포스트휴먼 시대를 살아가는 현대인들에게 영감을 선사한다. 포스트휴먼 시대에도 타자들은 존재하고 그들이 마주하는 고통의 양상은 이전의 그것과는 다르지만 같다. 그렇다면 최종적으로 우리가 직면한 포스트휴먼 시대, 그 아래서 벌어지는 새로운 고통의 현상학에 맞서 신학은 어떤 태도를 취해야 하는가?

5. 포스트휴먼을 바라보는 인문학의 시선

불의 발견으로 대변되는 역사 이전 시대, 제1의 물결인 청동기 혁명과 농업 혁명, 긴 암흑의 터널을 지난 후 전개되는 제2혁명인 산업 혁명 시대, 제3의 물결인 정보화 시대로 이어지는 문명의 발전 과정을 거쳐 왔던 인류는 어쩌면 포스트휴먼에 익숙한 족속이 아닐까 싶다. 각각의 문명의 전환 시에 울려 퍼졌던 질문이 바로 당대의 포스트휴먼을 향한 요청이었고 신학은 그에 대한 응전이었다. 그렇다고 볼 때 현재 진행되고 있는 포스트휴먼 논의는 문명의 발전과 그것에 대응해 왔던 인간 현상을 바라보는 익숙하고도 관습적인 문법, 혹은 은유라고 할 수 있을 것이다.

하지만 그렇게 낙관적으로 보기에는 현재의 상황이 그리 호락호락하지만은 않다. 무수한 포스트휴먼을 둘러싼 소문들이 있는데 그 출처에 대해, 원인과 과정에 대해, 전망에 대해 그 누구도 자신 있게 말할 수 없는 사태가 21세기 포스트휴먼의 특징이고 그것이 오늘 당면하는 위기의 본질이다. 우리가 현재의 상황에 적극적으로 개입을 할수 없는 이유는 과학에 대한 맹신과 그로부터 파생하는 과학 지상주의 탓이다. 현대 과학 기술은 전문화, 독점화 된 까닭에 일반인과는 동떨어진 게토화 된 지점에 위치하고 있다는 점, 그리고 기술의 진보는 생명의 진화처럼 선택이 불가능한 속성이 있다는 확고한 기술관이 우리로 하여금 섣부른 접근과 예측을 못하게 한다. 이것이 현재 포스트휴먼을 둘러싸고 벌어지는 불안의 요체가 아닐까 싶다.

　나는 오늘의 인문학이 포스트휴머니즘의 등장으로 인해 야기되는, 전 시대와는 차원이 다른 불안과 고통의 현상학에 주목해야 한다고 본다. 우선 떠오르는 포스트휴먼 시대의 디스토피아적 전망은 로봇의 등장으로 현재의 노동(직업) 방식이 막을 내릴 것이라는 불안이다.[4] 인간의 노동이 로봇으로 대체되면 세상은 어떻게 되는 것일까? 노동을 통해 자기를 실현하는 전통적 인간상은 변형될 것이고, 그 과정에서 인간은 많은 등급으로 분절화된 노동 소외의 현장으로 몰릴 것이다.

　아직 도래하지 않은 유토피아를 논하기 이전에 지금 여기에서 벌어지고 있는 새롭게 대두되는 고통을 바라보는 시선의 확보가 포스트휴먼 논의에서 필요한 것은 아닐는지. 포스트휴머니즘이 선전하는 파라다이스에 도취한 나머지 현실의 디스토피아에 대해서 무관심하다면

---

4. 21세기 산업 구조 하에서 벌어지는 디스토피아적인 참상을 슬라보예 지젝은 애플 아이폰의 하청을 담당하는 대만 기업 폭스콘의 예를 들면서 날카롭게 지적한다. 그것은 가히 포스트휴먼 사회 속에서 배제되는 인간 노동에 대한 비관적 묵시록이라 할 만하다. 폭스콘 회장은 2011년 노동자들의 자살로 여론이 안 좋게 돌아가자 불평과 자살 위험이 없는 로봇 생산 계획을 세우며 다음과 같이 말했다. "짐승 백만 마리를 관리하려니 머리가 아프다." 그리고 실제로 2014년 실행에 옮겨 아이폰 조립을 위한 '폭스봇(Foxbot)'을 개발했다(지젝, 2012: 211).

큰 잘못이다. 일부 특정 계급과 지위의 사람들이 포스트휴먼을 향유하 겠으나 대부분의 민중들은 그 논의에서 제외되거나 도태되어 고통의 한복판으로 몰릴 것이다. 포스트휴먼 시대에 도태되는 인간 실존의 파 장이 종전보다 광범위하다는 것, 그리고 상흔 또한 깊을 것이라는 절 망의 소문은 그것의 진위 여부를 떠나 진실이 되었다. 포스트휴먼 시 대에 신학은 그 파국의 한복판에 위치한다.[5]

6. 포스트휴먼 시대, 신학의 자리

기존의 신학이 신에 대한 담론이었다면, 포스트휴먼 시대의 신학은 신학을 말하는 인간에 대해 우선 묻는다. 그리고 비인간 존재, 자연, 사물로까지 논의를 확대해 간다. 이런 이유로 포스트휴먼 시대의 신 학은 타자를 전제하고 이타성으로 나가는 운동으로 전환된다. 그런데 곰곰이 회상해 보면 신학의 역사는 그랬다. 물론 주류 상층부의 신학 은 체제를 위한 종교적 이데올로기의 역할을 수행했으나 신학의 역사 를 보면 신학의 경계와 범위, 권력과 기득권, 도그마와 전통을 넘어서 려 했던 운동이 꾸준히 있어 왔고, 그것은 항상 타자적인 것을 지향하 면서 이타성을 추구하는 방향으로 나아갔다.

포스트휴먼 시대의 신학도 마찬가지다. 다양하고 다층적인 입장과 언어들을 수용하는 신학이 되어야 할 것이다. 서로의 차이와 다름을 인정하면서 각각의 목소리들이 교차적으로 엮어지는 콜라보 작업을 기대한다. 그 과정에서 신학은 다종의 인간(들)의 가치가 과하게 돌출 되지도, 그렇다고 왜곡되거나 축소되지도 않도록 작동되어야 한다. 타 자의 타자다움을 인정하고, 차이가 차별의 계기가 되지 않도록 하는

---

5. 이경민 외, 『인간 너머의 인간』 중 이상철의 「포스트휴먼과 고통의 해석학」(고양: 사월의 책, 2021), 193-214.

예민한 신앙적 성찰도 필요할 것이다.

구약 학자 김창주는 창세기 2장 7절에 대한 주석을 통해 포스트휴먼 시대의 신학적 인간학에 대한 단서를 남긴다. 그는 "주 하나님이 땅의 흙으로 사람을 지으시고, 그의 코에 살아있는 호흡을 불어넣으시니, 사람이 생명체가 되었다"는 구절에 주목하면서 다음과 같은 해설을 단다. "태초에 사람은 '땅의 흙'이라는 물질(material)과 '살아있는 호흡'이라는 비물질(immaterial)이 융합되어 생명체가 되었다. '땅의 흙'이 선형적 논리 구조를 대변한다면, '살아있는 호흡'은 비선형적 블록 논리를 상징한다. 그러니 사람은 대극적인 논리를 본성으로 삼은 채 온전한 하나(whole being)가 되었다고 말할 수 있다."(김창주, 2020: 199).

김 교수는 지능형 기계나 인공 지능에 양도할 수 없는 존엄과 본질, 그리고 고유한 영적인 면모가 창조 시 인간에게 부여되었음을 역설한다. 이는 구약 학자로서 인공 지능 시대 신학적 인간학의 가능성과 유의미함을 피력하는 것으로 내게는 다가왔다. 결론적으로, 포스트휴먼 시대에도 인간이란 무엇인가, 라는 질문은 여전히 유효하다. 물론 여기서 말하는 인간성이란 타자적인 것을 향한 관심과 배려, 나아가 이타적 행위를 전제로 함은 물론이다. 왜냐하면 우리가 알고 있는 신학은 타자를 위한 신학이고 타자와의 관계를 모색하는 신학이기 때문이다.

그들은 진정 극우적인가?

탈종교 시대, 오늘의 한국 개신교 읽기

1. 공공의 적(敵), 한국 개신교

지금까지 탈종교라는 주제 아래 근대와 탈근대를 지나면서 전개되는 탈종교의 통시성에 대한 이야기와 포스트휴먼과 코로나19로 인해 부상하는 탈종교의 공시적 성격에 대해 살펴보았다. 탈종교는 근대에 발생했던 과거의 사건이었지만 현재까지 지속되고 있다는 점에서 '이미'와 '아직' 사이에 존재한다. 어쩌면 탈종교는 현대 종교의 숙명이라 할 수 있겠다. 하지만 이 대목에서 알아야 할 것이 있다. 현대의 탈종교 현상을 막연하게 종교 거부와 교회 해체로 정의해 버리면 안 된다는 사실이다. 그러기에는 설명되지 않고 잡히지 않는 부분이 많다. 근래에는 종교의 귀환을 말하는 사람들도 증가하고 있으니 말이다. 피터 버거가 말했던 탈세속화는 그런 의미에서 21세기 종교 현상을 잘 그려 낸 용어라 할 수 있겠다.

탈종교 일반을 다루는 1부의 대미를 장식할 내용은 한국 교회의 탈종교 현상학에 관한 것이다. 이 장은 "그들은 진정 극우적인가?: 탈종교 시대, 오늘의 한국 개신교 읽기"라는 제목을 달았다. 한국 개신교의 사회적 위치와 위상은 말하기 부끄러울 정도로 추락하였고, 각종 종교(인) 관련 조사에서 개신교와 목사의 신뢰도는 최하위권이다. 한국 사회에서 작동되는 온갖 혐오 담론들, 예를 들어 이슬람 혐오, 동성애 혐오, 여성 혐오, 장애인 혐오, 빨갱이 혐오, 난민 혐오 등에 있어 개신교가 강력한 배후라는 것은 개신교인들만 모르고 모든 이들이 다 아는 공공연한 비밀이다. 목사직 세습, 목사의 성폭행 연루, 그 밖의 평균 이하의 윤리 의식으로 점철된 개신교 교회와 목사들의 행태가 수시로 알려지면서, 교회가 사회를 걱정하는 것이 아니라 오히려 사회가 교회를 걱정하는 형국이 되었다. 근래에는 전광훈 목사로 대변되는 태극기 집회와 신천지 논란까지 더해져서 개신교가 마치 한국 사회 극우주의의 온상, 혹은 공공의 적(敵)이 된 것은 아닌지, 라는 생각이 든다.

하지만 한국 개신교에는 잘 알려지지 않은 다양한 결들과 입장이 존재한다. 부정적으로 비치는 한국 개신교의 그것으로만 설명이 안 되는 잉여가 한국 교회 안에는 있다는 말이다. 한국 개신교에 대한 변명이 아니라 보다 정확한 한국 교회 현상을 드러내기 위해 그 부분을 언급하는 것이 좋겠다, 라는 판단이 섰다. 일부 언론과 매체에서 보이는 개신교에 대한 묻지마 식 비난에서 벗어나 보다 정확한 비평이 현재의 한국 개신교로 향해야 한다. 그래야만 다음 단계에서 현재의 난국을 타개할 대책이 가능하기 때문이다. 이를 위한 첫 단추로 한국 교회에 대한 현상학적 판단 중지를 선언하고 복기를 하는 과정을 밟고자 한다. 그 시작점은 '한국 교회 = 극우주의'라는 프레임에 대한 재고(再考)이다.

2019년 이래 광화문 광장을 점령한 전광훈 목사가 주도하는 태극기 집회는 이제는 우리 사회의 일그러진 일상이 되었다. 광화문 광장을 지날 때마다 동시대를 살아가는 시민으로서, 목회자로서, 신학자로서 안타까운 마음을 금할 수 없다. 더욱 우리를 당혹스럽게 하는 것은 한국 개신교가 혐오와 배제의 메커니즘을 기반으로 작동하는 극우 정치의 배후라는 소문이다. 어쩌다 한국 개신교는 그런 오명을 쓰게 되었을까? 아니 그보다 먼저 확인해야 할 것은 한국 개신교는 진정 극우적인가? 사람들은 어쩌면 한국 개신교에 대한 별다른 정보와 근거 없이 성급한 일반화의 오류를 자행하고 있는 것은 아닐는지. 이러한 문제의식을 바탕으로 우선 극우주의 일반에 대한 이해와 정의를 먼저 소개할 것이고, 다음 절로 넘어가 "2019년 사회 현안에 대한 개신교인 인식조사"에 나타난 신앙관과 사회 문제의식 분석을 통해 한국 개신교인들의 사고가 과연 극우적인지에 대해 따질 것이다.

2. 극우주의란 무엇인가?

미국의 정치 철학자 폴 슈메이커(Paul Shumaker)는 19세기 이후 발생한 정치 이론을 12가지로 분류한다.[6] 슈메이커의 분류에 의하면 극우주의는 '극단적 우파'라 할 수 있다. 이들은 인간을 "선한 존재 또는 악한 존재로 간주한다."(슈메이커, 2010: 310). 극우주의자들은 인간의 본성을 극단적 이원론에 입각해 분류하고 이를 바탕으로 '선/악'과 '우/열'의 카테고리를 정당화하였다. 그것은 역사의 전개 과정에서 타자에 대한 배제와 혐오와 폭력의 메커니즘으로 작동하였다.

이러한 인간학을 바탕으로 한 극우주의자들의 사회론을 요약하면 동질적인 사회를 모색한다는 점이다. 나치의 아리안주의같이 극우주의자들은 인간 집단의 원형질과 같은 존재론적 실체를 믿는다. 그들은 집단의 역사성 내지 현상학에 관심하지 않는다. 자신들이 속한 공동체는 태생적으로 무균, 무해하므로 자신들에게 침입하는 이질적 존재는 막아야 한다. 이런 까닭에 현대 사회의 다원주의적 경향에 대해서 그

---

6. 12가지 이념: 전통적 보수주의, 고전적 자유주의, 아나키즘, 마르크스주의, 공산주의, 파시즘과 나치즘, 현대 자유주의, 현대 보수주의, 급진적 우파, 급진적 좌파, 극단적 우파, 극단적 좌파.

들은 비판적이다(슈메이커, 2010: 343-4).

인식론적인 측면에서 극우주의자들은 권위 있는 경전에 기댄다(슈메이커, 2010: 388-90). 미국의 우파 가운데 미국 건국의 시조와 독립 선언서, 미국 헌법을 받들면서 현재 자신들의 입장을 개진하는 경우가 많다. 이러한 태도는 성서를 '축자영감설'에 입각해 바라보는 시각과 동일하다. 일점일획이라도 훼손하거나 텍스트 이외의 논리를 들이대면 이단이 되어 마녀사냥의 대상이 되었던 사건을 우리는 그리스도교 역사에서 많이 목도하였다. 이렇듯 극우주의자들은 해석의 다양성에 눈과 귀를 닫은 채 문자 그대로의 권위에 경도되어 있다.

극우주의자들은 헌법이 보장하는 시민권에 대한 범위를 협소하게 해석한다. 한마디로 공동체의 새로운 시민으로 편입되려는 외부인에 대해 배타적이라는 말이다. 이들의 목표는 일관된 시민권의 법칙을 유지하여 공동체의 전통을 수호하고, 그 사회의 기득권을 계속 지탱하는 것이다(슈메이커, 2010: 487-9). 사회 구조와 관련하여 눈여겨보아야 할 극우주의의 특징 가운데 또 다른 하나는 신정 체제를 모색한다는 점이다. 다양한 입장이 개진되는 현대 시민 사회를 부정하면서 극우주의자들은 종교 단체나 군대의 일원 같은 조직원으로 구성원을 파악하고자 한다. 그리하여 일사불란한 통제와 규율이 통용되는 사회를 꿈꾼다(슈메이커, 2010: 538-40).

이런 까닭에 극우주의자들은 사회 변화에 대해 퇴행적, 반동적 태도를 취한다. 그들은 현 사회의 모습과 변화에 대해 불만과 두려움에 사로잡혀 있고. 사회 변화의 큰 그림을 미래에 대한 전망에서 찾는 것이 아니라, 도덕적으로 확실했던 과거로의 회귀를 통해 마련하고자 한다(슈메이커, 2010: 737-9). 한국 사회에서 박정희와 이승만에 대한 신화와 서사가 사라지지 않고 끊임없이 재생되는 것은 이러한 극우주의자들의 변화에 대한 입장이 사라지지 않고 면면히 이어지고 있기 때문이라 할 수 있다.

지금까지 나는 극우주의자들이 지닌 인식론, 사회관, 공동체론, 시민권과 변화에 대한 입장을 살펴보았다. 어느 정도 극우주의의 모습이 그려지는가. 다음 절에 가서는 인식 조사 결과에 나타난 한국 개신교의 근본주의 척도에 대해 논해 보기로 하겠다.[7]

3. 근본주의에서 포괄주의로

크게 3가지 부분 ① 근본주의 척도, ② '교회 밖 구원'과 타 종교의 진리관, ③ '성서 무오설'과 내세관에 관한 인식 조사 결과를 토대로 한국 개신교의 신앙관과 극우주의의 상관관계에 대한 논의를 도모하는 것이 이 절에서 다루어질 내용이다.

1) 근본주의 척도: 진화론, 공산주의, 동성애, 이슬람

개신교인과 비개신교인 사이에 근본주의 척도(진화론, 공산주의, 동성애, 이슬람)에 대한 질문에 있어서 견해 차이는 극명했다. "나는 진화론을 반대한다"에 '그렇다'라고 답한 비율은 개신교인 45.9%, 비개신교인 12.5%였고, "나는 공산주의를 배격한다"에 '그렇다'는 개신교

---

7. 한국기독교사회문제연구원이 "2019년 사회 현안에 대한 개신교인 인식조사"를 실시하였다. 한국 사회의 주요 현안을 정치, 경제, 통일과 평화, 젠더, 생태 위기, 신앙의 6가지 영역으로 나누어 통계 연구를 진행하였고, 그에 대한 결과와 분석이 『기독교사상』(2019년 11월호)에 게재되었다. 설문과 통계는 ㈜지앤컴리서치에 의뢰하여 패널을 활용한 온라인 조사 형태로 2019년 7월 9-19일에 진행되었다. 표본 추출은 인구 기준(센서스 결과) 비례 할당 추출 방법을 사용하였고, 20세 이상의 개신교인 1000명과 20세 이상 비개신교인 1000명의 설문을 받아 통계 분석을 시행하였다. 표본 오차는 95% 신뢰 수준은 ±3.1%이다. 후에 인식 조사 결과는 『2019 주요사회현안에 대한 개신교인 인식조사 통계자료집』(서울: 대한기독교서회, 2020)라는 제목으로 출판되었다.

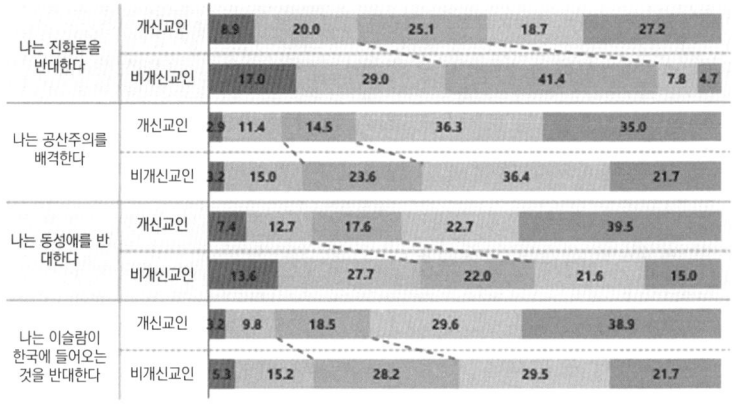

■ 전혀 그렇지 않다　■ 그렇지 않은 편이다　■ 잘 모르겠다　■ 그런 편이다　■ 매우 그렇다

그림 4. 각 사회적 문제에 대한 의견
출처: 한국기독교사회문제연구원(2020: 238).

인 71.3%, 비개신교인 58.1%였다. "나는 동성애를 반대한다"에 '그렇다'라고 답한 비율은 개신교인 62.2%, 비개신교인 36.6%였고, "나는 이슬람이 한국에 들어오는 것을 반대한다"에 '그렇다'는 개신교인 68.5%, 비개신교인 51.2%였다.

　앞서 극우주의 사회론의 특징에 대해 논하면서 공동체에 침입하는 이질적 존재에 대한 반감이 극우주의에는 뚜렷하다고 평한 바 있는데, 한국 개신교인들이 지니는 반공, 반동성애, 반이슬람 정서가 그에 해당하는 경우가 아닐까 싶다. 개신교인 2/3에 해당하는 사람이 반대하는 입장으로 나왔다. 반면, 진화론에 대한 반대 견해는 다른 항목에 비해 많이 떨어지는 수치(그렇다: 45.9%)로 나왔는데, 이는 전통적인 신앙관의 균열 조짐으로 파악될 수 있고, 일반적 상식과 교양이 기존 성서적 진리의 패러다임에 변화를 가할 수 있음을 보여 준다. 또한 현재 개신교인 2/3가 반이슬람, 반동성애, 반공산주의 입장에 서 있는 것이 분명하나 1/3의 만만치 않은 비율이 다른 의견을 갖고 있다는 점에 주

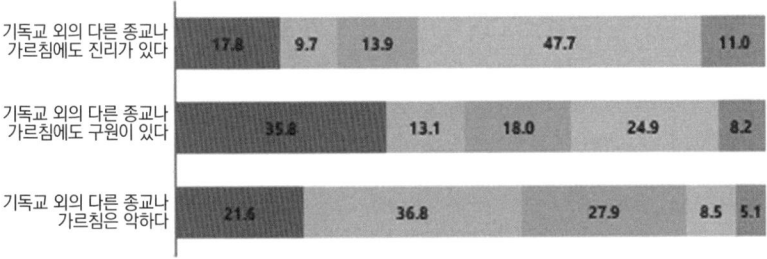

그림 5. 종교 관련 각 설명에 대한 의견(개신교인 대상)
출처: 한국기독교사회문제연구원(2020: 242).

목할 필요가 있다. 개신교 성도의 2/3가 65세 이상이라고 할 때, 보수적 입장을 견지하는 것은 이해가 가능한 지점이다. 세대별로 정확한 해석이 있어야겠지만, 세대가 젊을수록 근본주의적 입장이 흐려지는 것은 사실이다. 이 점은 향후 한국 개신교의 근본주의 지수가 빠르게 줄어들 것이라는 점을 예측할 수 있는 대목이다(그림 4 참조).

2) '교회 밖 구원'과 타 종교의 진리관

개신교인을 대상으로 타 종교의 진리관에 대한 의견과 '교회 밖 구원'에 대해 물었는데 결과는 〈그림 5〉와 같다. 조사에 의하면, "기독교 외의 다른 종교나 가르침에도 진리가 있다"에 '그렇다'(58.7%)라고 응답한 비율이 가장 높은 것으로 나타났다. 반면, "기독교 외의 다른 종교나 가르침에도 구원이 있다"에는 '그렇지 않다'라고 응답한 비율이 48.9%로 가장 높았다. 또한, "기독교 외의 다른 종교나 가르침은 악하다"에 '그렇지 않다'라고 응답한 비율이 58.4%였다. 즉, 전반적으로 2019년 개신교인은 다른 종교나 가르침에도 진리가 있음을 인정한다. 구원관에 있어서도 교회 밖 구원에 대해 48.9%가 부정적으로 대답하였으나, 33.1%라는 만만치 않은 개신교인이 교회 밖 구원의 가능성에 대해 열린 마음을 갖고 있다.

이와 비슷한 질문은 1982년도에도 물은 바 있었다. 다른 종교에 대한 설문에서 '모든 종교는 기독교와 같은 진리'(8.8%), '기독교가 가장 우월'(25%), '기독교 진리만이 참 진리'(62. 6%)로 나타난 바 있다(한국기독교사회문제연구원, 1982: 80). 종합하면, 37년 전 배타주의(Exclusivism)적인 개신교에 비해, 2019년 한국 개신교는 타 종교에 대한 부분, '교회 밖 구원'에 있어 다원주의까지는 아니지만, 포괄주의(Inclusivism)로 넘어갔음을 느낄 수 있는 대목이다. 앞서 극우주의에 대해 살펴보면서 일사불란한 신정 체제를 극우주의는 추구한다고 설명한 바 있는데, '교회 밖 구원'과 타 종교의 진리관을 수용하는 측면에서 많이 느슨해지고 있다는 점은 극우주의가 이전처럼 한국 개신교에서 작동할 수 있는 여지가 줄어들고 있음을 드러내는 유의미한 결과가 아닐까 싶다.

3) '성서 무오설'과 '내세관'에 대한 견해

1982년 개신교인을 대상으로 성서 무오설에 대해 물었을 때, 92.3%가 지지하는 입장을 나타냈고(한국기독교사회문제연구원, 1982: 56), 구원과 내세에 대한 부분은 91.5%가 '그렇다'라고 대답하였다(한국기독교사회문제연구원, 1982: 57). 37년이 지난 2019년의 답변은 어떻게 변했을까? '성서 무오설'에 대한 질문에 대해 '그렇다'라고 답한 비율이 59.8%, "나는 성서를 기록된 문자대로 믿는다"에 대한 긍정은 55.0%, "나는 구원이란 개인이 죽은 후에 천국에 가는 것이라 생각한다"에 대한 긍정은 58.7%로 조사되었다. 82년도에 비해 '성서 무오설'에 대한 지지 입장은 32.5%가량 빠졌고, 구원과 내세를 연결시키는 질문에 대한 지지도 역시 32.8%가량 감소하였다. 앞서 우리는 극우주의자들이

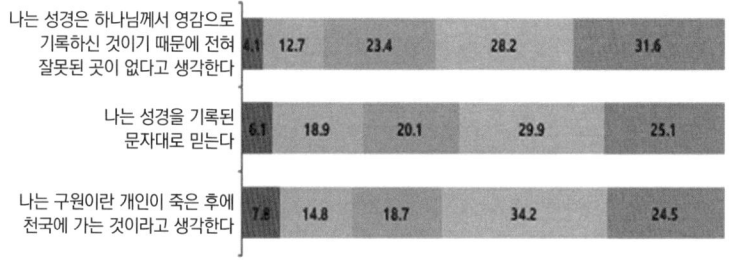

나는 성경은 하나님께서 영감으로
기록하신 것이기 때문에 전혀
잘못된 곳이 없다고 생각한다
4.1 12.7 23.4 28.2 31.6

나는 성경을 기록된
문자대로 믿는다
6.1 18.9 20.1 29.9 25.1

나는 구원이란 개인이 죽은 후에
천국에 가는 것이라고 생각한다
7.8 14.8 18.7 34.2 24.5

그림 6. 개신교인 관련 각 설명에 대한 의견(개신교인 대상)
출처: 한국기독교사회문제연구원(2020: 244).

권위 있는 경전으로부터 자신의 논리와 행위의 정당성을 가지고 온다
고 배웠다. 그렇다면 2019년 현재 개신교인들은 전 시대 개신교인들
에 비해서는 극우적이라고 말할 수 없다(그림 6 참조).

지금까지 나는 한국 개신교의 신앙관과 극우주의를 주제로 2019년
설문 조사와 1982년 조사를 비교하면서 37년 동안 한국 개신교의 극
우주의적 수치가 어떤 변화가 있었는지 살폈다. 분명 과거에 비해 오
늘의 한국 개신교인들은 "기독교만이 진리"라는 입장을 취하는 배타
주의적인 신앙에서 탈피하여 합리적이고 열린 종교를 향해 서서히 나
아가고 있다. 이러한 신앙을 포괄주의(혹은 포용주의)라 부르는데, 이들
은 "타종교에도 진리가 있으나 기독교 진리는 독특하며 최종적인 것"
이라 말한다. 그러나 한국 개신교는 "모든 종교는 결국 비슷한 진리를
가지고 있음"을 주장하는 다원주의(Pluralism)와는 확연한 거리가 있
다(길희성, 2015: 145-54). 그렇다면 이런 종교적 변화가 구체적인 삶의
현장에서는 어떻게 나타나고 있을까.

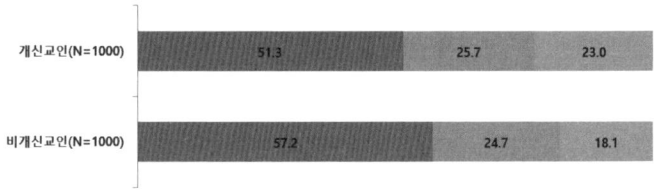

■임시로 보호한 후 다른 나라에 가도록 조치해야 한다.
■인권을 보장하는 차원에서 받아들이고 보호해야 한다.
■난민은 이슬람 등 불온한 문화를 전파하므로 임시 보호라도 받아들여서는 안 된다.

개신교인(N=1000): 51.3 / 25.7 / 23.0

비개신교인(N=1000): 57.2 / 24.7 / 18.1

그림 7. 난민에 대한 의견
출처: 한국기독교사회문제연구원,(2020: 72).

4. 하지만, 우려스러운 한국 개신교

앞에서 나는 신앙 관련 인식 조사에 나타난 한국 개신교의 변화 조짐에 대해 다뤘다. 근본주의에서 포괄주의로 진입하고 있음을 보이는 의미 있는 변화를 감지할 수 있었다. 이번 장에서는 좀 더 우리 삶의 현장과 결부된 한국 개신교의 인식에 대해 살피도록 하겠다.

1) 타자에 대한 정치적 감수성의 문제

2018년 3월 청와대는 개헌안을 발표하면서 기본권의 주체를 '국민'에서 '사람'으로 확대하자고 제안한 바 있다. 이에 대한 의견을 물었는데 개신교인이 36.9% 찬성을 표시한 데 비해, 비개신교인은 39.2%로 개신교인보다 2.3% 높게 나타났다. 반대를 선택한 비율도 개신교인(25.5%)이 비개신교인(22.2%)의 경우보다 높았다(한국기독교사회문제연구원, 2020: 63).

앞서 극우주의자들은 시민권의 범위를 협소하게 해석한다고 했는데, 이는 공동체로 편입되는 자들에 대한 진입 장벽을 높이는 배타적 처사이다. 이런 이유로 국민에서 사람으로 기본권의 범위를 확대하는 것은 극우적 인사들에게는 불편한 선택이다. 인식 조사 결과에 따르면, 개신교인들이 비개신교인들에 비해 기본권의 주체가 국민에서 사람으로 확대되는 것에 반대한다고 답한 비율이 높았다. 이것은 변화와 외부의 충격을 받아들이는 데 있어서, 기득권을 유지하는 욕망에 있어서, 타자에 대한 감수성의 측면에서도 상대적으로 보수적인 입장을 취하고 있는 개신교의 현실을 드러내는 지표라 할 수 있다.

타자에 대한 정치적 감수성의 문제는 난민 수용 여부를 묻는 질문에서 확연히 드러났다. "난민은 이슬람 등 불온한 문화를 전파하므로 임시 보호라도 받아들여서는 안 된다"고 답한 적극 반대층이 개신교인은 23.0%, 비개신교인은 18.1%로 나타났다. 5% 가까운 차이다. 평화와 화해와 환대의 종교인 그리스도교가 오히려 비신자보다 못한 타자에 대한 감수성을 드러내 보이고 있다는 것은 어떠한 이유에서일까. 유독 한국 개신교에서만 나타나는 현상인지, 아니면 개신교 일반의 현상인지에 대한 논의도 필요하고, 그렇다면 왜 그런지에 대한 심층적인 연구 또한 요청된다(그림 7 참조).

2) 전광훈과 극우주의

전광훈 목사의 최근 언행에 대해 물었는데 개신교인 3명 중 2명이 (64.4%) 전광훈 목사의 언행에 대해 "전광훈 목사는 한국교회를 대표하지도 않고 기독교의 위상을 심각하게 훼손하고 있다"고 응답했다. '우려가 된다'는 응답률은 22.2%, '다소 지나치나 그의 주장에 동의한다'는 10.1%, '적극 지지한다'는 3.3%로 나타났다. 결론적으로 13.4%의 개신교인들은 전광훈 목사의 언행에 동의를 한다는 이야기이고, 22.2%는 형식과 표현에는 반감이 있으나 심정적으로 부동층으로 돌아설 수 있는 사람들이라 할 수 있겠다(그림 8 참조).

전광훈 목사는 반공주의에 입각한 극단적인 극우적 행보를 보이고

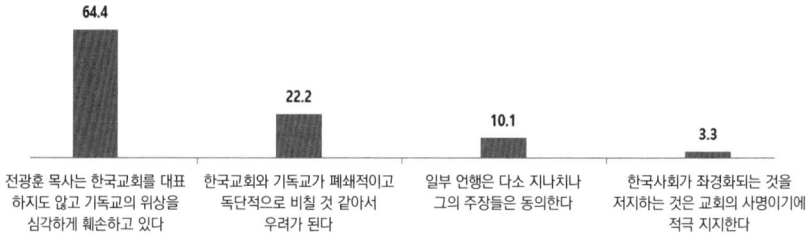

그림 8. 전광훈 목사의 최근 언행에 대한 의견(개신교인 대상)
출처: 한국기독교사회문제연구원(2020: 91).

있으며, 이에 대해 13.4%라는 만만치 않은 개신교인이 수치상으로 전
광훈 목사를 옹호하는 결과가 나왔다. 개신교가 극우 정치에 휘말릴
수 있는 충분한 잠재적 위험성과 가능성을 느낄 수 있는 대목이다.[8] 특
별히 전광훈 무리는 박정희 향수를 자극하면서 '자유통일 주사파 척결
국민대회'를 주말마다 광화문 일대에서 개최하고 있다. 극우주의자들
이 사회 변화에 대해 반동적, 퇴행적 행동을 보인다고 앞서 살펴본 바
있는데, 전광훈과 그 일파들의 행태는 사회 변화를 미래에 대한 비전
에서 찾는 것이 아니라, 과거로의 회귀를 통해 찾는다는 점에서 극우
적 행보의 전형이라 할 수 있겠다.

3) 정교 분리: 개신교의 정치 개입 문제

개신교인 5명 중 4명 가까이(79.6%)는 "교회 목회자와 교인들이 기
독교를 표방하는 정당을 창당하여 정치에 참여하는 것"에 대해 '반대'
하는 입장을 보였다. 찬성률은 5.3%에 그쳤다. '태극기 부대 집회에 기

---

8. 박종균은 이에 대해 "한국개신교는 기독교적인 신앙보다 반공이데올로기에 천착한
   종교"라고 비판적으로 말하면서 그로 인해 일부 교회는 현실을 반성적으로 인식하려
   하는 능력을 상실했다고 진단한다(박종균, 2016: 188-9).

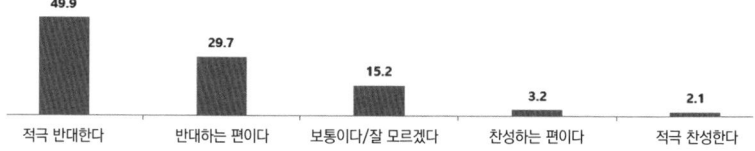

49.9
29.7
15.2
3.2
2.1

적극 반대한다　반대하는 편이다　보통이다/잘 모르겠다　찬성하는 편이다　적극 찬성한다

그림 9. 개신교인의 정치 참여에 대한 의견(개신교인 대상)
출처: 한국기독교사회문제연구원(2020: 87).

독교인이 참여하는 것'에 대해서는 4명 중 3명가량(74.4%)이 '부정적'
이라는 의견을 보였으며, 7.5%는 '긍정적이다', 18.1%는 '모르겠다'고
응답했다(한국기독교사회문제연구원, 2020: 95). '태극기 부대 참여 경험'
을 묻는 질문에는 참여해 본 경험은 2.9%이며, 5회 미만 참여가 2.6%,
5회 이상 참여가 0.3%로 나타났다(한국기독교사회문제연구원, 2020: 93).
　대한민국 헌법은 정교 분리를 명시하고 있다. 정치와 종교가 분리된
다는 원칙은 정치가 종교에 개입하지 않는다는 뜻이지, 종교의 정치
개입을 금하겠다는 의도는 아니다. 이런 이유로 한국 현대사에서 종교
의 정치 개입은 늘 있어 왔다. 해방 후 서북청년단과 기독교 우파의 밀
월은 공공연한 비밀이었고, 군부 독재 시절 진보 기독교계의 반정부
운동도 크게 보아서는 종교의 정치 개입이라 말할 수 있다. 김영삼, 이
명박 장로의 대통령 만들기에 한국 개신교가 조직적으로 동원된 것도
종교의 정치 개입이라 할 수 있을 것이다. 이렇듯 한국 현대사의 전개
과정에서 발생했던 종교와 정치의 역학은 시대를 읽어 내는 중요한 단
서였다.
　하지만 그것이 종교의 공식적인 정치 참여에 대한 호응이라고 보
면 오판이다. 21세기 들어 현실 정치에 개입하려 했던 기독교 정당들
에 대한 국민들의 선택은 미미했다. 2004년(17대) 총선에 등장했던 기

독민주복지당 1.1%, 2008년(18대) 기독사랑실천당 2.54%, 2012년(19대) 기독자유민주당 2.54%, 2016년(20대) 기독자유당 2.64%로 나타나 한 번도 원내 진입에 성공하지는 못했다. 2020년 21대, 2024년 22대 총선에서도 결과는 마찬가지였다.

조사를 통해 드러나는 판세를 종합할 때, 기독 정당의 성적은 우려할 만한 수준은 아니나, 염려스러운 부분이 없는 것도 아니다. 전광훈 목사를 중심으로 엮인 일부 근본주의 개신교인들이 극우 정치와 결합할 경우다. 전광훈 목사에 대해 동의를 보내는 13.4% 교인들과 기독 정당에 5.2% 지지를 보내는 개신교인들이 기세가 어떤 형국을 띠게 될는지는 앞으로 좀 더 지켜보아야 할 대목이다. 하지만 태극기와 촛불로 첨예하게 갈린 광장의 정치 속에서 그들이 운신할 수 있는 폭이 넓어지고 기세가 만만치 않은 것은 분명한 사실이다.

지금까지 나는 정치 분야 설문 분석을 통해 타자에 대한 정치적 감수성에 대한 부분, 전광훈 목사 관련 부분, 기독교의 정치 참여에 대한 의견을 묻고 그 결과에 대한 간단한 보고와 비평을 하였다. 이를 토대로 한국 개신교와 극우 정치와의 상관관계를 종합하면 극우주의가 일부 개신교인들을 등에 업고 발호할 조짐을 보이고 있었다는 점이다. 그런데 그것이 윤석열 계엄 내란 사태를 거치면서 표면 위로 부상하였다.[9]

이것은 비단 우리만의 현상은 아니다. 유럽이나 미국에서 극우 정당과 극우적 성향의 인물들이 정치적으로 세를 모아 가는 것을 보면 말이다. 극우주의의 준동이 한계에 다다른 신자유주의의 후폭풍이라는 설명이 정설이지만, 한국적 맥락에서는 분단과 얽히면서 좀 더 다층적 모양새를 취하고 있다. 그 과정에서 한국 개신교가 국론 분열을 극복하기 위한 화해와 연대의 메시지를 선포하는 것이 아니라, 오히려 저

---

9. '극우주의와 개신교'에 대한 상세한 논의는 본서 3부 "오늘의 종교·문화 비평" 중 「전광훈 현상, 어떻게 볼 것인가?: 한국 개신교 극우주의 읽기」를 참조하라.

주와 증오의 메커니즘으로 작동하고 있는 것이 아닌지, 많은 시민들은 바로 이 점에 대해 우려의 목소리를 내고 있다.

5. 탈종교 사회와 반지성적 종교

앞선 논의를 통해 한국 개신교는 근본주의적 신앙에서 탈피하여 포괄주의로 진입하였음이 감지되었고, 코로나19 기간을 지나면서 그 경향은 가속화될 것임이 예측되었다. 교회의 영향력이 빠르게 약화되고 있다는 점에서 우리 사회도 서구 근대성의 특징인 세속 사회로 진입하고 있는 셈이다. 반면 전광훈 현상과 신천지의 등장, 지난 20대 대통령 선거 과정에서 부각되고 윤석열 정권 등장 후에도 끊이지 않는 무속 논란은 탈종교 혹은 세속 사회와는 어울리지 않는 모양새다. 세속화되었지만 탈세속화된 모습, 탈종교화 되었지만 여전히 종교적 영향력이 상존한다는 점에서 한국 사회는 종교적으로 혼종적이다.

'한국 사회가 종교적으로 혼종적이다'라는 말은 연구자의 시선에서 나온 분석적 평가라 할 수 있다. 하지만 시민들의 한국 개신교를 향한 평가는 냉혹하다. 한마디로 그것은 '한국 개신교 = 반지성주의'라는 낙인이다. 개신교 인식 조사에서 드러난 여러 가지 지표들, 예들 들어 진화론에 대한 수용, 성서 무오설에 대한 완화된 입장, 타 종교의 진리관과 구원관에 대해 서서히 열린 자세를 취하고 있는 점, 정치 사회적 이슈들에 대해 비개신교와 별 간극 없이 비슷한 입장을 취하고 있는 점 등은 한국 개신교인들의 성향이 변하고 있음을 보여 주고 있는 지표들이다. 그럼에도 불구하고 교회 밖에서 바라보는 한국 교회에 대한 인상은 부정적이다. 급기야는 교회가 사회를 걱정하는 것이 아니라 사회가 교회를 걱정하는 처지에 이르렀다. 한국 개신교의 반지성주의적인 사고와 그것을 실제로 믿고 행하는 도착된 신앙의 행태들이 오늘의 한국 교회 현상학이라고 한다면 너무나 삐딱한 시선일까.

반지성주의는 상식과 지식이 무너진 자리에서, 상식과 지식을 갖지 못하는 사람들에 의해서, 혹은 미래에 대한 전망과 소망을 갖지 못하는 사람들 사이에 등장하는 현상이다(김진호 외, 2018: 128-31). 반지성주의가 작동하는 시기와 장소는 정해져 있지 않다. 고대·중세가 반지성주의였고, 근대가 지성주의라는 도식도 딱 맞아떨어지는 것은 아니다. 동양에 비해 서양이 지성적이다, 라고 말할 수도 없다. 서구의 경우 마녀사냥에 대한 기록이 중세에서 근대로 넘어와서도 존재했다는 것이 그것을 입증한다.

개신교인 인식 조사에서 반지성주의에 입각한 극우주의의 태동이 염려되는 항목은 전광훈에 대한 지지와 기독교인의 정치 참여에 대한 부분이었다. 전광훈에 대한 지지가 개신교 평균적으로는 13.4%인데 반해, 50대에 가서는 18.7%, 60대에 가서는 25.5%로 뛰었다(한국기독교사회문제연구원, 2020: 92). 기독교인들의 태극기 부대 집회 참여에 대한 의견을 묻는 대목에서도 개신교인 평균이 7.5%인데, 60대는 17.9%로 배 이상 뛰는 것으로 나왔다(한국기독교사회문제연구원, 2020: 96). 70대 이상은 인식 조사에서 누락된 것을 감안하면 실제 노인들의 찬성률은 더 높다고 봐야 한다. 단순하게 말하면 노인들이 반지성적이고, 그래서 극우적일 확률이 높다는 결론이 나오는데, 우리는 이러한 현상을 어떻게 이해해야 할까. 나는 이에 대한 분석과 대안으로부터 탈종교 사회 속에서 한국 개신교가 나가야 할 바를 상상할 수 있지 않을까 본다.

잘 알려진 바와 같이 대한민국의 노인 자살률은 세계 OECD 국가 중 1위다. 한국 사회에서 인권의 사각지대에 놓여 있는 대표적 집단이 노인이라는 사실은 전광훈 목사가 주도하는 광화문 광장의 태극기 집회와 모종의 함수 관계가 있다. 언론은 광장에 모인 그들의 극우적 발언과 행위들이 지닌 가해자적 면모를 부각시키지만, 사실 광화문 광장에 나온 노인들은 대부분 우리 사회의 약자 혹은 소외자들이다. 이 대목에서 우리가 생각해야 할 것은 태극기 집회의 반지성주의와 극우적 성향이 아니라, 그들이 왜 광장으로 나오게 되었는가이다.

광장에서 태극기가 휘날리기 전까지 우리 사회는 노인들의 목소리와 문제에 귀 기울이지 않았다. 빠르게 변화하는 세상의 속도에 적응하지 못하고 도태되어 가는 그들의 목소리를 외면했던 우리 사회다. 종교가 잊혀 가는 존재들의 아픔과 목소리에 귀를 기울여야 함에도 불구하고, 종교 역시 세상의 추세를 따라가고 있는 것이 아닌지. 가시적 성장을 향해 달려가다 보니 소위 말하는 정상성의 범주에 들지 못하는 신자들은 종교 밖으로 내몰리는 형국이 되었다. 전광훈의 태극기 집회와 신천지의 부상은 우리 시대 종교의 치부를 드러내는 징후적 현상이라 볼 수 있다. 탈종교화 시대에 전개되는 퇴행적인 탈세속화 현상으로 말이다. 그렇다면 우리는 이 대목에서 어떤 방안을 모색해야 하는 것일까?

6. 탈종교 시대, 한국 교회에 필요한 윤리

최현숙의 『할배의 탄생』(2016)은 대한민국 평균 노인들의 애환을 찾아가 기록하고 청취하고 응답하고 있다는 점에서 우리가 방관하고 있었던 노인 문제의 심장을 겨누고 있는데, 나는 이 책을 읽으면서 한국 개신교에 필요한 윤리를 찾을 수 있었다. '응답의 윤리'가 그것이다. 일찍이 리처드 니버는 기독교 윤리를 응답에서 시작해야 한다고 말한 바 있다. 그는 일반 윤리학의 양대 축이라 할 수 있는 목적론적 윤리와 의무론적 윤리에 대해 거부하면서 "그것들은 하나의 허상이나 가정에 불과한 것이지 실재에 대한 참 모습은 아니다"(Niebuhr, 1963: 56)라고 꼬집는다. 그러고는 응답의 윤리를 말한다. "이러한 상황에서 책임이라는 새로운 상징이 대두된 것은 매우 중요한 일이다. 책임이라는 이념에는 '인간은 응답자(man-the-answerer)'라는 이미지가 암시되어 있다. 이는 인간이란 대화에 끼어든 존재로서 자기에게 가해진 행위에 대해 응답하는 존재라는 뜻이다."(Niebuhr, 1963: 56).

한국 개신교의 반지성주의와 극우주의 극복을 논하는 자리에서, 그리고 탈종교 시대 종교가 나가야 할 바를 새롭게 상상하는 자리에서 응답의 윤리를 말하는 것이 생경할 수도 있겠다. 여기서 말하는 응답은 기존의 종교적 도그마와 정치 공학, 내지는 사회적 방법론, 혹은 규범 윤리학이 정해 놓은 답안을 거부한다. 어떤 목적과 대의를 묻기 이전에 지금 내가 누구 앞에 있는지, 혹은 내가 듣지 못하고 있는 목소리는 없는지를 찾아 나서는 것이 응답의 원칙이다. 여기서 책임에 대한 단서를 얻을 수 있다. 인간은 상호 연결되어 있는 존재이고 상호 응답해야 할 책임이 있는 존재라는 사실이다.

리처드 니버는 한 걸음 더 나아가 응답이 성서를 해석하는 중요한 틀임을 분명히 한다. "이스라엘 역사와 초기 기독교 공동체의 위기적 상황에서 제기되었던 결정적인 질문은 '무엇이 목적인가? 무엇이 우리가 지켜야 할 법인가?'가 아니라 '무슨 일이 일어나고 있느냐?' '지금 발생하고 있는 이 일에 대한 적절한 응답이 무엇인가?'였다."(Niebuhr, 1963: 66-7). 종교인은 신 안에서 모든 인간은 서로 이어져 있고, 또한 인간은 신과 신이 창조한 피조 세계의 모든 존재들에게 의존해 살아가고 있음을 고백해야 한다. 인간은 우리가 알지 못하는 사람들과 이어져 있고, 그래서 누군가의 부재와 죽음은 나의 부재와 죽음과도 연결되어 있었기에 대화하고 응답해야 할 책임이 있다.

탈종교 시대는 인간과 자연, 인간과 사회, 인간과 인간의 관계가 단절되고 각자도생하는 삶의 패턴을 전제한다. 파편화된 개인들은 상처난 마음을 스스로 혼자 위로해야 하기에 힐링에 몰두하고, 또한 그들은 신자유주의 시대에 살아남기 위한 스펙 함양을 위한 진취적 마인드를 종교적 긍정의 언어로부터 얻으려고 한다. 하지만 거기에는 시대와 풍속에 내몰리는 과도한 나의 목소리만 있지, 타자의 목소리는 없다. 종교적 행위를 가장한 유사 종교 행위들이 종교의 미덕으로 전환되어 소비되고 있는 셈이다. 이런 문제의식 속에서 타자성, 환대, 책임, 돌봄 등의 용어가 종교와 윤리의 영역에서 근래 활발히 개진되고 있는데 그것들의 이면에는 공통적으로 타자의 목소리에 대한 응답이 깔려 있다.

7. 에필로그

세속화되고, 탈종교화 된 세상 속에서 종교를 이야기하는 것은 왠지 좀 민망한 일이다. 신학을 하고 목회를 하는 나의 마음이 이런데 평범한 신자이거나 종교가 없는 시민들에게 신에 대해, 종교에 대해 어떻게 생각하느냐고 물으면 얼마나 황당할까, 라는 생각도 든다. 그럼에도 불구하고 종교는 지속된다. 왜냐하면 세속화된 사회든, 탈종교화된 사회든, 포스트모던이든, 포스트휴먼 사회든, 일상에서 발버둥 치며 살아가는 인간들의 실존은 언제나 불안하고 위태하기 때문이다. 누군가는 그들의 목소리에 반응해야 하고, 누군가는 시대의 절규에 호응해야 하며, 누군가는 안타까운 죽음에 대해 애통해 하면서 함께 울어 줘야 한다. 그들이 종교인이고 그곳이 바로 성소이다.

이것은 새로운 것이 아니다. 인류가 등장했던 시절부터 형식과 모양새는 달랐겠으나 그 역할을 감당했던 존재는 늘 있어 왔다. 인간이 계속 지구상에 존재하는 한 당대의 아픔과 인생의 고난에 대해 응답을 해야만 하는 시간과 공간, 그리고 역할은 사라지지 않을 것이다. 탈종교 시대가 앞으로 어떤 양상으로 전개될지는 모르겠으나 인간의 실존에서 고통과 애도는 상수다. 종교는 탈종교 시대에도 당대의 고통이 드러나는 곳에서, 애도가 필요한 곳에서 계속해서 신을 향해 고개를 들고 두 팔을 벌려 외치고 기도해야 한다. 위기의 한국 개신교는 시대의 변화에 발맞추려는 부산한 움직임과 발 빠른 대처보다는 오히려 지금 말한 종교의 기본으로 돌아가야 하지 않을까. 오랜 세월 종교가 지켜온 도(道)의 자리로 말이다.

21세기 에큐메니컬 운동의 전환

'주변부로부터의 선교'와 '마음의 에큐메니즘'

1. '하느님의 선교(Missio Dei)'란 무엇인가?

팬데믹이 종결된 이후 포스트 코로나 시대를 대비하는 새로운 종교적 상상력에 대한 요청과 그에 따른 새로운 교회적 지평과 플랫폼을 마련해야 한다는 선교적 열망이 거스를 수 없는 신학과 교회의 과제가 되었다. 이 글은 이러한 요청을 받아 '팬데믹 이후 선교 공간: 주변부로부터의 선교'라는 주제 아래 썼던 글을 종합한 것이고, 그것의 최종 제목이 '마음의 에큐메니즘'으로 갈무리되었음을 미리 밝힌다.

우선, '주변부로부터의 선교'를 논하기에 앞서 전 시대 진보 기독교의 선교적 어젠다라 할 수 있는 '하느님의 선교'에 대한 전 이해가 필요하다. '하느님의 선교'는 제2차 세계 대전 이전까지 서구 교회가 표방했던 제국주의적 선교 방침에 대한 반성과 제3세계 교회들의 정치적 독립과 맞물려 등장한 새로운 선교 개념이다.[1] 제도적 교회를 하나님 나라와 동일시하고, 지나치게 1세계 중심적 사고방식에 사로잡혔

---

[1]. '하느님의 선교' 개념은 1952년 독일 빌링엔에서 열린 국제선교대회(IMC)에서 카를 하르텐슈타인(바젤 선교부 원장)이 처음 사용하였다. 케네스 R. 로스 외, 한국에큐메니컬학회 옮김, 『에큐메니컬 선교학』(서울: 대한기독교서회, 2018) 중 「빌링엔 1952: 하나님의 선교」(111-9); 데이비드 보쉬, 김병길 · 장훈태 옮김, 『변화하고 있는 선교』(서울: 기독교문서선교회, 2000), 576-81 참고.

던 과거의 선교 행태를 극복하는 과정에서 탄생한 하느님의 선교 신학은 역사 한가운데서 이루어지는 하느님의 활동에 주목하였고, 선교의 목적은 교회가 아니라 하느님 나라에 있음을 밝혔다.

'하느님의 선교'가 등장하기 전까지 선교에 대한 인식은 서구적 사고와 방식에 대한 일방적 이식, 선교의 목적은 비신자의 회개와 세례를 의미했다. '하느님의 선교'는 선교의 주체를 하느님 자신으로 이해하고, 선교의 목적을 모든 피조물에 대한 그리스도의 지배권, 곧 하나님 나라의 구현에 두었다. 이는 선교란 교회와 함께, 교회를 넘어서 하나님 나라를 이 땅에서 일구어 가는 것임을 뜻한다. 세계는 하느님의 구원의 역사가 펼쳐지는 장이고, 역사는 하느님의 약속의 관점에서 조명되었다.[2]

하느님의 자유와 정의와 평등이 이 땅에서 이루어지는 하늘나라 건설이 '하느님의 선교'가 지향하는 바이다. '하느님의 선교'는 물리적 교회 숫자의 증가에 주안점이 있지 않고, 불신자에 대한 맹목적 개종에만 몰입하지 않는다. '하느님의 선교'를 통해 진보적 그리스도교는 선교의 경계와 선교 활동의 제약을 극복하면서 사회 선교를 확장할 수 있었다.[3] 그러므로 '하느님의 선교'에 참여하는 신앙인은 주님의 종들

2. 테오 순더마이어는 '하나님의 선교' 개념이 비체돔의 '구원사적 모델', 호켄다이크의 '약속사적 모델'로 분리되어 발전했다고 증언한 바 있다. 테오 순더마이어, 채수일 옮김, 『선교신학의 유형과 과제』(서울: 대한기독교서회, 1999), 18-27 참고.
3. 한국 개신교의 가장 대표적인 진보적 교단인 한국기독교장로회는 이천 년 동안 내려왔던 그리스도교의 전통과 개혁 교회의 맥을 계승하면서 4대 문서([신앙고백서], 1972: [선교정책], 1973: [사회선언지침], 1971: [교육정책], 1969)를 통해 신앙을 주체적으로 고백하였다. 기장은 1987년 시민 혁명 후에 변화된 사회와 그 지형에 걸맞게 제5문서(1987년)를 발표하였고, 새 역사 50주년을 맞는 2003년에는 희년 문서를 통해 새천년 상황 속에서 선교의 기치를 새롭게 표명한 바 있다. 기장의 문서들은 변화하는 시대마다 요청되는 복음의 진리와 신앙의 정수를 밝혀 왔다. 아울러 그것은 '하느님의 선교'가 시대마다 어떻게 해석되고 실행될 수 있는가를 둘러싼 고백이고 변증이었다. 한국기독교장로 총회, 『제102회 총회 국내선교 자료집』(서울: 한국기독교장로회 총회, 2017), 123-308.

만이 누릴 수 있는 특권인 자유와 해방을 향한 모든 피조물의 슬픔과 탄식에 함께 동참해야 하는 것이다(롬 8:22).

그러나 교회가 사회를 걱정하는 것이 아니라, 사회가 오히려 교회를 걱정해야 하는 오늘의 현실에서 '하느님의 선교'는 딜레마에 빠졌다. '예수 천당, 불신 지옥'으로 상징되는, 타자를 적대시하는 폐쇄적이고 공격적인 구호와 일부 몰지각한 교회들의 파괴적인 전도 방식은 교회를 세상으로부터 유리된 공간으로 만들었다. 분파적이고 분열적인 일부 교회의 언행이 전혀 종교적이지 않다는 것은 안타깝게도 그 구호들을 외치는 교인들만 모르고 세상 사람들은 다 아는 사실이 되었다.

'하느님의 선교'를 말해야 하는 교회 내부의 상황은 한층 더 복잡하고 난감하다. 자본의 원리가 유일한 정언 명법이 되어 버린 천민자본주의 체제를 상대로 교회는 성장 지상주의를 비판해야겠지만, 다른 한편으로는 대형 교회만 지속 가능한 안정적 운영을 할 수 있는 현실 속에서 대형 교회를 향한 흠모와 그곳으로부터 나오는 시혜적 행위에 의존하는 것 또한 사실이다. '하느님의 선교'가 자본으로부터 자유로워야 하겠지만 현실은 돈이 없으면 아무것도 할 수 없는 세상이다. 이러한 상황 속에서 교회는 하느님과 재물 양자를 모두 섬기는 하인의 딜레마에 빠져 있다.

'하느님의 선교'가 일어나야 하는 원초적 공간인 교회의 현실이 양극화되어 있다는 것은 '하느님의 선교'가 시작되는 자리가 불가능한 가능성을 놓고 기도해야 하는 장소임을 드러낸다. 교회의 빈부 격차가 비성서적이고 교회적이지 않음을 우리는 너무나도 잘 인지하고 있지만, 그것이 엄연한 현실의 법칙이고 쉽게 바꿀 수 없는 진실임을 또한 너무나도 잘 안다. 전반적인 교회의 시스템을 '하느님의 선교'를 지향하는 구조로 재편할 수 있는 방법이 무엇인지에 대한 숙고가 필요한 대목이다.

이러한 복잡한 지형 속에서 '하느님의 선교'에 대한 방향 전환 내지 발전적 변화에 대한 요청이 등장하였고, 그것은 코로나 팬데믹 기간을 지나면서 더 가중되었다. 다음 장에서는 정치적, 경제적, 생태적 관점에서 팬데믹을 분석하고, 코로나19 상황으로 인한 한국 교회의 위기에 대한 진단을 함께 모색해 보는 시간을 갖도록 하겠다. 왜냐하면 이 과정을 충실히 복기한 후에야 비로소 코로나19 이후 선교적 패러다임 전환에 대한 모색이 가능하기 때문이다.

2. 팬데믹 이후 세계와 교회

코로나19는 정치, 경제, 사회, 문화의 전 영역에서 우리의 삶을 변화시켰다. 팬데믹 상황 속에서 해묵은 국가주의가 귀환한 것은 특이한 현상이었다. 세계화의 도래와 더불어 국가의 기능이 약화되었는데 코로나 백신 정국에서 국가의 역할이 강화되는 모습을 보였던 것이다. 코로나 시국에 강화된 국가의 모습은 이기적이고 고립적이고 배타적인 형태로 나타났다. 국제 정치 질서 측면에서 보자면 국가가 과연 지구적 협력과 연대를 이끌어 낼 수 있는 체제인지에 대한 깊은 우려를 팬데믹 기간 내내 자아냈다. 구체적으로 방역 시행과 백신의 분배에서 보듯이, 1, 2차 세계 대전 이후 국제적 위기관리를 위해 등장한 국제연합(United Nations) 체제는 코로나19로 인한 팬데믹의 위기를 대처하고 해결하는 과정에서 자국 중심주의를 벗어나지 못하는 근본적인 한계를 보였다. 권위주의적 체제는 강화되고 상대적으로 시민의 힘이 위축되는 현상이 발생했다고 지젝은 지적한다(지젝, 2020: 165-86).

정치적 취약점 못지않게 팬데믹은 현 경제 시스템에 대한 심각한 문제점을 드러내 보였다.[4] 무수한 통계가 충분히 보여 주고 있듯이, 팬

---

4. 슬라보예 지젝은 코로나 팬데믹을 세계화의 한계와 종말을 지시하는 징후적 사건으로 파악한다. "바이러스가 우리 삶의 기반들 자체를 흔들어놓을 것이며, 엄청난 양의

데믹의 많은 희생자들은 우리 사회를 지배해 온 시장 전체주의 신화가 정당화해 온 경제적 양극화로 인한 피해자들이다. 현재의 노동 구조는 '원격 근무가 가능한 자(The Remotes)'보다는 일하다 바이러스에 걸릴 것인가, 일을 하지 않고 굶을 것인가의 기로에 놓인 필수 영역의 노동자(The Essential)가 많은 게 현실이다. 팬데믹 상황 속에서 급격하게 늘어난 음식 배달 라이더나 택배 기사가 대표적인 예라 할 수 있다. 코로나19는 플랫폼 노동자의 현실이 부각되면서 21세기 자본주의가 지니고 있었던 양극화의 현실과 불평등한 노동 구조를 극명하게 드러내 보였다(지젝, 2020: 35-44).

팬데믹이 도래하기 이전부터 열악한 노동 조건을 감내해야 했던 사람들이 존재했고, 자본주의 사회에서 노동자로서의 경쟁력을 상실한 요양 병원의 환자들, 노인들 그리고 취약한 빈곤 계층들이 이미 우리 사회의 음지에서 신음하고 있었다. 실정법이 정한 질서 안에서 본인들의 권리와 인권을 말할 수 없는 사람들, 성 소수자, 난민, 외국인 노동자, 노숙인, 이주민들이 소리쳤으나 교회와 신자들은 그들의 목소리에 충실하게 반응하지 않았다. 바로 그들이 취약한 삶의 조건에서 감염자가 되었고, 되레 팬데믹의 희생자가 된 이들이 낙인과 혐오의 대상으로 전락하는 어처구니없는 현실을 우리는 목도하였다.

생태적 관점에서 팬데믹을 바라보면 더욱 비극적이다. 생태학자들은 코로나19 바이러스의 출현을 산업 혁명 이후 아무런 비판과 반성 없이 진행되어 온 전 지구적 수탈 자본주의 시스템에 대한 지구의 반격이라고 말한다. 사스, 신종 플루, 메르스, 코로나19 등 최근에 창궐했던 감

고통은 물론 대불황보다 더 극심한 경제적 혼란을 불러일으킬 것이라는 사실이다. 일상으로 다시 돌아갈 길은 없고, 새로운 일상이 옛 우리 삶의 잔해들로부터 만들어지거나, 이미 조짐이 선명하게 보이는 새로운 야만에 접어들게 될 터이다. … 과학자들이 수년에 걸쳐 경고했음에도 우리를 아무 대비 없이 파국에 빠지게 만든 우리 시스템은 뭔가 잘못된 것일까?"(지젝, 2020: 20).

염병들은 모두 인수 공통 감염병이었다는 점이 그것을 입증한다. 이들의 출현은 발전과 진보의 이름으로 자연 자원을 무자비하게 착취해 온 과정과 깊은 관계를 지니고 있다. 무분별한 개발로 야생 생물들의 서식지가 점차 줄어들어 왔다. 그 결과 인간과 동물 사이에, 그리고 문명과 자연 사이에 서로를 존중하고 서로의 생존을 지켜 줄 수 있는 거리와 간격도 사라지고 말았다. 급기야 자연은 자신을 지키기 위한 자위권을 발동해야 하는 상황이 되었고, 인수 공통 감염병들은 자연의 생존 과정에서 나타나는 당연한 반응이다.[5]

팬데믹은 우주 삼라만상의 모든 살아 있는 것들, 그리고 무생물들 사이가 촘촘히 엮여 있다는 사실, 그리고 그들 사이에 아주 강한 관계성과 상호성이 작동하고 있다는 사실을 전했다. 이러한 시각은 인간 중심적인 사고에서 탈피하여 생명계 전체의 관계성에 주목하라는 요청으로 다가온다. 성서의 전통은 이미 수천 년 전부터 진리를 알고 있었던 것 같다. 이사야 예언자는 "땅이 통곡하고 고달파 한다"(사 33:9)면서 야훼께 호소했고, 예레미야는 "이 땅이 언제까지 슬퍼하며, 들녘의 모든 풀이 말라 죽어야 합니까?"(렘 12:)라고 하면서 신에게 따진다. 곧이어 그는 자연의 고통을 인간의 죄와 연결시킨다. 인간과 자연, 그리고 다른 동료 피조물들 관계 사이에 인간이 놓여 있음이 드러나는 대목이다.

이렇듯 코로나 팬데믹은 많은 희생을 감내하면서 사회 전 분야에 걸쳐 이전의 양식과는 다른 삶의 방식과 새로운 사회 구성의 원칙을 요구하고 있다. 그중에서도 코로나 시대를 대표하는 사회적 용어가 언택트(untact)이다. 하지만 언택트는 코로나19 팬데믹이 탄생시킨 신조어는 아니다. 첨단 기술 사회, 정보화 시대, 그리고 소비 자본주의가 결

---

5. 한국기독교교회협의회 신학위원회, 크리스챤아카데미 공동 기획 · 공동 편집, 『바이러스, 팬데믹 그리고 교회』(서울: 여해와 함께, 2022), 148-70.

합하는 영역에서 이미 등장했던 말이다. 표면적으로는 언택트가 장소와 거리에 구애받지 않는 소통의 가능성을 말하고 있는 듯하지만, 언택트는 연결(connection)에만 집중하지 상호 작용(interaction)과 상호소통(communication)에는 관심이 없다.[6]

21세기 소비 사회의 한 패턴이었던 언택트 문화는 팬데믹 기간 정부의 방역 정책 과정에서 "사회적 거리두기"로 탈바꿈되었다. 사회적 거리 두기라는 방역 수단은 국민들로 하여금 언택트를 피할 수 없는 삶의 원칙처럼 받아들이게끔 하였다. 이 대목에서 우리는 사회적 거리 두기의 의미를 숙고해 볼 필요가 있다. 그것이 자칫 사회적으로 관계를 멀리하자는 의도로 고착화될 수 있기 때문이다. 특별히 신학적으로 볼 때, 사회적 거리 두기는 문제가 있다. 팬데믹 상황에서 언택트 문화가 가장 논란이 되었던 집단이 교회였기 때문이다. 코로나19 이전 사회의 많은 분야가 언택트 문화에 익숙해 있었다. 하지만 교회는 철저하게 대면 관계를 바탕으로 움직이는 공동체였다. 21세기 자본주의가 추구하는 인격적 상호 작용을 생략한 소통과 연결이 없는 방식이 다른 모든 영역에서 승리를 거두었지만, 코로나 이전 교회에서는 힘을 얻지 못했다. 그런데 팬데믹을 계기로 교회의 상황도 역전이 된 것이다.

언택트와 거리 두기 시대에 교회가 물어야 할 가장 시급한 질문은 '이웃 사랑을 외치는 교회가 진실로 우리 안으로 들어온 타자들, 혹은 교회 밖에 있는 타자들을 환대하고 배려하는 공동체로서 면모를 보이고 실천해 왔는가?'라는 물음이다. 어쩌면 우리가 진실로 극복해야 할 대상은 바이러스가 아닐지도 모른다. 우리가 묵인해 왔던 차별과 배제와 무관심의 거리 두기가 진정으로 극복해야 할 대상이다. 동료 피조물과 더불어 서로 존중하고 돌보는 삶의 거리가 망각되고 무너진 곳에

---

6. Ibid., 134-44.

서 재난이 발생했음을 우리는 명심해야 할 것이다.

3. 혐오의 현상학과 '타자를 위한 교회'로의 전환

코로나19 언택트 상황은 타자와의 연대를 새로운 시대정신으로 요청한다. 왜냐하면 팬데믹 정국을 통과하면서 사회적 약자를 향한 무차별적인 혐오 표현이 전 세계적으로 난무했기 때문이다. 흑인과 아시아인에 대한 공공연한 폭행, 난민과 이주민, 가난하고 늙고 병든 사람들에 대한 노골적인 배제가 범람해도 별다른 조치를 취하지 않는 패역한 세상 한가운데서 교회는 무엇을 외쳐야 할 것인가?

한국 사회도 예외는 아니었다. 외국인 입국자에 대한 혐오, 특정 종교 집단에 대한 혐오, 그리고 성 소수자에 대한 혐오가 팬데믹 상황에서 더욱 선명하게 드러났다. 코로나19가 중국 우한에서 발생하였다는 소문이 퍼지면서 중국과 중국인을 향한 혐오 발언이 등장하기 시작하였고, 보수 언론과 정당에서는 중국인의 출입국을 제한해야 한다는 강성 메시지를 유포하기 시작하였다. 이는 코로나19 상황에서 특정 집단을 향한 혐오 주장이 최초로 사회적 목소리로 나타났던 사건이었다.[7]

2021년 2월 대구 발 코로나19 확산의 원인으로 지목당한 "신천지"를 향한 대응은 혐오 증상의 정점을 찍은 사건이라 할 수 있다. 신천지 교인인 31번 확진자가 두 차례에 걸쳐 1천 명 넘게 모인 대구 신천지 집회에 참석했다는 사실이 알려지기 시작하면서 신천지에 대한 혐오는 본격화되었다. 이는 중국인을 향한 혐오보다 더 강렬한 것으로 2020년 2월 23일 시작된 신천지 예수교회를 강제로 해산시켜야 한다는 청와대 국민 청원이 하루 만에 20만 명을 넘어선 것으로 증명되었

---

7. 국승인, 「미국내 아시안 혐오 한국 내 중국인 혐오」, 『시사IN』 707호(2021. 4. 10), https://www.sisain.co.kr/news/articleView.html?idxno=44261

다. 이는 후에 기독교 전반을 향한 혐오로 확대되는 양상으로까지 발전했다.[8]

코로나19 바이러스가 확산되는 것과 비례하여 마치 숙주를 찾아 변이를 거듭하며 퍼져 나가는 바이러스처럼, 우리 사회에서 혐오 현상은 중국과 중국인에 대한 혐오와 신천지라는 종교 집단에 대한 혐오를 거쳐 동성애 혐오로 번져 갔다. 2020년 5월 서울 이태원의 한 클럽에서 시작된 코로나 확산은 동성애 혐오(homophobia)의 기폭제가 된 사건이었다. 콜센터와 요양 병원에서 터진 코로나 환자의 증가는 우리 사회 약자에 대한 혐오를 공공연하게 부추기는 계기가 되었다.

이와 같은 현상은 사회적으로 위기와 공포가 확산되는 재난 상황이 혐오의 정치학과 배제의 메커니즘과 쉽게 결합될 수 있음을 보여 준다. 실상은 팬데믹이 있기 전부터 우리 사회에는 주류 문화에 밀려 밖으로 내쳐진 배제당한 사람들이 있었다. 코로나19는 우리 사회 약자가 누구인지를 확인하게 하는 계기가 되었다. 인종과 종교가 다른 사람들, 문화와 관습이 다른 사람들, 성과 지위와 계급과 연령이 다르거나 낮거나 노쇠한 사람들이 코로나19 같은 사회적 재난 속에서 무방비 상태로 위험에 노출되었고, 심지어 혐오와 차별의 대상으로 전락하였다. 그동안 알고는 있었으나 말하지 않았던 우리 시대의 치부가 온

---

8. 크리스챤아카데미 이상철 원장은 신천지에 대한 혐오에 유감을 표시하면서 다음과 같은 부연 설명을 한다. "신천지는 어느날 갑자기 등장한 게 아니라, 개신교 안에서 우리가 저지른 약자에 대한 무관심과 멸시, 혐오가 낳은 쌍생아인 겁니다. 신천지에 대한 화살을 우리에게 돌려 개신교 차원에서 반성과 회개로 이어져야 하지 않을까 제안하고 싶습니다." 신천지에 대한 문제 제기도 중요하지만 신천지가 나올 수밖에 없었던 한국 개신교의 현실에 대한 비판이 먼저 있어야 된다는 말이다. 신천지는 개신교가 자기만의 성을 쌓고 세상과 게토화 되어 가는 과정에서 떨어져 나온 잉여의 존재들이고 개신교의 타자 만들기와도 관계가 있다. 신천지에 대한 보다 객관적이고 냉철한 종교 사회학적 분석이 요망된다. 이상철, 「코로나 이후, 종교의 길을 묻다」, 『가톨릭 평론』 27(2021. 8), http://wti.or.kr/catholic_review/788.

천하에 드러난 셈이다.

이 지점에서 교회의 타자성이 대두된다. 교회가 타자를 위한 존재라고 했을 때, 과연 우리에게 타자는 누구이고, 왜 타자인가, 라는 질문을 던져야 한다. 교회의 타자성은 우주 삼라만상에 깃들어 있는 그리스도의 신비에 대한 발견이고, 하느님의 현존에 대한 각성이라 할 수 있다. 왜냐하면 우리가 고백하는 하느님은 "만유 위에 계시고 만유를 통일하시고 만유 가운데 계시는"(엡 4:6) 하느님이기 때문이다. 이런 이유로 팬데믹 이후의 교회의 타자론은 동료 인간을 넘어선 피조 세계 전체로 나아간다. 비인간 존재들, 동식물, 그리고 생태 환경을 구성하는 사물의 범주로까지 타자의 범위가 확대되어야 한다는 말이다. 이것은 인간 중심적으로 변질되고 헬라적 이원론으로 탈색된 그리스도교가 놓친 부분이다. 지금부터라도 교회는 인간과 인간, 인간과 사물, 인간과 자연을 경계 지었던 과거의 행실을 회개해야 한다.

성서는 이 사실을 분명히 선포한다. 특별히 바울의 언어 안에서 우리는 타자성을 극복할 수 있는 용기와 지혜를 발견한다. 바울은 예수가 그어 놓은 분할선으로 세상의 질서가 재편되었다고 말한다. 율법이 그어 놓은 기준선은 할례자와 할례를 받지 않은 사람, 유대 사람과 헬라 사람, 자유인과 종, 남자와 여자를 명확히 구분했다. 하지만 타자를 향한 차별과 혐오의 기준은 예수 그리스도 안에서 철폐되어 하나가 되었다. 새로운 분할선이 선포된 것이다. 로마의 법에서 예수 그리스도의 법으로 말이다. 그것을 기준으로 세상의 가치는 자기중심에서 타자중심으로 역전되었다. 바울은 다음과 같은 인상적인 말로 위의 사실을 정리하였다. "그런즉 누구든지 그리스도 안에 있으면 새로운 피조물이라 이전 것은 지나갔으니 보라 새것이 되었도다"(고후 5:17).

다시 한 번 강조하지만, 팬데믹은 결코 우발적으로 나타난 재난이 아니다. 팬데믹의 비극은 인류가 저지른 그동안의 타자성의 상실로 인한 폐악이 쌓여 돌아온 부메랑이다. 그러므로 단순히 공동체 전체의 문제를 상쇄할 희생양을 찾아 그들에게 모든 책임과 잘못을 전가해 봉합하고 넘어가려 해서는 안 된다. 오히려 그 반대다. 우리 안에 있는 타자들, 우리 사회 안에 깊이 자리 잡고 있는 소외와 차별과 배제의 대상들을 찾아 벽을 허물고 환대하는 시간과 의식을 치러야 한다. 성서는 어떤 종류의 차이라 할지라도 그것 때문에 차별의 근거가 될 수 없음을 분명히 한다. 예수 안에서 모두가 하나이기 때문이다(갈 3:28). '주변부로부터의 선교'는 이러한 시대적 분위기에서 부각되어 우리들에게 다가왔다.

4. '주변부로부터의 선교': 리부팅 '하나님의 선교'

이 절의 제목을 '주변부로부터의 선교(mission from the margins)'라 붙이고 부제로 '리부팅 하느님의 선교'라 명명했다. '주변부로부터의 선교'가 아직 생경한 개념이어서 독자들이 거부감을 느낄 수도 있기에 '리부팅 하느님의 선교'라는 사족을 달았다. '하느님의 선교'와 '주변부로부터의 선교' 사이의 차이를 설명하는 것은 중요하다. 우선 '하느님의 선교'가 훈고학적인 문헌, 혹은 화석화된 선언이 아니라는 점을 밝힐 필요가 있겠다. '하느님의 선교'는 시대와 역사 앞에 열린 해석의 체계이고, 떨리는 신앙의 고백이며, 고뇌에 찬 결단의 언어와 실천으로 존재한다.

하느님의 선교(Missio Dei)는 그리스도교 역사에서 등장했던 소중한 선교적 전통이다. 교회는 세상을 향해 자신을 개방하면서 하느님이 세상을 사랑하신다는 사실을 증거하고, 사람들을 초청하면서 하느님이 우리를 세상으로 초대하셨음을 증언한다. 교회는 '하느님의 선교'를 통해서 세상 가운데서 일하시는 하느님을 경직된 교회의 구조와 교리에서 해방시켜 보다 변혁적이고 역동적인 신의 자리로 위치시킬 수 있었다. 하지만 '하느님의 선교'는 이런 공헌에도 불구하고 다음과 같은 문제를 우리들에게 던진다.

하느님이 선교의 주체라면 인간의 몫은 어디에 있고, 교회의 역할은 무엇인지? 교회와 성도는 하느님 나라 건설과 무슨 연관이 있는지? 아브라함과 예수 그리스도의 십자가 사건을 중심으로 하는 구원사적인 '하느님의 선교'가 자칫 다른 지역의 역사와 상황 속에서 강조될 때 충돌할 우려는 없는지? 오늘의 지구촌은 '하느님의 선교'가 나왔던 시절과는 전적으로 다른 변화된 삶의 조건과 상황으로 내몰린 세상이다. 이러한 현실 속에서 '하느님의 선교'는 오늘 어떤 의미로 다가오는가?[9]

무엇보다 '하느님의 선교'가 벌어지는 작금의 세계는 세계화, 탈이데올로기, 다인종, 다문화, 다종교, 중심의 다변화, 디지털 혁명, 기후 위기 등이 뒤섞여 있는 복합 위기 사회이다. 여기에 팬데믹 상황이 추가되었다. 오늘의 현실은 '하느님의 선교'가 지향하는 구원사나 약속사의 틀 안으로 편입이 안 된다. 그것을 포함한 더 큰 해석의 도구가 필요하다. 왜냐하면 작금의 세계는 복합적이고 중층적인 문제들이 서로 교차하는 사회이고, 이전 시대처럼 보혁 구도, 선과 악, 미와 추, 진과 위의 이분법적 도식과 양자택일의 방법으로는 사물의 진면목과 사건의 진상을 파악할 수 없는 세상이기 때문이다.

지난 세기 치열했던 이데올로기의 대결이 끝난 자리에서 민족 분규,

---

9. 선교 신학자 채수일은 "선교신학은 선교 주체와 선교 현장에 대한 신학적 성찰에서 시작한다. 그러므로 우리가 한국교회의 선교신학을 모색할 때 우리는 무엇보다 선교의 한 주체인 한국교회를 분석해야 한다"고 하면서 '지금-여기'서 유통 가능한 '하느님 선교'를 다시 질문해야 한다고 주장한다. 그는 "선교는 프로그램 개발의 문제가 아니다. 선교는 사업을 통해서가 아니라 존재로 하는 것이다"라고 말하면서, 교회와 지도자와 신도의 존재론적 새로움, 곧 거듭남(회개)을 강조하는 '존재로서의 선교'를 주장한다(채수일, 2002: 300-1).

종교 전쟁, 극우주의의 발호가 진행되고 있다. 제도 종교 생활을 하는 사람들은 급감하지만 '종교적인 것'에 대한 관심은 증가하는 추세이다. 대안적인 종교 행위와 원초적인 영성을 갈구하는 사람들이 꾸준히 늘었다는 언론 보도도 쉽게 접할 수 있다. 제도 종교가 쇠퇴하는 탈종교 사회의 면모와 반대로 세속화를 벗어나 종교적인 것을 추구하는 탈세속화 현상이 양립하는 혼종적 사회! 바로 그것이 21세기 종교의 지형도이다(채수일, 2002: 302-3). 이렇듯 변화된 세계 속에서 '하느님의 선교'에 대한 발전적 모색이 요청되었고, 그것은 팬데믹 이후 더 가속화될 것이다.

이러한 문제의식 하에 '하느님의 선교'를 이 시대의 언어로 전환하고 보강하려는 노력이 있어 왔는데, 그것을 '주변부로부터의 선교'[10]라 부른다. 현대성의 담론과 추세인 타자성, 다원성, 차이, 다름에 대한 성찰은 '하느님의 선교'에 대한 인식에도 변화를 끼쳐 주체가 아닌 타자, 중심이 아닌 변방, 홀로 주체성이 아닌 상호 주체성, 차이와 다름을 있는 그대로 섬기는 신학적, 선교적 패러다임으로의 전환을 요청하였다. '주변부로부터의 선교'는 에큐메니컬 문서들의 약점이라고 지적되었던 성령론에 대한 보강이라 할 수 있다. '해방의 성령'이라는 제목 아래 성령과 주변부를 연결지으면서 중심이 아닌 변방(으로부터/을 향한) 선

---

10. WCC는 선교와 전도에 대한 새 에큐메니컬 성명 '함께 생명을 향하여(Together towards Life; TTL문서)'를 2012년 9월 5일 그리스 크레타섬에서 열린 WCC 중앙위원회에서 만장일치로 승인하였다. TTL문서 "III. 해방의 성령: 주변으로부터의 선교"를 참조하라. 금주섭 엮음, 정병준 옮김, 『함께 생명을 향하여: 변화하는 세계 지형 속에서 선교와 전도 — WCC 선교 성명과 지침서』(서울: 대한기독교서회, 2016), 33-43; TTL문서는 제10차 WCC 부산 총회에서 결의되어 통과되었다. 그 후 2016년 세계교회협의회에서 펴낸 『에큐메니컬 선교학』에 '주변부'라는 제목으로 다루어졌다. "함께 생명을 향하여: 기독교 지형 변화 속에서 선교와 전도", WCC 10차 총회 「자료모음」, 88-90; 케네스 R. 로스 외, 한국에큐메니컬학회 옮김, 『에큐메니컬 선교학』(서울: 대한기독교서회, 2018), 469-84.

교의 새로운 패러다임을 제안하였다. 이것이 '주변부로부터의 선교'가 등장한 간략한 담론사적, 신학적 배경이다.[11]

'주변부로부터의 선교'는 피조물 각자의 타고난 존엄성에 대한 성찰과 연결되는 문제이고, 더 나아가 하느님이 창조 사역 후에 모든 대상들을 향해 '보시기에 좋았더라'고 하셨던 축복과 환대에 대한 재발견이라 할 만하다. 흔히 제2의 창조 사건이라 언급되는 노아의 방주 이야기에서 토라는 새롭게 이루어 갈 하느님 나라 주인공의 명부에 정결한 짐승뿐 아니라 부정한 것들까지 합류시킨다(출 7:2). 예수가 빌라도 재판 전 게세마네 동산에서 한 마지막 기도 가운데 "아버지께서 나에게 주신 사람을, 나는 한 사람도 잃지 않았습니다"(요 18:9)라고 한 대목은 예수 사건의 핵심에 당당히 주변부가 포함되어 있음을 드러내 보인다. 성서에는 이 밖에도 '주변부로부터의 선교'를 지지하는 발언들이 즐비하다.

'주변부로부터의 선교'로 전환하기 위해서는 교회의 체질 개선이 필요하다. 목회자 중심에서 평신도 중심의 의사 결정 구조를 만들어 발화 권력의 민주화와 의사소통의 다변화를 꾀하는 일이 중요한 선결 조건이 된다. '주변부로부터의 선교'는 탈권위적이고 개방적이며 친교적이어야 하기에 개인의 차이가 차별의 조건이 되지 않고, 공동체 안에 배제와 혐오가 있어서는 안 되는 구조다. 이는 우리로 하여금 중심에서 주변으로 나아갔던 기존 교회의 선교 방식과 신앙의 형태를 성찰하게 하고, 그것을 가능하게 했던 구조를 비판적으로 숙고하게 만든다. 이런 이유로 '주변부로부터의 선교'는 종교, 인종, 성별, 계급, 지역, 나

---

11. 아래 논문을 참조하라: 방연상, 「탈 근대적 선교신학의 주체를 향하여」, 『신학연구』 63(2013. 12), 253-79; 이범성, 「21세기 에큐메니칼 교회론을 위한 제안」, 『신학연구』 67(2015. 12), 325-54; 한강희, 「세계교회협의회의 JPIC 선교와 기후위기 대응」, 『신학연구』 81(2022. 12), 363-92.

이, 경제 등 서로 다른 정체성을 인정하는 차이의 정치학을 지향한다. 이 말은 '주변부로부터의 선교'는 동일성의 원칙에 기반한 특정 집단이나 권력이 위력을 갖지 않도록 늘 깨어서 긴장하는 가운데 자유롭고 수평적인 의사소통과 연대를 도모해야 가능하다는 말이다.

'주변부로부터의 선교'가 이와 같은 고백과 선언을 할 수 있는 이유는 오직 하느님의 주권만이 우리 안에 있다는 강한 신앙 고백이 있기에 가능했다. 중심은 비어 있지만 그 중심에는 인간적인 권력, 지위, 지식, 자본, 그 밖의 자랑거리들이 자리할 수 없다. 오직 주님만이 중심에 있고 모든 존재들은 주변부에 위치한 공동 피조물들이다. 주변부에 있는 존재들 사이에는 어떠한 위계와 질서도 없다. 끊임없는 대화와 친교, 관심과 배려, 화해와 일치만이 있을 뿐이다. 그들 사이에 존재하는 유일한 일치란 우리가 하느님의 사랑으로 연결되어 있다는 고백뿐이다. 그리하여 '주변부로부터의 선교'는 궁극적으로 모든 피조물이 하느님의 사랑으로 연결되어 있음을 깨닫고, 성령의 하나 되는 능력을 신뢰하면서 분열된 세계를 향한 행진을 선언한다.

요약하면 이렇다. 오늘의 지구촌은 코로나19라는 역병이 휩쓸고 간 뒤에 남은 황망함과 절망감이 뒤섞인 세상이다. 코로나19 팬데믹은 지금과는 다른 세상이 펼쳐질 것이라는 문명 대전환의 예고다. 일부 기득권을 지닌 국가들이 자국 이기주의에 입각해 지구의 운명을 결정하던 방식에서 탈피하여 지구 생명 전체의 미래까지를 염두에 둔 거버넌스가 만들어져야 한다는 요청이 등장하고 있고, 자본에 의한 전 지구적 지배로 인해 벌어진 경제적 불평등의 심화와 그에 따른 첨예한 양극화가 얼마나 큰 죄악이고 사회적 적폐인지가 코로나19 상황에서 만천하에 드러났다.

구호와 담론 차원에 머물렀던 존재의 존재다움, 타자의 타자다움에 대한 문제가 팬데믹을 거치면서 현실의 사태로 부상하였고, 이는 신학적으로도 영향을 끼쳐 '하느님의 선교'의 확장판인 '주변부로부터의 선교'가 앞으로의 선교적 패러다임이 될 것이라는 예상을 가능하게 한다. '주변부로부터의 선교'에 대한 이론적 논의들이 풍성하게 이루어지기 이전에 팬데믹이 당도하였고, 이는 '주변부로부터의 선교' 입장에서 볼 때 스스로 자기 증명을 할 수 있는 좋은 기회가 되었다. 다음에서 다룰 '마음의 에큐메니즘'도 '주변부로부터의 선교'의 자장 안에 있다고 보면 맞다.

5. '마음의 에큐메니즘'을 향하여

우리의 의지와 상관없이 전개되었던 감염병 상황은 그리스도인들로 하여금 지금까지의 삶에 대한 깊은 반성과 회개, 그리고 전향을 요구한다. 세계 교회가 2022년 독일 카를스루에서 열린 제11차 WCC의 총회 주제를 '그리스도의 사랑이 세상을 화해와 일치로 이끄신다'로 정했던 것은 이러한 시대의 요청에 대한 답변이었다(노우드, 2021: 5-10). 그리스도의 사랑은 거룩한 수직적인 사랑이지만, 그 사랑은 또한 세상을 향한 수평적 차원에서 작동되는 사랑이다. 그리스도의 사랑은 그동안 존재의 자기다움을 발현하지 못해 고통당했던 실존들의 마음을 살피고 보듬는다. 그리스도의 사랑의 언어만이 성서 앞에 놓여 있는 다양한 존재들의 아픔과 마음을 감싸 안을 수 있다. 자유, 해방, 정의 같은 거대한 이야기도 중요하지만, 존재 하나하나의 미세한 음성과 마음과 몸짓에 예민하게 반응하는 사랑에 대한 요청이 팬데믹을 거치면서 시대의 요구로 떠올랐다.

이데올로기 시대가 저물고 작은 이야기들의 발견이 21세기 지식 사회를 이끄는 담론의 추세다. 그동안 거대 서사의 목소리에 가려 들리지 않았던 미세한 마음의 소리에 귀 기울이는 것은 어쩌면 당연한 귀결인지도 모르겠다. 코로나 팬데믹은 고통당하는 다양한 타자들의 마음의 소리에 주목하라는 교훈을 남겼다. 이런 이유로 WCC는 최초로 그리스도의 사랑이 들어간 공식 표어를 제11차 총회 때 전면에 내세운 것이다. 치유와 용서, 화해와 일치가 구체적인 실존과 마음의 차원에서 작동되어야 하는 국면으로 에큐메니칼 운동이 변화해야 한다고 세계 교회는 증언하고 있고, 이러한 과정을 거치면서 '마음의 에큐메니즘(An Ecumenism of the Heart)'[12]이 미래 세대를 위한 선교의 표제어가 되었다.

'마음의 에큐메니즘'의 등장은 성서 해석학 분야에서 일고 있는 최근의 변화와도 상관이 있다. '성서 뒤의 세계', '성서 안의 세계'를 읽어 내려는 시도 못지않게 '성서 앞의 세계'를 읽어 내려는 노력이 근래 성서 해석의 중요한 원리로 작동하고 있다(김창락 외, 2001: 9-26). 성서를 지배하는 어떤 권위적인 목소리, 절대적인 객관성에 대한 연구는 많이 약화되었다. 종전에 중요하게 취급되었던 성서가 형성된 배경과 역사에 대한 이해가 물론 지금도 성서 해석의 기본임은 분명하나 그렇다고 절대적 기준이 되는 것은 아니다. 근래 중요하게 부각되고 있는 관점은 지금 성서를 읽고 있는 독자가 처한 상황과 마음, 즉 '성서 앞의 세계'이다. 전통과 역사에 입각해 성서를 읽어 내려 했던 과거와 다르게 현대 성서 해석학은 성서 앞에 놓여 있는 다양한 실존들의 마음과 목소리를 중요하게 생각하고 그것들을 말하게 하면서 콘텍스트에서 텍스트로의 진입을 시도한다(김창락 외, 2001: 23-4). 특별히 코로나 상황을 거치면서 우리 시대의 다양한 타자들이 수면 위로 떠올랐고 그들의

---

12. '마음의 에큐메니즘'은 제11차 WCC 카를스루에 총회에서 언급되었다. 총회 주제 해설서(19-21쪽)를 참조하라. WCC 주제 해설 링크https://www.oikoumene.org/resources/publications/christs-love-moves-the-world-to-reconciliation-and-unity-a-reflection-on-the-theme-of-the-11th-assembly-of-the-world-council-of-churches-karlsruhe-2022

처지와 상황이 주목을 끌었다. '성서 앞의 세계'에 주목하는 작가들은 마이크와 카메라를 팬데믹 앞에 서 있는 고통당하는 타인들에게로 돌려 그들의 다친 마음을 도닥인다.

이 대목에서 왜 마음이 문제인가, 라는 질문을 던질 수 있다. 마음은 에밀 뒤르켐(Emile Durkheim) 이후 사회적 현상과 불가분의 관계를 맺는 것으로 언급되나, 그렇다고 마음이 사회적 현상에 전부 드러난다는 말은 아니다(뒤르켐, 2000: 55). 오히려 마음은 사회적 표층 위에서 미끄러져 사라지는 무엇이다. 사회적 증상으로, 혹은 징후적 사건의 형태로 마음은 감지되나 그것이 마음의 전부는 아니다.

여기서 마음의 문제는 레비나스에 가서 타자의 문제와 만난다.[13] 후기 자본주의 사회에서 등장하는 소외의 문제는 권력과 자본에 의해 배제되는 존재들, 즉 타자성과 관련된 문제이다. 타자는 의미로 환원되지 않는 어떤 영역이자 대상이다. 동일성으로 포섭되지 않고 배제된 존재가 타자이고, 그래서 타자론에는 결핍과 잉여가 동반된다. 뒤르켐이 사회를 통해 마음에 접근한다면, 레비나스는 사회를 통해 타자를 발견한다. 타자의 현존으로 인해 나의 자발성에 문제 제기가 일어나는 것을 레비나스는 윤리라 불렀고(레비나스, 2018: 43), 본회퍼는 이를 받아 교회를 '타자를 위한 존재'라고 정의했다(본회퍼, 2010: 711). 이것이 '마음의 에큐메니즘'이 등장하게 되는 배경이다.

인간은 저마다의 역사와 문화, 성과 인종과 계급, 지역과 세대의 차이에 따라 상이한 실존적 상황에 놓이기 마련이다. 다양한 마음의 결과 차이를 하나의 도덕과 도그마로 묶을 수 있다는 믿음의 체계가 환

---

13. "오직 사회를 통해서만 나는 타인과 관계를 맺는데, 이 사회는 단순히 개체나 대상의 다수성이 아니다. 나는 어떤 전체의 단순한 부분도 아니고 어떤 개념의 독특성도 아닌 타인과의 관계를 맺는다. 사회적인 것을 통해 타인에게 가닿는 것은 종교적인 것을 통해 타인에게 가닿는 것이다. 이렇게 해서 뒤르켐은 객관적인 것의 초월성과는 다른 초월성을 간취한다."(레비나스, 2018: 87).

상이고 이데올로기인데, 팬데믹 기간 동안 그것이 작동되지 않았다. 1990년대 이후 출생한 포스트모던 이후의 세대들, 1997년 IMF를 지나면서 태어나고 성장한 MZ세대들에게 이전과 같은 단일한 선교 전략, 일방적 복음 강요, 시대와 호흡하지 못하는 선교 정책은 교회를 향한 발걸음을 무겁게 하거나 발길을 끊게끔 하는 요인이 되었다.

팬데믹은 그동안 위태롭게 유지되고 있었던 기존 교회 시스템 전반에 대한 재고를 요청한다. 세계 교회는 팬데믹 상황을 직시하면서 미래 교회의 주역인 젊은 세대를 향한 선교적 방향 설정을 놓고 고민하였고, 시대와 함께 호흡하는 미래 세대를 향한 새로운 선교 구호로 '마음의 에큐메니즘'을 제안한다. 팬데믹 이후 변화된 세상은 이전과는 다른 시선을 우리들에게 요청하고 있고, 나는 그 대안이 과거와 같은 거대 서사, 집단 이데올로기를 반복해서는 안 된다고 본다. 지금 우리에게 필요한 것은 강철 같은 의지로 대의를 성취하겠다는 야망이 아니다. 현재의 위기를 정직하게 바라보면서 소망 가운데서 각자의 자리에서 내가 믿는 선한 싸움을 다할 수 있게 하는 용기이다.

6. 에필로그

그리스도교의 역사와 전통은 하느님과 모든 피조물 사이에 임한 성령의 사역을 믿는다. 또한 인간과 동료 피조물, 우리와 타자 사이에 임한 예수 그리스도를 통한 깊고도 넓은 화해와 연합의 역사를 믿는다. 여기서 언급한 타자는 나 이외의 인간을 의미하는 것을 넘어선다. 그것은 인간을 넘어 비인간 존재들, 동물과 식물 그리고 지구촌 생태계를 아우르는 것이다. 그러므로 우리가 타자와 대면하고 관계한다 함은 모든 (비)생명 가운데 깃들어 있는 신의 섭리를 발견하고 경험한다는 것이다. 이 말은 인간은 하느님의 구원의 능력과 활동 영역을 제한할 수 없다는 함의를 내포한다. 왜냐하면 우리가 증언하는 그리스도는 "만유시요 만유 안에 계시는"(골 3:9) 우주적 그리스도이기 때문이고, 우리가 모이고 고백하는 교회는 오순절 마가 다락방 성령 강림 사건 (행 2:1-13)에 나오는 막힌 담을 허무는 화해의 공동체이기 때문이다.

우리가 증언하는 하느님 나라는 현실에 뿌리박지 않은 미래로부터 오는 주술이 아니다. 우리가 믿고 선포하는 하느님 나라는 이 땅에 존재하는 이름 모를 나그네들의 마음을 살피고, 타자들의 목소리에 귀 기울이고 책임을 지며 환대하는 사람들의 기도와 헌신이 있는 현장 가운데로 임하는 하느님 나라이다. 지난 이천 년 그리스도교의 역사가 그것을 보증하고, 앞으로 펼쳐질 그리스도교의 미래가 그것을 계속적으로 증언할 것이다. 팬데믹을 뒤로하고 "보라, 내가 새 일을 행하리라"(사 43:19)는 주님 말씀을 의지해 새 길을 떠나는 신앙인들에게 성서는 다음과 같은 위로와 격려, 그리고 희망의 메시지를 선포한다.

> 내가 이것을 너희에게 말한 것은, 너희가 내 안에서 평화를 얻게 하려는 것이다. 너희는 세상에서 환난을 당할 것이다. 그러나 용기를 내어라. 내가 세상을 이겼다. (요 16:33)

2부

경계를 넘는신학적 상상들

발터 벤야민

"약한 메시아적 힘"

1. 왜, 좌파 사상가들은 신학에 손을 내미는가?

필자가 발터 벤야민(Walter Benjamin, 1892-1940)에게 관심을 갖게 된 계기는 시카고 유학 시절(2004-2014)로 거슬러 올라간다. 미국 진보 신학계에서는 2000년대 초반부터 좌파 철학자들의 정치 철학서들을 신학의 텍스트로 사용하고 있었다.[1] 좌파 성향의 인문 사상가들이 성서와 교회 역사에 드러났던 사건들과 인물들을 소환해 그들이 지난 세기에 못다 이룬 변혁과 진보를 향한 꿈을 도모하고 있었고, 신학계는 그들의 발언에 어떻게 대응을 해야 할지 몰라 난감해 하고 있었다.

좌파 사상가들은 초기 그리스도교의 예수 운동, 특별히 바울에 주목했다. 왜 유물론자들이 자존심을 버리고 신학에 주목하는 것일까? 왜

---

1. 자크 데리다, 『마르크스의 유령들』(그린비, 2007), 『신앙과 지식』(아카넷, 2016); 알랭 바디우, 『사도 바울』(새물결, 2008), 『윤리학』(동문선, 2001); 야곱 타우베스, 『바울의 정치신학』(그린비, 2012); 조르조 아감벤, 『남겨진 시간』(코나투스, 2008), 『호모 사케르』(새물결, 2008); 슬라보예 지젝, 『죽은 신을 위하여』(길, 2007), 『시차적 관점』(마티, 2009), 『믿음에 대하여』(동문선, 2003), 『예수는 괴물이다』(마티, 2013); 테드 제닝스 『데리다를 읽는다/바울을 생각한다』(그린비, 2014), 『무법적 정의: 바울의 메시아 정치』(길, 2018); 테리 이글턴, 『신을 옹호하다』(모멘토, 2010) 등을 참조하라.

21세기에 유물론자들의 신학, 유물론자들에 의한 신학 담론이 유행하는가? 나는 그 점이 의아했다. 로마 제국 하에서 환난과 고초를 당하면서 절망을 감내해야 했던 초대 교회의 상황이 자본에 의한 전 지구적 승리가 확정된 이후 굴욕을 당하고 있는 자신들의 상황과 겹쳐 보였던 것일까. 그럼에도 초대 교인들은 좌절 가운데서도 굴하지 않고 모진 시간을 견디고 마침내 살아남아 승리하지 않았던가. 혹 우리도(마르크스주의자들) 그럴 수 있지 않을까 하는 기대가 좌파들에게는 있다. 이런 이유로 마르크스주의는 지난 20세기의 실패를 극복하고자 21세기에 와서는 역사적 유물론이라는 정체성을 내려놓고 신학에 손을 내밀었다.

그들의 주장을 요약하면 이렇다. 21세기 자본이 지니는 보편성과 전체성을 상대하기 위해서 그리스도교 신학이 필요하다는 것이다. 로마라는 제국에 맞서 살아남았을 뿐 아니라 오히려 로마를 초과해 버린 그리스도교 신학에서 오늘날 제국인 자본에 맞설 수 있는 돌파구가 있지 않을까라는 기대와 희망이 좌파들에게 있다. 물론 로마 제국이 그리스도교 때문에 멸망한 것은 아니지만 로마의 보편성에 반하는 그리스도교의 믿음이 당대와 불화를 조성했다는 말은 타당성이 있다. 그 파열선으로 인해 제국에 균열이 발생한 것이라면 근본 원인은 무엇이었나? 그리스도교가 로마 제국 내파의 한 요소였다면 그것을 21세기로 소환하여 자본이라는 제국을 극복할 수 있는 기제(機制)로 활용할 수 있겠다! 이런 절박함과 간절함이 유물론자들로 하여금 그리스도교에게 손을 내밀게 하는 계기로 작동하고 있다. 특별히 흥미로운 광경은 그들이 공히 발터 벤야민으로부터 자신들의 이야기를 시작하고 있다는 점이다. 왜, 발터 벤야민인가?

2. 유토피아에 대한 환상 허물기

벤야민이 활동하던 20세기 초반은 제국주의와 자본주의, 그리고 그들의 광기로 자행된 세계 대전이 창궐하던 때였다. 이러한 시기에 벤야민은 유대교와 그리스도교에서 공히 취급되는 메시아 담론을 유물론적 상상력과 결합하여 혁명을 위한 정치술로 제안하였다. 벤야민은 자신의 유명한 소논문 「역사 철학 테제」에서 신학과 '역사적 유물론(historical materialism)'의 결합을 동화와 같은 비유로 설명하고 있다. 그중에서도 제1테제[2]는 후대 사상가들에게 많은 영감을 제공하였다.[3]

매번 체스 게임을 승리로 이끄는 터키풍 복장의 인형이 있고, 그 배후에는 게임의 명수인 난쟁이 꼽추가 인형과 줄로 연결되어 있다. 벤야민은 인형을 역사적 유물론으로, 난쟁이 꼽추를 신학으로 비유하면서 신학에 의해 견인되는 역사적 유물론을 상상한다. 우리의 상상 속에서 빛나는 메시아의 모습, 혹은 지난 역사에서 유토피아 건설을 가열차게 주장했던 혁명 전사들의 늠름한 모습에 비하면, 난쟁이 꼽추로 묘사된 숨어 있는 신은 우리를 당혹스럽게 한다. 거기에는 벤야민 나름대로의 계산이 깔려 있다. 벤야민의 제안은 사회주의 혁명이 더 이상 번져 나가지 않는 형국에서 변혁에 대한 꿈을 포기하지 않는 사람들에게 발상의 전환을 촉구하는 계기가 되었다.

---

2. "역사적 유물론이 신학을 자기의 것으로 이용하면 누구하고도 한판 승부를 벌일 수 있을 것이다."(Benjamin, 1968: 253).
3. 슬라보예 지젝은 『죽은 신을 위하여』 "서문"에서 벤야민의 해설을 뒤집어 난쟁이를 유물론으로 인형을 그리스도교로 본다. 아감벤은 더 노골적으로 벤야민이 인형을 바울로 상정했다고 말한다. 아감벤은 벤야민이 말하는 '약한 메시아적 힘'과 바울이 고린도후서(12:9)에 쓴 "내 은혜가 네게 족하도다. 이는 내 능력이 약한 데서 온전하여짐이라"를 연결시킨다. 벤야민이 바울의 구절에서 영감을 받았다는 것이다. 그렇다면 체스판의 난쟁이는 사도 바울이 된다. 이에 대한 내용은 아감벤(2008: 226-38)을 참조하라.

과거의 유토피아론은 이데아나 형상처럼 밤하늘에 빛나는 별과 같았다. 사람들은 저 별을 따라가다 보면 머지않아 유토피아에 당도하리라 믿었다. 유감스럽게도 인류는 역사에서 유토피아를 경험한 적이 없다. 꿈꿨던 혁명은 언제나 실패했고, 기도했던 개벽은 오지 않았다. 하지만 세월이 지나 뒤돌아봤을 때 사후적으로 그것들이 우리 안에서 이미 실현되었음을 종종 깨닫기도 한다. 누가복음에 보면 예수 운동의 좌절을 경험한 제자들이 실의에 빠져 엠마오로 도망가던 중 부활한 예수와 만나는 대목이 나온다(누가복음 24:13-35). 하지만 그들은 저녁밥을 먹기 전까지 그가 부활한 예수인지를 깨닫지 못하였다. 함께 떡과 잔을 나누면서 제자들은 그가 예수임을 알아차렸는데 그 순간 예수는 사라진다. 제자들은 비로소 그때 하느님 나라의 비밀을 깨달았다. 지난날 예수와 함께 했던 시절과 사건들이 유토피아였다고 말이다. 그후에 제자들은 엠마오로 가던 길을 돌려 그들이 도망쳐 나온 예루살렘을 향해 질주해 들어간다.

누가복음에 나오는 이 비유는 하느님 나라, 즉 유토피아에 대한 사후적 인식론을 잘 드러낸다. 유토피아는 어쩌면 데리다의 말처럼 "번역불가능하게 머무는 부분"일는지도 모르겠다(데리다·페라리스, 2022: 24). 그곳은 말 그대로 어디에도 존재하지 않는 곳이기 때문이다. 유토피아의 좌표를 X라고 했을 때 인간의 행위는 X를 향한 무수한 돌팔매질의 역사라 할 수 있다. 유토피아의 도래는 어느 투사의 몽상과 의지에 의해 드러나지 않는다. 그것은 현재와 미래의 변혁을 위해 돌팔매질을 했던(하는) 사람들의 집단적 상상 가운데로 귀환하는 실존적 사건이고, 과거 어느 시점에서 변혁과 투쟁을 위해 흘렸던 분투들의 총량이 오늘의 현장으로 귀환하는 공식이다. 엠마오로 가던 제자들은 그 비밀을 비로소 깨달았던 사람들이었고 그 순간 유토피아가 그들에게 왔다.

3. 정지 상태의 변증법

벤야민의 「역사 철학 테제」(1940)는 마르크스주의의 새로운 패러다임을 추구하는 이들에게는 출발선과 같은 글이다.[4] 경제적 하부 구조의 개조를 통해 사회의 변화를 이끌어 낼 수 있다고 믿는 교조적 형식성이 사회주의가 지닌 역동성을 후퇴시키는 결과를 초래했다는 비판이 마르크스주의 내부에서 일었고, 그에 대한 대안으로 전인적, 관계론적, 통합적인 방향으로 운동을 새롭게 노정해야 한다는 제안이 포스트 마르크스주의자들에게서 나왔다. 신학과 유물론이 제휴하여 게임을 승리로 이끌어야 한다는 벤야민의 제안은 포스트 마르크스주의, 휴머니즘적인 마르크스주의를 상상하는 진보 진영에게 새로운 아이디어를 제공하였다.

벤야민의 그것은 변증법(dialectics)에 대한 재고(再考)라는 측면에서도 논란을 일으키기에 충분했다. 헤겔에 의해 세계를 설명하는 논리와 세계관으로 자리 잡은 변증법은 마르크스주의자들에 의해 역사 발전의 기초와 법칙으로 간주되었다. 헤겔은 감각적 확신에서 시작하여 오

---

4. 벤야민의 역사적 유물론에 반하는 역사관의 문제는 「역사 철학 테제」(1940)가 등장하기 전에 쓰인 「신학적·정치적 단편」(1921)에서 그 맹아를 발견할 수 있다. "이 역사관의 문제를 우리는 하나의 이미지로 제시해볼 수 있다. 한 화살의 방향이 세속적인 것의 동력이 작용하는 목표를 나타내고 그 반대방향이 메시아적 집약성의 방향을 나타낸다면, 자유로운 인류의 행복 추구는 그 메시아적 방향과 멀어지려 한다. 하지만 자신의 길을 가는 어떤 힘이 반대로 향한 길에 있는 다른 힘을 촉진할 수 있는 것처럼 세속적인 것의 세속적 질서 역시 메시아적 왕국의 도래를 촉진할 수 있다. 즉 세속적인 것은 그 왕국의 범주는 아니지만, 하나의 범주이며, 그것도 가장 적확한 범주들 중의 하나로서, 바로 그 왕국의 지극히 조용한 다가옴의 범주이다. 왜냐하면 모든 지상의 존재는 행복 속에서 자신의 몰락을 추구하며, 그러면서 행복 속에서만 그 지상의 존재는 그 몰락을 발견하도록 예정되어 있기 때문이다."(벤야민, 2008: 130-1). 세속적인 것의 동력을 상징하는 화살의 방향이 변증법적 운동이라면, 그것의 반대 방향에서 작용하는 힘이 메시아적 운동을 견인하고 그때 동원되는 변증법이 '정지 상태의 변증법'이라고 추측할 수 있겠다.

성, 자기의식, 불행한 의식, 이성, 도덕(양심), 종교, 그리고 절대정신에 이르는, 세계 속에서 정신이 자기를 전개해 나가는 과정을 『정신현상학』에서 설명하였다. 마르크스주의자들은 헤겔의 정신을 대신하여 역사의 시기마다 인류가 소유하고 있었던 물적 토대, 즉 생산력과 생산양식과의 상호 관계를 통해 역사는 발전한다고 보았다. 이것이 변증법적 유물론이다.

정통 마르크스주의자들은 변증법적 유물론을 통해 현실을 진단하고 현재를 넘어서는 새로운 역사의 시대를 예측하면서 변화와 발전에 대한 필연성을 담보할 수 있었다. 그런데 마르크스주의자인 벤야민이 이런 변증법적 유물론에 대해 회의적 시선을 드러낸 것이다. 변증법적 시간관은 진보와 발전으로 대변된다. 어제보다는 오늘이, 오늘보다는 내일이 나아지리라는 기대 속에서 세계는 지금껏 이어져 왔다. 과거는 단순한 과거가 아니다. 과거는 오늘을 있게 했던 수미일관한 과거다(Benjamin, 1968: 255). 미래 역시 막연히 꿈꾸고 공상하는 미래가 아니라 과거와 현재를 거쳐 필연적으로 도달하는 미래이다. 문제는 그 필연성, 즉 과거와 현재와 미래를 잇는 필연성을 누가 확정하고 선포하는가인데 이 지점에서 권력의 문제가 개입한다.

벤야민은 이와 같은 변증법적 시간관, 수미일관하고 맹목적이며 거침없이 이어져 왔다고 믿는 시간관을 삐딱하게 바라보면서 '정지 상태의 변증법'(Benjamin, 1968: 262)을 이야기한다. 마치 여호수아가 야훼의 힘을 빌려 태양을 정지시키고 달을 정지시켰던 것처럼(Benjamin, 1968: 262), 메시아적인 시간은 과거로부터 흘러나와 현재를 지나 미래로 흐르는 시간을 정지시킨다. 찬란한 과거와 희망찬 미래로 이어지는 승자들의 시간관 속에서 현재란 과거와 미래를 잇는 공백이자 매개이다. 벤야민은 아무런 긴장감이 없었던 현재를 '지금-시간(Jetztzeit)' (Benjamin, 1968: 261)이라고 부르면서 기존의 변증법적 시간의 흐름을 중단시켰고, 그 순간을 '메시아적인 것'이 임하는 순간이라고 선언한다. 그리고 시간이 멈춰 정지해 버린 '지금-시간'에 "메시아적인 파편들(chips of Messianic time)"(Benjamin, 1968: 263)이 박혀 있다고 말한다.

결론적으로, 벤야민에게 있어 메시아는 목적론적 역사와 조응하지도 않고 진보의 끝에 위치하는 어떤 것도 아니다. '지금-시간'은 메시아의 급작스런 출현이 나타나는 때인데, 그 시간을 중심으로 역사적 사건들의 의미가 새롭게 직조된다. 벤야민의 메시아는 역사가 목적론적으로 수미일관하게 흘러왔다는 믿음에 대한 반역의 이름인지도 모르겠다. 이는 다분히 나치즘의 역사관을 비판적으로 성찰한 후에 나온 성과였고 동시에 관성화 되어 가는 마르크스주의에 대한 비판의 출발점이 되었다.

4. 약한 메시아적 힘(a weak Messianic power)

미래로부터 도래하는 강력한 메시아의 모습, 혹은 지난 역사에서 유토피아 건설을 주도했던 늠름한 투사들의 모습에 비해 난쟁이 꼽추로 묘사된 '숨어 있는 신'은 우리의 믿음을 시험한다. 역사 발전의 단계에서 인류는 유토피아에 대한 환상을 주입 당해 왔다. 체제에 의해 조작된 유토피아를 향한 질주와 실험들은 대부분 디스토피아적인 현실로 드러났다. 벤야민이 살던 시절 우파 유토피아니즘이 등장했는데 그들이 나치였다. 좌파 유토피아의 좌절은 스탈린의 교조주의적인 마르크스주의로 드러났다. 벤야민은 역사 발전에 대한 낙관과 일방주의적 실천을 바탕으로 기계처럼 자기의 욕망을 실현하는 나치와 스탈린주의의 변증법과는 다른 상상을 도모하기 시작했다. 벤야민은 그 무렵 메시아에 대한 생각을 교정한다.

벤야민에게 있어 구원이란 미래의 어느 한 지점으로부터 도래하는 것이 아니라, '약한 메시아적 힘'(Benjamin, 1968: 254)으로부터 기인하는 것이다. 약한 메시아의 시간은 '균질적이고 공허한 연속적인 시간'(Benjamin, 1968: 254)이 지난 후에 도래하는 순간이 아니다. 그것은 지나간 과거의 실패한 기억을 통해 현실의 변혁을 꿈꾸는 시간이고, 억압받는 자들이 지난 좌절을 기억하고 전유하면서 반복하는 '지금-여기'서 작동된다(Benjamin, 1968: 257). '약한 메시아적 힘'은 기존의 메시아주의처럼 뚜렷한 목적론적 역사의식에 젖어 있지는 않다. 그것을 벤야민은 "역사의 개방성으로서의 도약"(Benjamin, 1968: 261)이라고 표현하였다.

한마디로 벤야민의 '약한 메시아적 힘'은 예외적인 공간이고 시간이다. 그것은 기존의 법과 전통, 윤리를 거역한다는 점에서 예외이고, 기존 진보의 입장에서도 납득이 안 되는 의외의 지점이다. 벤야민의 메시아 서사는 기존 좌파의 입장에서도 반동이고, 정통 신학의 관점으로 봐서는 이단이다. 벤야민은 지금과는 다른 좌파, 다른 신자, 다른 주체를 상정하지만, 정작 그런 역사의 주인공은 호명이 될 수 없는 존재, 사이 존재, 잉여 존재로 위치하는, 데리다 식으로 말하면 '유령' 같은 존재이고 바디우적으로는 '공백'과 비유할 수 있겠다.

벤야민의 말대로라면 우리의 역사를 바라보는 관점은 수정되어야 한다. 역사란 의미 있는 사건과 정신의 은폐 과정일 수 있다는 것, 그러므로 맹목적 역사 발전이라는 환상 안에 갇힌 프레임에서 벗어날 필요가 있다. 관습적인 신앙의 도그마와 합의된 공동체의 법을 삐딱하게 바라보고, 반역의 주문을 낭송하면서 벤야민은 호시탐탐 시스템의 틈과 균열을 노렸다. 마르크스는 '혁명이 세계사의 기관차'라고 말했지만 일방적으로 이루어지는 진보에 대한 신화적 믿음에 벤야민은 동의하지 않는다. 그런 의미에서 '약한 메시아적 힘'은 유토피아를 향하는 점근선이 아닐까 한다. 수학에서 어떤 목표를 향해 무한히 접근하지만 닿지 않는 선을 점근선이라 칭한다. 선은 점으로 구성되어 있다. 수많은 점을 이어야 선이 되듯이 '약한 메시아적 힘'은 역사의 고비, 고비마다 점으로 존재했던 민중들을 잇는 무엇이 아닐까.

슬라보예 지젝은 벤야민의 의중을 관통하면서 이렇게 적는다; "이 유물론적 전통은 매우 독특한데, 그것은 우리가 우주를 지배하는 것이 아니라 예기치 않게 전개되는 운명에 내맡겨진 작은 존재에 불과하다는 겸손한 자각과 우리 스스로 우리 삶을 개척해 나간다는 무거운 책임감을 기쁘게 받아들이는 것이 결합된 것이기 때문이다."(지젝, 2011: 197). 지젝의 메시지는 교조적 마르크스주의에 대한 비판과 앞으로의 마르크스주의에 대한 전망을 제시한다는 점에서 벤야민의 문제의식과 겹친다. 인간이 아무리 뛰어나도 우주적 차원에서 보자면 하나의 티끌에 지나지 않으므로 '절대 겸허'의 마음을 가지라는 지젝의 발언은 수미일관하고 일사불란한 역사를 기획하고 추동해 왔던 지난 시절 마르크스주의가 지녔던 거대한 기획에 대한 반란이라고 할 수 있다. 이것이 벤야민이 말하는 '약한 메시아적 힘'이 노리는 효과가 아닐는지.

5. 앙겔루스 노부스(Angelus Nouvs)의 시선

벤야민은 '약한 메시아적 힘'을 파울 클레(Paul Klee, 1879-1940)의 그림 〈앙겔루스 노부스(새로운 천사)〉(1920)를 통해 형상화하였다. 독자들은 하늘에 떠 있는 천사가 어떻게 보이는가. 하늘을 향해 수직으로 상승하는 것처럼 보이기도 하고, 그냥 하늘에 떠 있는 것 같기도 하고, 캔버스 밖으로 뛰쳐나올 것 같기도 하고, 캔버스 멀리 사라져 가는 것 같기도 하다. 벤야민은 천사가 비록 폭풍에 떠밀려 뒤로 날아가면서도 그것에 저항하듯 앞을 응시하는 것으로 해석한다.

파울 클레, 〈새로운 천사〉

제1차 세계 대전이 끝난 뒤 그려진 어딘지 모르게 어수룩하고 모자라게 보이는 이 그림은 '새로운 천사'를 '파국의 천사'로 묘사한다. '앙겔루스 노부스', 즉 '새로운 천사'는 하느님 나라를 향해 화려한 날갯짓을 하면서 찬란하게 비상하던 과거의 천사가 아니라, 폐허가 된 세상을 향해 시선을 아래로 둔 채로 보잘것없는 초라한 날개를 펼쳐 든 파국을 목도하는 천사이다. 벤야민의 그림 속 천사에 대한 묘사는 기존의 메시아 서사를 비틀고 진보적 발상을 뒤집는 발언으로 유명하다.

> 그림의 천사는 자기가 줄곧 보던 것들로부터 떠나려는 것 같다. 눈은 크게 뜨고 있고, 입은 벌어져 있으며, 날개는 펼쳐져 있다. 역사의 천사도 이런 모습일 게다. 그의 얼굴은 과거를 향하고 있다. 그는 온갖 난파된 잔해를 쌓아 올리며, 그의 발 앞에 내던져진 파국을 목격한다. 천사는 거기 머물며 죽은 자들을 깨우고 파괴하던 것들을 복구하고 싶다. 폭풍으로 날개를 접지도 못한 채, 그저 미

래를 향해 날아가면서 쌓이는 과거에서 시선을 떼지 못한다. 우리가 진보라고 일컫는 것은 바로 이런 폭풍을 두고 하는 말이다.
(Benjamin, 1968: 257-8)

벤야민은 「역사 철학 테제」에서 변증법적 역사관의 낙관적 사고에 대해 의심을 하면서 그들이 꿈꾸는 진보적 세상에 대해 딴지를 건다. 그 과정에서 클레의 그림 〈앙겔루스 노부스〉에 대한 해석을 IX장에 배치시켰다. 벤야민은 진보와 낙관에 기대어 미래를 응시하는 천사가 아니라, 실패와 좌절을 거듭하고 역사를 안타깝게 바라보는 천사를 '역사의 천사(the angel of history)'라 불렀다. '역사의 천사'는 폭풍우에 떠밀려 하늘을 향해 마지못해 올라가는 듯 보이나 정면으로 퍼붓는 바람에 굴하지 않고 두 눈을 똑바로 뜨고 여전히 지상을 바라보고 있다.

여기서 우리가 주목해야 할 것은 '새로운 천사'의 시간관이다. 그것은 과거를 화석화된 기억으로 남겨 두지 않고 지금 이곳으로 역류시키면서 주체로 하여금 실패한 추억으로서의 과거가 아닌 반격으로서의 과거를 생산케 한다. '새로운 천사'는 단순히 현재에서 과거를 회상하는 것이 아니라 과거에 있었던 실현되지 않거나 실패한 '사건 1'이 현재를 추격해 따라와 이곳에 당도하여 우리로 하여금 '사건 2'를 감행하게 한다. '사건 2'는 '사건 1'에서 회수되지 못한 잔여물, 혹은 실패한 기획이다. 슬픔 많고 한 많은 이 땅에 대한 응시를 포기하지 않는 천사를 클레는 '새로운 천사'라 이름 지었고, 벤야민은 이를 진보 진영의 새로운 운동의 지침으로 설정하였던 것이다.

벤야민의 천사는 바람에 떠밀려 하늘로 올라가면서도 창공을 바라보지 않고 아래를 바라보는데 이는 지금 이 땅에서 벌어지고 있는 비참과 탄식, 폭력과 혐오에 맞서 싸우는 사람들을 기억하기 위함이다. '앙겔루스 노부스'가 바라보는 지점은 멀리는 4.3의 제주, 혹은 80년 광주일는지 모르겠다. 지금은 대통령 집무실이 되어 버린 용산, 하지만 천사는 2009년 겨울 용산에서 벌어졌던 참사에서 눈을 거두지 못한다. 2014년 세월호, 2022년 이태원에서 빠져 죽고 깔려 죽은 새파란 청춘들을 파국의 천사는 놓아 버릴 수 없다. 여성이라는 이유로 혹은 여성도 아니고 남성도 아니라는 이유로 온갖 혐오의 대상으로 전락한 존재들의 절망에 새로운 천사는 반응한다. 팔레스타인 가자 지구에서, 미얀마에서, 우크라이나에서 그 밖에 세계 곳곳에서 벌어지는 전쟁과 폭력의 현장을 천사는 외면할 수 없다. 바로 그 지점이 '약한 메시아적 힘'이 작동하는 자리이기 때문이다.

앙겔루스 노부스의 시선은 절대자인 신의 음성을 무조건적으로 듣지도, 수동적으로 따르지도 않는다. '약한 메시아'는 우리로 하여금 그동안 현실을 지탱케 했던 상징계의 법칙과 교리의 강제와 도그마의 환상을 버리게 한다. 그리고 현실에 존재하는 다양한 고통의 현장으로 우리를 초대한다. 그 자리란 각각의 차이가 차별의 기준이 되고 혐오의 근거가 되어 폭력을 가능하게 하는 곳이고, 생명에 대한 존엄이 시장에서의 등가의 원칙보다 못한 것으로 전락한 세상이다. 구체적으로 그곳은 피부색과 문화의 차이로 인한 배제가, 계급의 차이로 인한 소외가 일상이 되어 버린 이곳이고, 종교가 다르다는 이유로 적대의 대상이 되고, 여성이고 성 소수자라는 이유로 혐오를 받아야 하는 여기이다. 그 파국의 한가운데서 발터 벤야민은 '약한 메시아적 힘'을 말하면서 새로운 구원을 말하였고, 그것이 '앙겔루스 노부스'의 시선이었다.

6. 마르크스주의, 신학과 겹치다

벤야민의 '약한 메시아주의'는 기존 좌파의 역사관과 주체론, 그리고 인식론과는 다른 파국의 지점을 선사한다. 그는 낭만적 혹은 영웅적으로 미래 혹은 종말을 기술하지 않는다. 과거에 실패한 민중들의 탄식과 열패감, 트라우마들이 유전되어 지금 여기서 구원을 기다리고 있다. '약한 메시아주의'는 그 퇴적물들에 대한 기억과 소환, 애도를 제안한다. 이것이 구원의 과정이라고 한다면 벤야민이 말하는 구원의 주체는 터미네이터 같은 영웅적 주체가 아니라 민중신학에서 말하는 민중, 즉 고난 받는 역사의 담지자가 되어야 한다.

인식론적으로도 벤야민은 텍스트 안에 가려지고 숨겨진, 공식적인지 않은 것들에 대한 번역 가능성을 중시한다(Benjamin, 1968: 69-82). 지금은 사라지고 지워진 언어와 기억과 역사를 향한 끊임없는 말더듬을 통해 그 흔적들을 번역해 내는 것이 약한 메시아주의적인 사유다. 기존 메시아주의가 우리의 시간과 공간과는 상관없는 먼 미래와 하늘에서부터 도래하는 존재에 대한 이데올로기였다면, 벤야민의 그것은 '지금-시간'에서 벌어지거나 이미 발생한 기억과 사건들에 주목한다는 점에서 이전과 다르다. 경제적 하부 구조, 그것에 입각한 역사 유물론을 고수하는 교조적 마르크스주의를 '약한 메시아적 힘'은 넘어간다. 벤야민은 다른 요소들, 즉 비경제적 요소들, 비역사적 요소들, 비시간적 요소들을 새로운 마르크스주의적 실천을 위한 도구로 초대한다. 벤야민의 제안은 자본에 의한 전 지구적 재편이 완료된 현대 사회의 제 문제들을 새롭게 바라보게 한다.

결론적으로 나는 벤야민의 시선이 오늘의 세계에서 진보 진영의 방향을 예단하는 유의미한 틀이라 생각된다. '새로운 천사'는 하느님 나라의 임재는 선택받은 특정 엘리트 집단에 의해서가 아니라 지금 이 땅에서 투쟁하는 사람들의 기억 속에 흔적(trace)으로, 현현(epiphany)으로 남아 있는 것을 통해 도래하는 것임을 전한다. 이에 공감하면서 테리 이글턴은 다음과 같은 말을 남겼다. "내가 이해하는 바의 기독교 신앙에서 일차적인 것은 초월자인 하느님이 존재한다는 명제에 동의하느냐 않느냐의 문제가 아니라, 어둠과 고통과 혼란 속에 허덕이며 막다른 지경에 이르렀음에도 세상을 변화시키는 사랑에 대한 약속을 충실하게 믿고 지니는 인간들이 보여 주는 헌신이다."(이글턴, 2010: 55).

이글턴의 문장은 강력한 신심(信心)을 전달한다. 그것은 벤야민의 경우도 비슷한데, 그들은 유물론자들임에도 불구하고 인간이 어떻게 신 없이 종교적일 수 있는지를 탐구하는 듯하다. 벤야민과 이글턴에게 있어 마르크스주의는 착취당하고 고통당하는 타자의 곁을 포기하지 않는 마음이다. 그것은 종교가 지녀야 할 마음이 아닌가. 이 지점에서 무신론과 유신론은 겹쳐진다. 진정한 마르크스주의자라면 신이 없는 파국의 자리를 염려하기에 그렇다.

신의 유무를 증명하는 것에 목숨을 거는 것이 아니라 신이 사라진 시대에 어떻게 종교를 포기할 수 없는지를 생각하는 사람들이 나는 진정한 신자라고 생각한다. 왜냐하면 종교란 누군가의 곁을 지켜 주는 것이고, 한 인간의 죽음을 끝까지 애도하는 것이며, 우리가 사는 공동체의 유지를 위해 마음을 모아 가는 것이기 때문이다. 내가 만난 벤야민은 신이 없어서 즐거워하고 기뻐하는 자는 아니었다. 그것은 니체도 마찬가지다. 그들은 신이 사라진 시대를 오히려 우려 섞인 시선으로 바라보던 무신론자들이었다. 물론 벤야민 자신은 동의하지 않겠으나, 나는 그를 전지전능한 신이 없기에 우리라도 고난의 자리를 지켜야 한다고 다짐하면서 신적 행위를 추구했던 익명의 그리스도인이라 칭하고 싶다. 유물론자들의 신학, 혹은 유물론자들을 위한 신학은 이렇듯 발터 벤야민부터 서서히 시작되고 있었다.

에마뉘엘 레비나스
'무한의 종말론과 메시아론'

1. 프롤로그

이 장은 타자에 대한 환대의 윤리학으로 유명한 유대계 사상가 에마뉘엘 레비나스의 신 담론에 대한 이야기다.[1] 에마뉘엘 레비나스는 존재 중심적인 사유가 지배적인 철학계에서 윤리학을 '제1철학'(Levinas, 1999: 75-87)[2]의 위치로까지 상승시킨 인물로서 타자 담론에 관한 독보적인 위치를 점하고 있는 학자다.[3] 그의 사유는 기존 신학과 철학에 틈과 균열의 지점을 선사하였을 뿐 아니라 20세기 말에서부터 시작되어 21세기까지 영향력을 미치고 있는 온갖 포스트 담론 형성에 공헌을 하였다.

글의 전반부는 서양 철학의 역사를 '존재 망각의 역사'라고 규정한 하이데거의 '존재-신-론' 비판에 대해 다룬다. 서구 역사에서 나타났

---

1. 레비나스에 대한 전 이해가 필요한 독자는 필자의 졸저 『죽은 신의 인문학』(돌베개) 중 2장 「타자의 윤리」(66-92)를 참조하라.
2. Emmanuel Levinas, "Ethics as First Philosophy" in *Levinas Readers*, ed. Sean Hand (MA: Blackwell, 1999), 75-87.
3. 알랭 바디우는 "타자에 대한 윤리 또는 차이의 윤리로서의 윤리라는 관점은 칸트의 명제들로부터가 아니라 레비나스의 명제들로부터 시작된다"고 언급하였다(바디우, 2001: 27).

던 타자를 향한 배제와 폭력의 역사 이면에 '존재-신-론'이 있다는 하이데거의 지적에 레비나스는 공감한다. 그러나 레비나스는 그토록 자신이 극복하고자 했던 전체성의 폭력이 하이데거 사유 안에 잠재되어 있음을 발견한 후 그와 결별한다. 두 사람 사이의 이견은 죽음을 둘러싼 거리감(distance)으로부터 발생하였다. 레비나스는 하이데거와 달리 타자성을 기반으로 한 죽음 이해를 펼쳤고, 이는 후에 레비나스의 무한을 기반으로 하는 신 담론으로 이어진다. 글의 후반부는 레비나스의 무한 개념이 종말론과 메시아론으로 어떻게 연동되는지를 살피고 그것들이 최종적으로 레비나스 특유의 이타성의 윤리학으로 갈무리되는 과정을 다룬다.

2. 하이데거의 '존재-신-론(Onto-Theo-Logy)'[4] 비판

하이데거에 따르면 서양의 형이상학은 존재를 존재자의 근거로 이해하는 데서 출발한다고 본다. 존재자들 일반을 존재자이게끔 하는 원인, 동기, 근거가 신이기 때문에 서양 전통에서 형이상학은 '존재-신-론'일 수밖에 없다.[5] 하이데거는 1957년 「형이상학의 존재-신-론적 구성틀」이라는 글을 발표하였다.[6] 헤겔의 전체성에 대해 반감을 가지

---

4. 레비나스 저작 *God, Death, and Time*. Trans. Bettina Bergo (Standford: Standford University Press, 2000)의 한국어 번역본 『신, 죽음, 그리고 시간』(그린비, 2013)에서 Onto-Theo-Logy'를 '존재-신-론'이라고 표기하여 그 번역에 따랐음을 밝힌다.
5. "존재-신-론의 주제는 철학 안으로의 신의 도래를 존재에 특정한 의미를 부여하는 사유와 연결하여 존재를 존재자의 근거라는 의미로 이해한다. 하이데거가 볼 때, '존재자들에 의한 존재자들의 근거'라는 이 개념은 형이상학, 즉 철학의 시대를 특징짓는다."(레비나스, 2013: 187).
6. 마르틴 하이데거, 신상희 옮김, 『동일성과 차이』(민음사, 2000)에 수록된 논문인 「형이상학의 존재-신-론적 구성틀」(34-69)을 참조하라. 이 글은 원래 하이데거가 1956/57년 겨울 학기에 개설한 "헤겔의 논리학에 관한 세미나" 결론부 논의를 발전시킨 글이다.

고 있었던 레비나스로서는 하이데거의 헤겔 관련 비판의 글에 주목하였고,[7] 특별히 하이데거의 '존재-신-론'에 대한 규명과 비판에 대해 공감을 표한다. 하이데거에 의하면 흩어져 있는 개별자들을 하나로 묶어 전체성을 부여하는 존재가 신이므로 서양 전통에서 "형이상학은 존재-신-론"이 되는 것이다.[8] 레비나스는 이를 다음과 같이 적고 있다.

> 하이데거가 볼 때, 존재의 진리 안에서의 존재 이해는 금세, 존재자들을 보편적으로 정초하는 존재의 기능에 의해, 최상의 존재자에 의해, 일종의 정초자에 의해, 즉 신에 의해 다시 덮여 버린다. 존재 사유, 존재의 진리 안에서의 존재는 신에 대한 앎이나 신에 대한 이해가 된다. 즉 신-론theo-logie이 된다. 유럽이 존재철학은 신학이 된다. (레비나스, 2013: 182)

그렇다면, '존재-신-론'에서 말하는 신은 왜 문제가 되는 것인가? 이 물음에 답하기에 앞서 하이데거의 '존재-신-론'에 대한 정의를 다시 한 번 따라가 보자. "가장 근원적인 원인이 자기 원인이 되는 그런

---

7. "헤겔에게서 사유의 사태는 절대적 사유 안에서 [사유된] 존재자의 사유되어 있음에 입각한 존재이며 또 이러한 절대적 사유로서의 존재이다. 우리에게서 사유의 사태는 [헤겔과] 동일한 것, 즉 존재이지만, 이 존재는 존재자와의 차이에 입각한 존재이다. 좀 더 예리하게 말하자면, 헤겔에게서 사유의 사태는 절대적 개념으로서의 사상이다. [그러나] 우리에게서 사유의 사태는-잠정적으로 말해서-차이로서의 차이die Differenz als differenz이다."(하이데거, 2000: 39).
8. "어째서 학문은 신학인가?" 대답은 이렇다. [무릇] 학문은 존재자 자체의 존재에 대한 참다운 앎의 체계적인 전개이기 때문이다. 중세 시대에서 근세 시대로 접어들면서, 존재를 다루는 학문을 지칭하기 위한 강단 철학적인 명칭은 곧, 존재철학Ontosophie 혹은 존재론Ontologie이었다. 그렇지만 서양의 형이상학은, 비록 그것이 그리스인에 의해서 시작된 이래로 이러한 명칭에 [철저히] 결속되지는 않는다고 하더라도, [그 본질에 있어서] 존재론인 동시에 신학이다. … [그러므로] 진정한 독자를 위해서 [이것이 뜻하는 바를 말해 보자면] 그것은 곧 〈형이상학은 존재-신-론Die Metaphysik is Onto-TheoloLogie〉라는 말이다."(하이데거, 2000: 46).

원인이다. 이것이 철학에서 문제시되는 신에 대한 합당한 명칭이다."
(하이데거, 2000: 64-5). 위 문장에 의하면 신은 제1원인이고 자기 원인
이며 궁극적인 원인이다. 이런 정의에 의한다면 '존재-신-론'은 '세계-
내-존재', 즉 시간성과 공간성을 가지고 이 땅에서 살아가는 현존재를
무시하면서 우리에게 추상적인 해답만을 제시할 뿐이다. 그리하여 구
체적인 존재에 관한 물음을 제기할 수 없게 만든다.

　하이데거는 그런 신에게 예배를 드릴 수 없다고 말한다. "자기 원
인 앞에서 인간은 경외하는 마음으로 무릎을 꿇을 수도 없고, 또 이러
한 신 앞에서 그는 음악을 연주하거나 춤을 출 수도 없다. 그러므로 철
학의 신, 다시 말해 자기 원인으로서의 신을 포기해야 하는 신-없는
사유가 어쩌면 신적인 신에게 더 가까이 있을지도 모른다."(하이데거,
2000: 65). 하이데거의 발언은 많은 점에서 충격적이다. 전통적인 신은
인식론적으로 모르는 것이 하나도 없고, 그의 능력으로는 할 수 없는
것이 하나도 없는 전능한 하느님이다. 전지전능한 신은 만물의 제1원
인이자 삼라만상의 궁극적 원인이다. 그런 신에 대한 사유를 포기하라
고 하이데거가 종용하고 있는 것이다. 왜냐하면, 이러한 '존재-신-론'
은 '존재의 철학'의 부산물이고 그 과정에서 '존재 망각의 역사'가 수
반되었기 때문이다(하이데거, 2008: 11).

　다음 절에서는 이런 하이데거로부터 레비나스는 왜 벗어나려고 했는
지를 다룬다. 레비나스는 하이데거 철학이 하이데거 본인이 그토록 거
부했던 전체성으로 복귀를 꾀하고 있음을 감지했다. 하이데거로부터
탈주하면서 레비나스는 타자의 철학, 이타성의 윤리를 향해 걸어 나갔
다고 할 수 있다.

3. 레비나스의 하이데거 비판

이번 절에서는 레비나스의 신 담론으로 넘어가기 전에 레비나스와 하이데거의 결별 지점이라 할 수 있는 죽음에 대한 서로 다른 입장 차이를 확인할 것이다. 그러고 나서 하이데거를 극복하고 무한의 사유로 나가 타자성의 사유와 이타성의 윤리학에 이르는 레비나스의 사상을 조명한다. 레비나스는 서구 형이상학의 역사를 '존재 망각의 역사'라고 규정하면서 서양 철학 전반에 대해 아쉬움을 토로했던 하이데거의 사상에 영향을 받았다고 회고한다(레비나스, 2000: 43-52).

하이데거는 기존 형이상학이 존재와 존재자와의 관계만을 추구한 나머지 더 근원적 요소라 할 수 있는 '세계 내 존재'를 무시하고 추상적인 해답만을 구해 왔다고 비판한다. '지금(시간)-여기(공간)' 구체적 역사의 현장에서 전개되는 존재에 관한 물음을 서구 형이상학은 생략했다는 말이다. 인간을 예로 들어 설명하면, '인간이란 무엇인가?'라는 질문에 그 어떤 형이상학적 함의를 지닌 인간에 대한 규명을 거부하고 하이데거는 '인간은 세상에 던져진 존재'라 정의한다. 그런 인간이 시간이 경과하면서 자기가 던져진 공간 속에서 세계를 자신의 품 안으로 받아들인다. 그 과정에서 인간은 나름의 경로를 통해 자신만의 세계 이해를 획득한 후에 비로소 본래적 인간으로 거듭난다(하이데거, 2008: 333-40).

'본래적 인간'이 될 수 있는 이유는 인간 스스로가 본인의 죽음을 앞당겨 숙고하고 반성할 수 있기 때문이다. 세상에 투명하게 던져진 인간은 시간을 살아내면서 타자적인 것과 만나고, 변화하고, 성장해 나간다. 그 과정에서 인간은 자기가 사망을 향해 가는 존재임을 깨닫게 되고 죽음에 대한 불안과 염려가 인간 실존의 본질임을 알아차린다(하이데거, 2008: 341-3). 죽음에 대한 각성에 이른 인간은 일종의 깨달음에 도달하게 되는데 그것이 바로 '무(無, Notingness)'와 맞닥뜨리는 경험이다. '무'와 조우하면서 세상에 던져진 존재였던 인간은 실존적 결단을 내리게 된다. 그 결과 은폐되어 왔던 자신을 돌파하고 탈은폐하여 현존재였던 인간은 본래적 존재로 귀환한다.[9] 이상이 하이데거가 그의 대표작이라 할 수 있는『존재와 시간』에서 말하고자 하는 내용이다.

레비나스는 죽음에 대한 사유로부터 기인하는 하이데거의 존재 이해에 대해 다음과 같은 질문을 던진다. "이 종말은 현현의 시간성에게 과연 무엇인가? 죽음은 시간에게 과연 무엇인가? 삶의 필연성은 과연 무엇인가? 이것이야말로 우리가 탐구하고자 하는 참된 질문이며, 죽음이 시간에 대해 갖는 의미다."(레비나스, 2013: 77-8). 이러한 문제의식을 바탕으로 하이데거와는 다른 죽음 이해를 전개하는데, 즉 레비나스에게 있어 죽음은 하이데거와는 달리 주체가 도달할 수도 없고 온전히 행사하지 못하는 것을 의미한다.

무엇보다 레비나스에게 있어 하이데거의 죽음 이해는 빛의 현상학이다. "죽음으로 향하는 존재는 최상의 밝음이며 따라서 최고의 남성성이다."(Levinas, 1987: 70). 하이데거가 죽음으로 향하는 존재의 양태를 설명하며 '최상의 밝음'과 '최고의 남성성'으로 표현한 것에 대해 레비나스는 하이데거 역시 서구 인식론의 한계와 주체 중심적 사유를 극복하지 못함을 깨닫는다. 하이데거에게 죽음이 삶의 의미를 획득하고 주체의 정당성을 획득하는 통과 의례였다면, 레비나스에게 있어 죽음은 알 수 없는 공백이고, 삶의 타자이다. "하이데거는 죽음의 확실함 속에

---

9. 레비나스는 하이데거의 현존재로부터 시작하여 본래적 인간으로 복귀하기까지의 과정을 다음과 같은 이유로 비판한다. "나의 세계-내-존재 또는 나의 '태양 아래의 자리', 나의 집, 이런 것들은 타자들에게 속하는 자리를, 즉 이미 나로 인해 제3세계에서 억압받거나 굶주리고 추방당한 이들에게 속하는 자리에 대한 찬탈이 아니었을까. 즉 그것은 배척이고 배제이고 추방이며 약탈이고 살해가 아니었을까."(레비나스, 2020: 46).

서 확실함 자체의 기원을 보기까지 한다. ⋯ 그러나 죽음이 확실함일 수 있다는 것은 확실하지 않으며, 또 죽음이 무화의 의미를 지닌다는 것도 확실하지 않다."(레비나스, 2013: 21).

이렇듯 죽음은 빛의 영역(인식, 경험, 지식) 밖에서 일어나는 경험, 주체가 더 이상 주체로 설 수 없는 지점에서부터 도래하는 사건이다. "죽음이 고통을 통해 자신을 예고하는 방식은 주체의 수동성의 경험이다. 주체는 이제까지 능동적이었다. ⋯ (하지만) 죽음은 주체가 그 주인이 될 수 없는 사건, 그것과 관련해서 더 이상 주체가 아닌 그런 사건을 알려준다."(Levinas, 1987: 70). 결국 레비나스에게 있어 죽음은 절대로 잡히지 않는 무엇이고, 빛의 현상학으로부터 떨어져 있는 어둠이며, 그럼에도 불구하고 우리를 엄습하고 어쩔 수 없게 만드는 무엇, 즉 타자이다.

레비나스는 최종적으로 죽음을 다음과 같이 갈무리한다. "죽음은 동일자에게 영향을 미치는 타자성이 동일자의 자기 동일성을 동일자 속에서 일어나는 질문으로 파열시키는 양상이다. 죽음에 대한 질문은 고유한 응답이다. 그것은 타자의 죽음에 대한 나의 책임[응답성]이다."(레비나스, 2013: 173). 죽음의 타자성을 둘러싼 논의를 통해 하이데거와 결별한 레비나스는 본격적으로 그의 타자성의 사유를 전개한다. 다음 절에서는 레비나스 사상의 중요한 개념이라 할 수 있는 '무한'의 사유를 살펴보고 그것이 어떻게 신 담론으로 연결되는지를 따라갈 것이다.

4. 무한에 기반한 신 담론

레비나스는 그의 신 담론이 하이데거로부터 시작되고 있음을 분명히 한다.[10] 하지만, 둘의 이야기는 닮은 듯하나 다르다. 하이데거의 신

---

10. 레비나스, 『신, 죽음, 그리고 시간』 중 "하이데거와 함께 시작하기", 178-86.

담론은 존재자를 넘어 존재를 향하는 반면, 레비나스의 신 담론은 그의 책 제목처럼 '존재와 다른 본질 저편'을 겨냥한다(Levinas, 1969).

> 신은 존재의 타자를 의미하지 않는가? … 이런 의미에서 존재 너머가 의미하는 것은 초월이지 최상급이 아니다. 그 최상급이 높이(Hauteur)에서, 즉 존재에 의해 고취되지 않는 그 자체로서의 높이에서 나오지 않는 한 말이다. (레비나스, 2013: 185)

위의 글은 하이데거로부터 흘러나오는 신 담론에 대한 레비나스의 비판 의식을 잘 보여 준다. 하이데거는 개별 존재자 위에 그보다 밝은 존재, 더 높은 등급의 존재를 위치시킨다. 이는 그가 그토록 극복하려 했던 서구 형이상학의 패턴이다. 그렇다면 하이데거의 신학적 사고는 존재자를 넘어 존재로 가고자 했다는 점에서 '존재-신-론'의 위치에 서 있는 셈이다. 반면, 레비나스는 하이데거가 다다른 존재조차도 초월하여 존재와는 다른 차원에 신을 위치시킨다. 레비나스의 신에 대한 물음은 이 대목, 즉 하이데거를 극복하고자 하는 지점에서부터 시작되는데, 그의 신에 대한 문제의식은 "'존재-신-론'의 외부에서 신을 사유하는 것이 가능한가?"(레비나스, 2013: 204)로 수렴된다.

존재론적 지평을 초월하여 있는 레비나스의 신 담론을 지탱하는 이론적 기반이 바로 '무한'에 대한 사유다. 무한(Infinity)은 사전적 의미로는 유한의 반대말이고, 레비나스의 도상학에서는 전체성(totality)과 대칭적 지점에 있는 개념이다. 레비나스는 데카르트의 「제3성찰」에서 무한에 대한 영감을 얻었다고 스스로 밝히고 있다.

자고로 철학은 진리에 대한 사랑인 까닭에 진리를 찾아 나서는 과정에서 진리에 대한 의심과 회의를 두려워해서는 안 된다. 데카르트는 '방법적 회의'를 통해 존재하는 모든 것들에 대한 의심과 회의를 도모하지만, 모든 것을 다 의심해도 현재 의심을 하고 있는 나 자신은 의심하지 못하겠다는 통찰에 다다른다(제1성찰). 그런 다음에 유명한 "나는 생각한다, 고로 존재한다"(제2성찰)는 아포리즘이 탄생한다. 데카르트는 「제3성찰」에서 신을 '무한'에 대한 사유를 통해 펼쳐 나간다.

> 또 나는 무한한 것을 참된 관념에 의하여 지각하는 것이 아니라, 마치 정지를 운동의 부정으로써 지각하고, 어두움을 밝음의 부정으로써 지각하듯 유한한 것의 부정으로써만 지각한다고 생각해서는 안 된다. 왜냐하면, 나는 이와 반대로 무한한 실체에는 유한한 실체에서보다 더 많은 실재성이 있다는 것, 따라서 무한의 개념, 즉 신의 개념이 유한의 개념, 즉 나 자신의 개념보다 어떤 방식으로는 먼저 내 속에 있다는 것을 명백히 이해하기 때문이다.[11]

데카르트의 관점에서 보자면 원인(무한한 신)은 결과(인간)보다 크므로, 신은 주체 밖에 있다. 이 말은 신은 규정되지도 측정할 수도 없다는 의미다. 무한은 수학적으로는 발산과 수렴으로 나뉜다. 발산이 플러스(+)와 마이너스(-) 영역에서 양극으로 끝없이 확산하는 것이라면, 수렴은 '0'을 향해 플러스와 마이너스 영역에서 한없이 좁혀 들어오는 것이다. 하지만 둘 다 어느 한곳에 도달해 정착하지 못한다. 무한한 존재로서의 신 관념은 유한한 존재인 인간에 의해 도출될 수 없다. 그러므로 신이라는 관념은 외부로부터 들어온 것임에 분명하다. 레비나스는 데카르트의 무한에 대한 성찰을 신 존재를 증명하는 방식과 연결시킨다.

---

11. Rene Descartes, *Selected Philosophical Writings*, Trans. John Cottingham, Robert Stroothoff, and Dugald Murdoch (New York: Cambridge University Press, 1988), 94. 레비나스, 『신, 죽음, 그리고 시간』, 326쪽에서 재인용.

무한이라는 개념이 노리는 것은 무한을 생각하는 행위보다 무한하
게 더 크다. … 여기서 데카르트는 신존재를 증명하는 방식을 찾았
다. 생각은 생각을 넘어서는 것을 낳을 수 없다: 그러므로 생각을
넘어서는 것은 우리 안에 집어 넣어진 것이다. 그러므로 무한이라
는 개념을 우리 안에 넣어 준 무한한 신을 인정해야 한다는 것이다.
(레비나스, 2000: 118)

레비나스는 데카르트의 무한 관념을 통해 "초월을 사유할 수 있게
되었다"(레비나스, 2013: 214)고 말한 후에, 무한을 타자와 연결시킨다.
"무한 또는 타자가 만일 유한에 속한다면, 그것은 동화되어 유한의 반
영으로만 존재하게 될 것이다."(레비나스, 2013: 171). 그리고 나서 레비
나스는 "신, 그것은 타자다"(레비나스, 2018: 314)라고 대담하게 선언한
다. 타자를 떠나서는 초월적 신을 만날 수 없다는 주장은 동일자인 주
체의 시선에서 타자를 포섭하고 영토화 하려는 근대의 기획에 정면으
로 반기를 드는 처사였다.

데카르트로부터 비롯된 무한에 대한 사유가 레비나스에게 와서 '존
재와 다른(Otherwise Than Being)' 혹은 '본질 저편(Beyond Essence)'
에서 아른거리는 타자로서의 신에 대한 사유를 가능하게 했고, 레비나
스가 말하는 무한은 그의 종말론에도 영향을 끼친다. 다음 장에서는
무한에 기반한 레비나스의 신 담론이 '종말론'으로 이어지는 경로를
밝히고 후에 어떻게 메시아론과 이타성의 윤리학으로 발전하는지를
논한다.

5. '종말론'과 '메시아론'

그리스도교 역사에서 전개되었던 종말론의 골자는 우선 신자들의 믿음을 입증하고 교회를 핍박하는 적들에게는 심판이 임한다는 플롯이다. 새 하늘과 새 땅으로 인도할 메시아가 등장 혹은 재림하면서 고통에 찬 역사가 종결되고 이제 곧 새로운 역사가 펼쳐지리라는 전망과 확신을 그리스도교 신학은 종말론이라 불러왔다.

현실의 역사를 폐함으로써 역사를 완성한다는 종말론적 상상은 역사를 초월하고 현실과는 이질적인 무엇인가가 우리 외부에 존재하고 있다는 강한 믿음에 기초한다. 흔히 알려진 종말론은 물리적인 시간의 끝, 역사의 대단원, 약속의 성취를 상정한다. 그것은 역사 외부에서 역사 안으로 침투하는 사건이고, 역사를 초월하거나 혹은 현실의 원칙 너머에서 들려오는 세이렌의 목소리다. 파국의 시점에서 흘러나오는 유한한 것들을 향한 종말론의 메시지는 지난 삶을 반성하게 하고, 하루하루 현실의 고난을 힘겹게 버티는 이들에게는 마취제 같은 역할도 하며, 부와 권력을 가지고 영화를 누리던 세도가들에게는 공포의 메시지가 되었다.[12]

그러나 레비나스의 종말론은 우리가 상식적으로 알고 있는 종말론과는 다르다. 레비나스는 그의 대표 저서인 『전체성과 무한』 서문에서 종말론에 대한 비판적 읽기를 시도한다. 종말론이 지니는 순기능과 역기능을 차치하고 그는 기존의 종말론을 대해 "전쟁의 존재론"(레비나스, 2018: 9) 혹은 "미래에 대한 주관적이고 자의적인 예견이자 명백함

---

12. 종말론에 대해서는 다음 2권의 책을 참조하라: 이오갑, 『종말론 무엇이며 어떻게 볼까?』(서울: 쿰란출판사, 2012); 맬컴 불 엮음, 이운경 옮김, 『종말론: 최후의 날에 관한 12편의 에세이』(서울: 문학과 지성사, 2011). 전자가 신학계에서 취급하는 종말론에 대한 통사적 연구라면, 후자는 철학, 역사, 문학, 사회학에서 다루는 종말론에 대한 성과이다.

없는, 신앙에 종속된 계시의 산물"(레비나스, 2018: 9)이라 비판한다. 그리고 본인이 말하고자 하는 종말론의 함의를 다음과 같이 피력하였다.

> 종말론은 목적론적 체계를 전체성에 도입하지 않는다. 종말론은 역사의 방향을 가르쳐 주는 데서 성립하지 않는다. 종말론은 전체성 너머에서 또는 역사와 관계하는 것이 아니다. 종말론은 전체성을 둘러싸고 있을 법한 공허와 관계하지 않는다. … 종말론은 언제나 전체성에 외재적인 잉여와 맺는 관계다. (레비나스, 2018: 10)

기존의 종말론이 역사 외부에서 역사 안으로 침투하는 사건이고, 역사를 초월하거나 그것과는 차별되는 증상에 대해 서술한다면 레비나스는 당혹스러울 정도로 기존의 종말론에 대한 종말을 고한다. 그 원인에 대해 곰곰이 생각해 봤는데, 우리가 알고 있는 종말론은 근대적역사 발전의 원리들을 포함한다. 종말론이 지닌 목적과 역사의 방향은 변증법적 논리학이 말하는 근대적 발전 사관과 닮았다.

레비나스는 근대의 목적론적 체계를 거부하고, 진보적 역사의 방향또한 무시한다. 그렇게 되면 레비나스의 종말론은 구원이라는 절대 목적과 상관없는 종말론이 되고, 역사의 끝에서 전개되는 새 하늘 새 땅을 향한 기존 종말론의 의지와 소망과도 상관이 없는 종말론이 된다. 어쩌면 레비나스의 종말론은 전통적 종말론이 지녔던 개념과 믿음에 대한 반동, 혹은 지난 시절 종말론이 그려 왔던 역사와의 단절이라 할수 있다.

기존의 종말론과 헤어지고 난 후에 레비나스는 본인의 종말론을 "언제나 전체성에 외재적인 잉여와 맺는 관계"라고 선언한다. 레비나스가 의도하는 종말론은 절대정신이 자기를 전개해 가는 방향, 목적, 세계와 상관이 없다. 그것을 전체성이라 했을 때 레비나스의 종말론은 그것 너머에 혹은 바깥에 위치하는 무엇, 즉 잉여랑 관계한다.

이 대목에서 오해가 있을 수 있다. '전체성에 외재적인 잉여'가 현실 세계와 동떨어진 우리와는 무관한 피안의 세계에 위치하는 무엇이라는 생각 말이다. 잉여는 피안에 위치하는 것이 아니라 내 안에 위치하는 것이 아닐까. 내 안에 나도 모르는 어떤 것이 존재한다. 그것은 무한의 영역이고 굳이 명명하자면 타자가 아닐까 싶다. 그가 나에게 말을 걸어오는데 나는 타자의 이름을 모른다. 타자란 동일성의 원칙에 의해 포섭될 수 없음을 드러내는 것이고, 우리가 살고 있는 세계가 수미일관한 목적과 전체론적인 음모에 의해 잠식될 수 없음을 드러내는 징표이다. 그는 내가 사유하기 전에 이미-항상 내게 다가와 내 안에 똬리를 틀어 말을 건네고 있었던 존재이기에 나는 타자의 소리에 응답해야만 한다.

어쩌면 세상은 우리가 알 수 없고 도달할 수도 없는 무한의 자장 안에 놓여 있는 비결정적이고 비대칭적인 곳이다. 레비나스가 말하는 종말론적인 시간관은 헤겔식의 변증법적 시간관과는 다르게 절대정신을 향해 가는 이성의 자발성에 기반하지 않는다. 이성의 외부에 존재하는 타자의 개입으로 시간은 단절되고 왜곡된다. "인간은 진실로 타인에게 가닿았을 때, 그는 역사로부터 떨어져 나간다."(레비나스, 2018: 60). 결국, 레비나스의 종말론은 잉여, 즉 타자를 다시 보게 하는 독법이고, 전체성의 원칙을 거스르면서 이타성에 기반한 새로운 삶의 원칙을 제공한다.

레비나스의 메시아론 또한 그의 종말론과 사정이 비슷하다. 레비나스에 의하면 주체와 무한 사이의 만날 수 없는 간극은 고통 받는 타자의 신음 소리와 얼굴을 보고 반응하는 자들에 의해 좁혀지고 해소된다. "우리는 방금 메시아가 고통받는 유일한 사람이며, 다른 사람의 고통을 감당한 사람이라는 것을 보았습니다. … 모든 사람은 메시아입니다."(Levinas, 1990: 89). '모든 사람이 메시아'라는 레비나스의 발언은 우리로 하여금 당신들도 그 자리로 나오라는 초대의 말로 들린다. 메시아, 즉 타자의 목소리에 소환당하는 주체란 자신과 불화하는 존재이자, 투명한 (근대적) 주체가 지닌 자기 동일성에 반하는 '잉여-되기'를 수행하는 자이다.

'모든 사람이 메시아'라는 말은 메시아란 온갖 불의와 악으로부터 세상을 구원하는 초인이 아니라는 뜻이다. 메시아는 스스로가 고통 받을 뿐 아니라 타자의 고통에도 반응하고 책임지는 주체의 다른 이름이다. 메시아의 도래는 역사의 끝에 완성되는 것이 아니라, 개개인이 타자의 고통에 반응하고 응답하는 순간에 이루어진다. 수미일관하게 흐르는 시간의 진행을 중지시키고 타자와의 만남을 통해 새로운 시간의 출현을 선언하는 자가 메시아다. "메시아주의는 역사를 멈추게 하는 어떤 존재가 올 것이라는 확신이 아니다. 메시아는 나로 하여금 타자의 고통에 참여하게 하고, 그것이 나의 보편적 책임임을 인식하게 한다."(Levinas, 1990: 90).

결론적으로 레비나스에게 메시아란 이타적 주체의 다른 이름이다. 그가 말하는 "메시아적 평화적 종말론"(레비나스, 2018: 9)은 세상의 끝에서 어느 슈퍼스타의 도래로 완성되는 것이 아니다. 이 땅에 발을 붙이고 살아가는 우리 개개인이 타자의 고난에 참여하면서 이루어지는 집단적 구원의 한 서사이다. 레비나스는 다음과 같은 강렬한 말로 메시아주의를 매듭짓는다. "그것은 내안에서 시작하는 존재 안에서의 이 절정-'자기의 존재를 보존하는' 존재의 전복-이다."(레비나스, 2019: 100).

지금까지 살펴본 레비나스의 '무한'에 기반한 종말론과 메시아론은 전통적인 '존재-신-론'을 극복하고자 한다는 점에서 높은 점수를 줄 수 있지만 다음과 같은 질문을 남긴다. 레비나스에 의하면 무한은 주체의 감각과 인식 너머에 있는 미지의 영역이다. 신이 무한의 영역에 존재한다면 신은 어떻게 나와, 그리고 세계와 관계를 맺는가? 레비나스가 말하고자 하는 이타성의 윤리학은 이 대목에서부터 시작된다. 마지막으로 나는 레비나스의 무한에 기반한 신 담론이 어떻게 이타주의 윤리학으로 귀결되는지에 대한 내용을 다룬다.

6. 타자의 얼굴, 그대가 하늘입니다.

레비나스는 『전체성과 무한』 "서문"에서 타자의 얼굴에 반응하고 받아들이는 환대를 새로운 주체성으로 제안한 후에 "환대로서의 주체성 속에서 무한의 관념은 완수된다"(레비나스, 2018: 15)는 말을 남겼다. 그리고 다음 저작에서 이를 구체적으로 부연하였다. "나(I)라는 말의 의미는 '내가 여기 있다(here I am)'는 것이다. 모든 것과 모든 사람을 위해서"(Levinas, 1969: 114). 나는 위의 발언들이 레비나스 체계 내에서 종교와 윤리가 같아지는 지점이라 생각한다.

이렇듯 레비나스는 전통적인 신 인식과는 다른 차원에서 문제에 접근하였다. '존재와 다르고 본질 저편에' 있는 신을 인식하려고 노력하였는데 그것의 매개가 되었던 것이 얼굴의 현상학이다. 레비나스에게 있어 '타자의 얼굴'은 철학의 존재론과 신학의 도그마가 영향력을 발휘하지 못하는 접근선 같은 것이다. 레비나스는 새로운 인식의 확장과 윤리적 선택, 그리고 신앙적 결단이 마련되는 미지의 X를 '타자의 얼굴'이라 명명하였고 그곳을 새롭게 신과 인간이 만나는 지점으로 설정하였다.

레비나스에게 있어 종교와 윤리는 사유와 깨달음의 영역이 아니다. 그것은 초월적 신비를 경험하고 난 후의 황홀경도 아니고, 모든 진리를 품는 보편성으로의 안착도 아니다. 그것은 얼굴로 출현하는 모든 타자적인 대상 앞으로 걸어 나가는 사건이다. 이 경우 레비나스가 말하는 얼굴은 감각적이고 물리적 위치를 점하는 대상과는 거리가 멀다. 그것은 우리에게 출처와 근원을 밝히지 않은 채 돌연 나타났다가 바람처럼 흔적만 남기고 사라지는 무엇이다. 그 순간의 만남과 사라진 흔적이 우리에게로 침투하여 불면을 조장하고 깨어 있게 만든다. 타자의 얼굴이 계속 손짓하고 몸부림치면서 나의 응답을 기다린다.

이때 얼굴은 힘과 권력을 가진 모습으로 자신을 드러내지 않는다. "낯선 이, 고아, 과부"(레비나스, 2000: 320)의 얼굴로 자신을 계시한다. 타자의 얼굴과 흔적으로부터 기인하는 소리 없는 아우성이 나로 하여금 '내가 여기 있나이다'라는 답변을 끌어내면서 이타성의 주체는 완성된다. 레비나스는 복음서(마태복음 25장, 최후의 심판 비유)에 나오는 대목을 인용하면서 그것의 구체적 예를 제시한다(레비나스, 2013: 301). 주린 자, 목마른 자, 나그네 된 자, 병들고 헐벗은 자, 옥에 갇힌 타자의 얼굴에 반응하면서 인간은 신을 알아 가고 신과 관계를 맺는다(레비나스, 2013: 300). 이는 레비나스 사상의 전개 과정에서 이타성의 윤리가 종교적 차원으로 고양되는 대목이라 할 수 있다. 레비나스는 이를 최종적으로 "(이타성의) 윤리로부터 신을 사유하다"(레비나스, 2013: 203)라고 표현하였다. 이타성의 윤리학이 레비나스에게서는 종교성 자체였던 셈이다.

이 대목에서 궁금증이 생겼다. 왜 레비나스는 '얼굴'이라는 생경한 개념을 끌어오는 것일까? 나는 '얼굴의 현상학'이 전체성에 틈과 균열을 내는 레비나스의 전략이 아닐까 하는 생각이 들었다. 얼굴은 명징성 너머에서 아른거리는 흔적으로, 전체성 너머에 현현하는 사건으로 우리에게 다가온다. 얼굴의 사유는 동일성 바깥의 그것이고 전체성의 입장을 거역하는 벌거벗은 사유이다. 그렇기에 포섭이 불가능하고 지배가 좌절되는 영역이다. 이런 이유로 인해 레비나스는 타자의 얼굴에서 새어 나오는 호소와 목소리를 외면할 수 없다고 말한다. 얼굴의 현상학은 그동안 전체성이 지배했던 관계를 깨뜨리고, "포섭이 아니라 무한에 의한 유한의 넘쳐흐름"을 가능하게 하였는데 레비나스는 이를 "윤리적 얽힘"이라 말하였다(레비나스, 2013: 302). 레비나스는 전체성이 저지르는 폭력을 타자의 얼굴에 반응하는 윤리적 얽힘으로 극복하려고 했고, 그것이 결론적으로 이타성의 윤리를 가능하게 했던 것이다.

레비나스는 존재론에 근거한 동일성의 극복을 자신에게 주어진 천형으로 생각하고 폭력의 존재론을 극복하기 위한 방안을 평생 모색하였다. 근대 윤리학이 주체의 주체에 의한 정당화, 합리화, 결단의 과정을 거치면서 나왔다면, 이타성의 원칙에 기반한 레비나스의 윤리학은 나에게 말을 걸어오는 타자의 얼굴에 주목한다는 점에서 특별하다. 그는 "윤리적 관계는 더 이상 존재론이나 존재사유에 종속되지 않아야 한다"(레비나스, 2013: 189)고 주장한 후에, 최종적으로 "얼굴의 에피파니는 윤리적이다"(레비나스, 2018: 294)라는 선언을 하기에 이른다. 그 결과 레비나스 특유의 제1철학으로서의 타자의 윤리학이 태어났다.

7. 남겨진 과제: 레비나스의 '이타성' 대 진화 생물학의 '이타성'

나는 이 장에서 레비나스의 중요한 개념어라 할 수 있는 무한의 사유와 그로부터 파생되는 레비나스의 신 관념, 종말론, 메시아론을 살피면서 레비나스의 신 인식이 타자를 향한 이타성의 윤리학으로 갈무리되고 있음을 말하였다. 레비나스에게 있어 신과 대면한다는 것은 결국 타자의 얼굴에 대한 반응과 환대였다. 레비나스에게 있어 진리란 존재와 존재자 간의 서열과 계통을 세우는 것도 아니고, 절대정신이 어떻게 자기를 역사 속에서 실현하는지를 밝히고 증명하는 것도 아니다. 진리란 사건, 즉 타자와 만나는 사건이다. 타자의 얼굴에 이타적으로 반응하고 응답하면서 인간은 비로소 윤리적 존재로 거듭난다. "동일자의 자기 중심적 자발성 안에서 행해질 수 없는 동일자에 대한 문제 제기가 타자에 의해서 행해진다. 우리는 타인의 현전이 나의 자발성을 문제 삼는 것을 윤리라고 한다."(레비나스, 2018: 43).

이런 과정을 거치면서 제1철학으로서 권좌를 누리던 존재론은 윤리학으로 대체되었다. 레비나스는 "존재론의 평면에 앞서 윤리의 평면이 미리 존재한다"(레비나스, 2018: 297)고 말한 후에 유명한 문구인 '제1철학으로서의 윤리학'(Levinas, 1989: 75-87)을 선언하였다. 이제 윤리는 칸트가 말하는 '저 하늘에 별이 빛나듯 내 마음에는 도덕률이 빛난다'는 당위론 혹은 존재 사유에서 비롯되는 것이 아니다. 레비나스는 그것과는 다른 길을 걸어간다. 그는 윤리를 어떤 체계나 도그마, 법과 현실의 완결성을 위해 봉사하는 위치로 놓는 것을 거부하였다. 상징계 너머와 법 바깥에 있는 타자의 현현을 조명한다. 그 현현을 레비나스는 '얼굴의 현상학'[13]으로 전개하였던 것이다.

레비나스의 타자의 윤리학을 따라가다가 문득 인간은 이기적인가, 이타적인가를 둘러싼 오래된 윤리적 화두와 직면하였다. 근래 리처드 도킨스로 대변되는 진화 생물학자들의 이기적 유전자 논의로 인해 이 문제는 새롭게 조명되고 있는 분야이기도 하다. 자연과학의 성과를 존중하는 것은 중요하나 그것에 경도되는 경향은 인문-신학을 하는 입장에서 경계해야 할 대목이 아닐까 하는 생각이 들었다.

진화론에 기반한 인간의 이기성-이타성 논의는 인간 행동을 지배하는 선험적 요인이 있다는 것이다. 과거에는 선험적인 무엇이 양심, 종교심 같은 것이었는데, 근래에 와서는 DNA로 전환되었다. 기본적으로 진화론에 바탕을 둔 논의들은 유물론적이고 환원론적이다. 이는 기

---

13. 레비나스, 『전체성과 무한』 3부 "얼굴과 외재성" 중 "B. 얼굴과 윤리"(285-327)를 참조하라.

계적인 공식과 절차 안으로 섞이지 않고 빠져나가는 이타적인 것(혹은 이기적인 것)에 대한 사유가 진화 생물학에서는 생략될 수 있다는 말이기도 하다.

유전자 중심주의에 바탕을 둔 이타성 논의는 생물학적 특성을 물질적 존재로 확정하는 바람에 인간들 사이에서 차별과 혐오의 근거가 되기도 한다. 역사적으로 인종과 젠더에 바탕을 둔 폭력이 끊이지 않았던 이유는 모두 이와 상관이 있다. 유전자 제일주의가 새로운 동일성으로 작동할 수 있는 형국 속에서 그것이 자칫 또다시 타자를 향한 배제와 혐오의 메커니즘이 될 수도 있다는 불안은 나만의 기우는 아닐 것이다. 이러한 시대 속에서 생물학의 이타성 논의와는 다른 이타성 논의가 필요하고 레비나스의 사유가 생물학의 이타성 논의에 대한 반론과 재론의 여지를 제공할 수도 있으리라 생각이 들었는데, 이 부분은 앞으로의 연구 과제로 남겨 둔다.

자크 데리다

'메시아주의 없는 메시아적인 것'

1. 해체에 대한 오해와 진실

데리다의 종교적 아포리즘이라 할 수 있는 '메시아주의 없는 메시아적인 것(the messianic without messianism)'에 대해 논하기 이전에 짚고 넘어가야 할 것이 있다.[1] 그것은 데리다의 해체(deconstruction)에 대한 선입견을 불식시키는 일이다. 흔히 해체주의에 대해 회의주의, 혹은 허무주의라고 생각하는 경우가 많은데, 데리다에게 있어 해체는 파괴의 동일어도 아니고 기존의 것에 대한 부정의 의미도 아니다.[2] 오히려 해체는 "무모할 정도로 앞으로 끌어당기려고"(데리다, 2016: 58) 하는 긍정의 욕망이라 할 수 있고, "이음매에서 빠진 무언가와, 어우러지지 않는 무언가와 어우러지는 방식"(데리다 · 페라리스, 2022: 163)이다. 전자의 경우는 해체의 방법론으로서의 차연을, 후자의 경우는 해체의 윤리학으로서 타자에 대한 환대를 떠올리게 한다.

해체는 데리다의 텍스트론에서 시작되었는데, "텍스트 밖에는 아무

---

1. 데리다에 대한 전 이해가 필요한 독자는 필자의 졸저 『죽은 신의 인문학』(돌베개) 중 3장 「환대의 윤리」(93-125)를 참조하라.
2. "Deconstruction, let's say it one more time, is not demolition or desturction." Jacques Derrida, *Points... Interviews, 1974-1994*, Ed. Elisabeth Weber (California: Standford University Press, 1995), 211.

것도 없다"(Derrida, 1997: 158)는 그를 일약 스타 철학자로 만든 문장이라 할 수 있다. 데리다 이전에는 텍스트 밖에서 텍스트를 견인하고 기획하는 힘, 권력, 권위, 근원이 있다고 보았다. 그것은 아르케, 이데아, 형상, 로고스, 코기토, 이성, 신 등으로 불리면서 시대를 달리하며 권좌를 누렸다. 데리다는 텍스트 밖에 있다고 믿었던 우상들은 없다고 선언하면서 다음과 같이 말하였다. "진리의 장소는 장의 바깥에 존재하지 않습니다. 절대적이고 몰역사적인 조망대는 없습니다. 조망대가 부재한다는 것은 곧 장이 근본적으로 역사적이라는 것, 장이 필연적으로 다수성·이질성에 내맡겨진다는 것입니다."(데리다·페라리스, 2022: 27).

위의 문장을 통해 우리는 데리다의 해체가 의도하는 바를 가늠할 수 있다. 해체는 해석이 고정되는 것, 진리가 보편적으로 이해되는 것, 사건이 탈역사적으로 신비화되는 것에 대해 동의하지 않는다. 텍스트는 다의성과 다중성을 지니고 있기에 의미가 고정되어 있지 않고 때로는 모순적이고 상충하기까지 하다. 해체는 텍스트의 가능성이 아직 도래하지 않은 사태를 지시하는 말이다. 그런 의미에서 해체란 텍스트에 대한 불가능성, 즉 타자성을 조건으로 갖는 개념이라 할 수 있다. 해체는 말한다. 이제부터 당신이 텍스트의 가능성을 사유하고자 한다면 그것은 텍스트의 불가능성과의 조우를 각오해야만 한다고 말이다.

텍스트 밖에 아무것도 없으면 그럼 무엇이 남는가? 데리다는 후에 이 말을 덧붙인다. "콘텍스트 밖에는 아무것도 없다(there is nothing outside of the context)."(Derrida, 1977: 136). 콘텍스트는 상황으로 번역할 수 있다. 예를 들면 텍스트 앞에 서 있는 나 자신, 독자 자신이다. 내가 거하는 공간과 시간이 콘텍스트이다. 급기야 데리다는 여기서 한 발짝 더 나가 "모든 것은 텍스트가 된다(everything becomes a text)" (Derrida, 2005: 41)라는 말까지 서슴지 않고 한다. 데리다의 연이은 발언들은 다분히 의도적이다. 정전과 정념으로서의 텍스트론에 대한 딴지와 시비라 할 수 있는데, 이는 말과 사물 사이에 형성된 구조적 권력 관계에 대한 정치-사회적 비평으로 데리다 후기에 가서 확대 적용된다.

2. '차연(Differance)'과 '읽기(Reading)'

데리다는 "텍스트 밖에는 아무것도 없다"에 이어 "콘텍스트 밖에는 아무것도 없다"고 말한 후에 최종적으로 "모든 것은 텍스트"라고 선언하였다. 이 과정에서 데리다가 취한 방법을 '차연(differance)'이라 부른다. '차연'이라는 용어는 '다르다(differ)'와 '연기하다(defer)'를 결합한 것으로(데리다, 1996: 118-28), 데리다 후기 사회 철학의 주제인 환대, 용서, 정의, 선물 등의 담론을 전개시키는 데 있어 중요한 전략이다. 데리다는 쥘리아 크리스테바와의 인터뷰에서 '차연'에 대한 본인의 생각을 다음과 같이 피력한 바 있다:

> 말해진 담론의 영역이건 씌어진 담론의 영역이건간에 어떤 요소도 그 역시 단순히 현전하지 않는 또 다른 요소를 참조하지 않고서는 기호로서 기능할 수 없습니다. 이러한 연쇄적 맞물림(interweaving)은 각 '요소'가 그 자신 속에 있는 연쇄망(chain) 혹은 체계의 다른 요소들의 흔적에 의거해 구성되게 합니다. 이러한 연쇄적 맞물림과 망의 구조가 텍스트이며 한 텍스트는 또 다른 텍스트의 변형 속에서만 산출됩니다. … 차연으로서의 문자는 그러므로 현전/부재(presence/absence)의 대립에 의해 더 이상 사유될 수 없는 구조입니다. 차연은 요소들이 서로를 참조하는 차이들, 혹은 차이들의 흔적의 그리고 공간화의 체계적 유희입니다. (데리다, 1992: 49-50)

페넬로페 도이처는 '차연'을 요약하면서 그것은 현존(present)도 부재(absent)도 아니라고 말하면서, 데리다가 말하는 차연에 대한 정의, 즉 '언어 연쇄의 공간화'에 다음과 같은 부연 설명을 한다. "그것은 동일성도 아니고 차이도 아니다. 대신 그것은 일종의 미분화(differentiation)"(도이처, 2007: 60) 상태, "어떠한 기호도 자기 폐쇄적인 동일성을 갖지 못하게 하는, 그런 미분화를 가리키는 데리다의 신조어"(도이처, 2007: 64)라고 정의하였다.

미분화(differentiation)는 학창 시절 고등학교 수학 '미·적분' 단원에서 배웠던 미분을 떠올리면 맞다. 적분(積分)이 합치고 쌓는 거라면 미분(微分)은 자르고 쪼개는 것이다. 범박하게 말해 적분이 통합을 지향한다는 점에서 변증법적이라면, 미분은 쪼갠다는 면에서 해체적이라고 부를 수 있다. 나는 미분이 해석학적으로는 차이를 만들어 내는 행위와 연관이 있다고 본다. 대상을 자르고 분해하면서 이전의 상태와는 다른 차이를 생성하고 있기 때문이다. 그렇다면 데리다의 차연은 차이 자체보다는 '차이 생성'에 관심한다. 차이가 생성되기 시작하면서 벌어지는 조짐의 변화, 차이가 진행되면서 구체적으로 발생하는 위치와 에너지의 변화, 차이가 확연해진 이후 드러난 사태의 변화에 데리다는 주목한다.

나는 그동안 데리다의 해체적 사유와 차연의 방법론을 흠모하면서 글쓰기를 도모해 왔다. 그러면서도 마음 한 구석에 어떤 풀리지 않았던 갈증이 있었다. 이 문제는 신학을 하는 필자의 정체성과도 관련이 있는데, 나의 데리다식 글쓰기가 과연 성서적인가, 라는 너무나도 데리다스럽지 않은 고민이 그것이다.

평소 나의 지론은 신학적 글쓰기는 현실을 지배하는 쾌락 원칙 너머의 근원적인 것을 지향해야겠지만, 그것의 재료는 구체적인 삶의 자리에서 나와야 한다고 본다. 특별히 기독교 사회 윤리를 하는 필자의 입장은 더더욱 그러하다. 모든 문제에 있어 적극적으로 개입하여 발언하나, 그럼에도 불구하고 성서적이어야 한다는 신학의 한계로부터 나는 완전히 자유롭지 못하다. 왜냐하면 그리스도교는 경전이 있는 종교이고 그 경전으로부터 모든 발언과 행위가 시작되어야 한다는 조건 때문이다. 이런 이유로 데리다에 기대어 학문을 하는 나에게 차연의 방법론에 입각한 텍스트 읽기(Reading)는 글쓰기보다 먼저 선행되는 행위다.

어떻게 읽을 것인가는 전통적으로 해석학의 질문이었다. 근대 이후 등장한 '의심의 해석학'은 여성 신학을 비롯한 새로운 관점으로 성서를 읽으려고 하는 그룹들에게 성서 읽기의 신기원을 제공하였다. 한국 성서 학계에서 유대교와 구약 성서와의 대화를 도모하는 김창주는 의심의 해석학을 "전통을 현재의 관점에서 보는 것, 이론을 현장의 눈으로 점검하는 것, 선생의 가르침을 학생의 각도에서 생각해보는 것, 남성의 관점을 여성의 눈으로 살피는 것, 기득권자들의 논리를 착취자들의 입장에서 의심하는 것"(김창주, 2020: 27)으로 정의한다. 이 문장을 접하고 나는 데리다의 "매번 칸트를 읽을 때마다, 그것은 항상 처음이다"(Derrida, 2002: 49)라는 말이 떠올랐다.

흔히 '해체'를 떠올릴 때 사람들은 데리다라는 천재적 인물이 비범한 발상으로 하루아침에 뚝딱 현대 철학의 신조어를 만들어 냈다고 생각하기 쉬운데 그것은 전혀 맞는 말이 아니다. 데리다는 기본적으로 문헌학자이다. 서양 정신의 고전들을 데리다만큼 읽고 또 읽으면서 면밀히 분석한 사람은 드물다. 데리다의 저작들을 살펴보면 서양의 고대·중세와 근·현대를 관통하는 철학자들의 텍스트를 읽고 쓴 독서 보고서라고 해도 과언이 아니다. 전통과 텍스트에 대한 차이와 반복이 데리다의 해체가 탄생하게 된 배경인 셈이다.

텍스트에 대한 읽기의 반복이 차이를 만들었고, 반복을 통해 새로운 것을 깨달았으며, 반복을 통해 데리다는 매번 다른 텍스트와 대면했다. 똑같은 반복 같지만 어떤 반복도 차이가 없는 반복은 없다. 그것을 되풀이하면서 데리다는, 그리고 텍스트 앞에 선 독자는 차이의 반복으로부터 야기되는 텍스트의 틈과 균열을 발견하게 되고 거기로부터 새어 나오는 빛과 대면한다. 그것이 데리다가 말하는 차연에 입각한 읽기의 방법론이다.

그렇다면 다시 돌아가 데리다에게 있어 '칸트 읽기'는 칸트를 완벽하게 이해하고 구성하는 것이 아니다. '칸트를 읽을 때마다 항상 처음'이라는 말은 칸트라는 체계에 틈과 균열을 내는 것이 '읽기'라는 것이고, 칸트 체계가 온전하지 않음을 드러내는 것이 진정한 '읽기'임을 암시한다. 결국 데리다에게 있어 텍스트 읽기의 목적은 하나의 체계를 승인하는 것이 아니라, 그것의 불가능성을 드러내는 것이다. 이런 이유로 데리다는 텍스트 앞에 서는 독자에게 "여러 가지 읽기, 새로운 방식의 읽기, 상이한 분야의 다양한 것들을 읽기"(Derrida, 1995: 401)를 요구한다.

김창주 역시 데리다의 '읽기'와 비슷한 견해를 피력하는데 '텍스트의 다의성'에 대한 발언이 그것이다.

> 하나의 종교적인 텍스트로부터 다양한 해석이 가능하지 않은 경우는 매우 드물다. 이런 점에서 텍스트의 다양한 의미와 해석의 다의성은 서로 연결된 현상이라고 보면 된다. 따라서 신학자에게 텍스트는 저자의 의도와 일치하는 단일한 것이 아니라 다의적인 성격을 갖게 되는 것이다. 즉 텍스트는 단 한가지 측면에서 읽혀지지 않고 상이한 여러 공동체에 의하여 다양하게 읽히며 해석된다. 이러한 모든 과정이 곧 텍스트에 포함되는 것이다. (김창주, 2006: 242)

김창주의 텍스트 읽기도 데리다의 그것과 마찬가지로 '이미 주어진 것은 없다!'를 선언하는 듯하다. 차이점이 있다면 김창주는 공동체에 대한 신뢰를 버리지 못한다는 점이고, 데리다는 공동체들의 해석도 그냥 미끄러져 경유하는 지점으로 통과한다는 점이다. 결론적으로 데리다식 해체적 읽기란 텍스트 안에 기입되어 있다고 믿는, 텍스트 안에서 발견되리라 확신하는 어떤 것을 찾는 것이 아니라, 텍스트를 중심으로 얽힌 수많은 요소들의 차이와 존재들의 다름을 발견하고 그것들이 자아내는 상호적 관계를 연결 짓는/해산시키는 능력이다. 다음 장에서는 구체적으로 데리다식 읽기의 예를 성서 해석에 적용해 보도록 하겠다.

3. 데리다식 "읽기"의 예: "그리스도교와 유대교의 구약성서 순서는 왜 다른가?"

유대교와 그리스도교의 제1성서(구약 성서)의 순서는 다르다.[3] 그리스도교에서 보는 구약 성서의 끝은 '말라기'다. '말라기'를 마지막에 배치시킨 것은 신약 성서의 메시아에 대한 기대로 자연스럽게 연결시키고자 하는 편집자의 의도이다. 하지만 유대교의 히브리 성서(구약 성서, 제1성서)는 '역대기'의 고레스 칙령을 내세우고 포로 된 이스라엘 백성이 예루살렘으로 돌아가는 것으로 끝이 난다. '말라기'의 메시아 열망은 마태복음 서두에서 아브라함과 다윗의 자손 예수 그리스도의 계보라고 명시하면서 자연스럽게 이어진다. 하지만 유대교의 경우는 예루살렘 성전에 대한 성취는 이루어지지 않은 채 미완으로 종결되고 있

---

3. 현재 그리스도교가 보고 있는 구약 성서 순서는 70인 역의 순서를 따른다. 하지만 유대교에서 보는 히브리 성서는 (1) 토라('두루마리'라는 뜻): 창세기 - 출애굽기 - 레위기 - 민수기 - 신명기/ (2) 네비임('예언자들'이라는 뜻): 여호수아 - 사사기 - 사무엘 - 열왕기 - 이사야 - 예레미야 - 에스겔 - 호세아 - 요엘 - 아모스 - 오바댜 - 요나 - 미가 - 나훔 - 하박국 - 스바냐 - 학개 - 스가랴 - 말라기/ (3) 케투빔(성문서): '시편 - 욥기 - 잠언 - 룻기 - 아가 - 전도서 - 예레미야 애가 - 에스더 - 다니엘 - 에스라 - 느헤미야 - 역대기'로 구성되어 있다. '토라'와 '네비임'과 '케투빔'을 합쳐서 '타나크'라 부른다.

다는 점에서 다르다.

연대기적으로 '역대기'의 기록 이후 역사를 포함하는 '에스라', '느헤미야'가 있지만 〈타나크〉는 역대기하 36장 23절 페르시아 왕 고레스의 칙령을 끝으로 구약 성서를 종결한다. 아직 예루살렘에 입성하지도 않았을 뿐 아니라 성전 재건축을 시작하지도 않은 상황이다. 그럼에도 〈타나크〉는 거기서 끝을 낸다. 이른바 열린 결말(open ending)인 셈이다. 〈타나크〉의 결말을 역대기하로 끝낸 것은 '종교적인 것'에 대한 물음표, 현재의 종교 제도와 종교 생활에 대한 제고, 아직 실현되지 않은 종교적 진리에 대한 열망을 드러내는 의도라 말할 수 있다.

종교 제도와 도그마는 개별적 종교 체험과 서사를 납작하고 균일하게 처리하는 장치다. 학교, 군대, 감옥, 정신 병원, 공장, 규율, 도그마 등이 종교와 같은 장치들의 목록이다. 그것들은 개인들이 실존적으로 느끼고 경험적으로 사유하는 일체를 쓸모없는 것, 혹은 소거하고 제거해야 할 것으로 취급한다. 그리고 인민들을 규율에 순응하는 신체들로 훈육한다. 이런 시스템 아래서 생명체들의 목소리와 몸부림은 중요하지 않다. 중요한 것은 그런 개별적인 움직임을 포획하고 관리하는 장치들이다. 지금부터 언급하는 '메시아주의'는 종교 분야에서 만들어낸 대표적인 장치다. 여기서부터 데리다의 종교 비판이 시작된다.

데리다가 말하는 '메시아주의가 아닌 메시아적인 것'에 대한 논의와 데리다의 이론으로 신학적 작업을 추진하는 존 카푸토의 '종교 없는 종교(Religon without religion)'(카푸토, 2003: 134-43) 발언은 관성화되고 제도화된 종교에 대한 비판이라 할 수 있다. 그들은 묻는다. 진정 '종교적인 것'은 종교라는 법과 제도에 의해 지워진 역사와 침묵하는 사연들을 기억하고 채굴해야 하는 것이 아닌가, 라고 말이다. 이런 관점에서 바라보면 〈타나크〉의 결말은 납득이 된다.

구약 성서 39권이 최종적으로 정경으로 확립된 시기는 A.D. 1세기였다. 당시는 이스라엘이 유대 전쟁 이후 폐허에서 다시 무엇인가를 꿈꾸기 시작하던 무렵이었다. 마치 이스라엘 백성들이 바벨론 포로기 후 다시 예루살렘으로 돌아오던 그때와 마찬가지로 말이다. 포로기 후 귀환 공동체는 예루살렘 성을 재건하는 과정에서 강력한 동심원적인 전체성을 필요로 했다. 시오니즘은 그렇게 만들어지기 시작했다. 현재 네타냐후의 이스라엘이 자행하는 온갖 전쟁의 기원도 시오니즘이라 보면 맞다.

바벨론 포로기로부터 500년 가까이 흐른 시점에서 구약 성서 39권을 정경으로 확정했던 사람들은 〈타나크〉의 대미를 포로 생활 후 돌아온 이스라엘 백성들에게 펼쳐질 빈 공간만을 제시하고 마감한다. 여기에는 두 가지 의도가 있다. 하나는 절망적 상황 속에서 희망과 기대를 고취하려는 것이고, 다른 하나는 지난 500년 동안(바벨론 귀환~유대 전쟁)의 이스라엘 역사에 대한 반성과 성찰이다. 바벨론 귀환 공동체는 무너진 유대 민족의 정체성을 확립하고자 시오니즘을 강하게 밀어붙였다. 그 과정에서 시오니즘 안으로 포섭되지 않는 대상에 대한 타자화가 진행되었다. 종교적 이데올로기가 혐오와 배제의 메커니즘으로 작동되었다는 말이다.

그렇다고 볼 때 역대기하의 열린 결말은 제도화되고 이데올로기화되어 가는 유대교에 대한 반성과 성찰의 메시지다. 유대 전쟁 이후 폐허가 된 상황 속에서 최종 편집자들은 이스라엘 백성들에게 500년 전으로 돌아가 바벨론 귀환 공동체가 처한 상황을 상기시키며 같은 실수를 되풀이하지 말자는 취지에서 제1성서의 마지막을 미완으로 남겨둔 채 끝을 맺는다. 나는 제1성서의 최종 편집자들의 의도가 데리다의 '차연'에 입각한 텍스트 읽기/쓰기 효과가 잘 드러난 경우라 생각한다.

지금까지 제1성서 편집 안에 깃들어 있는 해체주의적 발상에 대해 살펴보았다. 이런 느낌을 가지고 본격적으로 '차연'의 종교론이라 할 수 있는 데리다의 '메시아주의 없는 메시아적인 것'으로 넘어갈 것이다. 하지만 그전에 우리는 개신교의 메시아주의와 유대교의 메시아사상 간의 차이점에 대해 살펴야 한다.

4. 프로테스탄트의 메시아주의 대 유대 메시아주의

앞서 우리는 벤야민과 레비나스의 메시아론에 대해 살펴보았다. 데리다 또한 유대 전통에 입각해 메시아론을 펼치고 있다는 점에서 벤야민, 레비나스, 데리다 사이에는 메시아주의에 관한 한 모종의 공모가 이루지고 있는 셈이다. 이번 절에서는 세 사람을 묶는 공통분모라 할수 있는 유대 메시아주의를 일별해 보고, 우리에게 익숙한 개신교 메시아주의와의 비교를 통해 유대 메시아주의가 지니는 특이성에 대한 이해를 도모한다. 본격적으로 데리다의 '메시아적인 것'으로 진입하기에 앞서 워밍업을 한다는 느낌으로 임해 주면 되겠다.

유대교와 그리스도교에서 언급되는 메시아주의는 현실의 시·공간으로 도래하는 이전과는 다른 세상을 향한 열망과 기대라 칭할 수 있겠다. 그것은 민중들에게 현재의 환난을 견디게 하는 종교적 위안과 지금과는 다른 세상을 꿈꾸게 하는 동력을 제공하였다. 특별히 그리스도교 역사에서 펼쳐진 메시아주의는 하느님 나라와 연결된 신학적 논의와 연결되었고 신앙적으로는 구원에 대한 고백으로 이어졌다. 문제는 유대교와 그리스도교가 추구하는 메시아 사건의 개요, 그리고 도달하고자 하는 구원에 대한 이해가 다르다는 점이다. 개인적으로는 유대교의 메시아사상이 화석화된 그리스도교의 메시아론과 구원론에 균열을 내고 새로운 상상을 가능케 하는 동기로 다가온다고 보는데, 벤야민과 레비나스와 데리다의 메시아론이 주목받는 이유도 그와 연관이 있다.

하지만 유대교 사상가들은 개신교의 메시아주의에 대한 갱신을 목표로 새로운 메시아론을 기획하지는 않았다. 그들이 주목받는 이유는 문명 비판, 즉 신자유주의로 점철된 세상을 거슬러 올라가는 대안 담론으로서 유대 메시아주의를 소환하고 있기 때문이다. 범박하게 말하면 개신교의 메시아주의는 긴장과 갈등, 위기와 파국의 시간을 통과한 후 찾아오는 평화와 화해를 지향한다. 그러나 유대 메시아주의에서 구원이란 그런 직선적 시간을 지나고 찾아오는 마음의 위안과는 상관이 없다. 메시아의 도래가 현실의 원칙과 질서로부터 분리되어 있다는 점에서 유대교의 그것은 개신교의 메시아주의와 다르다.

개신교의 구원은 고독한 신 앞에서의 단독자인 개인이 믿음과 기도를 통해 신의 응답을 듣고 각성하여 받은 성령의 능력으로 세상을 향해 행진하는 가운데 주어지는 은혜의 결과다. 칼뱅의 예정론은 개신교 메시아주의의 특색을 가장 잘 보여 준 작품이 아닐까 싶다. 개인의 구원이란 철저히 인과응보적이다. 개인의 구원은 구원 받을 만한 수행을 거듭한 나에게 주어지는 신의 보상이다. 청빈과 근면, 성실과 순종을 통해 획득되는 구원을 사전에 예측하고 사후적 징표로 보장하는 프로테스탄티즘의 구원론은 그리스도교가 추구하는 메시아주의의 산물이다.

그에 반해 유대교 메시아주의는 구원과 수행, 메시아와 역사, 세속과 초월 사이에 아무런 연관도 전제하지 않음으로써 메시아적인 것의 도래를 현실의 인과 관계나 목적론적 역사의식과는 하등의 관계가 없는 것으로 그린다. 메시아는 그냥 오는 자이다. 인간의 노력과 기도와 희망과는 아무런 상관이 없다. 메시아의 도래는 절대정신의 자기실현 과정이라 일컬어지는 헤겔류의 역사 철학적 전망이 아니다. 헤겔이 말하는 통합적이고 총체적인 변증법보다는 알튀세르가 말하는 우발성의 변증법과 어울린다.

그리스도교의 메시아적 대망은 억압과 폭력 가운데 처한 민중들이 현실을 견디게 하고 새로운 역사를 향한 희망을 버리지 못하게 한다는 점에서 고무적이라 할 수 있고, 신앙적으로도 유의미하게 작동되면서 제도 교회의 응집력과 원심력을 높이는 아주 견고한 장치였다. 하지만 역사에서 전개되었던 메시아주의의 실재는 아름답지만은 않았다. 어떤 메시아주의는 배제와 차별, 혐오의 감정을 조장하면서 폭력을 정당화하는 기제로 작동하였다. 중세의 십자군 전쟁, 근대 제국주의 시대에 벌어진 비서구 세계를 향한 식민화 과정, 20세기에 벌어진 나치의 유대인 학살, 이스라엘과 팔레스타인 전쟁, 미국의 테러와의 전쟁 등에서 어김없이 소환되는 구호가 메시아주의였다.

메시아의 도래와 구원이 막연한 미래가 아닌 실패한 우리의 과거로부터 유래하지 않는가를 묻는다는 점에서(벤야민), 메시아가 귀환할 때 현실의 주체는 너무나 수동적이라는 점에서(레비나스) 유대교의 메시아론과 그리스도교의 메시아론은 확실히 다르다. 유대교가 구원 과정에서 인간의 몫과 역할을 배제하고 전적으로 신의 초월적·수직적 개입에 의존한다면, 그리스도교에서는 인간의 역할이 보다 능동적이고 주체적이다. 신이 임재하는 역사의 한가운데서 신과 함께 인간은 메시아적 구원의 역사를 만들어 나간다.

이 대목에서 유대 메시아주의를 향해서 다음과 같은 질문이 가능하다. 메시아의 도래를 인간의 노력과 상관없는 초월성과 우발성의 영역으로 상정한다면, 지금 여기서 살아가는 인간이 할 수 있는 것은 무엇인가? 초월과 세상에 대한 급격한(Radical) 분리가 플라톤으로부터 이어져 왔던 뿌리 깊은 이원론적 전통을 뒷받침한다는 오해를 받을 수도 있지 않나? 나는 이에 대한 답을 데리다의 '메시아주의 없는 메시아적인 것'을 말하면서 실마리를 풀 수 있지 않을까 기대한다.

5. '메시아적인 것'에 관하여

'메시아주의 없는 메시아적인 것'은 데리다 후기를 대표하는 저작이라 할 수 있는 『마르크스의 유령들』(1993)에서 사용된 이후 그의 종교론과 윤리학에서 중요하게 다루어지는 내용이다. 본격적으로 데리다의 '메시아적인 것'에 대해 논하기 이전에 데리다의 종교적 서사와 기록물들에 대해 간단하게 일별하는 시간을 갖도록 하겠다.

1990년 사회주의 몰락 후 전 세계 진보 진영은 한동안 혼돈과 절망의 시절을 보내야만 했다. 데리다 역시 그랬는데 얼마 지나지 않아 그를 자극하는 일이 벌어졌다. 프랜시스 후쿠야마가 『역사의 종말』(1992)을 출판한 것이다. 헤겔 우파의 시선으로 20세기 말에 벌어진 탈이데올로기 현상을 분석하면서 후쿠야마는 자유 민주주의가 "인류의 이데올로기 진화의 종점"이나 "인류 최후의 정부형태"가 될지도 모르며, 따라서 자유 민주주의는 "역사의 종말"이 된다고 주장했다(후쿠야마, 1997: 7). 사실상 자본의, 자본에 의한 전 지구적 승리를 선언한 것이다. 그로부터 1년 후에 데리다는 후쿠야마의 주장에 대한 반박으로 『마르크스의 유령들』을 세상에 내놓았다. 이 책을 기점으로 이론 취향이 전기 데리다와 이론의 실천 철학화라 불리는 후기 데리다로 나뉜다.[4]

『마르크스의 유령들』이 출판되고 다음 해인 1994년 2월 25일, 중동 갈등의 한 페이지를 장식하는 헤브론 사건이 발생했다. 이스라엘 남부 헤브론에 정착한 이스라엘 극우 단체 소속 어느 의사가 팔레스타인

---

4. 데리다는 1967년에 세 권의 주요 저서를 발표하면서 그의 전기 사상을 사실상 완성했다. 『목소리와 현상』(인간사랑, 2006), 『그라마톨로지』(민음사, 2010 개정판), 『글쓰기와 차이』(동문선, 2001)가 그것이다. 한국에서 번역된 데리다 후기 작품은 다음을 참조하라. 『법의 힘』(문학과지성사, 2004); 『환대에 관하여』(필로소픽, 2023); 『불량배들: 이성에 관한 두 편의 에세이』(휴머니스트, 2003).

무슬림에게 무차별 총격을 가해 40명이 넘는 사망자와 다수의 부상자가 발생한 것이다. 이 사건은 끝나지 않는 중동 갈등의 복잡성과 비극성을 드러내는 중요한 이정표로 여겨지며, 후에 전개되는 국면에도 영향을 미쳤다. 그로부터 3일 후에 데리다는 이탈리아 남부 카프리섬에서 열린 종교 세미나에서 헤브론 사건과 연결 지어 기조 강연을 했는데 훗날 그 원고는 『신앙과 지식』에 수록되었다. 『마르크스의 유령들』에서 처음 등장했던 데리다의 '메시아적인 것'을 둘러싼 논의는 『신앙과 지식』을 거치면서 진전되었다.

하지만 『마르크스의 유령들』과 『신앙과 지식』에서 소개되는 '메시아적인 것'을 둘러싼 데리다의 논의는 결이 다소 다르다. 『마르크스의 유령들』에서 데리다는 정치 철학적인 측면에서 동일성의 원리가 되어 버린 자본의 제국에 딴지를 걸기 위해 유령론을 소개한다. "유령론의 효과는 실제적인 현존과 그 타자 사이의 이러한 대립, 더 나아가 이러한 변증법을 의심하는 데 있는 것이 아닌지 아마도 물어보아야 할 것이다."(데리다, 2014: 92). 헤겔의 변증법적 종합이 자본의 최종 승리로 환원되는 신자유주의의 기획에 반대하는 전술로 유령론을 언급한 후에 데리다는 '메시아주의 없는 메시아적인 것'을 꺼내 놓는다.

데리다는 신자유주의 시대 자본의 보편성을 아브라함 식의 메시아주의로 치환하고 그에 반하는 '역사의 환원 불가능한 운동'으로서 '메시아적인 것'을 소환하고 있다(데리다, 2014: 322-3). 메시아주의는 이미 실현된 도그마와 이데올로기, 현실의 법과 질서를 의미하지만, '메시아적인 것'은 아직 성취되지 않은 빈 공간과도 같다. 그것은 아직 도래하지 않은 미래의 사건으로 남아 있는 무엇이며, 그래서 매일이 파국이고 나날이 구원의 시간으로 이어진다. 체제의 입장에서 볼 때 '메시아주의 없는 메시아적인 것'에 대한 논의는 위협적이다. 안정적인 시스템의 중단과 기득권의 유지를 방해하는 상상을 가능하게 하기 때문이다. 불가능한 것의 가능성을 호시탐탐 노린다는 점에서 '메시아적인 것'은 불온한 정치적 구호다.

'메시아적인 것'에 대한 사유에서 비롯되는 환원 불가능하고 비결정적인 사유는 후기 데리다에서 나타나는 실천 철학의 테제들, 예를 들어 선물, 정의, 환대, 용서를 수행할 때 동일한 패턴으로 반복된다. 지금 말한 네 가지 테마들은 제국의 법칙처럼 강력해진 신자유주의 경제 논리에 맞서는 대항 담론의 성격을 지닌다. 선물은 인과응보적인 교환 경제를 넘어가는 원리로, 정의는 현행법에 입각한 질서 구현에 거역하면서 법 밖의 정의로 나간다. 환대는 정의를 수행하는 원칙으로 법질서 안으로 들어오지 못하는 사람들을 향한 열린 자세를 일컫는다. 용서는 모든 시대에서 인간적인 가능성이 아니었다. 이런 이유로 우리는 용서를 '불가능의 가능성'으로 도약하는, '메시아적인 것'의 한가운데로 진입하는 사건으로 상정할 수 있다.

데리다에게는 신자유주의적 경제 논리가 구축한 맘몬의 질서를 거슬러 올라가는 정치 철학적인 대항(안) 담론이 필요했다. 그리하여 불가능한 것을 가능하게 만들고자 하는 모든 상상과 노력, 역사에서 경험한 변혁을 향한 도발의 좌절, 그 과정에서 새겨진 불가능의 흔적과 현현을 '메시아적인 것'으로 명명하고자 했다. 최종적으로 데리다가 '메시아적인 것'을 말하면서 노리는 것은 이것이었다. 아직 게임이 끝나지 않았고, 혁명은 지속된다는 것이다. '메시아적인 것'에 대한 상상이 미래를 향해 세계를 향해 우리를 인도할 것이기 때문이다.

6. '메시아적인 것'에 관한 신학적 진술

데리다의 '메시아적인 것'을 읽는 독법은 두 가지이다. 하나는 실천 철학적 읽기이고 다른 하나는 종교적 읽기다. 전자는 앞서 언급했던 정치 철학적 읽기와 그로부터 파생되는 구체적 행위의 원칙인 선물, 정의, 환대, 용서를 논하는 것이다. 그럴 경우 데리다의 메시아 읽기는 윤리적 진술로 확장된다. 이 절에서는 '메시아적인 것'에 관한 실천 철학적 읽기에 이어 종교적 읽기가 전개된다.

데리다가 종교에 본격적으로 관심을 갖게 된 이유는 이데올로기의 종언 이후 사라질 것이라 기대했던 전쟁과 폭력이 여전히 기승을 부리고 있다는 점, 그리고 그것이 민족과 종교의 문제로부터 기인하고 있다는 의심에서 기인한다. 데리다는 종교적인 것의 귀환을 '믿기지 않는 재출현'이라고 표현하였고, 근래에 전개되는 '일체의 종교적 열정'에 주목할 필요가 있다고 말한다(데리다, 2016: 76-7).

'메시아적인 것'을 종교적 서사로 읽어 내려는 노력은 『신앙과 지식』에서 본격적으로 펼쳐진다. 염두에 두어야 할 것은 데리다의 종교 이해가 일반적이지 않다는 점이다. "신앙은 늘 종교와 일치하지 않았고, 일치하지도 않을 것이다. 또 다른 애기가 되겠지만 신학에 대해서도 마찬가지다."(데리다, 2016: 86). 데리다의 종교는 흔히 알려진 인과응보적이고 교환의 원칙에 입각한 종교 생활 원리를 넘어간다. 그런 의미에서 존 카푸토가 데리다의 종교를 "종교 없는 종교"라고 소개한 것은 맞는 말이다. 특정한 종교적 관습과 도그마에 종속되는 것이 아니라 신앙의 신비 속으로 스며들어 '메시아적인 것'에 관한 사유를 진척시키면서 데리다는 기존의 종교 담론과는 다른 "종교 없는 종교"를 이야기한다.

데리다는 기존의 메시아주의에 입각한 제도 종교를 비판하면서 "메시아적 차원은 어떠한 메시아주의에도 종속되지 않고, 어떠한 특정 계시도 따르지 않으며, 어떠한 아브라함적인 종교에도 고유하게 속하지 않는다"(데리다, 2016: 104)고 말한다. 아브라함을 믿음의 조상으로 갖는 종교들이 지녔던 메시아주의로 표상되는 신앙적 확신이 지난 역사의 현장에서 얼마나 많이 타자에 대한 혐오와 폭력을 정당화했는지 우리는 잘 알고 있다. 현재 중동에서 벌어지고 있는 네타냐후의 이스라엘이 벌이는 전쟁의 배후에는 타자를 허락하지 않는 메시아주의적 광기가 깔려 있다. 이에 대한 저항으로 데리다는 '메시아적인 것'을 끌어들인 것이다.

> 여러분이 메시아적 구조를 메시아주의로 환원하자마자 여러분은 보편성을 환원시키고 있는 셈이며, 이는 중대한 정치적 결과를 낳게 된다. 이렇게 되면 여러분은 여러 가지 전통 중 한 전통을 신임하고, 선택받은 국민 및 어떤 주어져 있는 근본주의를 신임하는 셈이다. 이 때문에 나는, 매우 미묘한 것처럼 보이긴 하지만, 메시아적인 것과 메시아주의 사이의 차이가 매우 중요하다고 생각한다. (데리다, 2014: 388)

데리다의 '메시아적인 것'은 메시아주의로 상징되는 종교적 보편성과의 단절을 선언한다. 메시아주의는 목적론적이고 인과론적인 구조이고, 피안의 미래를 위해 현재를 담보하는 종말론이며, 메시아의 도래를 종교적 프로그램으로 축소시켜 세속적 종교 행위로 전락시킨다. '메시아적인 것'을 환원 가능하고 결정 가능한 이벤트로 사유하는 순간 그것이 지니는 본래적 긴장감과 역동성은 사라져 버린다.

메시아주의와 달리 '메시아적인 것'은 구체적 역사 속에서 살면서 역사적 종말 이후의 세상을 꿈꾸지만 그것을 역사 속에서 가능한 무엇으로 언표화 하지는 않는다. 텅 빈 기표로 남겨 둔다. '메시아적인 것'의 역사는 당연히 신학적으로 파악되겠지만 그것이 신학적 진술 속으로 온전히 담기지는 않는다. 어쩌면 데리다의 '메시아적인 것'에 대한 사유는 그 긴장과 공백을 견디고 유지하는 것이라 할 수 있겠다.

7. 환대, '메시아적인 것'의 윤리학

데리다는 다소 모호할 수 있는 '메시아적인 것'에 대한 구체적 실천 강령을 덧붙이는데, 이것이 '메시아적인 것'의 윤리학으로 나가는 단초를 제공한다.

> 메시아적인 것은 장래에의 열림, 혹은 기대 지평도 선지자적 전조도 없는, 정의의 출현으로서의 타자의 도래에의 열림. 타자의 도래는 어떤 예측으로도 도래하고 있는 것을 보지 못하는 그곳에서만 특이한 사건으로 출현. 그것은 역사를, 혹은 최고한의 역사의 일상적 흐름을 개시(open)하고 동시에 언제나 중단할 수 있는 가능성들이다. (데리다, 2016: 103)

위의 글에서 데리다가 말하는 중요한 윤리적 개념들이 등장하는데, 열림, 정의, 타자, 도래, 사건, 가능성 같은 용어들이 그것이다. 후에 데리다는 한 인터뷰에서 '메시아적인 것'을 환대의 윤리와 연결 짓는다.

> 장래란 타자가 도착하게 되어 있는 열림이고 그것을 정당화하는 것은 결국 타자나 타자성이라는 가치이기 때문이죠. 근본적으로 이것이 제가 메시아적인 것을 해석하는 방식입니다. 타자가 도래할 수 있다. 타자가 도래하지 않을 수 있다. 나는 그것을 미리 기획해 둘 수 없다. 하지만 만약 타자가 온다면 올 수 있게끔 자리를 비워두겠다. 이것이 환대의 윤리입니다. (데리다 · 페라리스, 2022: 164)

데리다에게 있어 환대는 '메시아적인 것을 해석하는 방식'(데리다 · 페라리스, 2022: 27)이었다. 환대가 '메시아적인 것'이라는 말은 무슨 의

미인가? 다음의 문장이 실마리를 제공할 듯도 싶다. "환대는 평안함의 해체다. 해체는 타자들, 자기보다는 타자들, 그 타자들의 타자들, 그 타자들의 타자들이 경계 너머에 있는 이들에 대한 환대이다."[5] 데리다의 환대는 미래를 향한 새로운 연대의 가능성을 제안하는 것으로 보인다. 여기서의 미래는 아직 도래하지 않은 타자이고, 그래서 결정 불가능하고 환원 불가능하며 비대칭적인 존재 혹은 대상 일반을 총칭하는 말이다.

일찍이 데리다는 『마르크스의 유령들』에서 '뉴인터내셔널'이라는 말을 사용한 바 있다. 뉴인터내셔널은 마르크스가 인터내셔널이라 불렀던 무산 계급의 현대적 표현이라 할 수 있다. 그들은 "당과 조국, 국민 공동체 없이, 공동 시민권 없이, 어떤 계급으로의 공동적인 소속없는"(데리다, 2014: 173) 사람들이다. 뉴인터내셔널이 바로 데리다가 언급하는 타자들, 타자들의 타자들, 그 타자들의 타자들, 그리고 경계 너머에 있는 존재들이다. 그들은 "친화성과 고통 및 희망의 연대"로 한데 묶이는데 그 밑바탕을 흐르는 정서가 환대이다. 그렇다면 환대란 다양한 사회적 약자들, 우리 가운데 존재하나 이름이 불리지 않는 사람들, 호모 사케르, 소수자들을 향한 환대이다.

'메시아주의 없는 메시아적인 것'이라는 어구가 지닌 과격함과 투박함에도 불구하고 그것의 면모를 살펴보니 타자를 향한 극진한 관심과 배려, 즉 환대였음이 밝혀졌다. '메시아적인 것'은 대타자의 목소리에 의해 가려지고 잊히고 지워지는 목소리의 행방을 찾는 몸부림이다. 그것은 계몽과 이성, 그리고 자본의 신화를 유지시키고자 하는 권력의 폭력성을 고발하고 해체한다. 또한 '메시아적인 것'은 서구 신학 전통

---

5. "Hospitality is the deconstruction of the at-home; deconstruction is hospitality to the other, to the other than oneself, the other than 'its other', to an other who is beyond any its other."("Hospitality" in *Acts of Religion*, 364).

에서 탈역사화되고 탈영토화 된 공간에서 초주체로 군림해 왔던 신에 대한 삐딱하게 보기다. 환대를 통해 초월적 존재로서의 신의 타자성은 지연되면서 재발견된다.

　결론적으로, 메시아주의가 꽉 찬 중심을 지향한다면, 데리다는 '메시아적인 것'을 텅 빈 중심으로 남겨 놓는다. 환대가 '메시아적인 것'을 해석하는 방식이라면, 그것은 메시아주의에 대한 반동이다. 메시아주의로 상징되는 법과 제도와 도그마와 자본에 의해 소외되고 배제되는 타자들에 대한 태도와 자세가 환대이기 때문이다. 이렇듯, 타자에 대한 환대는 현재의 상징 질서를 교란하고 보편적 질서에서 균열을 발생시키는 역할을 한다. 그 틈을 통해 도래하는 사건이 우리로 하여금 새로운 것에 눈을 뜨게 하고 다른 지평으로 인도할 것이다. 이런 이유로 '메시아적인 것'을 해석하는 방식으로서 타자에 대한 환대는 변혁을 위한 정치적 노림수이자 위험한 윤리적 상상으로, 그리고 새로운 신학을 향한 모험과 도전으로 우리에게 다가온다.

슬라보예 지젝

'유물론적 신학'

1. 나의 지젝 영접기(記)

내가 지젝을 본격적으로 읽기 시작한 것은 2004년 시카고로 유학을 간 뒤부터이다.[1] 물론 그전에 한국에서 지젝을 접하기는 했다. 지젝 저작에 대한 한국 내 최초의 번역서는 1995년에 출판된 『삐딱하게 보기』(김소연 옮김, 시각과언어)이다.[2] 이 책의 원제는 *Looking Awry: An Introduction to Jacques Lacan through Popular Culture* (MIT Press, 1991)인데, 부제에도 나와 있듯이 대중문화를 통해 자크 라캉의 어려운 이론을 대중들에게 알기 쉽게 전달하는 것을 목적으로 하였다. 당시 나는 영화 비평에 심취했던 터라 히치콕의 영화를 비롯한 여러 영화와 문학 작품을 라캉식 정신 분석으로 풀이하는 지젝의 글쓰기에 흥미를 느꼈었다. 하지만 그에게 더는 빠질 시간을 충분히 갖지 못한 채

---

1. 지젝에 대한 전 이해가 필요한 독자는 필자의 졸저 『죽은 신의 인문학』(돌베개) 중 4장 「실재의 윤리」(126-63)를 참조하라.

2. 지젝의 첫 번째 저작이자 가장 중요한 작품은 1989년에 나온 *The Sublime Object of Ideology*(Verso, 1989)이다. 한국에서는 2002년에 『이데올로기라는 숭고한 대상』(인간사랑)으로 출판되었고, 2013년에 『이데올로기의 숭고한 대상』(새물결)으로 제목을 고쳐서 재출판되었다. 『삐딱하게 보기』는 『이데올로기의 숭고한 대상』이 출판되고 2년 후인 1991년에 쓰인 책이다.

미국으로 건너갔다.

라캉식 정신 분석학으로 대중문화를 읽어 내는 비평가 지젝이 내가 한국에서 알고 있었던 그에 대한 전부였는데, 박사 공부를 시작한 시카고신학교(Chicago Theological Seminary)에서 만난 지젝은 신학계의 이단아였다. 2000년대 초 · 중반은 미국 진보 신학교에서 지젝식 신학이 전통 신학에 파문을 일으키면서 출몰하던 무렵이었다. 지젝을 영화 비평가로 알고 있었던 필자에게 '신학자 지젝'은 무척 낯설게 다가왔고, 그의 신학적 발언은 전통 신학의 경계를 벗어난 위험한 내용들로 보였다. 부정성(the Negative)과 함께 사유하는 지젝의 신학적 상상은 기존의 형이상학적 유신론으로는 받아들일 수 없는 이단적 사유라 할 수 있다.

지젝에 대한 놀라움은 그의 신학적 발언 때문만은 아니었다. 신자유주의를 비판하는 정치 철학자로서의 지젝의 면모는 신학자 지젝만큼이나 변혁적이었다.[3] 이 장에서는 아쉽지만 지젝의 사회 철학에 대해서는 다루지 않고 지젝의 신학 작업에 국한하여 글을 전개하고자 한다.

---

3. **지젝의 사회 철학은 다음의 책들을 참조하라**: 9.11 테러 직후에 나온 *Welcome to the Desert of the Real* (김희진 이현우 역, 『실재의 사막으로 오신 것을 환영합니다』, 자음과 모음)을 통해 신자유주의가 지닌 틈과 균열을 선언한 바 있는 지젝은 2008년 미국에 불어닥친 금융 대란 이후 휘청거리는 세계 경제를 바라보면서 *Violence*(이현우 역, 『폭력이란 무엇인가』, 난장이), *In Defense of Lost Causes* (박정수 역, 『잃어버린 대의를 옹호하며』, 그린비), *First As Tragedy, Then As Farce* (김성호 역, 『처음에는 비극으로 다음에는 희극으로』, 그린비)를 연거푸 출판하였다. 그 저서들을 통해 지젝은 신자유주의의 패착을 신랄하게 지적함과 동시에 그것에 대한 극복 방안을 고민하고 있다. 2011년 발생한 '재스민 혁명'으로 일컬어지는 '아랍의 봄', 스페인의 '분노한 사람들', 미국의 월스트리트 시위까지, 전 지구적 봉기의 기록들을 둘러본 후 출판한 *The Year of Dreaming Dangerously* (주성우 역, 『멈춰라 생각하라』, 와이즈베리)는 현 단계에서 우리가 감행해야 할 행위가 무엇인지를 숙고하게 하는 책이었다. 코로나19 이후 발간된 *Pandemic!: COVID-19 Shakes the World* (강우성 역, 『팬데믹 패닉: 코로나19는 세계를 어떻게 뒤흔들었는가』, 북하우스)도 팬데믹 기간 동안에 주목을 많이 받았다.

그렇다면 왜 지젝식 신학적 글쓰기가 주목을 받는 것일까? 유물론자 지젝이 말하는 신에 대한 이야기가 어쩌면 지금까지 신학이 놓치고 있었던 신에 대한 진실을 누설하고 있는 것은 아닐까? 지젝은 도대체 어떤 신을 말하고 있는 것일까? 지금부터 지젝의 유물론적인 신학에 대해 살펴볼 텐데, 그러기 위해서는 그가 지나온 지적인 여정에 대한 이해가 우선 필요하다.

2. 프리뷰 지젝

지젝은 1949년 옛 유고 연방인 슬로베니아에서 태어났다. 유고의 공산주의는 소련의 휘하에 있었던 다른 동구 공산권과는 형태가 달랐다. 티토(Tito, 1892-1980)라는 걸출한 인물을 중심으로 전개된 유고식 공산주의는 1948년에 공산권 내에서 민족주의 논쟁을 불러일으키면서 스탈린이 주도했던 '일국 혁명론'에 반기를 들었다. 이는 국제 공산주의 운동 사상 최초의 항명 사태로 기록되었고, 이를 계기로 유고는 소련에 의해 코민테른에서 제명당한다. 스탈린 사후에 유고와 소련이 겉으로 화해의 제스처를 취했다고는 하나, 양국 사이 공산주의 주도권을 둘러싼 자존심 경쟁은 티토가 사망한 1980년까지 계속되었다.

지젝은 체제 경쟁에서 소련과 대립각을 세웠던 유고식 공산주의 시스템 속에서 성장했다. 교조적인 소련식 공산주의에 비해 상대적으로 부드러운 유고의 분위기 속에서 비교적 자유롭게 서구 사상을 흡입할 수 있었던 지젝은 슬로베니아 수도에 위치한 류블랴나 대학에서 공산권 학자로는 드물게 라캉과 데리다, 쥘리아 크리스테바, 들뢰즈 같은 프랑스 사상가들의 이론을 정리해 「프랑스 구조주의의 이론적, 실천적 타당성」(1975)이라는 논문으로 석사 학위를 받았다.

유고가 소련식 공산주의와 달랐다고는 하나 마르크스와 레닌에 대한 숭배에 있어서는 별반 다르지 않았던 공산권 분위기 속에서 지젝은 정통 마르크스주의를 전공하지 않았다는 이유로 강단 권력으로부터 배제되었다. 유고는 석사 취득 후 대학에서 강사 생활을 할 수 있는 시스템인데 지젝은 서구 부르주아 철학을 전공한 자로 청년들에게 악영향을 끼칠 수 있는 불온한 사상가로 낙인 찍혀 한동안 백수로 지냈다. 하지만 지젝은 그 기간을 허송세월하지 않았다. '이론정신분석학회'를 만들어 라캉의 이론을 본격적으로 연구하기 시작했고, 관련 잡지와 출판물을 지속적으로 생산해 내면서 차츰 명성을 얻기 시작했다.

석사 학위 취득 후 4년이 지난 1979년 지젝은 정규직 직장을 얻게 되는데, 류블랴나대학 사회과학연구소 상임 연구원 자리였다. 그리고 그 직함은 얼마 전까지 오랫동안 유지되었다. 강의에 대한 부담 없이 자유로이 연구에 매진할 수 있는 조건 속에서 지젝은 첫 번째 박사 학위를 하이데거를 주제로 이곳에서 취득하였다(1981). 공산권 국가에서 유물론이 아닌 독일 관념론의 완성자이자 해체론의 발단이라 할 수 있는 하이데거를 주제로 박사 학위를 받았다는 것 자체가 이례적인 사건이었다. 논문에서 지젝은 칸트와 헤겔에 대한 탁월한 독해를 시도한다. 지젝의 중요한 학문적 문제의식은 주체가 사라진 포스트모던 시대에 어떻게 다시 주체를 복원할 것인가이다. 이는 하이데거가 해체한 주체를 어떻게 라캉과 헤겔을 통해 복귀시킬 것인가의 문제로 귀착되는데 박사 학위 논문은 이러한 지젝 사상의 단초가 되었다고 할 수 있다.

지젝은 공산권 출신 학자로는 거의 유일하게 파리 8대학에서 라캉의 사위이자 라캉의 모든 학문적, 물적 토대를 계승한 자크-알랭 밀레(Jacques-Alain Miller) 밑에서 수학했다. 석사 학위 취득 후 만든 '이론정신분석학회'의 활동이 라캉의 사위에게 전해진 덕이 컸다. 지젝은 라캉의 정신 분석학을 주제로 본인의 두 번째 박사 학위를 받는다(1985). 논문 제목은 "Le plus sublime des hysteriques(가장 숭고한 히스테

리 환자: 라캉과 함께 한 헤겔)"인데, 이 연구는 라캉과 헤겔을 통한 주체의 재영토화 작업이라 할 수 있다. 자크-알랭 밀레와의 만남은 어쩌면 지젝 일생에서 가장 중요한 순간이었는지 모르겠다. 지젝은 그를 통해 라캉을 만났고 마침내 라캉을 넘어선다. 지젝은 자신의 거의 모든 지식 체계가 그 무렵 파리에서 완성되었다고 당시를 회고한다.

무척이나 특이한 지적 이력을 거듭하면서 성장한 지젝이 마침내 사상계에 혜성처럼 등장하는 사건이 발생하게 되는데, 그의 출현을 알린 책이 바로 *The Sublime Object of Ideology* (1989; 『이데올로기라는 숭고한 대상』, 인간사랑, 2002)이다. 그리고 연달아 *Tarrying with the Negative: Kant, Hegel and the Critique of Ideology* (1993; 『부정적인 것과 함께 머물기』, 도서출판b, 2007)와 *The Ticklish Subject: The Absent Center of Political Ontology* (1999; 『까다로운 주체』, 도서출판b, 2005)를 출판하면서 지젝은 본인 사상의 전체적 얼개를 완성하였다. 그로부터 2020년대 초반 팬데믹 사태까지 30년이 넘는 기간 동안 지젝은 믿을 수 없을 정도로 많은 분량의 저작을 남겼다.

3. 왜, 지젝이 신학을?[4]

흔히 지젝을 마르크스주의에 기반한 라캉니언 헤겔주의자라 평한

---

4. **지젝의 신학 관련 서적은 다음을 참조하라**: ① *The Fragile Absolute* (김재영 역, 『무너지기 쉬운 절대성』, 인간사랑); ② *On Belief* (최생열 역, 『믿음에 대하여』, 동문선); ③ *The Puppet and the Dwarf: The Perverse Core of Christianity* (김정아 역, 『죽은 신을 위하여-기독교 비판 및 유물론과 신학의 문제』, 길); ④ *The Neighbor: Three Inquiries in Political Theology* (2005; 정혁현 역, 『이웃: 정치신학에 관한 세 가지 탐구』, 도서출판b) 중 "이웃과 그 밖의 괴물들"; ⑤ *Parallax View* (김서영 역, 『시차적 관점』, 마티) 중 2장 "유물론적 신학을 위한 기본 구성요소"; ⑥ *The Monstrosity of Christ: Paradox or Dialectics?* (박치현. 배성민 역, 『예수는 괴물이다』, 마티). 현대 사회의 신학적 문제를 근대 이전의 기독교 전통에서 찾으려는 급진 전통주의(Radical

다. 이는 다음과 같은 이유에서다. 지젝은 라캉으로부터는 분석의 틀과 개념, 헤겔로부터는 사유의 형식과 방법을 빌려 온다. 마르크스와 레닌은 지젝에게 행위에 대한 실천적 영감을 제공한 인물이라 보면 맞다. 정신 분석학과 관념론은 서로 대립되는 개념이고 정신 분석학과 유물론 역시 서로가 반대되는 입장이다. 유물론과 관념론은 서양 철학의 오랜 앙숙이었다. 지젝은 그동안 서로 만날 수 없었던 지적인 요소들을 자신의 체계로 흡수하여 적절히 활용한다. 바로 그 점이 평단으로부터 찬사와 비난을 동시에 받는 이유가 되었다. 그중에서도 지젝이 전개하는 신학 담론은 신학자들은 물론이고 정통 마르크스주의자들로부터도 논란이 대상이 되었다.

지젝의 신학적 진술을 논할 때마다 언급되는 인물이 발터 벤야민이다. 벤야민은 「역사 철학 테제」에서 신학과 역사적 유물론의 결합을 난쟁이와 인형의 관계로 그리고 있다. 벤야민에 따르면 역사적 유물론은 해방과 구원을 향한 신학적 상상력에 의해 조정되어야 한다. 이는 침체기로 접어든 마르크스주의에 대한 돌파구로서 벤야민이 내세운 대안이기도 했다. 세월이 흘러 현실 사회주의의 실험이 실패로 돌아간, 신자유주의로 재편된 세상 속에서 지젝은 벤야민의 주장을 반대로 읽을 것을 제안하였다.[5]

Orthodoxy)의 거장 밀뱅크(Milbank)와 지젝이 만나 함께 엮은 책으로 정통 기독교 신학과 지젝의 파격적 신론과의 대화라는 점에서 많은 이들의 관심을 끌었다; ⑦ *Less than Nothing* (2012; 조형준 역, 『헤겔 레스토랑』, 새물결, 2013) 중 2장 "아무것도 없거든 내가 당신을 사랑한다는 말로 읽어라"; ⑧ *Absolut Recoil: Toward A New Foundation of Dialectical Materialism* (정혁현 역, 『분명 여기에 뼈 하나가 있다:변증법적 유물론의 새로운 토대를 향하여』, 인간사랑) 중 6장 "하느님의 뒤틀린 정체성"도 지젝 신학을 연구하는 자들에게는 귀한 자료라 할 수 있다. 근래 출판된 *Christian Atheism: How to be a Real Materialist* (Bloomsbury, 2024)도 주목할 만하다.

5. "바야흐로 발터 벤야민의 「역사철학테제」 제1번을 뒤집을 때가 왔다. 신학이라는 꼭두각시는 언제나 승리한다. 신학이 역사적 유물론을 자기 편으로 끌어들인다면,

지젝에게는 마르크스주의에 대한 믿음이 있다. 20세기 내내 진행되었던 사회주의의 실험은 비록 좌절했지만 자본에 대한 대항/대안으로서 마르크스의 주장은 여전히 유효하다. 그러나 사회주의가 사라짐에 따라 그것을 무대 전면에 내세울 수는 없는 처지다. 그렇다면 어떻게 역사적 유물론을 보존해야 하는 것일까? 바로 이 지점에서 지젝은 벤야민을 거꾸로 읽는다. 신학을 역사의 전면으로 올리고 역사적 유물론을 무대 뒤로 숨기는 전략을 취한 것이다. 여전히 해방과 자유를 향한 신학적 아이디어는 유효하고 현실의 교회들도 건재하다. 살아 있는 그리스도교를 전면에 내세우고 비록 사망했지만 동일한 유토피아적 염원을 보유한 마르크스주의를 가지고 뒤에서 신학을 조정한다면 브레이크 없이 질주하는 자본의 폭주를 제어할 수 있다고 지젝은 판단하였다.

이런 이유로 지젝은 후기 자본주의의 횡포에 맞서 마르크스주의적 해방의 전략을 도모하는 본인의 작업에 신학적 사유와 모티브를 적극적으로 끌어들인다. 지젝의 행적이 정통 마르크스주의자들의 입장에서는 의심스러운 것이고, 신학자들의 입장에서도 불쾌한 것임은 당연하다. 순수하고 정통적이지 않다는 이유에서다. 지젝의 신학은 그리스도교의 신론에서 출발하지만 그것을 따르지는 않는다. 지젝에게 있어 현실의 시·공간을 초월한 전지전능한 신은 존재하지 않는다. 지젝은 예수의 성육신에 대한 유물론적 해석으로 기존 신학에 대한 전복을 시도하는데, 그는 정통 신학이 도착적으로 신을 해석해 왔다고 주장한다. 이제부터 본격적으로 지젝 신학의 중핵으로 들어갈 텐데 그것은 실재(the Real)에 대한 논의에서부터 시작된다.

누구와 싸워도 그 게임은 승산이 있다. 오늘날 역사적 유물론은 알다시피 보기 흉할 정도로 비쩍 마른 터라, 사람들의 눈에 띄지 않게 해야 한다."(지젝, 2007: 5-6).

4. 유물론적 신학: 실재와 대타자의 균열

지젝의 실재(The Real)를 이해하기 위해서는 라캉의 세 가지 개념어를 알아야 한다.[6] 상상계와 상징계와 실재가 그것이다. 상징계는 언어를 배우기 시작하면서 펼쳐지는 상징의 체계, 예를 들면 문화와 종교, 법과 도덕, 법과 제도의 세계를 가리킨다. 상상계는 상징계의 전 단계로 오인과 착각의 시절이라 부를 수 있다. 아직 언어화 과정을 거치지 않은 아기를 생각해 보라. 라캉이 '거울 단계'라 명명한 이 시기의 아이는 비록 말로는 사물을 설명할 수 없으나 그 수준에서 통합적인 자아를 형성한다. 거울에 비친 이미지와 실제 본인을 구분할 줄 모르고 거울 속의 대상을 자기로 오인하는 우를 범하지만 적어도 아이의 세상은 자체로 완결적이다. 비록 그것이 지금 회상하면 오인과 착각이라 할지라도 언어화 전 단계에 아기가 누렸을 총체적 세상에 대한 믿음과 신뢰는 폄하되어서는 안 된다.

상징적 질서가 현재의 나를 움직이게 하는 조건이라면, 상상계 속에 있었던 자아는 현실의 나를 지탱하는 버팀목 같은 것이 아닐까 한다. 빙산을 예로 들면, 수면 위에 떠 있는 빙산이 상징계라면, 눈에 보이는 빙산을 뒷받침하는 수면 아래 빙산을 상상계라 부를 수 있겠다. 상징계가 존재한다는 것은 뭔가 은폐되고 누락된 잉여가 있다는 말이다. 상상계에서 상징계로 넘어올 때 — 말을 모르던 아이가 말을 배우기 시작할 때 — 언어로 포섭이 안 되고 언어의 망에 걸리지 않고 빠져나가는 어떤 것이 있다. 그것이 실재와 연루되어 있다.

지젝은 본인의 출세작 『이데올로기라는 숭고한 대상』에서 라캉의 논의를 진전시켜 실재를 두 죽음("4장. 당신은 항상 두 번 죽는다")과 연

---

6. 상상계, 상징계, 실재에 대한 개론적 이해는 필자의 졸고 『죽은 신의 인문학』(돌베개, 2018) 중 4장 "내 안의 결핍과 부재를 응시하는 힘"(126-66)을 참조하라.

관시켜 설명한다. 지젝은 생물학적(실제적인) 죽음과 구분되는 상징적 죽음을 말하면서 두 죽음 사이 공간을 실재라고 칭하였다(지젝, 2002: 234). 그때부터 나(주체)는 상징적으로는 죽었으나 현실에서는 살아 있는 존재들이 보이기 시작했고, 생물학적으로는 생을 마감했으나 상징적으로 죽지 못해 구천을 떠도는 존재들도 눈에 들어왔다. 납작했던 현재성이 실재를 감지한 후부터는 헷갈리기 시작했다. 그런 연후에야 비로소 나(주체)는 현재로 진입했음을 느꼈다.

실재에 대한 이해는 사랑의 현상학 혹은 증상과 닮은 부분이 있다. 1991년 시인 류시화는 「그대가 곁에 있어도 나는 그대가 그립다」는 시를 썼다. 그 시를 읽을 때마다 나는 한참을 골몰했다. 사랑이란? 시인은 사랑의 언어와 사랑 자체가 겹쳐지지 않음을 말하는 것 같다. '사랑해'라는 말은 '사랑'을 담지 못한다. 왜냐하면 사랑은 항상 '사랑해'라는 발화 앞으로 미끄러지면서 빠져나가기 때문이다. 그렇다면 사랑은 말과 대상 사이(차이) 어디쯤 있는 것이다. 실재도 마찬가지다. 실재는 상징계와 상상계 '사이'에 있는 'X'다.

그렇다면, 실재와 대타자의 균열은 어떻게 연결되고 지젝식 신학과는 무슨 연관이 있는가? 본래 대타자는 결핍이 없는 타자이다. 전통적인 신을 상상해 보라. 신은 완벽한 체계 속에서 조화와 균형을 이루는 존재이므로 틈과 균열을 허용하면 안 된다. 하지만 지젝의 실재론에 의하면 신이란 신론으로 설명이 될 수 없는 '사이(혹은 차이)'를 지닌 존재이다. 우리가 그동안 알아 왔던 것과는 다르게 신은 정합적인 신이 아니다. "말씀이 육신이 되어 우리 가운데 사셨다"(요 1:14)는 성서 구절은 지젝이 말하는 실재와 대타자의 균열을 잘 드러내는데, 그는 다음과 같은 말로 본인의 주장을 요약하였다. "신이 바로 이 균열이라는 것이다. 이러한 존재가 그리스도이다. 그는 균열에 의해 인간과 분리된 피안의 신이 아니라, 균열 자체, 신을 신으로부터 분리하는 동시에 인간을 인간으로부터 분리하는 균열이다."(지젝, 2007: 42).

전통 신학에서 말하는 하느님 나라는 인간 세계로부터 초월해 있는 궁극적 실재로서의 신이 도래하면서 성취된다. 하지만 지젝에 와서는 신이 달리 표현된다. 상징 시스템 밖에 있는 실재가 아니라 상징계 안에 들어와 있지만 상징 시스템에서는 드러나지 않는 무엇이 실재다. 지젝은 보이지 않는 초월성에 집중하는 것이 아니라, 세계 속으로 개입하는 초월성에 주목하는데 세상 속에 개입하지 않는 초월성은 의미가 없다고 보기 때문이다. 그러므로 "말씀이 육신이 되어 우리 가운데 사셨다"는 말은 이제부터 신을 더 이상 전통적인 방법으로 믿지 않겠다는 선언이라 할 수 있다.

여기서 지젝의 유물론적인 신학의 면모를 발견할 수 있다(지젝·밀뱅크, 2013: 135-62). 통상적으로 관념론의 반대말을 유물론이라 불렀는데, 지젝은 '사이'를 부정하는 자들을 관념론자로 분류하였다. 자연스럽게 '사이'를 긍정하는 사람들이 새로운 부류의 유물론자로 등극한 것이다. 그렇다면 유물론자들의 신학이란 말씀과 육신 사이, 신과 인간 사이, 초월과 내재 사이, 계시와 신비 사이에서 그 누구에게도 속하지 않고, 그래서 어디에도 속하지 못한 채 방황하는 신학이다. 결론적으로, 지젝이 말하는 실재로서의 신은 이렇다. 신은 그동안 그리스도교에서 취급했던 상징계 밖에 있는 초월적이고도 외재적 존재가 아니다. 신은 상징 질서가 만든 신론의 부재로 존재한다(지젝, 2007: 11-9).

5. 그리스도의 괴물성, 변증법을 거스르다

지젝의 유물론적인 신 이해를 잘 드러내는 말이 '그리스도의 괴물성'[7]

---

7. 『예수는 괴물이다』 중 "세 마디가 무섭다: 헤겔식 기독교 독해로의 초대-슬라보예 지젝"(50-162)을 참조하라.

이다. 지젝의 신 담론은 근대 이후 전개되어 왔던 세속화 논의의 연장 선상에 있다. 주술로부터 해방된 인간을 선언하면서 시작된 근대였지 만 2천 년 동안 이어져 왔던 그리스도교 전통을 완벽히 떨쳐 내지는 못 했다. 교회의 영향력이 줄어든 것은 사실이나 오늘날의 믿음은 변형되 고 치환된 형태로 존속한다. 종교의 대체재를 문화라고 했을 때 이때 문화란 믿지 않으면서도 우리를 실천하게 하고 수행하게 하는 기제이 다. 그렇다면 근대 이후에도 여전히 인간들에게는 믿음의 대상으로서 대타자가 존재하는 셈이다. 그것을 신이라고 명명하지 않았을 뿐 종전 에 신이 위치하고 있었던 자리는 사라지지 않았다. 이렇듯 신이 사라진 텅 비어 있는 기표 안으로 문화가 자리를 잡았다. 이를 문화화 된 그리 스도교 현상이라 부를 수 있겠으나 그 자리는 누군가 독점할 수 있는 자리는 아니다. 문화에서 도덕과 윤리로, 때로는 법과 국가로 얼마든지 치환이 가능하다. 고대·중세 시절 신에 대한 믿음만큼은 아니겠으나 이 역시 타자에 대한 믿음을 전제로 한다는 점에서 종교적이라 말할 수 있다.

지젝은 근대인의 변형되고 확장된 믿음에서 한 발짝 더 나간다. 지 젝의 믿음은 완벽한 타자란 존재하지 않음을, 혹은 타자란 결핍이 있 는 타자라는 사실을 고백하면서 시작한다. 지젝은 그리스도교의 십자 가 사건에 주목한다. 그에게 있어 믿음이란 무소불위한 힘과 능력을 지닌 초월적 실체로서의 신을 믿는 믿음이 아니다. 십자가에 달리신 하느님이 "아버지여, 어찌하여 저를 버리시나이까?"를 외치는 것에서 드러났듯이 무능한 신에 대한 회의와 원망에 동참하는 것이 지젝식 믿 음이다(지젝, 2007: 202-3).

전통적인 도그마에서 예수는 신인 동시에 인간이다. 그러나 지젝에 의하면 예수는 신도 아니고 인간도 아니다. 신도 아니고 인간도 아닌 존재가 무엇인가? 그것이 괴물이다. 지젝은 이를 "The Monstrosity of Christ(그리스도의 괴물성)"이라 칭한다. 괴물성에 대한 지젝의 해석은 기존의 변증법에 대한 삐딱하게 읽기라 할 수 있다. 우리가 흔히 헤겔의 변증법을 떠올릴 때 '정-반-합'을 이야기한다. '합'은 '종합'인데 엄밀히 말하면 '정'의 확장이다.

서양 문명의 양대 축이라 할 수 있는 헬레니즘과 헤브라이즘을 대표하는 작품인 『일리아드』와 『오디세이』나 『구약 성서』의 아브라함과 모세 이야기는 대표적인 변증법적 서사이다. 모두 공교롭게도 로드 무비(Road Movie), 즉 집을 떠났다가 돌아오는 이야기다. 주인공들은 집으로 돌아오는 과정에서, 혹은 새로운 목적지를 향해 가는 과정에서 많은 시련과 장애물들을 만난다. 오디세우스는 트로이 전쟁에서 승리하고 사랑하는 아내 페넬로페가 기다리는 이타카로 돌아오는 과정에서 외눈박이 괴물 키클롭스를 만나고 세이렌의 난관을 통과한다. 아브라함은 고향을 등지고 주님이 지시하는 땅을 향해 가는 동안 수없이 많은 시련을 통과해 가나안으로 들어간다. 모세는 이집트 종살이에서 탈출하여 가나안 땅으로 가는 도중에 광야에서 40년을 유랑해야 했다.

주체(오디세우스, 아브라함, 모세)가 '正'이라면, 주체의 앞길을 가로 막는 장애물들은 '反'이다. 주체는 시련을 직면하고 극복하면서 자기를 확대해 간다. 이 말은 그 과정에서 자기의식을 획득한다는 말이다. 헤겔이 절대정신의 자기 전개 과정이라고 설명하는 변증법적 역사 전개는 기본적으로 개인에게는 성장 서사이고 문명적으로는 진보 사관이다. 이것이 변증법에 대한 일반적이고도 표준적인 해석이고, 인간은 좀처럼 변증법의 유혹으로부터 잘 헤어나지 못한다.

그리스도의 괴물성은 기존의 변증법적 사유로는 이해가 불가능하다. 지젝이 변증법을 다르게 사용하기 때문이다. 종합으로서의 변증법이 아닌 부정의 변증법으로 말이다. '실체로서의 신'(正)을 A라 하고, 인간(B)을 신과 대척에 서 있는 '反'이라고 할 때, 예수는 ③의 영역에 위치한다. 예수는 신도 인간도 아닌 사이 존재인 셈인데, 지젝은 이를 '괴물'이라고 표현하고 있다. 기존 변증법에 의하면 ③은 정(A)과 반(B)의 합으로서 존재해야 한다. 하지만 예수는 신과 인간 사이, 균열, 틈으로서 ③의 위치에 있다. 예수(③)는 신(A)과 인간(B) 어느 한쪽으로 포섭이 안 된다. 이 말은 예수는 순수 신성(①)과 순수 인간성(②)과는 거리가 있어 순수한 무엇인가를 믿는 사람들과는 긴장과 갈등을 유발할 수 있다는 의미이기도 하다. 또한 예수의 위치는 신의 입장에서는 인간성이, 인간의 입장에서는 신성이 개입하는 지점이다. 예수는 신 속의 인간이어서 신을 온전한 신이 못 되게 할 뿐 아니라(not-all), 인간 속의 신이어서 인간을 비인간화 시킨다.

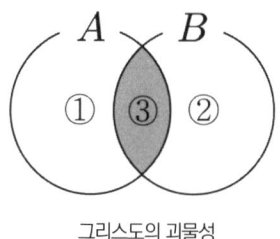

그리스도의 괴물성

시간에 대한 이해에 있어서도 '그리스도의 괴물성'이 갖는 그것은 직선적인 근대적 시간 개념과 다르다. ①의 영역(혹은 ②의 영역)이 '이미-항상(always-already)'이라면 ②의 영역(혹은 ①의 영역)은 '아직-아니(not-yet)'이다. ③을 '그리스도의 괴물성'을 지배하는 시간이라고 할 때, 그 공간에서는 '이미-항상'과 '아직-아니'가 겹쳐 있다. 하느님 나라의 도래, 혹은 메시아의 도래를 이야기할 때 '이미-항상' 있어 왔지만 '아직-아니' 형태로 존재한다고 하는데, 이는 '그리스도의 괴물성'을 이해하는 데 유익하다. '그리스도의 괴물성'을 지배하는 시간관은 우리가 앞서 살폈던 벤야민의 '정지 상태의 변증법'과 '약한 메시아적 힘', 레비나스의 '무한'과 '종말론에 입각한 메시아론', 데리다의 '차연' 과 '메시아주의 없는 메시아적인 것'에서 다루었던 내용과 정도의 차이 가 있지만 상당 부분 겹쳐 보인다.

6. 지젝의 괴물성이 노리는 것

지젝은 그리스도의 괴물성에 대해 언급한 후에 다음과 같은 말로 마무리를 한다.

> 이것이 오늘날 급진적 좌파가 필요로 하는 신이다. 온전하게 "인간 이 된" 신 ― 우리들 중 하나인 동지, 이중의 사회적 추방으로 십자 가에 못 박힌 신 ―, 그리고 "존재하지 않을"뿐 아니라 그 자신도 이 사실을 알고 있는 신, 그러한 신은 자신의 지워짐을 받아들이며 성령의 구성원들을 묶는 사랑으로 온전히 넘어간다. (지젝·밀뱅크, 2013: 9)

위 문장에서 우리는 예수의 괴물성으로 상징되는 지젝식 유물론적 신학이 지향하는 전체적 조감도와 만난다. 인간도 아니고 신도 아닌 그리스도가 지닌 괴물성은 이중의 소외로 인해 야기된 것이다, 하지 만 신은 그런 두 가지 소외를 극복하고 성령과 사랑을 바탕으로 한 새 로운 공동체를 지향한다. 이 대목에서 눈치 빠른 독자들은 감지할 것 이다. 갑자기 지젝이 어울리지 않게 성령과 사랑, 공동체를 주제로 급 반전을 도모하고 있다는 것을 말이다. 그렇다면 지젝이 예수의 괴물 성 논의를 통해 진짜로 말하고자 하는 것은 무엇인가? 지젝에게는 예 수의 십자가 사건을 잘못 이해하고 적용하는 현실의 크리스천들에게 당부하고 싶은 것이 있다. 그것을 읽어 내는 것이 지젝식 '유물론적 신학'의 종착점이다.

지젝은 예수의 십자가 사건을 '눈에는 눈 이에는 이'로 대변되는 죄와 벌에 대한 속세의 셈법, 즉 인과론적이고 교환적이며 법적인 규칙성에 입각한 사유와 관습에 절단선을 그은 사건으로 파악한다. 그것은 법의 원칙과 경제의 원리에 입각한 세상의 규칙에 중단을 선언한 사건이었다. 교환, 보상, 인과응보, 비례에 따른 분배 원칙 등이 연쇄 고리를 형성하면서 굴러가는 것이 사회인데 십자가는 세상의 운행 법칙을 일거에 무용지물로 만들었다. 지젝은 예수가 십자가에서 보여 준 희생과 사랑이 새로운 요청을 가능하게 했다고 주장한다. "사랑이란, 가장 기본적인 차원에서 볼 때 응보의 연쇄 고리를 끊는 그와 같은 역설적 제스처에 다름 아니다."(지젝, 2008: 82).

흔히 전통적 그리스도교 교리에서는 예수의 십자가 죽음을 대속적으로 이해한다. 인간의 죄를 대신해 예수님이 십자가에 달리셨고, 주님이 흘린 보혈의 피로 인류는 죄 사함을 받았다. 그러므로 구원 받아 새로운 사람으로 거듭난 우리는 세상 밖으로 나가 빛의 자녀로 살면서 그리스도의 복음을 전파해야 하는 것이다. 물론 예수의 희생으로 인해 인간은 죄로부터의 자유와 해방을 맞이한 것은 맞으나, 대속에 대한 강조는 자칫 인간으로 하여금 또 다른 죄의식과 부채감을 지니게 할수 있다. 그리스도교 역사에서 대속론으로부터 기인하는 죄와 공포의 발견술은 교회를 부패로 이끈 원인이었다. 면죄부 판매가 대표적인 예이다.

지젝에 의하면 이와 같은 대속론 이해는 잘못되었다. 그는 예수의 십자가 사건을 다음과 같이 기술한다. "그리스도는 다른 사람에 의해 그리고 다른 사람을 위해 희생당한 것이 아니라 자기 스스로를 희생했던 것이다."(지젝, 2008: 82). 십자가에서 흘린 보혈의 능력으로 인해 인류가 죄 사함 받았다는 교리에 익숙한 신자들에게 지젝의 발언은 가히 충격적이다. 하지만 지젝은 그 상태에서 더 이상 논의를 진전시키지는 않는다. 그냥 예수가 자기 스스로를 희생했다고만 적었다. 십자가 사건을 텅 빈 기표로 남겨 둔 셈인데, 나는 이것이 십자가라는 빈 공간으로 사람들을 부르는 지젝의 초대사처럼 들린다.

예수의 십자가 사랑에 대해 다시 생각하고, 그것을 행하는 것이 무엇인지 고민하라. 예수의 사랑이 삶의 질서를 거스르는 혁명적 사건이었다면, 오늘의 현실에서 예수의 사랑을 실천한다는 것은 무엇인가? 지젝은 이런 물음을 기독교가 개독교가 되어 버린 세상을 향해, 교회가 사회를 걱정하는 것이 아니라 사회가 교회를 걱정하는 세계 속에 있는 오늘의 크리스천들에게 던지고 있는 것이다.

이제 최종적으로 남은 것은 지젝의 유물론적 신학이 던지는 메시지를 검토하는 것인데, 나는 그것을 역사의, 그리고 현실의 그리스도교가 자행하는 도착적인 면모에 대한 지젝의 비판과, 그것을 경유하여 다다르고자 하는 그리스도교의 전복성을 밝히는 것이라고 생각한다.

7. 그리스도교의 도착과 전복성

예수의 십자가는 대타자의 균열이 드러난 사건이었고, 예수를 구주로 고백하는 그리스도교는 전지전능한 신을 폐기했다는 점에서 전복적이다. 신의 무능과 결핍에 동참하는 십자가 신앙이 세상을 변화시키는 중핵임에도 불구하고 현실과 역사의 교회는 그것을 왜곡시켰다. 지젝은 이런 굴절된 그리스교를 도착적이라고 비판한 후에 그리스도교의 전복성을 유물론적으로 재전유하고자 한다. 이런 지젝식 유물론적 신학의 내용을 잘 담고 있는 책이 『죽은 신을 위하여』이다.

지젝은 2003년에 독일어와 영어로 동시에 한 권의 책을 출판했다. *Die Puppe und der Zwerg. Das Christentum zwischen Perversion und Subversion* (2003); *The Puppet and the Dwarf: The Perverse Core of Christianity* (2003). 이 책은 2007년 한국에서 『죽은 신을 위하여: 기독교 비판 및 유물론과 신학의 문제』로 번역되었다. 필자는 영어로 먼저 접했고(독일어 번역은 못 봄) 한참 후에 한국어로 번역된 책을 만났다. 한국어 번역본의 제목을 보고는 다른 책으로 착각했다. 원제랑은 너무나 동떨어진 책 제목이었기 때문이다.

독일어와 영어 책 제목의 뉘앙스가 살짝 다르다. 독일어 제목은 "도착과 전복 사이에 놓여 있는 기독교"로 번역하면 될 것 같고, 영어 제목은 "기독교가 지닌 전복성의 중핵"이다. 같은 책인데도 지젝은 독일어본과 영어본의 제목을 달리했다. 지젝의 의도는 현실 그리스도교가 지닌 도착의 지점을 비판하고 본래 그리스도교가 지녔던 전복성을 채굴하는 것이다. 하지만 지젝은 여기서 몇 발자국 더 나간다. 도착된 그리스도교를 비판하고 새로운 전복성을 상상하는 것으로 끝나지 않는다. 도착된 그리스도교를 자본의 원리로 재편된 오늘의 세계라 보고, 그리스도교의 전복성을 가지고 자본의 폭정에 어떻게 맞설 수 있는지를 숙고한다.

지젝이 분석하는 그리스도교 도착의 원인은 교회가 제도적 껍데기에 쌓여 있기 때문이고, 개인의 신앙생활이 종교적 체험, 혹은 은사주의로만 빠져들기 때문이다. 그는 현실 교회가 지닌 도착성은 십자가 사건을 자유와 해방의 사건으로 읽어 내지 못한 채 오히려 죄의식과 수치심을 강박적으로 반복하는 데서 기인한다고 본다. 이러한 반복 강박의 원인은 대타자 신이 완벽하다는 믿음 때문이다. 초월성의 영역에 갇힌 그리스도교는 전지전능한 신과 무력한 인간을 기본값으로 하고 피안의 세계를 추구하는 믿음을 구축해 왔다. 그리스도교가 도착에서 벗어나는 길은 십자가 사건을 본래 지닌 해방의 의미로 환원시키는 것이다. 지젝이 말하는 그리스도교의 전복성은 도착된 그리스도교의 대척점에 위치한다고 해도 무방하다.

지젝이 이처럼 그리스도교에 열정적인 이유는 십자가 사건의 전복적 측면을 도외시하여 도착 상태에 이른 종교에 대한 안타까움도 있겠으나 그보다는 신자유주의 시대에 교착 상태에 빠진 진보 진영을 위한 활력소, 혹은 대안 찾기의 일환이다. 지젝은 예수 사건 이후 변화된 그리스도인들의 전복적인 삶의 태도가 사회주의 멸망 이후 지리멸렬해진 혁명적 주체의 재건에 유용하겠다고 판단했다. 이러한 목적의식 때문에 지젝은 예수의 죽음을 둘러싼 해석에 있어서 "죄를 씻기 위한 희생"보다는 "죄에 참여하는 것"이라는 해석으로 기운다(지젝, 2007: 166).

최종적으로 지젝이 보기에 십자가 사건, 즉 대타자의 균열을 통해 밝혀진 것은 이것이다. 실패하고 좌절된 대타자 신으로 인해 "의미를 만들어내는 인간의 몫"이 드러났다.

> 신의 행위에 맞는 삶을 사는 것, 신의 행위의 의미를 결정하는 것, 신의 행위에서 의미를 만들어 내는 것은 인간의 몫이다. … 신학적 용어를 쓰자면, 이것이 의미하는 바는 우리 인간은 신의 도움에 의지할 수 있는 존재가 아니라는 사실이다. 오히려 우리가 신을 도와야 한다. (지젝, 2007: 220-1)

바로 이 점이 지젝의 신학적 반전이 돋보이는 부분이다. 신정론(theodicy)에서 인정론(Anthropodicy)으로의 전환이 일어났다. 신정론이 무엇인가? 인간에게 닥치는 알 수 없는 고난과 설명이 불가한 악의 현상에 대한 신학적 변증이 신정론이다. 우리가 비록 불행과 절망 가운데 있지만 이 모든 것이 전지전능한 신의 섭리 안에 있다는 신정론적 위안은 신앙인들로 하여금 현실의 고통을 믿음 안에서 견디게 하는 마취제 같은 역할을 하였다. 신정론은 그리스도교의 도착적 현상이 절정에서 맺은 결실이었고, 그것은 역사에서 자행되었던 권력에 의한 폭력, 현실의 부조리를 종교적으로 무마시키는 노릇을 해왔다.

신정론이 고통 가운데 있는 인간이 신에게 던지는 질문이라면, 인정론은 역으로 신이 고통 가운데 있는 인간을 향해 던지는 질문이다. "거기 너 있었는가?"라고 말이다. 지젝이 말하는 '인간의 몫'과 연결되는 부분이다. '인간의 몫'은 — 권력과 체제의 입장에서 볼 때 — 위험한 발언이다. 새로운 변혁적 주체를 상정하기 때문이다. 인간은 사회적 존재도 아니고 생각하는 존재도 아니다. 또한 인간은 그리스도교에서 말하는 보혈의 능력으로 구원을 받은 자도 아니다. 지젝에 의해 새롭게 발견되는 주체란 대타자인 신의 틈과 균열을 감지하고 그 파열선 위에 서서 '인간의 몫'을 묵묵히 수행하는 자이다. 지젝은 이것이 "기독교의 획기적 업적"(지젝, 2007: 223)이었다고 회상하는 것이다.

8. 에필로그

필자는 오늘의 그리스도교를 도착적이라고 규정하고, 본래 그리스도교가 지녔던 전복성을 회복해야 한다는 지젝의 주장에 동의한다. 물론 지젝의 목적은 그리스도교의 전복성을 자본이라는 제국적 질서에 맞서는 대안으로 끌고 오는 것이었다. 이런 지젝의 정치적 목적성 때문에 그의 주장이 신학적일 수 있느냐는 논란이 있을 수 있지만, 그럼에도 불구하고 나는 그의 발언에 신학계는 귀를 기울여야 한다는 입장이다.

지젝의 작업은 주체의 죽음이 운운되는 포스트모더니즘 이후에 새로운 주체를 호명한다는 점에서 의미가 있고, 그것에 대한 아이디어를 그리스도교에서 끌고 온다는 점에서 이채롭다. 우리가 알다시피 지젝은 마르크스주의자 아닌가. 나는 지젝의 유물론적 신학이 답보 상태에 처한 그리스도교가 나갈 바를 제시한다는 측면에서 의의가 있다고 본다. 상징적 질서에 갇혀 버린 제도적 그리스도교에 경종을 울리고, 사회적 실천과 책임을 상실한 오늘의 교회를 향해서는 반성의 계기를 제공할 수 있기 때문이다.

지젝을 마무리하면서 그의 글을 읽다가 발견한 유물론적 신학의 자세, 혹은 태도가 잘 드러난 구절을 아래에 남긴다. 위기에 처한 현실의 교회와 신학계를 향한 지젝의 비판은 준엄하다. 지젝의 신학적 제언을 아무런 여과 없이 수용하기에는 무리가 있지만, 그럼에도 불구하고 지젝의 신학적 상상은 앞으로의 신학적 방향을 놓고 골몰하는 많은 후학들에게 자극과 도전으로 다가선다.

> 무신론의 주된 특징은 모든 인간의 삶이 쓰디쓴 것이라는 자각이었다. 우리의 운명을 지켜보고 행복한 결과를 보장해 주는 전능한 권위란 없기 때문이다. 동시에 무신론자들은 현실 도피에서 즐거움을 얻기보다는 현실을 받아들이고 그 안에서 창조적으로 제 자리를 찾는 데에서 오는 즐거움이 있다는 가르침을 전개하려 애쓴다. 이 유물론적 전통은 매우 독특한데, 그것은 우리가 우주를 지배하는 것이 아니라 예기치 않게 전개되는 운명에 완전히 내맡겨진 작은 존재에 불과하다는 겸손한 자각과 우리 스스로 우리 삶을 개척해 나간다는 무거운 책임감을 기쁘게 받아들이는 것이 결합된 것이기 때문이다. (지젝, 2011: 197)

테드 제닝스

'기독교 이후의 신학'

1. 테드 제닝스, 21세기 바울 르네상스의 꼭짓점

이 장에서 나는 21세기 가장 위험한 신학자라 할 수 있는 테드 제닝스[1] 신학의 양대 축을 '법 밖의 정의'와 '기독교 이후의 신학'이라고 놓

---

1. **테드 제닝스**(Theodore W. Jennings, 1942-2020)는 듀크 대학교를 졸업하고 에모리 대학교에서 '신 죽음의 신학(the Death of God)'으로 유명한 알타이저(Altizer) 밑에서 수학하였다. 1960년대 히피 문화와 반전 운동, 흑인 운동, 인권 운동, 페미니즘 운동이 급물살 타던 무렵 청년이었던 제닝스는 미국식 68운동의 세례를 받으며 신학 공부를 하였다. 에모리 대학에서 "Man as the subject of existence: a study of post-hegelian anthropologies in continental theology"라는 제목의 논문으로 박사 학위를 받은 후(1971), 시카고 신학대학원(Chicago Theological Seminary: 이하 CTS)에서 가르치다가(1972-78), 이후 에모리와 멕시코 감리교 신학교에서 교수 생활을 하였다. 1991년에 다시 CTS로 돌아와 2017년까지 성서 신학 및 구성 신학을 가르쳤다. 제닝스는 1960년대 미국 신학계에서 인기를 끌었던 과정 신학에 흥미를 가졌으나 그것이 현실의 변혁을 이끄는 신학인지에 대해 회의감을 느꼈다고 회고한다. 그 후 1960년대와 70년대를 이끈 변혁적 신학인 흑인 신학, 해방 신학, 여성 신학에 관심을 가졌고, 그 후에는 포스트모더니즘, 마르크스주의, 해체주의 등 급진적 이슈들을 해방 신학적으로 재해석하는 쪽으로 본인의 신학적 관심사를 옮겨간다. 또한 퀴어 신학 발전에도 기여하면서 CTS뿐만 아니라 21세기 미국 진보 신학을 대표하는 상징적 인물이 되었다. 한국과도 인연이 깊어 2001년 첫 방문 이후 2019년까지 수차례 방문하여 한국 성 소수자 운동을 지지하는 발언과 활동, 데리다의 정의론과 바울의 정의론을 연결하는 강좌와 포럼을 열었다. 제닝스의 방한은 진보적 이슈에 갈망하는 한국의 신학도와 인문학도에게 열렬한 환영을 받았다. 한국에서 번역된 테드 제닝스의 작품은 아래와 같다: 『예수가

고 글을 전개할 것이다. 전자에 대한 논의는 제닝스의 바울 해석에, 후자의 내용은 그의 마지막 방한이 되어 버린 2019년에 집중적으로 펼친 강연과 발언을 중심으로 엮었다. 테드 제닝스는 한국에 올 때마다 많은 독자들을 몰고 다녔다. 선생은 퀴어 운동을 지지하는 발언을 꾸준히 지속적으로 했을 뿐 아니라 기꺼이 당사자들의 곁에서 본인을 분명히 밝히면서 함께 굳건히 서 있었다. 이런 이유로 국내외 기독교 진영에서는 그를 모함하는 발언이 많았다. 그럼에도 불구하고 개의치 않고 선생은 자신의 목소리를 냈고, 그런 제닝스의 소신과 용기에 감동해 많은 한국의 독자들이 제닝스를 반기면서 번역된 그의 책들에 주목하였다.

한국에서는 제닝스가 퀴어 신학자로 많이 알려져 있는데, 사실 그는 현대 좌파 사상과 그리스도교 신학 사이에서 교량 역할을 해왔던 몇 안 되는 인물이었다. 플라톤에서부터 지젝까지 횡단하면서 펼쳐지는 제닝스식 지식의 대향연을 더 이상 들을 수 없다는 것은 신학도들에게 있어서는 불행한 일이다. 특별히 현대 철학자 데리다의 사유를 신학적으로 재전유해 본인의 해석을 곁들여 이야기하는 솜씨는 단연 타의 추종을 불허한다. 『데리다를 읽는다/바울을 생각한다 — 정의에 대하여』 (그린비, 2014)[2]와 『무법적 정의 — 바울의 메시아정치』(2018, 길)[3]는 이

사랑한 남자 — 신약성서의 동성애 이야기』(박성훈 옮김, 동연, 2011); 『데리다를 읽는다/바울을 생각한다 — 정의에 대하여』(박성훈 옮김, 그린비, 2014); 『무법적 정의 — 바울의 메시아정치』(박성훈 옮김, 길, 2018); 『인문학, 정의와 윤리를 묻다』(전병준 엮음, 후마니타스, 2020) 중 「법 바깥의 정의 그리고 정치적 개념으로서의 사랑」(17-63); 「바울의 구원의 정치학」(『기독교사상』 2012.5, 208-18); 「종교적 기독교의 끝에서 시작되는 '기독교 이후의 신학'」 (『복음과 상황』 Vol. 335, 2018. 10, 80-94); 「바울과 데리다: 율법 밖의 정의」(『신학연구』, 48, 2006, 363-77).

2. Theodore W. Jennings, JR, *Reading Derrida/Thinking Paul* (California: Standford University Press, 2005).

3. Theodore W. Jennings, JR, *Outlaw Justice: The Messianic Politics of Paul* (California: Standford University Press, 2013).

러한 제닝스 신학의 특징이 잘 드러난 책이다.

지금은 열기가 좀 식었으나 21세기로 접어들면서 현대 철학자들의 바울에 대한 관심이 증대하면서 바울 연구는 부흥기를 맞이하였다. 바울에 대한 여러 가지 시선이 신학사에 존재한다. 바울의 의인론은 아우구스티누스, 루터, 바르트로 이어지면서 그리스도교의 뼈대를 이루는 중요한 사상이 되었다. 그럼에도 불구하고 바울을 향한 부정적 시선, 예를 들어 남성 우월주의, 체제 영합주의, 권위주의, 보수주의, 예수 운동의 개방성을 교리적으로 박제화시킨 주범이라는 이유 등으로 인해 바울 읽기는 여전히 논쟁적이다.

바울에 대해 차가운 시선을 보냈던 인물들은 진보적 진영에 있었던 학자들일 텐데, 역설적으로 근래에 좌파적 진보 지식인들에게 바울은 적극적 구애의 대상이 되고 있다. 아마도 그 이유는 21세기 제국이라 해도 과언이 아닌 자본의 보편성을 깰 수 있는 단서를 좌파 지식인들은 1세기 초 로마 제국의 보편성을 거스른 바울의 사상으로부터 찾으려고 하기 때문이 아닐까 한다. 이러한 지식 사회의 흐름 속에서 테드 제닝스는 신학자 중에서 가장 적극적으로 '바울과 현대 좌파 철학과의 대화'에 응대하였고, 그 결과물이 『데리다를 읽는다/바울을 생각한다 — 정의에 대하여』와 『무법적 정의 — 바울의 메시아정치』로 나타났다.

『데리다를 읽는다/바울을 생각한다』는 데리다와 바울의 텍스트를 '정의'를 주제로 교차적으로 읽어 가는 책이다. 제닝스는 데리다의 실천 철학적 의지가 담긴 후기 저작들인 『마르크스의 유령들』, 『법의 힘』, 『환대에 대하여』 등에서 '해체', '정의', '환대', '용서', '선물', '메시아적인 것' 등의 용어를 끌어와 바울의 '로마서'에 담긴 메시지와 연결시키면서 바울 신학을 새롭게 바라본다. 제닝스는 『데리다를 읽는다/바울을 생각한다』를 출판하고 8년 후인 2013년에 『무법적 정의』를 세상에 내놓았다. 이 책은 바울의 '로마서'에 대한 주석서이다. 개인적으로 20세기 신정통주의 신학을 알린 바르트의 『로마서 주석』에 버금가는 중요한 의미를 지닌 책이라고 평가하고 싶다.

선생은 『무법적 정의(Outlaw Justice)』에 대한 탈고를 2010년에 마쳤다. 2010년 봄 학기에 제닝스는 시카고신학대학원에서 'Paul & philosophy'라는 제목의 강좌를 개설했는데, 그 수업은 곧 출판될 『무법적 정의』 초고를 학생들과 함께 읽어 나가면서 의견을 청취하고 제안을 받고 영감을 얻는 과목이었다. 나는 당시 코스워크가 끝났던 학생이었지만 수업에 참여하면서 『무법적 정의』의 원초적 버전을 맛볼 수 있는 행운을 누렸다.

이 책은 바울이 쓴 로마서에 대한 제닝스식 정치-신학적 읽기다. 제닝스는 로마서 본문을 읽어 가면서 데리다를 필두로 아감벤, 야콥 타베스, 바디우, 지젝 등 현대 좌파 철학자들의 바울에 대한 이해를 비평하고 종합하는 형식을 취한다. 그런 과정들을 거치고 최종적으로 제닝스가 노리는 것은 법과 정의 사이의 긴장과 갈등, 법의 틈과 균열을 통해 등장하는 정의에 대한 새로운 상상이다. 이러한 전 이해를 바탕으로 본격적으로 제닝스의 '법 밖의 정의'로 넘어가기에 앞서 정의론 일반의 역사에 대한 지형을 살피는 것이 필요하다.

2. 정의론을 둘러싼 역사 지리지

정의를 둘러싼 논의는 매 시대마다 반복적으로 등장하는 제목이고 당대의 시대정신을 가리키는 화두였다. 당장 1970년대 존 롤스의 『정의론』과 롤스의 제자인 마이클 샌델의 『정의란 무엇인가』가 떠오른다. 그 책에서 샌델은 서양 역사에서 존재했던 네 가지 정의론에 대한 이야기를 전개한다. 벤담의 최대 다수의 최대 행복에 근거한 근대 공리주의자들의 정의론, 칸트로부터 비롯하는 근대 자유주의자들의 정의론, 선택과 교환의 공정한 조건을 강조하는 롤스식 평등 자유주의 정의론, 그리고 아리스토텔레스의 영향을 받아 공동선(common good)을 강조하는 샌델식 공화주의 정의론이 그것이다.

공리주의에 입각한 정의론은 경제적 계산과 이득의 외부를 사유하지 못한다는 점에서 불완전한 정의론이고, 칸트의 '선험적 주체'를 강조하면서 등장하는 자유주의적인 정의론은 훗날 인권의 보편성 논의로 발전하기는 하지만, 그것은 현실에서 상상의 산물로 그치는 경우가 허다했다. 그것들이 부르주아지 자본가의 자유는 보장하겠으나 시민적 질서 밖에 존재하는 개인들의 자유까지를 담보하는 정의인지에 대해서는 회의적이다.

범박하게 공리주의와 자유주의 정의론을 비교하자면 전자는 다수의 행복과 안전을 위해 소수의 희생과 헌신을 선택하는 것이 정의로운 행위라 말하고, 후자는 다수를 위해 당연히 소수를 희생시켜야 한다고 몰아가는 논의는 정의롭지 못하다고 말한다. 이것도 저것도 선택할 수 없는 딜레마 속에서 공동체는 분열할 것이라는 위기가 몰려오고 그 상황 속에서 공동체주의자들의 목소리가 등장한다. 공동체를 위한 선하고 좋은 선택 기준이 있어야 하는데, 그것이 바로 정의와 공동선을 둘러싼 논의다.

하지만 정의와 공동선을 연결시키는 것은 자유주의와 공리주의 사이에서 방황하는 자들에게 제3의 선택지 역할을 할 수는 있겠으나 그것이 합당한 결정인지에 대해서는 숙고할 필요가 있다. 정의의 영역이 종교나 철학 같은 진리의 영역은 아니기 때문이다. 다양한 사람들이 살아가는 세상 속에서 확고한 진리가 삶과 정치의 영역에 개입하게 되면 다양한 삶의 복수성이 훼손될 우려가 있다. 예를 들어 전통적으로 결혼은 남자와 여자의 결합이었다. 하지만 실제 우리 주변에서 동성애 커플, 결혼이 아닌 동거의 형태 등 삶의 복수성이 상존한다. 다양한 삶의 자리와 형태를 공동체의 공동선으로 재단하는 순간 전체주의적인 발상으로 전환될 우려가 있다. 2025년 현재 전 세계적으로 유행하는 극우주의의 발호는 공동체가 내세우는 공동선 밖에 존재하는 타자들에 대한 혐오와 폭력을 정당화할 수 있는 위험을 내포하고 있다는 점에서 문제적이다.

서구 정의론의 골자는 누군가 혹은 특정 집단이 필요 이상으로 부를 차지하게 될 경우는 정의롭지 못하다는 것인데, 그것의 역사를 거슬러 올라가다 보면 아리스토텔레스와 만난다. 아리스토텔레스 정의론을 한마디로 표현하면 업적과 능력에 따른 비례적 정의다. 기여에 따른 분배의 원리가 거기에는 깔려 있는데, 이는 아리스토텔레스의 명구인 "정의는 일종의 비례이다"(아리스토텔레스, 2018: 1131a30)라는 말에서 기인하였다. 아리스토텔레스 정치 철학의 핵심이라고 여겨지는 위 발언은 다음의 사실을 강조한다.

원활한 공동체의 운영을 위해서는 구성원들끼리 호혜성(reciprocity)이 중요하고, 공동체 구성원들 간 교환을 둘러싼 합의가 흔들리지 말아야 한다. 그리고 거기에는 누구에게나 그에게 속하는 능력과 그에 따른 정량이 있다는 전제가 깔려 있다. 이것이 비례적 정의론이 싹튼 토양인데 거기에는 위계적 인간학의 법칙이 선행한다. 10%의 백인 자유민 남성들이 나머지 90%의 인민을 지배하는 고대 사회의 특수성을 고려해야 납득이 가능한 내용이다. 아리스토텔레스의 분배적 정의론을 극으로 밀어붙인 경우가 마르크스주의라 할 수 있다. 마르크스주의 정치경제학에서 정치와 경제의 제1원칙은 노동에 걸맞게 분배가 이루어지는 것이고 그것이 바로 정의였다.

결론적으로 지금까지 살펴본 공리주의, 자유주의, 공동체주의, 마르크스주의는 정치 철학적으로 서로 다른 입장과 처지에 있다고는 하나, 근본적으로는 누구에게나 자신의 몫이 있다는 생각(물론 그것이 부르주아지 시민, 혹은 같은 공동체 안의 거주민으로 국한되는 면이 없지는 않으나)에 있어서는 합의를 이룬다. 차이가 있다면 각자의 몫을 찾아가는 셈법이 다르다는 점인데, 그럼에도 불구하고 이들은 아리스토텔레스 정의론의 자장 안에 있다. 그런데 이 대목에서 우리가 생각해야 할 것이 있다. 역사에서 일어났던 전쟁과 폭력은 자기의 몫이라고 주장하는 욕망들이 충돌하면서 전개되었다는 점이다. 이런 불행이 반복되지 않도록 정의론에 입각해 각자의 몫에 대한 규정과 약속을 정하는 노력이 있어 왔으나, 그럼에도 불구하고 지구상에서 분쟁은 끊이지 않았다.

왜 인류는 이런 일을 반복하는 것일까? 자기의 몫을 정한다는 것, 타자의 몫을 인정한다는 것은 불가능한 일인가? 원래 그런 몫이 있는가? 경계와 구별에 따른 몫을 기정사실화한 그 시점에서부터 정의의 실현은 요원해졌던 것 아닐까? 그렇다면 각자의 몫을 보장하기 위한 정의론의 오랜 논쟁은 첫 단추부터 잘못 끼워진 것은 아닌지. 바로 이 지점이 테드 제닝스의 '법 밖의 정의'가 시작되는 지점이다.

3. 바울의 메시아 정치(the Messianic Politics of Paul)

공동체의 제한된 자원 내에서 그것을 어떻게 나눌 것인가 하는 문제는 유사 이래 모든 집단에서 발생했던 최고의 난제라고 해도 과언은 아니다. 각자에게 합당한 몫을 분배하는 정의(론)의 인식은 이러한 조건 속에서 발생하였다. 역사적으로 정의론은 자신의 노력과 공로 이상으로 재물을 축적하는 것이나 일부 계층과 권력으로 부가 집중되는 상황을 비판해 왔다. 아리스토텔레스로부터 시작되어 오늘날 마이클 샌델로 이어지는 정의론의 요체는 기여에 따른 분배의 원칙이라 할 수 있다. 제닝스는 '각자의 몫'을 기본값으로 갖는 정의론의 전통적 테제를 부정하면서 새로운 정의론을 상상하는데 그 과정에서 그는 데리다식 바울 읽기를 감행한다.

희랍 철학의 영향 아래 있었던 그리스-로마 사회에서 성서가 제시하는 정의론은 불화의 요소로 작동하였고, 그 중심에 바울에 의해 전파된 예수 운동, 그리고 바울로 인해 성장한 초대 교회가 있다. 제닝스는 『무법적 정의』 서론에서 "로마서가 정치적인 텍스트보다는 먼저 종교적 텍스트로 읽혀왔음"(제닝스, 2018: 11)을 밝힌다. 이 말은 로마서가 종전까지 정치적인 것과 종교적인 것, 정치와 구원의 문제를 분리시키는 책으로 이해되었다는 말이고, 사회적, 정치적 세계 밖에서 도래하는 신적 은총에 의해 개인이 구원에 이른다는 희망을 다루는 책으로 간주되었다는 말이다.

거슬러 올라가면 사회적 구원과 개인 구원 사이의 간극은 신의 도성과 인간의 도성을 나눈 아우구스티누스의 발상에서부터 비롯되었다. 그것은 종교 개혁가 루터에 가서는 두 개의 왕국에 대한 성찰을 통해 더욱 공고한 형태로 진화되었다. 그 결과 공동체 안에서 발생하는 수평적 문제에 대한 논의, 즉 정의의 차원은 간과되고 오로지 신을 향한 수직적 초월의 영역과 그로부터 비롯되는 칭의(稱義, justification: 하나님의 은혜로 죄인이 구원을 받음)의 차원만 강조되었다. 바울은 아우구스티누스와 루터로 이어지는 그리스도교 주류 전통의 시발점이었다고 해도 과언이 아니다(제닝스, 2012: 208).

근래 전통적 바울 해석을 극복하고 바울을 정치 철학적으로 읽기, 혹은 탈식민주의나 마르크스적 관점에서 읽어 내려는 시도가 활발하다. 이는 개인 구원의 텍스트가 아닌 사회 구원의 텍스트로서 바울 서신을 바라보고자 하는 전복적 바울 읽기의 일환이다. 제닝스도 이러한 흐름에 동참을 선언한다.[4] 제닝스가 보기에 바울이 의도했던 것은 로

---

4. "내가 추구하는 방식은 세속적인 그리고 심지어 비종교적인 지식인들과의 대화를 통한 로마서 독해다."(제닝스, 2018: 17).

마의 법에 의해 자행되는 폭력의 한가운데서 하느님의 정의를 선포하
는 것인데, 그것은 개인의 구원에만 초점이 맞춰진 것이 아니라 그것
을 초과하는 사회-정치적 구원의 차원으로까지 나가는 것이었다.

이를 위해 제닝스는 그동안 사용되었던 바울의 신학적 언어에 대한
수정을 제안한다. 의(righteousness)를 정의(justice)로 바꿔 부르면서
개인 구원에서 사회 구원으로 시야를 확장시켰고, 그리스도(Christ)에
서 메시아(Messiah)로의 전환은 교권과 제도에 갇혀 화석화된 기독교
에서 탈피하여 예수 운동이 지녔던 본래의 역동성과 활력으로 돌아갈
것을 요청하는 것이라 할 수 있다. 믿음(faith)을 충실성(fidelity)으로
번역한 이유는 도그마에 갇힌 믿음을 앵무새처럼 읊조리는 신자가 아
니라 진리의 과정과 구원 사건에 참여하는 신자의 덕목으로 충실성을
새롭게 끌어오기 위함이다. 은혜(grace)를 관대함(generosity) 혹은 호
의(favor)로 번역한 것은 은혜는 간증의 차원이 아니라 실천의 차원이
라는 점을 강조하기 위함이고 이것은 더 구체적으로 타자에 대한 환대
(hospitality)로 나아가야 한다,

이처럼 제닝스에 의해 전통적 바울 신학의 언어는 책 제목처럼 메시
아적 정치(the Messianic Politics)의 용어로 전환되었다(제닝스, 2018:
11). 바울의 메시아적 기획의 급진적 성격을 요약하는 말로 제닝스는
로마 제국의 강압적 보편성에 맞서는 "계급, 젠더, 민족적 위치와 관련
된 매우 큰 다양성"(『무법적 정의』, 351)을 지목한다. 이는 바울 사역의
평등주의적(egalitarian, 『무법적 정의』, 350) 성격을 극명하게 드러내는
말인데, 심지어 사도행전에 등장하는 예루살렘 공동체를 향해서는 오
순절 공산주의(Pentecostal commmunism, 『무법적 정의』, 339)라는 표현
도 서슴지 않는다.

제닝스는 궁극적으로 바울이 추구하는 메시아적 정치의 목적을 평
화라고 보았다(『무법적 정의』, 342). 바울은 로마서의 서두를 평화로 시

작하고, 로마서 본문의 끝을 "평화를 주시는 하나님께서 여러분, 모두와 함께 하시기를 빕니다"(롬 15:33)로 마무리한다. 이 평화는 로마가 선사하는 억압적 평화가 아니다. 각자의 차이와 다양성이 존중되는 평화이다. 계급과 젠더와 인종과 신분의 차이가 차별과 억압의 이유가 되어서는 안 된다. 오히려 각자의 다름이 존중을 받고 그것이 삶의 저해 요인이 되는 것이 아니라 삶의 조건이 되는 사회, 바로 그 사회가 바울의 메시아적 정치가 작동되는 사회이다. 여기까지 무리 없이 도달했다면 제닝스가 말하는 바울 신학의 정수인 '법 밖의 정의'를 만날 준비를 마친 셈이다.

4. '법 밖의 정의'를 향하여

제닝스는 로마서의 서론격인 1장 1절부터 17절까지 본문을 살핀 후에 "바울은 누구인가? 왜 그는 자신을 노예라고 부르는가? … 여기에서 도대체 무슨 일이 벌어지고 있는 것인가?"(『무법적 정의』, 31)라는 도발적인 질문을 던진다. 바울 스스로 자신을 노예(종)라 칭한 것은 제국의 논리와는 다른 세계관에 자신이 놓여 있음을 드러내는 것이고, 그것은 유민과 노예, 그리고 정상성 밖에 있는 사람들과 자신을 동일시한다는 뜻이다(『무법적 정의』, 35-6). 이런 이유로 바울의 입에서 나오는 복음은 위험한 정치적 용어가 된다. 로마 제국이라는 상징적 시스템에서 탈주하는 말이 되기 때문이다. 결코 세상의 법으로는, 그것이 로마의 법이든 유대교의 법이든, 하느님의 정의를 이룰 수 없다는 암시가 바울 신학에는 복선처럼 깔려 있다.[5]

---

5. "바울 서신 자체의 독해에 있어, 바울이 법과 정의라는 정치적 사유의 가장 기본적인 문제들에 관심을 가지고 있다는 점을 이해할 필요가 있다. 하지만, 바울은 정의가 법에 상반된다고 주장함으로써 정치적인 것에 대한 급진적인 재사유를 제안하고

제닝스는 바울의 법과 정의에 대한 해명을 위해 자크 데리다에 의지했다고 밝힌다(『무법적 정의』, 24). 일찍이 데리다는 "법은 계산의 요소이며, 법이 존재한다는 것은 정당하지만, 정의는 계산 불가능한 것이며, 정의는 우리가 계산 불가능한 것과 함께 계산할 것을 요구한다." (데리다, 2004: 37). 여기서 더 나아가 데리다는 "법이 해체 가능하다는 것은 불운이 아니다. 우리는 심지어 여기서 역사적 진보의 정치적 기회를 발견할 수 있다"(데리다, 2004: 33)라는 전복적 발언을 서슴지 않았다. 제닝스는 데리다의 법과 정의의 상관관계 발언을 경청하면서 바울의 그것과 모종의 유사점이 있음을 감지한 후에 다음과 같이 말한다. "정의는 어떤 의미에서 무조건적이지만, 법에 대해서는 동일한 술어가 적용되지 않는다. 왜냐하면 바울에게 가장 중요한 것은 정의가 법으로부터 떨어져 있다는 점이기 때문이다. 정의, 즉 진정한 정의는 법 바깥에(outside), 법의 너머에(beyond), 그리고 어떤 의미에서는 법에 맞서 (against) 있다."(제닝스, 2014: 100). 이런 이유로 제닝스는 바울의 메시아적 정치를 '법 밖의 정의(Outlaw Justice)'라 규정한다.

제닝스는 『무법적 정의』 첫 번째 전개부의 제목을 "부정의한 사회질서"(롬 1:18-3:20)라 정하고 그리스-로마 제국의 실패한 정의의 역사를 다루면서 법에 의해 추구되는 정의의 구현이 어떤 수행적 모순을 드러내면서 좌절에 이르게 되는지를 서술한다. 이어지는 두 번째 전개부인 '메시아적 정의의 도래'(롬 3:21-5:21)에 가서는 논의를 좀 더 심화시

있다. 정의와 관련된 주제를 기본적으로 다루는 정치적 사유의 전통에 동의하면서도 바울은 정의가 사회의 사법적 구조화를 통해 달성된다는 가정에 근본적인 비판을 제시함으로써 그 전통으로부터 이탈한다. 내가 주장하는 바는, 바울에게 있어 정치적인 정의의 문제는 완전히 새로운 기초를 갖는다는 것이다. 바로 메시아를 통한 신의 역사라는 기초말이다. 따라서, 새로운 메시아적 정치의 사유가 도입된다. 다시 말해, 인간의 사회 역사를 이해하는 새로운 방식, 모세의 사회질서나 그리스-로마적 사회질서 모두와 상반되는 방식을 가리키는 급진적 함의를 지닌 정치적 사유가 말이다."(제닝스, 2018: 12-3).

켜 역사에 등장했던 제국의 어떤 법도 정의를 생산할 수 없었음을 강조하면서 법의 한계와 법 밖의 정의에 대한 요청을 이야기하기에 이른다. 바울은 "특정한 법과 질서, 특정한 전통, 심지어 특정한 애국주의의 열정적인 옹호자들에 의해 일어날 위험을 너무나 잘 알고 있었다." (『무법적 정의』, 342). 결론적으로 제닝스는 국가 권력이 강제하는 구호와 장치 안으로 정의가 포섭될 수 없다는 점을 강조한다. 선생은 체제가 정의라는 명분을 끌고 와 제시했던 그럴듯한 이야기들, 예를 들어 애국, 민족, 이념, 순수, 공동체, 절대 등의 강령이 인민을 해방으로 이끄는 것이 아니라 오히려 인간을 감금하는 장치로 사용되었음을 폭로한다. 권력자들의 입에서 흘러나오는 정의로워야 한다는 말은 얼핏 공동체의 안녕과 평화와 연관된 말처럼 들릴 수 있으나, 실상은 그들의 법과 시스템을 세우고 공고히 하기 위한 프로파간다였다. 그러므로 이제부터 우리는 정의라는 말이 선포되고 울려 퍼지는 시점과 지점에서 그 공동체로 들어오지 못하는 존재들에게까지 미치는 정의를 새롭게 상정해야 한다. 이런 까닭에 정의는 '법 밖의 정의'가 되어야 하고, 그러므로 책 제목처럼 정의는 '무법적 정의'가 되어야 하는 것이다.

5. '기독교 이후의 신학'이란 무엇인가?

메시아 정치를 '법 밖의 정의'라는 파국적 사건으로 이해한 제닝스는 2019년 방한하여 '기독교 이후의 신학'에 대해 논한다. Post-Christian Theology를 논하기 이전에 내게 다가왔던 물음은 기독교 신학(Christian Theology)을 어떻게 정의해야 하는가였다. 기독교적이라는 말이 기독교의 경전인 성경에 입각한다는 말인지, 아니면 서구 역사 속에서 기독교가 남긴 유산, 전통, 교리 등을 의미하는 것인지에 대한 정의가 모호한 것도 문제이지만, 더 심각한 문제는 기독교 역사에서 전개되었던 기독교의 과거가, 그리고 오늘날 기독교가 보이는 시대착오적 행태가 과연 기독교적인지에 대한 비판과 회의가 제기되고 있다는 점이다.

기독교의 근간을 이룬다고 하는 성서와 기독교 전통들이 21세기를 살아가는 현대인들의 삶의 자리와 너무나 동떨어져 있는 관계로 과연 그것들이 시대를 읽어 내는 지혜와 공감의 도구가 될 수 있을지에 대한 냉소의 목소리가 드세다. 우리 시대에 등장하는 윤리적 문제를 성서의 구절과 교회의 전통에서 찾는 것은 무리한 요구다. 인공 지능, 여성 혐오, 동성애 혐오, 인간 복제, 인터넷 가상 공간, 신자유주의로 인해 발생하는 경제적 불평등과 난민 문제 등 21세기에 새롭게 부상하는 사회적 이슈들에 대해 성경과 기독교 교리에 근거한 답을 구하려는 근본주의적 접근이 불러일으키는 악영향이 얼마나 큰지 우리는 경험하고 있다.

이러한 상황 속에서 과연 기독교 신학적 판단과 그에 입각한 행위의 근거는 무엇으로 보장받을 수 있을까? 제닝스 교수는 과감하고도 새로운 신학적 발상을 우리들에게 요청한다. 그는 방한 중 행한 한겨레 신문과의 인터뷰에서 '기독교 이후의 신학'에 대해 말하기 전에 세속화 사회 속에서 변화하는 기독교에 대해 다음과 같이 언급한다. "기독교가 타인에 대한 존중, 배려, 사랑이란 가치를 스스로 죽이고 권력 기구가 되면 결국 교회는 사라질 것입니다. 이미 유럽과 미국은 기독교 사회가 아닌 세속사회가 되었습니다. 도그마이자 기관으로서 기독교는 이제 의미가 없어지고 있습니다. 하지만 종교로서 기독교가 사라지더라도 우리 사회를 풍요롭게 한 사랑과 정의, 관용, 환대 같은 가치들을 남겨서 인간의 얼굴을 한 사회를 만들어가는 데 공헌할 수 있게 해야 합니다. 애초에 구약 성서의 인물들과 예수와 바울은 기독교인이 아니었다는 점을 우리는 기억해야 합니다."[6]

제닝스 교수는 '기독교 이후의 신학'이 새로운 신학적 제안이 아니라 이미 현대 신학의 출발선이라 할 수 있는 신정통주의 신학자들에게서 단초가 만들어졌다고 말한다.[7] 바르트와 본회퍼 등이 참여했던 바르멘 선언(1934)은 나치로 대변되는 절대 권력 앞에서 그리스도 외에 그 누구도 사람들 위에 군림할 수 없음을 보여 준 사건이었다. 이는 힘과 권력에 종속된 당시 독일 교회를 향한 사망 선고라 할 수 있고, '기독교 이후의 신학'에 대한 실마리를 우리에게 제공한다.

제닝스는 특별히 '기독교 이후의 신학'이 본회퍼로부터 시작되는 세속화 신학과 맥이 닿아 있음을 명확히 한다. "본회퍼의 편지에는 많은 고민과 질문이 담겨있었다. 그것은 형이상학으로서의 기독교가 끝나고, 즉 하나님 자체에 대해 사변적으로 연구하는 종교적 기독교가 끝난 이후에 어떤 시대가 올 것인가에 관한 고민이었다. 하나님이 창조하고 이끌어가고 변화시키는 시대가 끝나고 순전히 우리들이 그것에 대해 책임을 지는 상황, 그러니까 하나님이 이 세계를 이끌어가는데 단순히 참여하는 것을 넘어서 세계의 상처입음 위에 서고 상처입음에 앞장서는 일에 대해 생각한 것이다."(제닝스, 2014: 100). 이는 본회퍼가 옥중 서신에 쓴 비종교화를 상징하는 유명한 문구 "하나님 없이 하나님 앞에서 하나님과 더불어"(본회퍼, 2010: 516)에 대한 제닝스의 해설이라 할 수 있다.

세속화 신학은 신앙을 영적인 영역에만 제한시키거나 피안의 영역으로 한정하는 전통 교리에 입각한 믿음의 형태를 배척하였다. 바른 신앙은 마술과 다르게 신을 인간의 욕망에 따라 행동하는 것으로 격하시키지 않는다. 세속화 신학은 신을 종교의 특별한 영역에 위치시키지 않고 이 세상에 임재하는 신이라고 증언한다. 그러므로 세속화 시대를

6. https://www.hani.co.kr/arti/culture/book/860032.html
7. https://m.goscon.co.kr/news/articleView.html?idxno=30405

살아가는 바른 신앙인은 이 세상으로부터 동떨어지고 게토화 된 특별하고 경건한 곳으로 숨어 들어가 개인의 탈속을 추구하지도, 혹은 본인의 신앙과 생활을 분리시키지도 않는다. 신앙생활을 잘하는 것에 목을 매는 것이 아니라 생활 신앙인으로 살아간다. 이렇듯 세속화 신학은 신앙의 패러다임 전환에 중요한 계기가 되었다.

지난 20세기에 진행된 세속화의 흐름 속에서 기독교가 지녔던 패권적 위치, 혹은 기독교로 대변되는 서구의 가치는 서서히 힘을 잃어 갔다. 근대 이후 기독교적인 세계관을 바탕으로 세계를 호령했던 서구의 가치는 내부적으로 혼란을 겪게 되었고, 그 결과 서구 기독교 내에서 여러 가지 자기 성찰적 목소리가 출몰하였다. 세속화 논쟁은 이러한 시대적 흐름의 연장선상에 있다. 기독교적인 세계관을 중심에 놓고 동심원적 질서를 추구했던 기존의 기독교 선교는 세속화 논의의 등장에 따라 평등적, 수평적, 대화적, 상호적 관계로 기독교의 대사회적 위치가 변해야 한다는 과제를 신앙인들에게 던졌다.

6. 탈종교 시대의 신학

나는 제닝스의 '기독교 이후의 신학'을 21세기형 '세속화 신학', 한 걸음 더 나아가 탈종교 시대 인류가 새롭게 상상해야 할 기독교 신학이라고 말하고 싶다. 세속화 신학이 전통적인 교리 시스템에서 탈주하는 신앙인을 지지하는 신학이라면, 제닝스의 문제의식은 자본에 의한 전 지구적 재편이 완료된 현시점에서 맘몬에게 굴복당한 제도 기독교에 대한 비판에서 시작된다. 자본의 흐름을 따라 사람들도 유랑한다. 사람들이 이동한다 함은 그들의 언어, 문화, 역사, 의식, 종교들이 떠돌아다닌다는 말이다. 바우만은 '액체화된 근대'로 이 시대를 기술하면서 포스트모더니즘과 신자유주의 이후 변화된 세계인의 특징을 묘사하였다. 이러한 시대 속에서 기독교가 타자에 대한 관심과 배려, 환대의 실천을 확대해 나가야 함에도 불구하고 오히려 적대와 차별과 혐오의 종교가 되고 있다는 점을 제닝스는 지적한다. 이것이 '기독교 이후의 신학'을 요청하게 되는 계기가 되었다.

주목해야 할 포인트는 제닝스가 본인의 주장을 전개하는 방법론이다. 그는 기독교 밖에서 기독교를 다시 읽는 전법을 취한다. 한 예로 최근 바울에 대한 기독교 외부에서의 읽기를 들 수 있겠다. 연이어 출판되는 신학 관련 서적들, 특별히 바울에 대한 해석은 지금은 좀 시들어졌지만 한동안 뜨거웠던 인문학계의 현상이었다. 지젝, 바디우, 아감벤 등이 죽어 버린 신학을 다시 수면 위로 끌어올려 21세기 인문학 담론의 주된 키워드로 화려하게 부활시켰다. 그런데 그들은 공교롭게도 모두 마르크스주의자들이다. 유물론자들에 의해 관념론의 끝판왕이라 할 수 있는 신학이 새롭게 조명 받는 주목할 만한 현상이 벌어진 것이다. 무엇이 유물론자인 그들로 하여금 신학에 심취하게 만들었을까.

바울이 전한 예수의 메시지가 로마 제국으로 침투하기 시작하면서 제국의 보편성에 틈과 균열이 발생하기 시작했다. 기독교의 성장과 발전이 로마 제국 멸망의 주된 요인은 아니었겠으나 분명 기독교는 제국의 질서를 교란시키는 역할을 어느 정도는 감당하였다. 바로 그 점이 21세기 마르크스주의자들이 바울에 대해, 그리고 초대 교회에 집중하는 이유다.

제닝스는 앞으로의 기독교는 "세속적인 그리고 심지어 비종교적인 지식인들과의 대화"를 도모해야 한다고 주장한다. "교회적인 해석을 하는 종교의, 심지어 학자들의 게토(ghetto) 바깥"에서 들려오는 목소리에 주목해야 한다(제닝스, 2018: 17-8). 교권과 성직 시스템으로부터 벗어나는 기독교, 기독교 밖으로 탈향(脫向) 하는 기독교, 혹은 밖에서 침투하는 이질적인 것과 대화하고 소통하는 기독교를 상상하면서 제

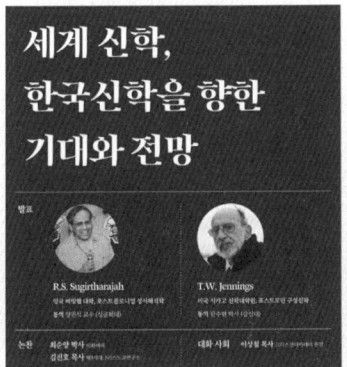

(좌) 테드 제닝스의 마지막 한국 방문이 되어 버린 2019년 '석학초청 신학의 향연' 포스터, (우) 경동교회에서 열린 강연 장면, 사진 좌측이 제닝스 교수

닝스는 탈종교 시대의 기독교는 한 단계 성숙한 종교로 고양되어야 한다고 말한다. 그것의 내용은 다음과 같다.

진정한 기독교의 진리 체험은 기존의 교리와 도그마에 근거한 전지전능한 신이 아니라, 텅 비어 있고, 틈과 균열을 포함하고 있는 신을 만날 때에야 비로소 이루어진다. 예수 그리스도의 십자가 사건이 대표적인 예이다. 십자가에 달리신 하느님은 아무것도 보여 주지 못했다. '왜 나를 버리느냐'고 울부짖었던 신 아닌가. 그런데 전지전능했던 신의 아우라가 깨어지는 그 순간, 어처구니없게도 신은 다시 그 균열을 통해 우리에게 다른 메시지를 보낸다.

신의 침묵과 자기 제한은 전통적 신에 대한 폐기임과 동시에 신의 약함에 대한 새로운 발견이다. 전지전능했던 신이 틈과 균열을 지닌 신으로 존재한다는 발언은 현실을 지배하고 있는 이데올로기와 자본의 논리를 제어할 수 있는 발판이 된다. 왜냐하면 신은 충만과 번영과 강함의 방식이 아닌, 비어 있음과 해체와 약함의 방식으로 존재하는 신이기 때문이다. 이는 신적인 위치로까지 올라선 자본을 향한 신학의 경고성 메시지이자, '기독교 이후의 신학'이 교회와 세상을 향해 던지는 질문이기도 하다.

7. 에필로그: Oh captin, Oh my captin!

테드 제닝스와의 인연은 2007년 필자가 시카고신학대학원 박사 과정(Ph.D)에 입학하던 무렵으로 거슬러 올라간다. 2008년 봄 학기에 나는 제닝스 교수가 개설한 "20th Century Theology"와 "Jacques Derrida" 두 과목을 수강했고, 2008년 가을 학기에는 "Marxist Theory" 세미나를 그와 함께 했다. 나의 박사 졸업 시험 6과목 중 2과목(20th Century theology & Phenomenology)을 선생이 주관했고, 당연히 제닝스는 내 논문의 중요한 리더(reader)였을 뿐 아니라 멘토였다.

시카고 신학교의 하루는 교정에서 피어오르는 제닝스 교수의 담배 연기로 시작되었고, 하루의 끝은 저녁 마지막 세미나를 마치고 어둠 속으로 깔리는 그의 말보로(Marlboro) 연기로 마감되었다. 선생이 학교에 뜨면 그의 활짝 열려 있는 방에는 언제나 사람들이 모여 희희낙락 수다를 떨었다. 온 방 안에 어지럽게 펼쳐지고 겹쳐진 책들과 페이퍼들 사이에 묻혀 있는 선생의 얼굴을 보는 것만으로도 나는 숨이 막혔더랬다. 수시로 하이드파크(Hyde Park)의 명물인, 폴 틸리히와 엘리아데가 갔다는 전설이 내려오는 지미스(맥줏집)에서 선생과 나누었던 대화는 세미나 시간 때보다 더 풍부하고 강렬하여서 가끔씩 나를 정신적으로 가위눌리게 했다. 그의 호흡과 담배 연기와 한숨조차 내게는 신학의 언어로 다가왔던 아름다운 시절이었다.

매 학기 초와 말에 언제나 당신의 집으로 외국인 학생들을 초대하여

파티를 베풀었던 제닝스였다. 학교를 대표하는 최고의 교수가 학내 구성원 중에서 가장 약한 그룹을 우선적으로 챙겼던 탓에 시카고 신학교는 백인 학생들이 마이너리티다, 라는 우스갯소리가 있을 정도였다. 한국 유학생들이 이사하는 날이면 어김없이 제일 먼저 반바지에 슬리퍼를 질질 끌며 등장하는 노인이 있었다. 바로 테드 제닝스였다. "뭐 하러 왔냐?"고 우리가 비아냥거리면(?) "놀러" 혹은 "감시하러"라고 받아치면서 주섬주섬 작은 이삿짐을 먼저 주워 날랐다. 놀라운 사실은 동네 할아버지 같은 그가 미국에서 가장 위험하고 가장 진보적인 신학자란다. 나는 이 낯선 조합이 유쾌하면서도 은혜로웠다. 제닝스는 단순히 이론을 나열하고 그것에 대한 향유에 그친 것이 아니라 적극적으로 그의 삶에서 법 밖의 정의를 향한 행진을 서슴지 않았고 이를 무조건적인 적극적 환대로 실천하였다.

2014년에 학위를 마치고 한국으로 돌아오기 전날, 선생 댁에 가서 둘이 와인 한 병을 마시고, 마지막으로 한국식으로 큰절하고 헤어지는데 배웅하러 따라 나서는 제닝스 교수님을 붙잡고 펑펑 울었던 기억이 아직도 선명하다. 2019년 가을에 크리스챤아카데미 주관 "석학초청 신학의 향연"에 발표자로 참여하여 좋은 강연과 대화를 마치고 헤어지면서 내년에 또 보자고 했던 것이 선생과의 마지막 추억이 되었다. 나의 친구이자 스승, 그리고 캡틴이었던 테드 제닝스는 2020년 코로나 19가 시작되고 얼마 지나지 않아 하늘로 승천했다. 아듀(a-Dieu 신에게로), Ted!

여해 강원용

'사이 · 너머에 계시는 하느님'

1. 여해 강원용은 누구인가?

강원용에 대한 이야기를 어디서부터 풀어 나가야 할지 한참을 망설
였다.[1] 몇 번이나 글을 썼다가 지우고를 반복하는 것을 보면 아직 나는
그에 대한 글을 쓸 준비가 안 된 듯하다. 반면 이런 생각도 해본다. 강
원용을 제한된 지면에 담는 것이 가능할까.[2] 다양한 분야에서 한국 현
대사의 한 획을 긋는 중요한 순간마다 위치했던 강원용이었기에 그를
하나의 모습으로 형상화하는 것은 불가능하다.

---

1. **여해(如海) 강원용(姜元龍) 목사**(1917-2006): 함경도 산골에서 화전민의 아들로 태어나
   청소년기에 기독교에 입문, 평생을 그리스도와 함께한 강원용 목사는 해방 후 청년
   대표로 좌우 합작 운동에 참가했으며, 김재준 목사와 함께 경동교회를 설립했고, 아
   시아의 진보 교단을 대표하는 한국기독교장로회의 창립에 크게 공헌했다. 한국 전쟁
   막바지에 유학을 떠나 미국 유니언 신학대학에서 라인홀드 니버와 폴 틸리히에게 신
   학을 배운 뒤 귀국했다. 이후 세계 신학계의 흐름을 국내에 소개하는 한편 세계교회
   협의회(WCC) 운동에 적극 참여하여 제3세계를 대변하면서 세계 교회와 아시아 교회
   그리고 한국 교회의 가교 역할을 했다. 1965년 '크리스챤아카데미'를 설립해 교회 개
   혁과 사회 갱신을 푯대로 삼고 종교 간 대화는 물론, 사회 제반의 대립과 갈등을 대화
   의 힘으로 풀어 가는 대화 운동과 상생의 문화를 한국 사회에 뿌리내렸다(여해에큐메니
   컬포럼, 2013: 12).
2. 강원용의 삶과 사상을 살피고 싶다면 다음 서적을 참조하라: 고범서, 『여해 강원용의
   삶과 사상』(서울: 종로서적, 1995); 박명림 · 장훈각, 『강원용 인간화의 길 평화의
   길』(파주: 한길사, 2017); 박근원, 『여해 강원용 목사 평전』(파주: 한길사, 2017)

강원용은 정확한 현실 인식과 미래를 향한 큰 비전을 품고 있어서 많은 정치인들이 그와 함께 하기를 원했으나 정작 본인은 정치인이 아니었다. 88올림픽 문화 예술 행사 추진위원회 의장직을 맡을 정도로 문화 예술에 조예가 깊었고, 많은 문화 예술인들이 강 목사를 비빌 언덕으로 삼았으나 정작 본인은 예술가가 아니었다. 해박하고 출중한 언론관을 갖고 있어서 한국방송위원장직(1988~1991)도 감당했으나 그를 언론인이었다고 말할 수는 없다.

여해 강원용은 목사였고, 목사이기에 그 모든 것을 품을 수 있다고 믿었으며, 실제로 그는 모든 사람들과 어떤 제약 없이 대화하면서 살다 간 참 자유인이었다. 그래서일까 국내외에서 강원용을 기억하는 많은 사람들은 그를 "살아 있는 에큐메니스트(a living ecumenist)"(여해에큐메니컬포럼, 2013: 6)라고 부른다. 그렇다면 정작 강원용은 스스로를 누구라 규정했을까?

"당신은 정치가요?" "아니요."
"당신은 사회운동가요?" "아니요."
"그러면 당신은 누구요?" "나는 빈 들에서 외치는 소리요." (여해에
큐메니컬포럼, 2013: 11)

강원용은 "빈 들에서 외치는 소리"로 자신을 소개한다. 세례 요한이 마태복음에서 주님의 길을 예배하라고 하면서 광야에서 외쳤는데, 요한이 그랬던 것처럼 강원용 역시 새 시대가 오기 전 여명을 밝히는 전조로서 스스로를 자리매김하려고 했던 것일까.

이상은 강원용으로 본격적으로 들어가기에 앞서 필자가 느끼는 그에 대한 인상 비평이었다. 강원용에 대한 다양한 서사가 있겠으나 본문에서는 신학적인 주제로 내용을 국한하고자 한다. 세계 에큐메니컬

운동의 지도자로 평생 '사이 · 너머(Between · Beyond)' 신학을 추구하고 실천했던 강원용 목사의 행보는 탈종교 시대에 그리스도교가 나가야 할 바를 놓고 고민하는 이 땅의 신앙인들에게 정오의 나침반과 같은 역할을 할 것이다.

2. 한신(韓神)과 한국기독교장로회

강원용을 검색하면 에큐메니컬 신학과 본인이 40년 넘게 목회했던 한국기독교장로회 소속 경동교회, 중간 집단 교육과 크리스챤아카데미 사건, 대화 운동 등이 관련어로 뜰 것이다. 그중에서도 신학적으로 강원용에 대한 이해를 도모하는 데 있어 우선적으로 다루어야 할 것은 에큐메니컬 신학과 한국기독교장로회(경동교회)에 대한 부분이 아닐까 싶다. 물론 강원용은 신학적 지형이나 종파적 분리주의 입장에서 접근할 수 있는 인물은 아니다. 왜냐하면 강원용은 그의 호 여해(如海)처럼 마치 바다와 같은 인물이었기 때문에 그런 경계들에 갇히지 않는다. 그럼에도 불구하고 강원용이라는 목적지를 향해 가는 출발선에서 한신과 한국기독교장로회, 경동교회, 에큐메니컬 신학을 좌표로 삼는 것은 타당하다. 여해 사상의 기원이 그곳으로부터 발원하기 때문이다.

김건우는 해방 후 한국 지성사를 논할 때 김재준으로부터 비롯되는 '한신 계열'의 인사들을 빼놓을 수 없다고 이야기한다(김건우, 2017: 173-85). 그들은 한국 장로교 역사에서 1953년 '한국기독교장로회'(이하 기장)를 태동시키고 이어져 내려오고 있는 그룹들인데. 성서에 대한 문자주의적 해석이 아니라 역사 비평과 상황 비평을 도모하고 선교 정책에 있어서도 일방적 개종을 강요하는 것이 아니라 각 지역의 문화와 전통에 맞게 그리스도의 복음을 전해야 한다는 에큐메니컬 신학을 지지하는 그룹들이다. 기장 탄생의 중심에 김재준이 있었고, 교계를 넘어 한국 현대사의 큰 획을 그었던 강원용, 안병무, 문익환, 문동환 등은 김재준이 북간도 용정 은진중학교 교사 시절 제자들이었다.

한신 그룹과 기독교장로회를 빼놓고 한국의 현대사를 말하기는 어렵다. 1970, 80년대 한신 계열의 학자들과 기장의 목회자들은 민주화 운동의 맨 앞줄에 있었다. 인권 운동, 농민 운동, 노동 운동 진영에서 이들은 기독교 사회 선교의 중요한 역할을 담당했고, 많은 신학도들과 교인들이 그 속에서 깨우침을 얻고 부정의한 정권에 맞서 싸웠다. 이처럼 기장의 신학과 교회는 다른 여타의 개신교회와 달랐다. 억압받는 자들의 고난의 역사와 함께하는 것이 곧 하느님 나라를 일구는 길이며, 그것이 바로 살아 있는 성서의 메시지라 믿었다.[3]

그런 기장 교단을 대표하는 교회가 경동교회이고 강원용은 창립(1945) 때부터 40년 동안 경동교회에서 목회를 하다가 은퇴했다. 기장과 경동교회의 성서 해석과 사회적 선교의 비전은 에큐메니컬 신학과 선교관에 영향을 받은 바 크다. 그리고 강원용은 세계 에큐메니컬 운동의 최전선에서 활동했던 한국 에큐메니컬 운동의 1세대 지도자였고, 강원용의 신학과 모든 활동은 에큐메니컬적인 영감에서 비롯되었다고 해도 과언이 아니다. 그렇다면 강원용에게 절대적 영향을 끼쳤던 에큐메니컬 신학은 무엇인가.

3. 한국 에큐메니컬 운동의 화살촉

에큐메니컬(ecumenical)은 헬라어 '오이쿠메네(oikoumene)'에서 유래하였는데 '살 만한 땅'을 뜻한다. 오이쿠메네의 어근은 '오이코스(oikos, 집)'이다. 집은 삶의 필수 조건이고 공동체의 기본 단위이다.

---

3. 김건우, 「한국 현대지성사에서 한신이 가지는 의미」, 『상허학보』 42집(2014), 501-31; 김건우, 『대한민국의 설계자들』(홍성: 느티나무 책방, 2017), 173-98을 참조하라.

'오이코스'에서 경제(economy), 살림살이가 파생하였다. 큰 틀에서 '오이쿠메네'는 '죽임의 문화에서 살림의 문화로!'라는 뜻이 숨어 있는 셈이다. 그렇다고 볼 때 에큐메니컬 신학은 인간을 포함한 모든 피조물을 향하고, 그런 의미에서 에큐메니컬 신학 운동은 하느님의 구원 역사가 발생하는 인간과 사회, 그리고 피조(被造) 세계 전체를 포괄한다. 이런 이유에서 에큐메니컬 신학자 채수일은 '신학은 본질적으로 에큐메니컬 하든지 아니면 신학이 아니다'(채수일, 2002: 10)라는 말을 서슴지 않는다.

에큐메니컬 신학 운동은 1910년 에든버러 '세계 선교 대회'가 시발점이 되었다. 그 후 이런저런 노력들이 쌓여서 1948년에 교회 일치와 연대를 기치로 하는 세계교회협의회(WCC: World Council of Churches) 제1차 총회가 암스테르담에서 개최되었다. 에큐메니컬 신학 운동의 닻이 올라가는 순간이었다. 1948년 1차 대회부터 2022년 11차 총회까지 74년 동안 이어져 온 WCC 총회는 당대 지구촌의 문제와 교회의 당면 과제를 밝히고 전 세계 그리스도인들이 함께 기도하면서 세상을 향한 행진을 할 수 있도록 하는 이정표를 제시하였다.[4]

각 총회마다 등장했던 핵심 키워드들을 살피면 대략 다음과 같다. 교회의 사회적 책임, 책임 사회론, 개인 구원과 사회 구원, 인간화, 인

---

4. 역대 WCC 총회 주제를 살펴보면 다음과 같다: ① 제1차 암스테르담(네델란드) 총회(1948): 인간의 무질서와 하나님의 섭리, ② 제2차 에반스톤(미국) 총회(1954): 그리스도-세상의 희망, ③ 제3차 뉴델리(인도) 총회(1961): 예수 그리스도-세상의 빛, ④ 제4차 웁살라(스웨덴) 총회(1968): 보라, 내가 만물을 새롭게 하리라, ⑤ 제5차 나이로비(케냐) 총회(1975): 예수 그리스도는 자유하게 하시며 하나 되게 하신다, ⑥ 제6차 밴쿠버(캐나다) 총회(1983): 예수 그리스도-세상의 생명, ⑦ 제7차 캔버라(호주) 총회(1991): 오소서, 성령이여 만물을 새롭게 하소서, ⑧ 제8차 하라리(짐바브웨) 총회(1998): 하나님께 돌아와 소망 중에 기뻐하라, ⑨ 제9차 포르토 알레그레(브라질) 총회(2006): 하나님, 당신의 은혜 가운데 세상을 변화시키소서, ⑩ 제10차 부산(한국) 총회(2013): 생명의 하나님, 우리를 정의와 평화로 이끄소서, ⑪ 제11차 카를스루에(독일) 총회(2022): 그리스도의 사랑이 세상을 화해와 일치로 이끄신다.

종 문제와 제3세계 문제, 빈곤과 양극화, 지속 가능한 사회, 정의·평화·창조 질서 보존, 생태학적 윤리, 복음의 토착화와 이웃 종교와의 대화 협력, 신자유주의 극복의 문제, 코로나19와 포스트휴먼 등이다. 요약하면 에큐메니컬 신학 운동은 복음의 상황화와 현재화를 기치로 텍스트(text, 성경)와 콘텍스트(context, 상황)의 만남과 화해를 도모한다. 그것은 하느님 나라를 이 땅에 실현하려는 노력이고 구원의 실재를 오늘 여기서 되살리려는 분투의 역사다.

여해 강원용은 이러한 에큐메니컬 신학에 입각해 그리스도의 복음 실천을 평생 사명으로 삼고 시대를 견인하였던 세계 에큐메니컬 운동의 지도자였다. 그는 1954년 에반스톤에서 열린 2차 WCC 총회에 참석하면서 에큐메니컬 운동에 첫발을 내딛었다. 그 후 1961년 뉴델리에서 모인 WCC 제3차 총회에 한국 대표로 참석해 교회와 사회 위원이 되었고, 1968년에 WCC 중앙 위원이 되어 4차 웁살라 총회에 참석했다. 1973년에는 아시아교회협의회(CCA) 회장으로 당선되었고, 1975년 나이로비 총회에서는 WCC 중앙 위원들 중에서 실행 위원이 되어 1983년 밴쿠버 총회까지 기여하였다.

이렇듯 세계 에큐메니컬 역사에서 강원용의 활약은 눈부셨다. 여해는 세계 교회 운동의 중심에서 그 동향을 한국 사회와 교회에 소개하였고, 단순히 소개하는 것에만 그치지 않고 그가 섬기는 경동교회와 크리스챤아카데미를 통해 에큐메니컬 정신을 적극적으로 적용하고 구현하였다. 그리하여 강원용의 에큐메니컬 행보 하나하나는 그 자체로 후에 한국 현대사와 한국 교회의 역사와 자산이 되었다.[5]

지금까지 강원용에 영향을 끼쳤던 에큐메니컬 신학에 대해 살펴보

---

5. 강원용과 세계 에큐메니컬 운동에 관한 보다 자세한 지식은 다음을 참조하라. 박근원, 『여해 강원용 목사 평전』(파주: 한길사, 2017), 339-52; 대화문화아카데미 편, 『여해 강원용 그는 누구인가』(서울: 대화출판사, 2013), 41-94.

앉다. 본격적으로 크리스챤아카데미를 중심으로 펼쳐지는 강원용의 활약상과 '사이 · 너머'를 지향하는 대화 운동으로 넘어가기에 앞서 강원용에게 사상적으로 영향을 끼쳤던 라인홀드 니버(Reinhold Niebuhr, 1892-1971)와 폴 틸리히(Paul Tillich, 1886-1965)에 대해 언급할 필요를 느낀다. 왜냐하면 그들의 사상이 자양분이 되어 강원용의 말과 행동을 견인했기 때문이다.

4. 라인홀드 니버와 폴 틸리히

『여해 강원용 목사 평전』을 쓴 박근원은 강원용에게 영향을 준 신학자로 김재준과 니버와 틸리히를 지목한다(박근원, 2017: 482). 강원용은 김재준을 통해서는 율법주의와 근본주의 신앙으로부터 벗어날 수 있는 안목을 배웠다. 니버와 틸리히는 신학사 전통에서 보자면 20세기 초반 신정통주의(neo-orthodox)를 이끌었던 석학들이다. 강원용은 1950년대 초반 유학 시절 뉴욕 유니언 신학교에서 만난 니버로부터는 사회 정치적인 현실주의를, 틸리히로부터는 세계와 인간의 실존에 대한 깊은 이해를 전수받았다.

강원용이 다른 목회자와 신학자 들과 달리 이론 취향의 탁상공론이 아니라, 구체적 현실에서 정의를 실현하는 사회 참여적 신앙으로 나갈 수 있었던 것은 니버의 신학을 수용한 결과이다. 니버는 『도덕적 인간과 비도덕적 사회』에서 개인이 갖고 있는 선한 의도에도 불구하고 공동체는 왜 그만큼 선하지 않고 악의 형태를 지니는지를 심도 있게 논의한 바 있다(니버, 2006: 357-64). 니버는 후에 인간은 사회 안에서 정의에 대한 제한된 경험만을 기대할 뿐이고 완전한 정의의 실현은 불가능한 목표라고 말한다. 인간은 그 '불가능한 가능성(impossible possibility)'을 믿고 나갈 뿐이라고 말한다(Niebuhr, 1956: 97-123).

강원용은 니버의 말을 자기 식으로 다음과 같이 옮겨 적는다. "윤리란 불가능을 확실하게 인정하고 난 후 하나님의 은총 안에서 이루어지는 가능성이다. 완전한 것인지 아닌지는 상대적이다. 절대적인 것은 없다. 이 세상에 변하지 않는 것은 아가페일 뿐이고, 우리가 행하는 모든 것은 가변적이다. 따라서 변하지 않는 것을 확실히 알고 그 변하지 않는 빛이 비추는 변해 가는 상황을 이야기하지 않고는 윤리를 이야기할 수 없다."(강원용, 1998: 157). 불가능한 가능성인 정의의 구현을 위해 사랑이 필요하다는 것인데 이 대목에서 강원용의 신학적 핵심인 정의와 사랑은 겹친다.

강원용의 사상이 사회 개혁만을 골몰하는 건조하고 기계적인 이데올로기로 빠지지 않고, 자유와 죄, 인간의 양극성 등의 문제와 씨름하면서 전통적인 형태를 유지할 수 있었던 데에는 틸리히의 영향이 크다. 강원용은 틸리히가 본인에게 끼친 영향을 다음과 같이 회고한다. "내가 틸리히를 알게 된 것은 그의 설교집 『흔들리는 터전』을 통해서였다. 그 책은 그야말로 그동안 내가 딛고 있던 신앙의 터전을 완전히 흔들어 버리고 말았다. … 그후 니버는 기독교 사회 윤리면에서 내게 새로운 눈을 뜨게 해줬고, 틸리히 교수를 알게 되면서부터는 인간 실존에 대해 기존의 해석과는 완전히 다른 깊이와 넓이를 자유로운 시각을 갖게 되었다. 그만큼 그는 죄의 문제, 자유의 문제, 사랑의 문제 등에서 나를 완전히 흔들어 놓았다."(강원용, 2003a: 204-5). 도식적이기는 하나 위의 글을 통해 우리는 강원용이 니버로부터는 정의를, 틸리히로부터는 사랑을 전수받았음을 추측할 수 있다.

틸리히의 신학적 방법론을 흔히 '상관의 방법(method of correlation)'이라 부른다. 복음 전파는 제국주의적, 일방향적 이식이 되어서는 안 된다. 각 나라의 문화와 토양, 각기 다른 사람들의 심성과 양심을 토대로 삼아 복음은 세상과 소통하고 통섭해야 한다. 이러한 기조는 후에 강원용의 종교 간 대화를 포함한 모든 대화 운동을 가능하게 했던 동력이 되었다. 그는 신학의 방법론뿐 아니라, 틸리히로부터 은총과 사랑의 신학을 이어받는다.

틸리히는 죄란 갈라지는 것이고, 죄의 상태는 '분리(separation)'로 이해한다. 반면 사랑은 재결합(reunion)하는 힘인데 그것은 하느님의 은총으로 인해 가능하다. 분열된 상태를 사랑으로 극복하여 화해(reconciliation)를 이룰 때 인간은 '새로운 존재(The New Being)'가 된다. 틸리히는 예수를 우리가 꿈꾸고 따라야 하는 새로운 존재라고 설명한다(틸리히, 1960: 29-44). 강원용은 틸리히를 통해 복음이란 그리스도의 은총 안에서 분리된 우리가 화해를 하고 결합하여 새로운 존재가 되는 것임을 다시 한 번 깨달았고 그것의 핵심을 사랑으로 확증하였다.

강원용은 틸리히로부터 받은 영감을 가지고 분열되고 갈라진 한국 사회를 바라보는 비판과 해결의 실마리를 마련하고자 하였다. 해방 이후 한국 전쟁을 거치면서 고착된 남북 분단과 본격적인 산업화의 출발기인 1970년대부터 현재까지 해소되지 않는 양극화의 문제는 우리 사회를 분열로 이끄는 강력한 악의 축이다. 그 밑에서 동서 문제, 빈부 문제, 노사 문제, 남녀 문제, 도농 문제, 이념 문제 등 수많은 양극화가 한국 사회를 죄악의 늪으로 빠뜨리고 있다. 상대방을 눌러 제압하는 방식으로 우리 사회 문제를 해결하려고 해서는 안 된다. 양자가 함께 공동의 선을 도모할 수준 높은 차원의 이상이 있어야 갈라진 양극이 화해를 이루고 재결합을 도모할 수 있다. 이를 간파한 강원용은 한국 사회 양극화 극복과 인간화를 기치로 크리스챤아카데미 운동을 시작하기에 이른다.

5. 크리스챤아카데미 운동

1965년부터 강원용의 크리스챤아카데미 운동이 시작되었는데, 그 배경에 대한 이야기를 먼저 할 필요를 느낀다. 1961년 5.16 쿠데타를 통해 등장한 박정희 정권은 근대화와 산업화를 기치로 경제 개발을 강하게 밀어붙였다. 성장과 발전이라는 미명 아래서 개인의 희생과 고통을 강요하는 개발 독재가 자리를 잡으면서 한국 사회는 민주화와 비인간화의 문제가 수면 위로 떠오르게 된다. 1970년 11월 '근로 기준법을 지켜라!'를 외치며 분신한 노동자 전태일의 죽음은 당시 한국 사회의 현실을 극명하게 보여 주는 증상이라 할 수 있었다. 크리스챤아카데미 운동은 이러한 시대적 분위기 속에서 한국 사회를 바라보는 새로운 관점을 제시하고 우리 사회가 좀 더 좋은 방향으로 나가기 위한 실천적인 덕목을 제안하고자 하였다. 그것을 한마디로 요약하는 말이 '인간화(Humanization)'이다.

강원용은 당시를 다음과 같이 회고한다. "(1970년대) 그 무렵 우리 사회는 물량적, 가시적 성장 일변도여서 가장 근본적인 문제인 인간의 문제는 도외시되거나 뒷전에 처져 유예된 상태였다. 따라서 산업현장을 비롯한 곳곳에서 비인간화 현상이 비명처럼 터져 나오고, 인간 사이의 연대와 인간성 회복이 절실하게 요구되기 시작한 때였다."(강원용, 2003b: 266). 강원용은 우리 사회의 인간화를 위해서는 만연한 양극화 문제를 극복하는 것이 우선적이라고 생각했다. 양극화는 가난한 자와 부유한 자, 통치자와 피통치자, 노동자와 자본가, 도시와 농촌 등으로 확연히 벌어진 단절을 의미한다(강원용, 2003b: 267). 21세기로 접어들어 양극화 문제는 정규직과 비정규직, 남과 여, 이성애자와 성소수자, 국민과 난민 등으로 더 세분화되어 가고 있는 형국이다. 계층과 젠더와 계급과 인종 사이의 간극을 좁히는 시도가 양극화 극복의

크리스찬아카데미 사건 당시 재판장으로 끌려가는 한명숙 전 총리

과제이고 이것이 없으면 인간화는 이루어지지 않는다.

강원용은 양극화를 극복하고 인간화를 이루어 갈 때 비로소 인간은 자율적인 주체가 된다고 보았고, 그것이 신앙적으로는 하느님의 나라를 이 땅 위에 건설하는 것이라 믿었다. 인간화를 이루기 위해서는 과정과 장치가 필요했는데 그것이 바로 중간 집단 교육이다. 강원용 자신도 "1974년부터 1979년 9월까지 실시된 중간집단 교육은 내 생애의 활동에서 매우 중요한 부분을 차지하고 있다"(강원용, 1993: 47)고 말한다. 중간 집단 교육은 여성 사회, 학생 사회, 교회 사회, 산업 사회, 농촌 사회 5개 분야에 걸쳐 중간 집단 지도자와 활동가를 불러 모아 교육시키고 세상으로 내보냈다.

당시 산업 사회 담당 간사로 활동했던 신인령(전 이화여대 총장, 법학)의 증언에 의하면 중간 집단 교육의 내용은 의식화 프로그램이었다고 한다. 사회 구조에 대한 이해, 자기가 처한 현실에 대한 직시, 무엇을 어떻게 해서 사회를 정의롭게 변화시킬 것인가에 대한 과제를 놓고 함께 고민하도록 프로그램을 구성하였다. 문제 제기는 강사들이 맡았지만 그것은 말을 건네는 것에 불과했고, 토론과 워크숍, 그리고 공동 작업을 통해 결과물을 만들어 내는 것은 참여자들의 몫이었다.

프로그램의 내용 못지않게 중요했던 것은 4박 5일의 합숙을 통해 삶을 나누면서 상호 신뢰와 믿음을 다졌다는 점이다. 매일 반복되는 의례와 축제를 통해 자아를 새롭게 발견하고 상대방을 넉넉히 바라볼 줄 아는 안목도 생기고, 나아가 공동체에 대한 희망과 믿음이 싹텄던 것이 가장 큰 성과가 아니었나 싶다. 이러한 일상을 보냈던 힘으로 세상으로 나갔던 참여자들이 한국 사회 곳곳을 밝히는 촛불이 되었다(대화문화아카데미, 2013: 181-96).

유신 체제 시기에 농민, 노동, 학생, 종교, 여성 운동 등 각 부문에서 아카데미 출신들의 활약이 두드러지자 당국은 크리스챤아카데미를 의식화의 배후 세력으로 규정하고 중간 집단 교육 프로그램의 간사들을 대거 체포했다. 이것이 '크리스챤아카데미 사건'이다.[6] 후에 중간 집단 운동을 리드했던 간사들과 수강생들은 1987년 이후 한국 시민 사회 각계각층의 지도자 역할을 하였고, 학계와 정관계의 중요한 위치에서 한국 시민 사회의 중추적 역할을 감당하였다. 척박했던 유신 시절 크

---

6. **중간 집단 운동과 크리스챤아카데미 사건**: 1965년 창립 이래 크리스챤아카데미는 '인간화'라는 기치 아래 비인간화를 구조화하는 비민주적 조직과 관료제를 비판하면서 집합적인 행위만이 구조적으로 파생되는 비인간화의 문제를 해결할 수 있다고 보았다. 그리하여 크리스챤아카데미는 민주화와 인간화, 양극화 극복을 위한 프로그램을 장기간에 걸친 사업으로 기획하고 1974년부터 여성 사회, 학생 사회, 교회 사회, 산업 사회, 농촌 사회 5개 분야에 걸쳐 중간 집단 운동을 시작하였다. 정부는 아카데미 출신 인사들이 사회 운동에서 두각을 나타내자 크리스챤아카데미를 의식화의 배후 세력으로 규정하고 탄압하기에 이른다. 이것이 크리스챤아카데미 사건이다. 1979년 3월 9일 여성사회분과 간사 한명숙(전 국무총리)의 연행으로 시작해 농촌사회분과 간사 이우재(전 국회의원), 황한식(전 부산대 교수), 장상환(전 민노당 정책위장), 산업사회분과 간사 김세균(전 서울대 교수), 신인령(전 이화여대 총장) 등과 더불어 정창렬(전 한양대 교수)이 구속되었으며, 유명묵(전 중앙대교수), 박현채, 양정규, 신혜수, 크리스챤아카데미 원장인 강원용 목사가 연행되어 조사를 받기도 했다(강원용, 2003a: 379-401).

장구를 상징화한 크리스챤아카데미 로고

리스챤아카데미 중간 집단 교육을 통해 세상에 뿌려진 씨앗들이 후에 싹을 내고 열매를 맺어 30배, 60배, 100배의 수확을 얻게 되었다고 감히 말하고 싶다.

6. 대화하는 실존

채수일 크리스챤아카데미 이사장은 한신대 신학 대학원에서 마련한 목요 강좌 '한신을 만든 사람들: 강원용 편'에서 여해를 "대화하는 실존"이라고 정의했다.[7] 나 역시 그 의견에 동의하는 바이다. 크리스챤아카데미 대화 운동을 가장 잘 드러내는 것은 기관을 상징하는 로고인데, 그것은 이어령 선생의 아이디어로서 한국의 전통 타악기 장구를 상징화한 것이다.

알려진 사실이지만 장구는 양쪽 북의 재질이 다르다. 북편(오른편 굴레)은 쇠가죽을 써서 무거운 소리가 나게 하고 채편(왼편 굴레)은 말가죽, 때로는 개가죽을 써서 경쾌한 소리가 나게 한다. 양쪽 북의 크기도 다르다. 북편 지름이 약 50cm이고 채편은 약 41cm이다. 결론적으로 장구의 아름다운 소리는 서로 다른 북의 재질, 다른 북의 크기가 만들

---

7. 2022년 2학기 한신대학교 신학대학원 "한신 목요강좌: 한신을 만든 사람들(4)_여해 강원용과 한신, 한국교회"(2022년 10월 27일), https://www.youtube.com/watch?v=OuE71A4euYA를 참조하라.

어 내는 앙상블이라 할 수 있다. 장구에 깃든 다름의 원리가 아름다운 소리를 만들고, 바로 그 차이가 화음을 이룬다는 역설이 크리스챤아카데미 대화 운동의 미학을 잘 드러내고 있다.

입장이 같은 사람들끼리 모여서 하는 대화는 아카데미에서는 도모하지 않는다. 어떤 사안에 대해 첨예한 입장을 보이는 두 그룹을 초대해 대화를 도모하는 것이 크리스챤아카데미 대화의 원칙이다.[8] 한국 현대사의 전개 과정에서 등장했던 첨예했던 양극화 상황들, 예를 들면 남북문제와 동서 문제에서부터 진보와 보수, 계급의 문제를 거쳐 오늘날 우리 사회 이슈인 성(性)과 세대 문제, 정규직과 비정규직 문제 등에 이르기까지 매 시대 당대의 양극화의 현장에서 크리스챤아카데미 대화 모임은 개최되었다.

이 대목에서 주목해야 할 사실은 대화 운동의 목적이다. 강원용은 "대화의 결과가 중요한 것이 아니라 대화 자체가 중요하다"(강원용, 1995: 132)는 사실을 천명한다. 대화의 목적을 다른 의견을 가진 사람들끼리 만나 어떤 합의와 극적인 타결을 모색하는 것으로 설정할 수 있는데, 크리스챤아카데미 대화 운동은 그것에 방점이 있지 않다. 대화 자체가 크리스챤아카데미 운동의 근거이자 수단이고, 대화 자체가 아카데미 운동의 목적이다. 결론과 목적을 향해 나가는 대화가 아니라, 열린 결말과 물음과 과제를 안고 퇴장하는 대화, 결과가 아닌 과정으로서의 대화, 봉합과 해결이 아닌 틈과 균열을 일으키는 대화를 도모하는 것이 크리스챤아카데미 대화 운동의 중요한 포인트였다.

크리스챤아카데미는 대화의 공간과 시간, 그리고 대화할 수 있는 모

---

8. 강원용은 1966년 11월 16일 수유리 아카데미하우스 준공식사를 통해 건축 목적을 밝히면서 크리스챤아카데미 대화 운동의 성격을 분명히 하였다. "… 정당과 정당간, 종교와 종교간, 기업주와 노동자간, 세대와 세대간에 쳐진 장벽을 허물고 서로 진실한 이해와 협조의 길을 모색하는 대화의 광장으로 이 집이 쓰일 것입니다."(강원용, 2003b: 179).

멘텀을 충실히 제공할 뿐이다. 그 이후의 과제는 대화에 참여했던 참가자들의 몫이다. 그들이 아카데미 대화 모임에 참여해 얻은 성찰과 깨달음을 가지고 세상으로 나가 각자의 삶의 자리에서 실천하고 적용한 결과를 다시 가지고 들어와 대화하였다. 이런 과정을 거듭하면서 조금씩 조금씩 크리스챤아카데미 대화 운동의 스펙트럼은 넓고 깊어져 갔다.

7. '사이 · 너머'와 종교 간 대화 운동

크리스챤아카데미가 세상과 만나고 소통하는 기술이 대화였고, 그것은 오랜 시간 사람들을 엮어 내면서 한국 사회를 변화시키는 계기가 되었다. 돌이켜보면 아카데미 대화 운동은 자기의 영토를 고수하지 않고 '제3의 지대'에 서 있기를 자처했기에 가능했고, 그래서 성(聖)과 속(俗), 성(性)과 지역, 계급과 이데올로기를 뛰어넘어 많은 이들이 모일 수 있었다. 양극단의 논리가 아니라 대화 가운데 이루어지는 '제3의 지대'를 향한 탈주를 강원용은 '사이 · 너머(Between · Beyond)'라 불렀다.

> 모든 것이 대립과 양극화된 상황속에서 정치적으로나 종교적, 사회적으로 일관되게 내가 지켜온 자리는 양극의 어느 쪽도 아니고 그렇다고 중간도 아닌, 대립된 양쪽을 넘어선 제3지대였다. 중간 그리고 그것을 넘어서는(Between · Beyond) 지대를 내 나름대로 지향하여 왔지만 오히려 대립된 양편의 오해와 공격을 받는 삶을 살아 왔다. (강원용, 2003c: 297)

실제로 강원용은 1965년 크리스챤아카데미를 설립한 뒤 종교와 지역, 정파, 성과 계급 간 '사이 · 너머'를 횡단하는 많은 대화 모임을 개최하였는데, 그중에서 종교 간의 벽을 허물고자 노력했던 강원용의 활약에 대해 잠시 소개하겠다. 송월주의 회고에 의하면 청담 스님이 조계종 종정으로 있던 1960년대 후반 불교도 대회에서 강 목사가 축사를 한 적이 있다고 한다. 여러 종교가 함께 시대와 역사를 위해 역할을 해야 한다는 내용이었다. 지금은 이웃 종교와의 만남과 대화가 자연스럽고 어색하지 않은 광경이지만 당시로서는 무척이나 파격적인 행보였고 그 중심에 강원용 목사가 있었다고 송월주 조계종 총무원장은 회고한다.[9]

강원용은 김수환 추기경, 법정 스님, 송월주 총무원장 등과 더불어 한국 사회에서 이웃 종교 간의 대화를 시작하고 이끌었다. 그것의 시작은 1965년으로 거슬러 올라간다. 그해는 제2회 바티칸 공의회가 끝나면서 퍼지기 시작한 종교 간 대화와 협력의 분위기가 전 세계적으로 고조되던 해였다. 같은 해 10월 크리스챤아카데미 주최로 '한국 제종교의 공동 과제'라는 주제로 대화 모임이 열렸는데 이는 한국 역사에서 최초로 이루어진 이웃 종교 간 만남이었다(강원용, 2003b: 140). 대화 모임 이후 기독교 내에서 반발이 일어 NCC 주최로 이 문제를 논의하는 자리를 마련하였는데, 강원용은 한국 교회의 경직된 개종 위주의 선교관을 비판하면서, "나는 대화를 통해서 다른 종교의 신자들을 개종시킬 의도는 전혀 없습니다"라는 발언을 해 장내를 아수라장으로 만들었다(강원용, 2003b: 142).

이 말은 자칫 오해의 소지가 있는 말인데, 평소 강원용은 기독교의 자기 절대화를 경계하고 있었다. 강원용은 기독교인들이 너무 경직된 선교관에 입각한 나머지 타자에 대한 적대감을 갖는 것은 문제가 있

---

9. 송월주, 동아일보, 2011. 11. 8, 「나의 삶 나의 길/송월주 회고록 ⑤ 강원용 목사 '대화의 선구자'」, https://www.donga.com/news/People/article/all/20111108/41707993/1 (최종 검색일 2023. 1. 2).

1970년 아카데미하우스에서 열린 종교 간 대화 모임. 좌로부터 강원용 목사, 김수환 추기경, 청담 스님

다고 보았다. "기독교가 보는 가장 무서운 파괴력은 자신의 주장과 의를 절대화하는 것이다. 자신이 최고의 심판자로 군림하는 자는 인간이 아니라 악마다."(강원용, 1979: 22). 강원용의 이 말은 움베르코 에코 (Umberto Eco, 1932~2016)의 작품 『장미의 이름』 결말에서 광신적 기독교를 향해 던졌던 주인공 윌리엄 수사의 말을 떠올리게 한다; "가짜 그리스도는 지나친 믿음에서 나올 수도 있고, 하느님이나 진리에 대한 지나친 사랑에서 나올 수도 있다는 것이다. … 그리고 진리를 위해서 죽을 수 있는 자를 경계하여라."(에코, 2008: 638).

강원용과 에코의 말에서 느낄 수 있는 것은 다차원적 존재 방식으로 임재하는 신을 인간의 언어와 생각에 갇히게 하고 그것을 도그마 하여 그것만이 참 신앙이라고 따르도록 강요하는 종교적 오만에 대한 경종이다. 강원용이 이렇게 말할 수 있었던 것은 '사이·너머'에 존재하는 신에 대한 믿음이 확고했기 때문이다.

8. 우주적 그리스도를 향하여

교리와 도그마에 갇히지 않고 만물들 '사이·너머'에 존재하는 신을 강원용은 '우주적 그리스도(cosmic Christ)'라 표현하였다.

> 다른 종교인들의 삶과 전통 속에서 성령의 활동하심을 고백하는 것은 당연하다고 생각한다. 그것의 근거는 우주적 그리스도와 사랑의 에너지인 신앙에 거점을 둘 수 있다. '우주적 그리스도(cosmic Christ)'는 신약 성경의 에베소와 골로새서를 읽지 않고서는 잘 알수 없다. 그곳에 나오는 예수님은 우주적인 그리스도이다. 전 우주를 구원하시는 그리스도이고 우리는 그 구원을 제한할 수 없다. 그래서 종교 간은 대화를 나누어야 하며 인간 해방과 생명의 창조적보존을 위해 실천적으로 공동전선을 펴 나가야 한다. (강원용, 1998: 273)

강원용의 '사이·너머'에 대한 생각과 그로부터 발생하는 '우주적 그리스도'에 대한 신학적 사유는 폴 틸리히의 영향이라고 말할 수 있다. 강원용은 틸리히의 저서 『흔들리는 터전(The shaking of the foundations)』을 읽으면서 그동안 서구 신학이 견지했던 박제화된 신학으로부터 벗어날 수 있었다. 종교가 해방의 기능이 아닌 도구와 장치가 되어 사람들의 삶을 역으로 구속하고 억압하고 있는 것은 아닌지, 그런 종교는 인간에게 짐이 될 뿐이다. 예수는 바로 그런 종교에 종지부를 찍었다. 틸리히는 이를 다음과 같이 설교하였다.

> 우리가 예수를 그리스도라고 부르는 것은 결코 그가 새 종교를 가져 왔기 때문이 아니요, 그야말로 종교의 종국(終局)으로서 종교와

비종교, 그리스도교와 비그리스도교를 초월한 곳에 위치하고 있기
때문입니다. (틸리히, 1997: 135)

틸리히의 "예수는 종교의 종국이다(He is the end of religion)"라는
말이 강원용으로 하여금 '사이·너머'를 지향하면서 '우주적 그리스도'
를 상상하게 하였다. 예수는 기독교라는 종교를 만들지도 않았고 그
럴 의도도 없었다. 만물에 깃든 생명의 기운을 전하고 그것이 발현될
수 있도록 함께 했을 뿐이다. 그것이 복음이다. 이 말은 예수를 향해,
혹은 누군가를 향해 기독교적이다, 비기독교적이다, 라는 진영의 논리
로 말한다는 것이 얼마나 어리석은지를 드러낸다. 그것이 틸리히의 책
제목처럼 우리의 터전을 흔들리게 하는 것일지라도, 이를 받아들일 때
우리는 비로소 '새로운 존재'가 된다.

강원용은 틸리히의 사상으로부터 영감을 받고 '사이·너머'를 향
하는 '우주적 그리스도'에 대한 이야기를 할 수 있었고, 그것을 말하
는 것으로 그치는 것이 아니라 우리 사회 각종 진영과 진영들 사이에
서 경계를 넘어가는 대화의 마당을 끝없이 펼쳐놓았다. 크리스챤아카
데미 대화 운동을 통해 '사이 너머'를 지향했던 그의 행보 하나하나는
우주적 그리스도에 대한 신앙 고백이었다고 해도 과언이 아니다.

본서의 2부 "경계를 넘는 신학적 상상들"에서 도모하고자 했던 것은
탈종교 시대를 맞아 기존의 신학적 견해가 아니라 새로운 시대에 맞는
신학적 상상을 선사하는 인물들을 소개하는 것이었다. 벤야민, 레비나
스, 데리다, 지젝, 테드 제닝스 등 기라성 같은 사상가들의 뒤를 이어
여해 강원용을 소개할 수 있어 기쁘다.

강원용의 삶과 사상은 세계 신학계에 내놓아도 손색이 없는 한국 신
학의 자산일 뿐 아니라, 실천적인 측면에서도 신학과 신학의 외부, 교
회와 교회 밖의 경계를 넘나들면서 대화하고 경계를 가로지르면서 새

로운 길과 비전을 제시하였다는 점에서 높이 평가된다. 특별히 강원용이 말하는 '사이 너머'를 지향하는 '우주적 그리스도'는 탈종교 시대에 그리스도교가 나가야 할 바를 놓고 고민하는 후학들에게 시사하는 바가 크다.

숨밭 김경재

'대승적 그리스도교, 대승적 민중신학'

1. 프롤로그

이 글은 지난 봄(2025년 5월)에 별세한 숨밭 김경재가 말년에 던진 '대승적 민중신학'에 대한 아이디어를 발전시키는 것이다. 숨밭 김경재의 신학을 제한된 지면에서 일일이 열거하는 것은 불가능하다. 그럼에도 불구하고 그의 사상을 한마디로 요약하면 세상과 담을 쌓고 폐쇄된 종교로 전락한 한국 개신교를 향해 '대승적 그리스도교'를 주장하면서 열린 종교로의 전환을 촉구하였다는 점이다.[1]

필자가 '대승적 민중신학'이라는 주제에 관심을 갖게 된 것은 "한국 민중신학의 새로운 목소리"라는 주제로 열린 심원 안병무 탄생 100주년 기념 학술 대회(2022. 10. 17. 한신대학교 신학대학원) 폐회 강연에서 행한 김경재의 발표를 접하고 난 이후이다.[2] 숨밭의 발표를 듣고 기존의 민중신학자들의 관점과 다른 그의 민중신학을 바라보는 독법이 교착 상태에 빠진 민중신학에 생기를 불어넣을 수도 있겠구나, 라는 생

---

1. 한겨레(2025. 5. 11)에 기고한 필자의 추모 기사 「[가신이의 발자취] '나의 선생님' 김경재 교수님을 보내며」를 참조하라. https://n.news.naver.com/mnews/article/028/0002745271?sid=103

2. 김경재의 발표문은 2022년 12월 『기독교사상』에 「영과 진리 안에서: 21세기 대승적 민중신학의 길」(95-106)이라는 제목으로 게재되었다.

각을 했다.

김경재는 한국 신학의 지형에서 민중신학이 아닌 문화 신학자로 분류된다. 세계에 내세울 만한 가장 한국적인 신학이 민중신학이라고 할 때, 이는 한국이라는 독특한 정치적, 역사적 상황 속에서 나왔다고 볼 수 있다. 그렇다면 민중신학은 대표적인 한국의 문화 신학이라 할 만하고, 문화 신학자 김경재의 민중신학을 향한 비평은 민중신학 내부에서 제기되는 그것보다 더 큰 틀에서의 메타 비평이 가능하다는 점에서 의의가 있다 하겠다.

김경재는 민중신학의 아이콘이라 할 수 있는 안병무, 서남동과 함께 한신에서 교수 생활을 하면서 역사의 격랑을 함께 넘어왔다. 그 세월 속에서 숨밭은 민중신학을 향한 애정을 드러냈고, 한편으로 문화 신학자로서 민중신학을 향한 아쉬움을 토로하기도 하였다. 이러한 김경재의 안목이 21세기 민중신학에 대한 새로운 모색을 도모하는 후학들에게 좋은 자극이 되리라는 기대가 원고를 쓰게 하는 동기로 작용하였다.

본격적으로 숨밭의 '대승적 민중신학'을 논하기 이전에 '대승적 민중신학'의 방법론에 대한 고찰이 필요하다. 나는 그것을 김경재가 말하는 문화 신학에 대한 이해로부터 전개할 것이고, 이는 문화 신학자 숨밭이 민중신학을 향한 비평의 틀을 마련하기 위한 예비 단계라 할 수 있다. 김경재는 문화 신학과 민중신학이 서로 다른 신학이 아니라 동전의 양면처럼 한국적 상황과 문화 속에서 나온 쌍생아이고 서로 길항적 작용을 하는 관계라 주장한다. 이러한 해석학적 순환과 융합을 통해 숨밭은 민중신학에 새로운 활기를 불어넣고자 하였다. 그것의 결과로 등장한 것이 김경재의 '대승적 민중신학' 발언인데 본론의 후반부에서 집중적으로 다루어질 것이다.

2. 숨밭의 '문화 신학'

김경재의 문화 신학과 민중신학 간 대화의 거점을 확보하고자 하는
노력은 1990년대 중반으로 거슬러 올라간다. 그는 「민중신학과 종교
신학의 길항성과 상보성」(김경재, 1996a: 43-63), 그리고 「문화신학과
정치신학의 상보관계에 관하여: Paul Tillich의 문화신학을 중심으로」
(김경재, 1996b: 24-45)라는 두 편의 논문에서 이미 민중신학과 문화 신
학 사이 가교를 마련하고 있었고, 더 거슬러 올라가면 1994년에 출판
한 『해석학과 종교신학』에서 그것들의 자리를 이미 예비하였다. 이러
한 김경재의 학문적 여정은 민중신학에 문화 신학적 독해를 가능하게
한다. 그렇다면 숨밭이 말하는 문화 신학의 쟁점은 무엇인가?

『문화신학 담론』[3] 머리말에서 숨밭은 "땅 끝까지 이르러 내 증인이
되라"(행 1:8)는 선교 명령을 문화 신학적으로 새롭게 해석한다. '땅 끝
까지'를 "지리적 공간개념으로 평면적으로 이해할 것이 아니고 입체
적으로 총체적으로 이해해야 할 교회사적 전환기에 도달했다"(김경재,
1997: 7)고 김경재는 평한다. "그 땅과 세상은 비어있는 공간이 아니라
다양한 의미와 가치가 충만해 있는 문화적 삶의 공간"이고, "복음이
문화라는 육을 입어 화육하지 않으면 참된 의미에서의 생명의 빵이 될
수 없다"(김경재, 1997: 7)는 김경재의 발언은 그가 취하는 문화 신학의
입장을 잘 보여 주는 장면이라 할 수 있다.

숨밭은 한국 교회가 받아들인 그리스도교가 서양 역사에서 발생했
던 다양한 종교적 패러다임을 맹목적으로 수입한 것은 아닌지 반문한

---

3. 김경재, 『문화신학 담론』(서울: 대한기독교서회, 1997): 1997년에 나온 김경재 문화 신학
의 표준이 되는 책으로 90년대 이후 발표했던 글들을 정리하고 편집했다. 지난 천 년
을 마감하고 새로운 천 년을 맞이하는 전환 시대에 열린 영성으로 나아가는 문화 신
학의 이론적, 실질적, 목회적 지형들을 잘 그리고 있다.

다.[4] 김경재는 한국 개신교도들은 서양 그리스도교의 패러다임을 받아들이고 지켜 나가는 것 자체가 그리스도교 신앙의 진수라고 착각하고 있다고 지적하면서 중요한 것은 갈릴리 복음을 한국인의 문화적 토양과 종교적 심성에 담아내는 것이라고 말한다(김경재, 1997: 65-9).

김경재는 한국 문화 신학의 선례가 될 만한 좋은 본보기들을 본인의 저작에서 소개하고 있다.[5] 문화 신학을 단지 이론의 차원이 아닌 한국 교회 신앙과 신학의 디딤돌 역할을 했던 믿음의 선배들의 예를 통해 보여 주려는 의도에서다. 이는 복음이 선교사들에 의해 들어오기 전에 주체적으로 한국 땅에서 뿌려졌음을 의미하는데 그것은 문화 신학이 조선 땅에서 스스로 발아했다는 증거라 하겠다. 이를 통해 숨밭은 문화 신학이 일시적으로 유행하는 학문적 조류가 아니라 복음이 새로운 땅으로 퍼져 그곳의 문화와 만나 발아할 때 자연스럽게 등장하는 그리스도 현상임을 강조한다.

이러한 견해는 당연한 귀결이라 할 수 있다. 복음을 받아들이는 해당 주체는 진공 상태에 살고 있는 투명하고 멸균 상태에 놓인 존재가 아니다. 당대의 시간과 공간, 거슬러 올라가면 그 땅의 역사와 함께 얽혀서 살아온 유기체적인 실존이고 정신이라 할 수 있다. 복음이 여기에 뿌려져 만개하기 위해서는 이미 조성된 토양과 문화와 정신과 창조적으로 만나 연대하고 결합해야 함은 마땅하다. 이러한 숨밭의 해설은 성육신에 대한 문화 신학적 해석으로 내게 다가왔다.

---

4. 김경재는 한스 큉의 패러다임 분류를 인용하는데, ① 묵시 문학적 종말론의 그릇에 담긴 원시 그리스도교적 형태의 그리스도교, ② 헬레니즘의 토양에서 복음의 씨앗이 떨어져 발아한 헬라적 그리스도교, ③ 중세 라틴적 그리스도교 패러다임, ④ 종교 개혁 이후 개신교적 구원 패러다임, ⑤ 계몽주의 시대 이후 근대 합리주의적 패러다임, ⑥ 20세기 에큐메니컬 그리스도교 패러다임 등이 그것이다(김경재, 1997: 67).
5. 김경재는 『문화신학 담론』에서 김재준, 최태용, 함석헌, 동학의 시천주 예를 들면서 한국적 문화 신학의 원형들을 소개하고 있다.

김경재의 문화 신학 저작들을 읽다 보면 폴 틸리히 상관 방법론, 토머스 쿤의 패러다임 전환, 데야르 샤르뎅의 '오메가 포인트' 등 많은 이론적 토대가 켜켜이 쌓여 있음을 느낄 수 있다. 그중에서도 특별히 숨밭은 가다머의 해석학을 빌려 문화 신학의 현상학을 여러 차례 설명한 바 있다. 김경재에 의하면 가다머 해석학의 특징은 "이해란 객관 또는 대상보다 우위에 서서 그와 대립하는 인간의 주관적인 과정이 아니라 인간 그 자체의 존재방식이라는 것이다. … 인간의 존재방식 자체가 해석학적 과정이며 해석학적 이해의 연속동작이라고 할 때, 인간은 언제나 삶과 실재를 조망하는 어떤 지평 안에 있다. 지평개념은 가다머의 해석학에게 중요한 개념이다."(김경재, 1994: 61).

한국인들에게는 고유한 삶의 지평과 진리 경험의 지평이 있다. 한국의 그리스도인들이 복음을 받아들인다 함은 그들 자신의 고유한 이해와 해석 속에서 복음을 수용한다는 것이다. 그렇다면 한국에서의 복음 전파는 다음과 같이 정의될 수 있다. 서양 그리스도교라는 지평과 그것의 수용자이자 해석자인 조선인의 문화적, 종교적 그것과의 '지평융합'의 결과가 한국의 그리스도교라고 말이다.[6] 본인의 문화 신학을 지평 융합의 관점에서 바라본 숨밭은 이러한 관점에서 민중신학과 문화 신학 간의 상관관계를 밝히고 있다.

---

6. 숨밭은 이를 다음과 같이 설명하고 있다. "가다머에게 있어 영향사적 의식이란 인간이 어떤 예술작품, 종교적 경전, 문학작품 등 정신세계를 이해하려 할 때, 이미 이해자의 이해행위 안에, 그가 그것을 의식하든지 아니하든지간에 역사적 영향이 작용하고 있는 이해지평을 갖는다는 뜻이다. 작품의 역사성을 깊이 통찰함과 동시에 작품 이해자의 역사성이 그 작품의 이해과정 속에 구성적으로 작용하고 있기 때문에 이해란, 사실 과거 역사적 지평과 현재 역사적 지평과의 만남이요 두 역사적 지평의 융합과정인 것이다."(김경재, 1994: 65).

3. 문화 신학과 민중신학의 만남

김경재는 「한국 진보신학의 오늘과 내일」(김경재, 2014: 111-44)이라는 논문에서 한국 진보 신학의 지형도를 작성하였고,[7] 민중신학과 문화 신학의 관계에 대해서도 진술하였다. 양자 간의 길항 작용을 설명하면서 숨밭은 폴 틸리히 『문화신학』 중 "종교는 문화의 실체(substance)요 문화는 종교의 형식(form)"이라는 구절을 인용하는데,[8] 이는 틸리히 문화 신학의 핵심을 이루는 문장이라 볼 수 있다.[9] 틸리히가 '문화 신학'에 대한 정의를 내리기까지 그의 '상관 방법'이 작용했다는 것은 잘 알려진 바이다.[10]

한마디로 말해 상관 방법은 세상에 던져진 인간의 실존적 질문에 대한 답변의 방식이라 할 수 있다. 이런 틸리히의 신학적 방법론은 텍스트 앞에 서 있는 독자들에게, 각기 다른 문화적, 역사적 전통 아래 놓인 신앙인들에게 진리에 대한 해석을 본인들 실존의 지평으로 옮겨 읽어내는 것을 가능하게 하였다. 그 이후 신학은 스스로가 자신을 구성할

---

7. 이 논문에서 김경재는 보수 신학과 대비되는 진보 신학의 현황을 다섯 서클로 정리하는데 그것은 다음과 같다: (1) 통전적 조정 신학 운동, (2) 민중 지향적 사회-정치 신학 운동, (3) 종교-문화 신학 운동, (4) 여성 신학 운동, (5) 생태학적 자연 신학 운동.

8. "궁극적 관심으로서의 종교는 문화의 의미를 제공하는 실체이고 종교는 문화의 기본적 관심이 자신을 표현하는 형식들의 총체이다. 간략히 말하자면, 종교는 문화의 실체이고 문화는 종교의 형식이다. 그런 고찰은 종교와 문화라는 이원론의 확립을 분명히 방지한다. 모든 종교적 행위는 제도화된 종교뿐 아니라 영혼의 가장 친밀한 움직임에서도 문화적으로 형식화된다."(틸리히, 2018: 63).

9. 틸리히의 문화 신학에 대한 김경재의 견해는 다음 글을 참조하라: 김경재, 「틸리히의 문화신학: '궁극적 관심'을 중심으로」, 『아레오바고 법정에서 들려오는 저 소리』(서울: 삼인, 2005), 235-51.

10. 주지하듯 틸리히의 신학적 방법론은 '상관 방법(method of correlation)'이다. "상관방법은 기독교 신앙 내용을 인간의 정신적 실존과 관계를 맺는 지난 시대의 세 가지 부적합한 방법을 대체하려는 방법이다. 지난 시대의 부적합한 방법이란 초자연주의적 방법, 자연주의적-인본주의적 방법, 그리고 이원론적 방법이다. … 틸리히 『조직신학』 제1권, 64~65"(김경재, 2018: 33).

토대를 구축할 수 있었다. 여성 신학, 흑인 신학, 해방 신학, 포스트콜로니얼 신학, 생태 신학, 한국의 민중신학, 근래의 퀴어 신학까지 나올 수 있었던 배경에는 상관 방법이 있었다. 김경재는 틸리히의 상관 방법을 다음과 같은 의미 있는 문장으로 묘사하였다. "상관방법 신학은 혹은 참 신앙의 태도는 하늘을 사랑하기 위해 땅을 미워하거나 소홀히 대하지 않는다. 동시에 땅에 충실하기 위해 하늘을 잊거나 포기해야 한다고 말하지도 않는다. '땅에 임한 하늘', '영원을 잉태한 시간', '황홀한 이성', '성속일여'의 진리 담론을 펼친다."(김경재, 2018: 41).

틸리히의 발언에 동의를 하면서 숨밭은 민중신학과 문화 신학과의 관계에도 '상관 방법'을 적용하였다. "문화신학과 민중신학은 서로 쌍벽을 이루면서 수레의 두 바퀴처럼 한국의 진보신학을 견인해가는 신학운동이다"(김경재, 2014: 123). 돌이켜 보면 민중신학은 법과 제도, 경계와 울타리 밖에 있는 타자들에게로 나가 출애굽과 예수 운동에 임재했던 해방의 하느님이 민중과 함께 일하고 있음을 선언했다. 문화 신학은 이웃 종교에서 발견되는 계시와 진리의 차원이 그리스도교의 그것과 대화와 소통이 가능한 종교심으로 바라본다. 김경재는 민중신학과 문화 신학이 공통적으로 "성문 밖 사람들과, 그리스도교 밖의 사람들 안에서 일하시는 하나님과 영의 활동, 익명적 그리스도의 현존 체험을 했다"(김경재, 1996a: 58)고 회상한다.

숨밭은 민중신학과 문화 신학 간의 관계를 "새의 두 날개처럼, 수레의 두 바퀴처럼 어느 한 쪽이 없으면 바르게 날아갈 수 없고, 잘 굴러갈 수 없는 그런 상보관계"(김경재, 1996a: 43)라고 말한다. 이 대목에서 자칫 오해의 소지가 있을 수 있겠다. 그냥 좋은 게 좋은 거지, 식의 밋밋하고 납작한 관계가 상보적인 것은 아니다. 김경재는 양자 간의 상보성을 말하기 이전에 길항성에 대해 언급하였다.[11] 길항 작용이란 사

---

11. "길항성이란 서로 다름과 독특성을 말하고, 상보성이란 서로 다른 것이 함께 어울리고 통전됨으로 발생하는 더 높은 차원의 창발적 생명현상에 대한 이름"(김경재, 1996a: 44).

전적 의미에서 보면 "상반되는 두 가지 요인이 동시에 작용하여 그 효과를 상쇄시키는 현상"(김경재, 1996a: 43)이다. 성공적인 길항 작용을 위해서는 각각의 입장과 언어, 본인의 역사와 서사를 가진 사람들이 대화의 공간으로 모여드는 것이 우선 중요하다. 그러므로 민중신학은 민중신학대로, 문화 신학은 본인의 색깔을 가지고 대화의 테이블로 나와야 한다. 왜냐하면 길항 작용의 첫 단추는 각각의 독특함을 말하고 그것에 대해 경청하는 것이기 때문이다. 나의 입장을 강요하고 상대방의 약점과 한계를 지적하는 것이 아니라, 각각의 사유와 경험을 존중하고 배려하면서 문화 신학과 민중신학은 상보성을 담보해야 한다.

요약하면 이렇다. 민중신학과 문화 신학은 한국의 그리스도교가 발전하는 과정에서, 즉 한국이라는 토양과 한국적 상황 속으로 복음의 씨앗이 뿌려지고 육화되는 과정에서 일어난 창조적 자기 해석이라 할 수 있다. 문화-종교적 측면이 문화 신학이라면, 정치-사회적 측면을 담당했던 것이 민중신학이다. 양자는 달랐던 서로의 목소리를 퇴색시키지 않고 서로 공명하면서 한국의 주체적 신학으로 남았다.

지금까지 필자는 김경재가 말하는 문화 신학 일반과 그것이 민중신학과 어떻게 조응하는지에 대해 언급하였다. 한국 땅에서 이루어진 토착화 신학과 민중신학은 텍스트와 콘텍스트 간의 지평 융합의 신학이라는 측면에서 한국적 문화 신학의 대표작이라 할 만하다. 다음 절에서는 양자(문화 신학과 민중신학)의 융합이라 할 수 있는 숨밭의 '대승적 민중신학'에 대해 논하도록 하겠다.

4. '대승(大乘)적 민중신학' 길라잡이

우선 '대승적'이라고 했을 때 불교의 소승 불교와 대승 불교가 떠올라 불교의 용어라고 생각하기 쉬운데, 이러한 우려에 대해 김경재는

"대승적이라는 말은 부분적이거나 개인적인 것에 얽매이지 않고 전체를 생각하는 마음의 태도"(김경재, 2004: 15)라고 말하면서 세인들의 걱정을 다독인다. '대승'은 산스크리트어로 마하야나(Mahayana)인데, 이 말은 '크다'와 '탈 것'의 합성어이다. 문자적으로 '많은 사람이 탈 수 있는 큰 수레'쯤으로 해석하면 무난하다.

대승적 민중신학을 논하기에 앞서 숨밭은 일찍이 '대승적 그리스도교'에 대한 정의를 내린 바 있다.[12] 우리가 "만유 위에 계시고 만유를 통일하시고 만유 가운데 계시는"(엡 4:6) 주님을 고백하는 대승적 기독인이라면 이스라엘의 민족사, 서양의 그리스도교 역사, 문자주의적 성서 해석에 갇혀서는 안 된다. 숨밭은 본인이 그리는 대승 그리스도교를 향한 소망을 다음과 같이 담백하게 밝히고 있다. "하늘과 땅을 창조하고 만유를 품으시는 하나님을 믿으며, 인종과 지역과 문명을 포괄하는 큰 종교인데, 현실에서는 너무 좁아졌어요. 그런 종파적 그리스도교를 극복하는 게 내 꿈이었습니다."(김경재, 2021: 94). 김경재가 밝히는 '대승적 민중신학'에 대한 전망도 기본적으로 '대승적 기독교'를 전제한다.

숨밭은 "모든 사람이 공감하고 참여하는 민중신학"(김경재, 2022a: 96)을 대승적 민중신학이라고 칭한다. 체제와 권력에 의해 버림받은 민중의 심정과 입장에서 예수와 성경의 메시지를 읽고 민중의 마음으로 예수를, 예수의 마음으로 민중을 바라봤다는 점에서 민중신학은 높이 평가되어야 하지만, 숨밭은 민중신학을 정치적 상황 신학으로만 국한시키려는 태도에 대해서는 선을 긋는다.[13] 그는 "민중신학은 한국

---

12. 숨밭은 현실 기독교 모습 중에서 대승적 기독교가 극복하려는 요소들을 다섯 가지로 제시한다: (1) 이원론적 기독교를 극복하여 '전일적 실재관'을 회복함, (2) 몰역사적 타계주의 신앙을 극복하여 공동체의 역사적 구원을 지향함, (3) 인간의 가능성을 지나치게 부정하는 숙명론적 인간 이해를 극복하려 함, (4) 교리주의. 율법주의. 광신주의 신앙을 극복하려 함, (5) 한국 종교 문화 유산과 타 종교를 배격하는 배타적 기독교 신앙을 극복하려 함(김경재, 2004: 17-39).

적 사회정치신학임에는 틀림없으나 그것은 오래 한국 민중사에서 분출되고 확인되는 한민족의 민중사상 맥을 잇는 것임을 주장"(김경재, 2022b: 282)하는데 이러한 민중신학에 대한 견해가 대승적 민중신학으로 나가는 시발점이 되었다.

필자가 보기에 위의 발언은 김경재의 민중신학을 향한 아쉬움을 우회적으로 표현한 것이라 본다. 민중신학은 당대 민중이 지녔던 비참의 현상학에 집중한 나머지 다른 요소들을 살필 여력이 없었다. 어쩌면 이 것은 민중신학이 지니는 태생적 한계일는지도 모르겠다. 좀 더 큰 틀에서의 한국인의 마음과 근현대의 역사를 거시적으로 보지 못했다. 또한 대문자 민중 혹은 민족에만 포커스를 맞춘 나머지 다른 미시적 부조리와 불합리에 대해서 눈을 감지는 않았는지 반성할 필요도 있다.[14]

이런 이유로 김경재는 "향후 민중신학은 당대의 시각을 더 넓혀서 한국 민중전통의 큰 흐름과 대화해야 한다"(김경재, 2022a: 99)고 조언한다. 민중신학이 초기의 폭발성이 증폭되지 못하고 주춤거리고 있는 형국이라면 거기엔 어떤 원인이 있을 텐데 김경재는 이를 예리하게 지

---

13. 김경재는 민중신학의 등장 후 제기되었던 민중신학을 둘러싼 정치 신학 논란에 대해 다음과 같이 반박하였다. "민중신학이 무엇이냐? 라고 식자가 묻는다면 흔히 '가난하고 눌린 자를 위한 기독교 민권운동'이라고 대체로 이해한다. 이 대답은 맞기는 맞으나 민중신학에 대한 극히 피상적인 이해이다. 그러한 이해는 민중신학의 신학적 본질은 이해하려 아니하고 그 신학운동을 단순히 전통적 기독교의 사회윤리적 차원의 운동이라고 만 이해하는 셈이다. 민중신학이 신학사 또는 세계인류 정신사에서 의미심장한 이론과 실천운동으로 주목받는 것은 단순히 그 사회윤리적인 면의 특성때문이 아니라 그 신학사상 본질의 급진성과 참신한 새로움 때문인 것이다." 김경재, 「민중신학의 신학사적 의미와 그 평가」, 『한국 민중신학의 조명』(서울: 대화출판사, 1983), 96.

14. 숨밭은 민중신학을 향해 다음과 같은 비판적 문제 제기가 있었음을 지적한다. "민중신학의 정치적 모티브는 강점임과 동시에 민중신학을 편파성으로 몰아가고, 본의 아니게 인간 내면의 깊은 영성의 문제를 소홀히 하거나 간과하는 결과를 초래하기 쉽다는 비판과 우려를 받아왔다. … 민중신학은 사도들과 성서가 전하려는 복음의 전체성을 증언하는 데 무언가 부족했고 진리와 성령의 은혜 안에서 경험하는 복음이 주는 기쁨을 한없이 무거운 엄숙한 윤리종교로 경직화 시키지 않았는가라는 질문을 받았다."(김경재, 1996: 53).

목한 셈이다. 민중신학이 정치적, 사회적 상황에 예민하고 진지하게 반응한 것은 신학적으로 훌륭한 태도이고, 문제에 대한 분석에 있어 사회과학적 접근을 통해 마술적이 아니라 객관적으로 본질에 접근하려는 방식 또한 긍정적으로 바라볼 수 있다. 하지만 결정적으로 민중신학이 한국 민중의 마음과 종교성 속에 깃들어 있는 정동적 에너지와 그것의 흐름을 소홀히 다루지는 않았는지 김경재는 묻는다.

숨밭은 마지막으로 민중신학이 대승적 민중신학으로 전환을 도모해야 한다고 제언한다. 그는 '씨알 사상'과 '생명 사상'을 보강함으로써 대승적 민중신학으로 발돋움할 때 민중신학이 시대적 요청에 걸맞은 소임을 다할 수 있다고 보았다. 전자는 정치 신학, 상황 신학으로 국한된 민중신학에 대한 이해에 깊이를 더하는 역할을 하고, 후자는 민중신학적 대화와 연대의 폭을 확장시키는 역할을 할 것이다.

5. 대승적 민중신학의 두 가지 키워드: 씨알 사상과 생명 사상

1) 씨알 사상[15]

김경재는 민중신학이 1970-80년대 한국적 정치 상황에서 발생한 일시적인 정치 신학이다, 라는 세인들의 범박한 이해를 안타깝게 바라보았다. 민중신학은 한국적 정치 신학임에는 분명하나 일시적 상황 신학으로 그치지 않았다. 숨밭은 민중신학이 한국 민중사에서 확인되는 한민족의 민중 사상 맥을 잇는 것임을 주장했다. 이는 민중신학 진영

---

15. "씨알이라는 어휘는 함석헌이 자신이 증언한 대로 그의 스승 다석 유영모의 「대학」(大學) 고전 강의 때에 하신 말씀에 기원한다. … 다석은 '친민(親民)'을 '씨알 어뵘'이라 번역하였다. … '씨알 어뵘'이란 어버이 뵈오듯, 씨알을 가깝게 따사로운 사랑의 정을 가지고 직접 몸으로 찾아서 섬기고 받는다는 뜻이다. 씨알이라는 상징적 근원어 안에는 씨알 생명의 주체성, 근본성, 순수성, 생동성, 관계성이 함축되어 있다."(김경재, 1990: 55-6).

에서 그동안 간과했던 부분이다. 그렇다고 김경재는 현상학적 투쟁에 몰두한 나머지 미처 본인들의 뿌리를 찾을 여력이 없었던 민중신학자들을 탓하지 않는다. 숨밭은 민중신학의 동력이 예전 같지 않은 현시점에서 그것의 뿌리에 대한 성찰을 통해 민중신학의 재활성화를 도모하고자 했고, 특별히 민중신학의 주체론의 뿌리에 함석헌의 '씨알 사상'16이 있음을 역설한다.

> 함석헌의 씨알은 생명철학이요 인간본성의 영성회복운동이요 그런 의미에서 '자연-신-인간적 영성'이다. "우리는 전체 안에 있고 전체는 우리 하나하나 속에 다 있습니다."라는 함석헌의 민중사상은 최수운의 '시천주' 사상과 표현이 다를뿐 같은 민중사상의 기본적 맥박이 나타난 것이다. 함석헌의 저항정신은 역사의 주인이요 무한 책임자이기도 한 민중 곧 씨알들의 자기성장, 자기실현, 자기창조 활동을 방해하거나 억압하는 일체의 권력과 권위에 대한 투쟁이며 자기주장인 것이다. (김경재, 2022b: 270)

김경재는 앞으로의 민중신학은 시야를 넓혀 한국 민중 전통의 흐름과 조우하면서 내면을 강화시켜야 하는데, 특별히 민중 사상의 근원격인 씨알 사상과의 만남을 통해 새로운 지평으로 나가야 한다고 강조한다. 왜냐하면 인간은 정치-경제적 상징 시스템 속에서 소외를 경험하는 실존적 존재임과 동시에 인간 실존의 한계를 극복하여 다른 세상으로 비상을 꿈꾸는 영성적 존재이기 때문이다.

---

16. 김경재는 씨알 사상의 특징을 네 가지로 밝히고 있다: (1) 생명의 근본 원리: 생명은 자기 스스로 하는 것, (2) 한국사의 기조는 고난: 고난은 생명의 한 원리, (3) 하나를 지향해 가는 나선형의 역사 운동: 개체 생명과 전체 생명의 공속성, (4) 창조적 과정으로서 생명: 과정적 실재관(김경재, 1990: 60-71).

이 대목에서 자칫 '민중'과 '씨알'이 서로 다른 무엇으로 오해할 수 있겠다, 라는 생각이 든다. 민중은 정치 경제적이고 집단적인 인간 군집이고, 씨알은 개인적이고 영적인 인간으로 분리할 우려가 있는데 김경재는 이를 경계한다. 숨밭은 "씨알은 스스로가 역사의 주체인 것을 믿고, 그 사람과 활동을 방해하는 모든 악과 싸울 것을 제 사명으로 압니다"[17]라는 문구를 인용하면서 "씨알이해는 단순히 인간의 존재론적·관념적 심성론만을 강조하는 것이 아니라, 역사적 주체의식을 갖고 자신의 성장과 성숙과 활동을 방해하는 모든 악과 싸우는 정치·경제·사회적 존재라는 사실 또한 강조한다"(김경재, 2022a: 100)고 덧붙인다.

안병무가 그의 후기 사상에서 민중신학의 앞으로 전망을 말하면서 기(氣)에 대한 통찰을 도모하는데, 나는 이 부분이 씨알 사상과 대화할 수 있는 대목이라 생각한다. 안병무는 "氣는 결코 어떤 像에 매이진 않는 것"(안병무, 1992: 141)이라고 말한다. 여기서 말하는 '상'은 권력과 국가, 우상으로 번역이 가능하겠지만 민중신학이 관심하는 정치적, 경제적, 사회적 시스템과도 치환이 가능하다. 안병무도 민중이라는 언어가 정치-사회적 의미로만 소환되고 있는 것에 경계를 하면서 민중의 확장된 개념에 골몰하였고, 그 과정에서 기(氣)를 끌어들이면서 민중을 굳어진 어휘가 아니라 역동적이고 깊이 있는 개념으로 견인하고자 했다. 민중을 규정할 수 없는 무엇으로 상정하고자 기를 통해 민중의 무규정성과 역동성을 드러내고자 했던 안병무의 의도는 민중의 기원을 현실적-정치적-집단적 존재로 국한시키지 않고 씨알 민중론으로 확대 해석하려는 김경재의 의도와 겹친다. 안병무의 '기(氣) 민중론'과 김경재의 '씨알 민중론'은 만개하지 않고 고스란히 후학들의 과제로 넘어

___

17. 격월간지 『씨알의 소리』 뒤표지에 실린 "우리가 내세우는 것" 참조

왔다.

요약하면, 김경재의 씨알 사상을 보강한 '대승적 민중신학'은 1970-80년대 민중신학 출범 이전부터 한민족의 집단 무의식 속에 면면히 흐르고 있던 씨알 사상의 영향사 아래 있다. 이런 이유로 김경재의 '대승적 민중신학'은 한국적 정치 신학이라는 납작한 민중신학 이해가 아닌 한국인의 전통적 영성 이해를 바탕으로 그 위에서 새로운 민중신학의 챕터를 전개할 것을 요청한다.

2) 생명 사상

김경재는 그의 생애 말년에 있었던 인터뷰에서 생명 사상에 대한 소회를 밝힌다. "신학의 중심 문제는 생명입니다. 예수의 관심도 생명이지 다른 것이 아닙니다. 생명에 대해 경외하는 마음으로 담대한 신학적 저항이 있었으면 좋겠습니다. 자연과학과 사회과학에 주눅들어 신학만이 할 수 있는 책임을 너무 쉽게 포기하는 어리석음을 범하지 않으면 좋겠습니다."(김경재, 2021: 91). 그리고 나서 숨밭은 생명 사상을 구체적으로 신휴머니즘(neo-humanism)과 '자연-신-인간적 영성'과 결부시킨다(김경재, 2022a: 95-106; 2022b: 251-86). 나는 숨밭의 마지막 일성이 민중신학이 새겨들어야 할 말이라 생각한다.

김경재는 근대성이 만들어 놓은 휴머니즘 신화에 대한 반동으로 신휴머니즘을 이야기한다. 그렇다면 휴머니즘이란 무엇인가? 흔히 근대적 인간의 표상으로 레오나르도 다빈치가 그린 "비트루비우스적 인간"을 떠올린다. 비율적으로 완벽한 이상형의 외모는 정신적, 도덕적 완성도를 담보한다. 휴머니즘이 일종의 보편주의로 떠오르는 순간이라 할 수 있는데 거기에 깔린 인간형의 표준은 '백인-남성-이성애자-서구인'이다. 근대적 주체는 이러한 배경 속에서 태어났고 타자란 근대적 인간의 부정, 혹은 결핍의 존재라 보면 맞다(브라이도티, 2015: 24-39).

이상은 포스트 휴머니즘 논의에서 선두에 서 있는 로지 브라이도티가 말하는 반휴머니즘에 대한 내용이다. 김경재와 로지 브라이도티 공히 근대적 휴머니즘이 저지른 폐해를 지적하는데 골자는 지나친 인간 중심주의가 오늘날 지구적 위기를 자초했다는 것이다. 생태계 위기, 기후 붕괴, 팬데믹의 도래, 경제 지상주의로 인한 인간성의 억압, 경제적 어려움으로 인한 국가주의, 극우주의의 창궐 등이 근대적 휴머니즘이 자초한 결과라고 해도 우리는 별다른 반박을 못한다.

숨밭은 근대적 휴머니즘이 갈라놓은 인간과 신, 인간과 인간, 인간과 자연의 관계를 원환적 생명의 엮임으로 되돌리면서 그것의 구체적 동력을 '자연-신-인간적 영성'으로 제안한다. 이는 김경재가 대승적 그리스도교를 정의하면서 했던 말 "대승적 그리스도는 하나님. 사람. 자연의 관계를 새롭게 본다"(김경재, 2004: 40)와 공명하는데, 숨밭은 생명에 대한 새로운 감수성에 바탕한 신학적 상상이 출현해야 함을 다음과 같이 강조한다.

> 오늘날 신학의 위기는 신과 성서적 진리의 위기가 아니라 그 해석과 이해의 틀을 새롭게 재해석하지 못하는 기존 교리에 안주하는데서 오는 위기다. 적어도 "만유 위에 계시고 만유를 통일하시고 만유 안에 계시는 한 하나님"(엡 4:6)이라는 고백에 걸맞는 새로워진 신 담론을 말해야할 과제를 지닌다. 즉 새로운 시대의 기독교 신관은 피조물의 고통에 참여하시는 내재적 하나님, 그러나 새로움과 아름다움을 창발하면서 우리와 동행하시는 과정적 하나님 체험이 동시에 살아나는 신관을 요청한다. (김경재, 2014: 139)

김경재가 말하는 "만유 위에 계시고 만유를 통일하시고 만유 안에 계시는" 신 담론은 우리로 하여금 생명과 민중에 대한 새로운 통찰을 선사하면서 기존의 민중신학이 간과했던 부분을 조명한다. 숨밭은 장회익의 '온 생명(global life)'[18]을 언급하면서 생명이란 하나의 개별적 낱 생명으로 존재하는 것이 아니라 우주 안에서 거대하게 엮어진 온 생명으로 존재하는 것이라 말한다.[19]

'온 생명'은 40억 년 전에 태양-지구계를 바탕으로 태어나 수많은 우여곡절을 겪으며 성장해 온 '우주사적 사건'(장회익, 2019: 425)이라 할 수 있다. 하지만 지난 19-20세기 인간의 역사가 이를 역행하면서 '온 생명'의 질서를 거슬렀고 그로 인해 지구 온난화와 생물의 멸종 같은 병리적 증상이 등장했다고 장회익은 비판한다. 온 생명은 변증법적인 갈등과 투쟁, 발전과 통합의 원리가 아니라 우주적 상생과 조화가 생명의 궁극적 원리임을 강조하는데, 불행하게도 민중신학은 엄혹했던 시절에 태어나 시급했던 현안에 맞서 몸부림치느라 우주적 생명의 인드라망[20] 안에 위치한 민중의 가치를 미처 깨닫지 못했다.

온 생명의 차원에서 생명을 이해하게 되면 '어떤 자세로 살아야 하는가?'라는 물음 앞에서 우리는 이전과는 다른 삶에 대한 태도를 요구받게 된다. '낱 생명'인 나만을 생각하는 것이 아니라 '온 생명'인 나와

---

18. "생명이 하나하나의 생명체, 예컨대, 세포나 토끼 한 마리 또는 사람 한 사람 속에 들어 있지 않다는 사실이다. 이러한 생명체들은 모두 '온생명'이라 불릴 더 큰 체계 안에서 그것의 유기적 일부로 작용할 때에 생명으로서의 기능을 할 뿐이지 그것 자체로서 생명이 되는 것은 아니라는 것이다."(장회익, 2019: 381).

19. 김경재, 「인간과 생명: 지구적 생명 안에서 인류의 자리매김과 책임」, 한국기독교교회협의회,크리스챤아카데미 편, 『바이러스, 팬데믹, 그리고 교회』(서울: 여해와 함께, 2022), 180-3; 김경재, 「한국 민중사상의 맥」, 『신학과 교회』 18(2022/겨울), 268.

20. **인드라망**: 화엄경에서 언급하고 있는 무수한 구슬들로 연결된 망을 일컫는다. 하늘을 뒤덮은 빼곡한 그물의 가로줄과 세로줄이 만나는 지점마다 구슬이 달려 있다. 그물은 우주를 상징하고 수많은 구슬들은 천하의 온갖 만물을 의미하는데 그 모든 생명과 물상들이 하늘에 매달려 있는 것이다. 바람이 불어 그물이 요동하면 그물에 달려 있는 구슬들이 각각의 소리를 내면서 커다란 앙상블을 연출한다. 여기에 범아일여(梵我一如), 즉 전체와 개인이 궁극적으로 이어져 있다는 진리가 있다. 인드라망 비유는 이처럼 인간과 세계를 유기체적인 관점으로 바라보게 한다.

대면한 후에 전체 생명을 의식하는 주체로 거듭나야 작금의 문명의 위기를 돌파할 수 있다. 이렇듯 숨밭의 대승적 민중신학은 생명에 대한 근원적 통찰에서 다시 시작한다. 민중은 우주적 생명의 인드라망 안에서 이해된다. 민중은 한국적 특수 상황에서 발생한 날 생명으로만 이해될 수 없다. 대승적 민중신학은 거시적 차원의 우주적 생명, 즉 온 생명의 차원으로 패러다임을 전환할 것을 촉구한다.

시대가 요구하는 생명에 대한 새로운 통찰은 '어떤 자세로 살아야 하는가?'라는 물음 앞으로 우리를 내몬다. 특별히 코로나19와 포스트휴먼은 변화된 인간 현상의 실재가 무엇인지를 가감 없이 드러냈다. 그 결과 신학적 사유와 실천은 고통과 변화 가운데 소외되고 차별받는 생명, 혹은 비인간 존재들을 향한 관심과 배려를 독려한다. 이러한 신학적 인간학의 변화는 이전과는 다른 삶에 대한 태도를 요청한다. 날 생명인 나만을 생각하는 것이 아니라 온 생명과 함께 호흡하면서 고통 받는 인간, 더 나아가 착취당하는 자연까지도 포용하는 주체로 거듭나야 작금의 문명 위기를 돌파할 수 있다. 이것이 바로 김경재가 기존의 민중신학을 향해 던지는 '대승적 민중신학'의 취지라 할 수 있다.

6. 나가는 말: '민중 생명학'을 향하여

20세기 말부터 21세기 초까지 전개되고 완성된 신자유주의는 민중신학으로 하여금 스스로 본인의 문제점과 방향을 자각하게 했던 사건이었다. 그 과정에서 민중신학은 새로운 의제의 발견과 운동의 모색을 도모할 수 있었다. 21세기 중반을 향해 가는 시점에서 창궐한 '코로나19'와 '포스트휴먼'의 도래는 인간의 삶을 억압하는 양상과 인간 실존의 고통을 다시 바라보게 하였다. 그것은 민중신학으로 하여금 다차원적이고 역동적인 신학적 상상과 실천을 주문하였다. 김경재의 '대승적 민중신학'은 이러한 시대의 요청에 걸맞은 민중신학의 변주라 할 수 있다.

1970-80년대 개발 독재 과정에서 등장한 변혁의 주체인 '민중'은 한국 민중 이야기의 연장선상에 있다. 그것은 안병무식으로 말하면 화산맥처럼 존재했던 민중 사건의 분출이었다(안병무, 1990: 35). 김경재가 '대승적 민중신학'을 언급하며 씨알 사상을 거론하는 이유가 여기에 있다. 민중신학의 민중론이 당대의 사건성과 변혁성만을 강조하다 보면 자칫 한민족의 역사에서 끊임없이 이어졌던 봉기의 기억을 간과하기 쉬운데, 숨밭은 씨알 사상을 초대해 그 모든 민중 봉기의 역사가 하나로 면면히 이어져 있는 흔들리지 않는 터전 위에 있음을 강조한다.

또한 숨밭의 '대승적 민중신학'은 관계론적 생명론에 입각한 '민중생명 신학'이라 할 수 있다. 거기에는 민중을 정치-경제적 차원으로만 환원하지 않겠다는 다짐이 있다. 특별히 팬데믹을 경험하면서 인류는 삶을 구성하는 단위가 인간이 정한 경계를 넘어 전체 생명과 연결되어 있음을 자각하였다. 큰 틀에서는 지구라는 행성의 건강함이 개인의 건강함과 이어져 있음을 자각했고, 미시적 차원에서는 코로나19로 상징되는 바이러스 같은 미생물, 혹은 그 밖의 모든 피조물들의 건강함이 인류의 안녕과도 밀접하게 이어져 있음을 확인하였다. 생명은 전체로서의 '온 생명'임을 우리는 혹독한 대가를 치루면서 깨달은 것이다.

이렇듯 김경재는 팬데믹 묵시록을 경험하면서 대승 그리스도교에 대한 인식을 분명히 하였다.[21] 민중은 다차원적인 요소와 세계들이 얽혀

---

21. "코로나 팬데믹은 그동안 내가 신학적으로 탐구해왔던 물음인 '그리스도적 인간 이해'를 지구·생태학적으로 성찰하게 한 사건입니다. 성서의 창조설화는 피조물 중 인간의 독특한 위상과 책임을 나타내면서도, 인간은 여섯째 날 다른 생명과 더불어 창조된 존재이니 너무 오만해서는 안 된다는 가르침입니다. 그것을 잊고 마치 인간이 하나님의 대행자인 것처럼 다른 생명 위에 군림해온 것을 반성하게 한 것이 이번 팬데믹입니다. 인간은 생태계 안의 제 위치로 돌아가야 합니다."(김경재, 2021: 77-8).

있는 관계의 총체라는 측면에서 대승적이다. '대승적 민중신학'은 전통적인 신학의 틀과 방법론에서 벗어나 중층적이고 역동적으로 얽혀 있는 생명들에 주목한다. 자본과 권력 아래서 신음하는 생명을 감싸는 차별과 폭력의 구조를 우리는 들춰내야 할 것이다.

그렇다고 볼 때, 숨밭이 말하는 '대승적 민중신학'은 '민중 생명학'이라 불러도 무방하다. 이 말은 단순히 낭만적으로 자연으로 돌아가고 외치는 구호도 아니고, DNA나 유전 공학적 차원으로 축소되어 결정되는 생명을 지칭하는 것도 아니다. 또한, 이전 시대 민중신학이 말했던 권력과 구조 안에 놓인 민중의 고통을 독해하는 것으로 '민중 생명학'을 설명할 수도 없다. 당파적 특색을 갖고 있었던 '민중'을 '생명'이라는 보다 보편적이고 총합적인 실재로 파악하고, 범지구적으로 발생하는 폭력을 민중에 대한 억압으로만 바라보지 말고 생명 일반, 피조물 전체를 향한 폭력으로 확대하여 바라볼 필요가 있다. 그 폭력의 주체가 누구이고, 어찌하여 생명 전체에 대한 억압이 가능할 수 있는지, 어떻게 오늘의 문제를 비판적으로 바라보고 이를 종합적으로 성찰할 수 있는지에 대한 과제가 우리들에게 주어진 셈이다.

요약하면 '대승적 민중신학'은 생명에 대한 다양한 이해를 파악하고 총체적인 '민중 생명학'의 틀을 재구성하는 것이다. '민중 생명학'은 신자유주의 시대, 팬데믹과 기후 위기, 포스트휴먼 시대를 지나면서 등장하는 민중에 대한 새로운 차별과 폭력의 현상에 주목하면서, 이 모든 부조리를 21세기 생명 소외의 문제로 바라본다. 그것은 과거 민중신학의 의제처럼 지역적, 민족적 차원으로 국한시킬 수 없다. 새로운 민중신학은 오늘의 지구촌 곳곳에서 발생하는 생명의 절규와 외침, 인간과 비인간 존재들에게 닥치는 실존적 고통을 외면하지 않는다. 그것은 성서가 증언하는 바와도 일맥상통한다. 성서는 피조물들 사이의 관계성과 상호 의존성을 곳곳에서 증언하고 있다(사 24, 33:9, 렘 12:4-6;

마 5; 롬 12:15). 성서와 그리스도교의 전통은 가난한 사람들의 절규와 피조물의 탄식에 동참할 것을 권한다.[22] 김경재의 '대승적 민중신학' 더 나아가 '민중 생명학'은 이러한 신학적 전통과 성서가 간직하고 있는 기억에 충실한 '오래된' 독법이고, 오늘의 생명 위기를 타파하기 위한 '새로운' 신학적 아이디어라는 측면에서 '오래된 새길'이다.

---

22. 이러한 신학적 전통을 이어받은 에큐메니컬 선교 문서, "함께 생명을 향하여"는 생명의 신학에 대해 다음과 같이 선언한다. "복음은 창조의 모든 영역과 우리 삶과 사회의 모든 측면에 좋은 소식이다. 그러므로 하나님 선교를 우주적 차원으로 깨닫는 것과 온 생명, 온 세상이 하나님의 생명의 그물망 안에서 서로 연결되어 있는 것을 확언하는 것은 매우 중요하다." "함께 생명을 향하여: 기독교 지형 변화 속에서 선교와 전도", WCC 10차 총회 『자료모음』, 79쪽, 4번.

안병무와 강원용의 대화(對話)

안병무의 '민중신학' 대 강원용의 '크리스챤아카데미 운동'

1. 프롤로그

이 글은 필자가 처한 실존적 삶의 자리에서 기인하였다. 나는 현재 안병무 선생이 설립한 한백교회 담임 목사로 (2025년 현재) 10년째 사역중이고, 2019년부터 2021년까지 심원안병무기념사업회 임원으로 수고하였다. 한편 나는 2019년부터 강원용 목사가 설립한 크리스챤아카데미 원장으로 6년째 재직 중이고, 강 목사가 설립하고 40년 동안 목회했던 경동교회는 내가 어려서부터 서른 살까지 신앙생활을 했던 모교회이다. 과장해서 말하면 나의 신학과 신앙에는 강원용의 피와 안병무의 피가 공히 동시에 흐르고 있는 셈이다. 내가 한백교회와 심원기념사업회에 있다고, 그리고 동시에 크리스챤아카데미 원장으로 재직 중이라고 소개를 하면 일부 사람들은 고개를 갸우뚱거린다. 안병무와 강원용의 자리에 동시에 거하는 내가 이해가 안 되는 듯했다. 그런 경험이 되풀이되면서 언젠가 기회가 되면 내 안에서 안병무와 강원용, 강원용과 안병무 사이에 대화와 화해를 시도해야겠다는 마음이 형성되기 시작하였고, "심원 안병무 탄생 100주년 기념 학술대회"가 그것을 감행하게 하는 용기를 제공하였다.[1]

---

1. 이 글은 "심원 안병무 선생 탄생 100주년 기념 학술대회"(2022. 10. 17. 한신대학교 신학대학원)에서 발표한 논문을 수정 보완한 것이다.

강원용과 안병무, 안병무와 강원용은 한국 현대사의 발전 과정에서 비단 한국 그리스도교 진영뿐 아니라 사회 문화적 측면에서도 반드시 언급해야 하는 인물들이다. 안병무의 한국신학연구소는 1970-80년대 신학적 담론을 주도했을 뿐 아니라 민중신학이라는 한국 아카데믹 전통에서 세계에 내세울 만한 독특한 지점을 창출했던 공간이고, 강원용의 크리스챤아카데미는 중간 집단 프로그램을 통해 사회 각 분야의 인재들을 키워 냈는데 아카데미 출신의 인물들은 1987년 이후 한국 시민 사회 형성기에 결정적 역할을 담당하였다. 한국 사회가 1990년대를 거쳐 시민 사회로 발전 분화되기 이전, 안병무와 강원용이 창출한 공간은 한국 개신교의 진보성, 시민 사회의 젖줄, 한국 정치와 사회 변혁의 상징이었다.

이 글은 강원용과 안병무의 공통점(예를 들어, 유소년 시절 북간도 용정 은진중학교에서 기억을 공유하고 있다는 점, 김재준과 김대중을 공통분모로 하고 있다는 사실)과 차이점(해방 이후의 다른 행보: 강원용의 좌우 합작 투신, 안병무의 신앙 공동체 운동, 크리스챤아카데미와 한국신학연구소의 궤적)을 밝히고 그 과정에서 드러나는 두 거인이 지니는 한국 현대사에서의 위상을 드러내고자 시도하지는 않는다. 그것은 너무나 방대한 작업이어서 이후의 과제로 남긴다. 내가 본고에서 관심하는 것은 안병무와 강원용의 핵심 키워드라 할 수 있는 민중과 시민, 민중신학과 대화의 신학, 민중 운동과 중간 집단 운동에 대한 비교를 통해 민중신학의 동시대적 과제를 묻고 듣는 것이다. 논쟁적인 성격인 민중 메시아와 '우주적 그리스도'에 대한 논의는 글 후반부에 배치하였다.

두 거인의 신학과 활동은 닮은 것 같지만 다르고, 다르지만 비슷한 부분이 있다. 닮은 점은 한국 사회를 좀 더 민주적이고 정의롭고 진보적인 방향으로 견인하고자 하는 마음을 가졌다는 점이고, 다른 점은 같은 지향점을 갖고 있으나 과정과 방법론적 측면에서 사안과 상황에 따라서는 다소 상이한 입장을 지니고 있다는 점에서 그렇다. 그것이 양 진영의 서로를 향한 오해의 빌미가 된 이유일 텐데, 나는 그 차이가 두 사람을 소원하게 남겨 두는 원인이 되어서는 안 된다고 생각했고, 그것이 이 글을 쓰게 한 동력이 되었다.

생전에 두 거목이 만나 서로의 신학에 대한 의견을 교환한 적은 없었다. 본 기획은 지금은 하늘에서 대화를 나누고 있을 두 사람이 살아생전에 만나 대담을 한다는 가정에서 출발하였다. 글은 강원용이 질문하고, 안병무가 대답하는 형식이다. 강원용이 지녔던 민중신학을 향한 의문점들에 안병무가 답을 하고, 민중신학을 향한 강원용의 아쉬움에 대해서 안병무가 변증하는 구성이 될 것이다. 그 과정에서 강원용의 신학과 크리스챤아카데미의 활동도 자연스럽게 부각될 것이다.

본문에 등장하는 질문과 답변은 내가 직접 강원용과 안병무를 만나고 대화하고 읽고 경험하면서 느낀 해석과 물음으로부터 기인하였다. 기본적으로 안병무와 강원용의 이야기이지만 그것은 필자의 렌즈와 필터를 통과한 이후의 강원용과 안병무이다. 이런 까닭에 독자에 따라서는 양자에 대한 본인의 이해와 본문의 서술 사이에 충돌이 있을 수도 있겠다. 언제든 대화의 마당은 열려 있으니 의견 개진을 당부한다. 모쪼록 이번 기회를 통해 한국 진보 그리스도교, 더 나아가 한국 현대사를 견인했던 강원용과 안병무, 안병무와 강원용에 대한 본격적 대화가 활발히 시작되어 한국 개신교의 개혁과 사회 변혁을 위한 상상이 도모되기를 바라본다.

2. 민중신학의 기원

강원용: 1983년에 크리스챤아카데미에서 "한국 민중신학의 조명"[2]

---

2. 크리스챤아카데미 편, 『한국 민중신학의 조명』(서울: 대화출판사, 1983): 다음과 같은 주제의 글들이 수록되어 있다. 「민중신학의 전승사적 위치와 평가」(민영진, 감신대

이라는 제목으로 책을 출판한 후에 이듬해인 1984년 민중신학을 주제로 연속적으로 심포지엄을 개최한 적이 있습니다.[3] 당시 저는 민중신학에 대한 이해도가 낮았고, 나의 상식과는 맞지 않는 부분이 있어 민중신학에 대한 공개적 언급을 피했던 기억이 있습니다. 그럼에도 불구하고 서구 기독교의 해석에서 벗어난 탈서구적이고 제3세계 신학으로서의 민중신학에 대한 가치는 인정합니다.[4] 지금 돌이켜보면 내 안에서 민중신학에 대한 이중적이고 분열적인 시선이 있었던 것 같아요. 안 박사님께 드리는 첫 질문은 이것입니다. 민중신학이 태동할 무렵 민중신학에 대한 회상과 관련된 부분인데, 민중신학의 오리지널리티(원형)에 대한 이야기가 궁금합니다.

안병무: 강 목사님, 이렇게 뵈니까 어렸을 때 은진중학교 시절이 생각납니다.[5] 형님뻘이셨던 목사님의 탁월한 리더십과 추진력을 힐끔 힐끔 훔쳐보면서 흠모도 하고 시샘하기도 했던 것 같아요(웃음). 아내인 박영숙 선생과 강 목사님과의 인연을 지켜보면서 예전에는 미처 알지 못

구약), 「민중신학의 평가」(전경연, 한신대 신약학), 「민중신학의 신학사적 의미와 평가」(김경재, 한신대 조직신학), 「한국 민중신학에 대한 몇 가지 테에제」(장일조, 한신대 철학).

3. 1984년 봄에 개신교 100주년 아카데미 20주년을 맞아 제3회 대화 교육 모임(1984년 4월 24-25일)이 열려 한국 교회의 성령 운동과 민중신학을 조명하였다. 그해 여름(1984년 7월 12-13일)에도 "한국교회 선교적인 측면에서 본 민중신학"이라는 주제로 수유리 아카데미 하우스에서 목사와 신부들을 초청하여 대화 모임을 가졌다.

4. 강원용은 크리스챤투데이와 인터뷰(2005. 4. 29)에서 한국 교회가 계승해야 할 예언자적 전통에 대한 질문을 받고 함석헌의 무교회주의와 안병무의 민중신학을 언급하였다. https://www.christiantoday.co.kr/news/162953

5. 강원용(1917~2006)은 1935년에서 1938년 사이에 김재준이 있는 은진중학교를 다닌 후 22세에 일본 동경도 명치학원 영문학부로 유학을 떠났고, 안병무(1922~1996)는 1937년에 은진중학교에 입학해 40년에 졸업 후 41년 동경 다이쇼 대학 문학부에 입학했다. 은진중학교에서 두 사람은 평생의 스승인 장공 김재준을 만난다. 간도에서의 어린 시절에 대한 안병무의 회상은 『민중신학이야기』(서울: 한국신학연구소, 1990), 11-7을 참조하라.

했던 목사님의 섬세하고 자상한 면도 깨달았죠. 제가 독일 유학 때 방문하셔서 함께 밤을 새워 나누었던 대화와 심장병으로 누워 있던 병원으로 방문해 위로해 주셨던 기억도 새롭네요.[6]

말씀하셨듯이 1984년에 크리스챤아카데미에서 민중신학을 조명하는 모임이 있었습니다. 지금 생각해 보니 참 획기적인 기획이었습니다. 1979년에 CCA가 주관하는 신학 모임에서 민중신학 관련 논문이 발표되었고, 그것들을 모아 *Minjung Theology* (1981)라는 제목으로 출판했습니다. 영문으로 소개된 최초의 민중신학 서적이었고, 지금까지도 민중신학의 바이블로 꼽히는 책이죠. 1979년 발표한 CCA 논문을 한글로 엮어 『민중과 한국신학』(한국신학연구소, 1982)이라는 제목으로 출판하였는데, 그 책의 출판을 계기로 민중신학이 깃발을 올릴 수 있었습니다. 크리스챤아카데미가 주최한 행사는 민중신학의 의미 있는 저작들이 세상에 나온 이후 최초로 민중신학 외부에서 보인 반응이었습니다. 유력한 기관인 크리스챤아카데미에서 민중신학을 초대해 줘서 민중신학이 유명세를 타게 되지 않았나 싶습니다. (웃음)

개인적으로 민중을 주제로 글을 쓴 것은 세월을 더 거슬러 올라갑니다. 전태일 사건이 계기가 되었습니다.[7] 이런저런 글을 발표하던 와중에 민중신학의 실마리가 되는 글을 1975년 4월호 『기독교사상』에 "민족, 민중, 교회"라는 제목으로 발표했어요. 같은 호에 서남동은 「민중의 신학」이라는 글을 게재했습니다. 민중신학이 논란의 대상으로 등장하는 사건이 아닐까 합니다. 마가복음에 등장하는 오클로스를 민중으로 번역하면서 민중신학의 오클로스론을 공식화한 것은 1979년

---

6. 안병무 추모 문집에 있는 강원용의 글에서 인용함. 심원 안병무 아카이브를 참조하라. http://www.simwon.org/board_MbkY96/9019.
7. 안병무는 민중신학의 출발점을 1970년 전태일 사건으로 잡는다. 『민중신학이야기』, 257-60을 참조하라.

『현존』에 게재한 「예수와 오클로스」 이후였습니다.[8] 근래 제가 쓴 글들에 대한 디지털 아카이브 작업이 상당 부분 이루어져 심원기념사업회 홈페이지를 통해 서비스를 제공받을 수 있다고 합니다. 수고해 주신 분들께 이 자리를 빌려 감사의 마음을 전합니다.[9]

목사님께서 민중신학의 원형에 대한 부분을 물으셨는데, 그런 것이 뭐가 있을까 생각해 보지만, 변변히 말할 것은 없습니다. 오히려 민중신학은 신학의 원형, 오리지널리티에 대한 반신학의 태도와 자세가 아닐까 합니다. 제3시대그리스도연구소의 김진호는 민중신학의 이러한 면모를 부각시켜 '반신학의 미소'라고 이름 붙였습니다.[10] 거칠고 비장하게만 비춰지던 민중신학의 이미지를 부드럽고 유연하게 만들어 주는 것 같아 개인적으로 좋아하는 표현입니다.

'민중신학'이 태동할 무렵, 1960년대 혁명의 시절과 1970년대 냉전의 시절을 보내면서 세계 신학은 급격히 변화하고 있었습니다. 20세기 신학을 상징하는 신학의 거목들이 사라진 후 세계 신학계에서는 다양한 실험들이 시도되었습니다. 정치 신학, 과정 신학, 세속화 신학, 희망의 신학, 신 죽음의 신학 등이 기존 주류 서구-백인-남성 신학에서 나왔던 진보적 발언이었다면, 페미니즘 신학, 흑인 신학, 해방 신학은 신학의 변방에서 부상한, 요즘 청년들 표현대로라면 힙하고 파격적인 신학이었습니다.

서남동 선생은 이런 서구 신학의 동향을 예민하게 포착했던 친구였습니다. 저는 서남동으로부터 변화하는 세계 신학의 소식을 많이 들었습니다. 하지만 그들의 언어와 방식을 따르고 싶지는 않았습니다. 서

---

8. 『현존』 106 (1979. 11).
9. 심원안병무 아키브 http://www.simwon.org/
10. 반신학으로서의 민중신학에 대한 논의는 김진호의 『반신학의 미소』(서울: 삼인, 2011)를 참조하라.

남동이 어떻게 생각할지는 모르겠으나. 저는 서구 신학의 언어와 방식과 유행을 전해 듣고 유익한 것은 참고하겠지만, 그렇다고 그런 것들에 영향 받고 모방하고 싶지는 않았습니다. 그냥 우리의 방식대로, 우리의 언어와 우리의 상황 속에서 서구와는 다른 방식으로 기존의 신학을 넘어서고 싶었습니다. 그 결과 '민중신학'이라는 가장 한국적인, 그리고 가장 세계적인 신학이 나오지 않았나 싶습니다.

3. 민중신학의 민중론

강원용: 민중신학 초창기의 열정과 흥분이 전해지네요. 이 자리에서 민중신학에 대한 주례사적인 비평은 하고 싶지 않아요. 제가 너무 민중신학을 삐딱하게 본다고 나무라지 마세요. (웃음) 민중신학이 저에게 선사했던 첫 번째 불편함은 '너는 가능성이다'(안병무, 1996: 28-32)로 상징되는 인간에 대한 낙관적 인식과 역사 발전에 대한 자신감이었던 것 같아요. 그 원인을 곰곰이 생각해 봤는데 아마도 그것은 나의 스승이었던 뉴욕 유니언 신학교의 라인홀드 니버의 영향 때문이 아닌가 싶습니다. 니버는 '불가능의 가능성'을 이야기하죠.

저는 조용기 목사의 순복음교회와 민중신학이 지향하는 바는 다르지만 양자는 서로가 서로를 마주하는 거울과도 같은 존재가 아닐까 생각합니다. 교회 성장주의자들의 밑바탕에 깔려 있는 '믿는 자에게 능치 못할 일이 없다'는 신앙 고백과 민중신학의 역사의식과 주체론과의 차이가 뭡니까? 급진 진보라 할 수 있는 민중신학의 논리와 보수파인 순복음주의의 논리가 닮았다는 인상을 지울 수 없었습니다. 니체가 '권력에의 의지'를 언급하는데 저는 순복음교회와 민중신학이 '권력에의 의지'에 둘 다 충실했다고 봅니다. 하나는 진보 진영에서 다른 하나는 보수 진영에서 자신들의 욕망을 따라갔다고 보면 불손한 발언일까요.

강원룡

'불가능성의 가능성'은 신 앞의 인간은 모두 죄인이고 불완전한 존재이기에 인간을 불가능한 존재로 놓습니다. 인간은 완전주의자가 될 수 없습니다. 모든 것이 상대적이죠. 우리가 비록 상대적인 존재이고 불가능한 존재이지만 우리에게 주어진 목표를 향해 하나씩 하나씩 나아가는 것! 저는 그것이 니버가 말하는 '불가능의 가능성'을 지닌 인간의 실존이라 봅니다. 제가 민중신학에 대해 거리감을 느꼈던 이유는 민중신학이 인간 실존의 불가능성에 대한 부분을 간과하고 있다고 보았기 때문입니다. 이런 저의 민중신학에 대한 과문한 문제의식에 대해 안 박사님의 설명을 듣고 싶습니다.

안병무: 지금 지적하신 부분은 궁극적으로 민중이란 누구인가? 더 나아가 민중 메시아를 둘러싼 논란과 연관된 대목으로 이해가 됩니다. 민중신학의 중핵과도 같은 민감한 부분이죠. 아시다시피 민중을 고난의 담지자이자 동시에 역사의 주체라고 보았던 민중에 대한 저의 인식은 신학적으로 민중이 메시아라는 민중 메시아론으로 나아가 논란을 불러일으켰습니다. 민중 메시아에 대한 부분은 다음으로 미루고, 여기서는 민중신학의 민중에 대한 이야기를 나누도록 할게요.

민중과 신학을 합친 민중신학이라는 신조어를 만들어 낸 이후로 민중신학은 80년대 한국의 인문학과 사회 과학 진영으로부터 많은 관심을 받았습니다. 그것은 80년대가 혁명의 시대였고, 당시 '민중'이라는 말은 가장 동시대적이고 역동적인 변혁의 언어였기 때문입니다. 역사

학에서는 민중사관이 등장했고, 문학
계에서도 민중을 소재로 한 시와 소
설들이 왕성하게 발표되던 무렵이었
습니다. 정치, 사회적으로도 노동자,
농민들의 궐기와 투쟁이 피어오르던
시절이었죠. 민중신학은 이러한 동
시대의 사회적 인식과 당대의 고난에
질문하고 반응하고 답하고 그 곁을
지키려고 했던 신학이었습니다. 이런
이유로 신학 안팎에서 많은 사람들의
주목을 받았습니다.

안병무

하지만, 민중이란 누구인가? 라는 질문 앞에서 민중신학은 항상 주
저했습니다. 민중은 역사의 주체이고 가능성이라는 말은 열린 해석의
공간이자, 실천의 실험장, 더 나아가 어쩌면 텅 비어 있는 기표로서의
민중이 아닐까도 합니다. 1990년대 초반 민중신학 세대론 논쟁이 있
었는데, 그것도 결국은 변화된 세상 속에서 '민중이란 누구인가'를 둘
러싼 공방에서 시작된 것입니다. 하지만 저는 민중을 규정하고 싶지
않았고, 그러면 안 된다고 판단했습니다. 저뿐만이 아니라 다른 민중
신학자들도 그러하리라 봅니다.

제가 의도했던 '너는 가능성'이라는 말은 '여기에 무언가로 꽉 채워진,
포텐 가득한 민중 주체가 있다. 그것이 이제 곧 터질 테니 지배자들이여
조심해라!'는 메시지를 던지기 위함은 아닙니다. 그것은 민중신학을 오
독한 것입니다. 민중이 역사의 주체라는 말이 역사에 대한 오만함, 세
상에 대해 독단적, 비타협적 태도로 비춰지는 것은 지배자의 시선이 아
닐까 싶어요. 거짓 뉴스입니다. 이런 이유로 저는 민중을 뭐라고 뭐라고
하면서 정의하고 가두는 것을 거부했던 것입니다(안병무, 1990: 27).

여기서 말하는 가능성이란 물론 표면적으로는 중심이 가득한 충만함을 의미하겠지만, 그렇다고 민중이 가능성에 대한 향유와 완성에 목을 메고 달려가는 주체는 아닙니다. 불가능하고 절망적인 역사의 순간에서 하느님 나라에 대한 가능성과 소망을 믿으며 투쟁하는 주체가 민중인 것은 맞지만, 그것이 완성된 지점에서 쾌락의 방점을 찍는 주체가 민중이 되어서는 안 될 것입니다. 민중은 쾌락의 원칙을 넘어갑니다. 실현된 가능성에 방점이 있는 것이 아니라, 도래할 가능성을 향해 가는 과정에서 만나는 수많은 고통의 사연들과 연대하고 함께 눈물을 흘리고 서로의 곁을 내주고 지켜 주는 자들 말입니다. 저는 예수가 그랬고, 바울이 그랬고, 그리스도교 역사에서 변혁의 자리를 지켰던 믿음의 선배들이 그런 존재들이었다고 봅니다. 그것이 가능하고 가능했다면, 그렇다면 나는, 그리고 우리는 가능성입니다. 그런 의미에서의 '너는 가능성'입니다(안병무, 1996: 25-37).

4. 시민 대 민중

강원용: 뭔가 알 듯 말 듯한 민중이네요(일동 웃음). 안 박사님 이야기를 들으니 잡힐 듯 잡힐 듯하지만 계속 미끄러져 가는 존재가 민중이 아닐까, 라는 생각이 들었습니다. 설명을 들으면서 경직되었던 저의 민중신학의 민중론에 대한 오해가 상당 부분 해소가 된 것 같아 기쁩니다. 그럼에도 불구하고 민중이라는 말을 고수하는 것이 시대의 변화와 동시대의 요구에 부응하는 건지는 확신하지 못하겠습니다.

1970년대 박정희 정권 시절 크리스챤아카데미는 1974년부터 '중간 집단 운동'을 시작했습니다. 민중신학이 태동할 무렵과도 겹칩니다. 민중신학이 사회적 억압에 맞서서 당시의 고통을 신학화하면서 체제의 틈과 균열을 폭로했다면, 중간 집단 운동은 신학적, 이론적 담론화에만 만족할 수 없었습니다. 체제의 폭력에 맞서 좀 더 주도면밀하게 긴 호흡으로 맞서고 싶었습니다. 민중이 지니는 에너지도 중요하지만 좀 더 구체적으로 사회 변혁을 준비하고 실행하는 자발적 시민의 양성이 중요하다고 판단했어요. 저는 민중신학의 현실을 바라보는 문제의식에 대해서는 동의를 하면서도 너무 나이브하고 낭만적인 이야기 아닌가, 지금 필요한 것은 뭔가 대안적이고 구체적인 대답이 아닌가, 라는 생각을 했습니다. 그래서 중간 집단 교육을 시작했는데… 안 박사님과는 중간 집단 관련 대화를 나눈 기억은 별로 없네요.

이 대목에서 민중신학이 시민 신학으로 확장 혹은 변화 가능한지, 그 가능성에 대한 질문을 드려 봅니다.[11] 현대 사회가 지닌 다양한 고통의 층위를 표현하기에 민중이라는 말은 그 시효가 다한 낡은 개념이 아닌가라는 비판의 목소리가 있는 것이 사실이고, 그래서 민중을 대신할 새로운 언어를 발굴해야 하지 않을까, 라는 요구도 만만치 않습니다. 이러한 물음에 대한 안 박사님의 답변이 평소에 궁금했습니다.

안병무: 제 아내인 박영숙 선생이 크리스챤아카데미 중간 집단 멤버인 관계로 그 사실을 저도 알고 있습니다. 옆에서 지켜보면서 중간 집단 교육의 성과와 활약에 감사와 존경을 보냈던 기억이 있습니다. 중간 집단 교육 출신의 인물들이 87년 이후 우리 사회에 고루 퍼져서 한국의 시민 사회를 형성하고 이끌었다는 말은 과장같이 들리겠지만 사실입니다. 그럼에도 불구하고 민중신학은 '중간 집단 교육'과는 다른 위치에 있어야 한다고 저는 생각했고, 지금도 거기에는 변함이 없습니

---

11. 시민 신학과 민중신학 간 대화는 다음 글들을 참조하라. 이혁배, 「시민신학의 기본구도」, 『한국기독교신학논총』 제31호(2004. 1), 262-81; 이병성, 「민주화 이후 기독교와 민주주의: 민중인가, 시민인가」(2019 기사연 가을포럼/2019. 8), http://jpic.org/category/lec/

다. 저는 그것이 민중신학의 자세와 태도와 관련된 부분이라고 봅니다.

올해 2022년은 1987년 시민 혁명이 일어난 지 35주년이 되는 해입니다. 이 말은 한국이 본격적인 시민 사회로 진입한 지 35년이 되었다는 말입니다. 지난 35년 동안 절차적 민주주의의 완성과 사회 정의를 실현하기 위해 많은 노력들이 있어 왔고 크리스챤아카데미 중간 집단 교육 출신의 인물들이 우리 사회 곳곳에서 활약하면서 많은 성과를 낳았음을 인정합니다. 하지만 한국 시민 사회의 현주소는 처참합니다. 국내외를 막론하고 시민 민주주의가 죽었다는 한탄이 터져 나오고 있습니다. 세계적으로 팽배해진 극우적 정당의 발호, 거대 자본의 정치 개입과 미디어 장악, 민주적 합리성을 대체해 버린 신자유주의적 합리성, 국민의 이익을 대표하기보다 사적인 이익 추구에 매진하는 정치인들, 국가 통치권의 최종 포식자로 변질된 검찰 권력을 보면서 새삼 시민 민주주의의 현주소를 묻게 됩니다.

과연 시민은 누구이고, 그들이 꿈꾸는 시민 사회는 무엇인지, 혹 시민이라는 말이 시민이 아닌 자들을 배제하는 장치가 되었던 것은 아닌지, 오늘의 한국 사회가 비시민 존재들의 희생과 그들을 향한 냉소 위에 건설된 사회는 아닌지, 라는 물음을 연속적으로 던지게 되네요. 공동체에서 시민이 아닌 자들이 엄연히 존재하고 그들이 우리 사회에서 마땅히 누려야 할 행복과 기쁨을 누리지 못하고 있는 시민 사회라면, 오늘날 한국의 시민 사회는 괴물 아닙니까? 저는 시민과 민중이 반대편에 서지 않고 함께 가야 한다고 봅니다. 근대 이후 정치적으로 국민국가의 탄생 이래로 민주주의를 기본으로 삼는 시민 공동체가 형성되었습니다. 근대 국가의 헌법에는 시민의 기본법과 권리에 대한 보장을 명문화하고 있습니다. 저는 시민에 대한 규정과 법의 제정과 준수가 시민 안으로 들어오지 못하는 자들을 위해서라도 반드시 필요하다고 봅니다. 가령 근래 장애인들의 지하철 투쟁, 지체장애 자녀를 둔 부모들의 교육권 투쟁, 차별 금지법 제정 투쟁은 모두 시민의 권리를 요구하는 목소리라고 할 수 있고, 이 자리에서 민중 투쟁과 시민권 투쟁은 겹칩니다.

그러나 민중신학에는 시민 운동, 즉 법적인 권리와 권익 확보 투쟁으로 환원될 수 없는 무엇이 있습니다. 그것을 어떻게 정의해야 할지를 놓고 저는 평생 끙끙대고 있습니다. (웃음) 그것이 민중신학의 잉여이고 욕망이라 할 수 있겠죠. 어쩌면 민중신학은 그 텅 비어 있는 중심이 일으키고 있는 마법이 아닐까 싶습니다. 우리는 모두 그 마법에 취한 사람들이구요. 저는 이 대목에서 그동안 언급하지 않았던 민중신학적 영성에 대한 논의가 등장해야 한다고 봅니다. 각각의 시민권 투쟁, 권리 투쟁, 행복을 향한 투쟁 끝에 남겨진 잉여가 우리를 다시 모이게 했다면 저는 그것이 민중신학의 신비한 영성 체험이 아닐까 싶습니다. 몇 해 전 『사회적 영성』이라는 책이 후배 민중신학자들에 의해 만들어졌는데, 저는 그 책이 민중신학이 지향해야 하는 영성에 대한 단서를 제공했다고 봅니다.[12]

결론적으로, 저는 민중이 사라진 시대에 민중신학은 시민 신학으로 모드를 전환해야 되지 않는가, 라는 제안에 수긍을 하면서도 전적으로 그 말에 동의를 할 수는 없습니다. 민중신학은 시민의 기본권과 권리 투쟁에 함께 하지만, 민중신학이 보다 시선을 두어야 하는 것은 비시민들의 자리에서 그들의 곁을 지키는 것입니다. 마지막 비시민이 사라지는 날까지 민중신학의 목소리는 계속 남아 있어야 할 것입니다. 시민 사회로 편입되는 마지막 대상이 있다면 그것은 마땅히 민중신학의 몫이어야 할 것입니다.

---

12. '사회적 영성'에 대한 발언이 나온 맥락과 취지에 대해서는 『사회적 영성』(김진호 외, 서울: 현암사, 2014)의 서론인 「사회적 영성 시론」 중 27-9를 참조하라.

5. 민중신학의 동시대성

강원용: 한국 시민 사회의 모순에 대해 민중신학적 시선으로 날카로운 비평을 해 주셨는데 공감을 표합니다. 하지만 제 질문의 요지는 시민에 대한 민중신학의 비판적 읽기는 아니었습니다. 민중신학의 변화 내지 진화에 대한 부분이 궁금했습니다. 시민이라는 말도 이제는 오늘의 시대를 대변하는 말인지는 확신하지 못하겠어요. 민중에서 시민으로, 시민에서 다른 무엇으로 당대의 변화와 요구에 부응하는 전략이 필요하지 않나, 라는 고민과 대안이 민중신학에서 나와야 된다고 봅니다. 그것은 21세기 민중신학의 동시대성과 연관된 문제의식 아닐까요?

안병무: 1987년 시민 혁명을 거치고 1990년 소련 몰락 이후 이데올로기의 종말이 선언되면서 진보 진영에서 '민중에서 시민으로!'라는 요청이 있었습니다. "민중이 사라진 시대에 민중신학은 어디로", "민주화 시대, 기로에 선 민중신학" 등과 같은 제목을 표방한 토론회들도 많았죠. 1987년 시민 항쟁을 거치면서 한국 사회가 절차적 민주주의의 완성을 위해 조금씩 나아가기 시작할 무렵부터, 1990년대를 기점으로 동구 공산권의 몰락과 자본에 의한 전 지구적 재편이 진행되던 무렵부터 민중신학의 시효에 대한 논의가 시작되었습니다.

강 목사님의 질문은 오랜만에 당시의 분위기로 소환하면서 '다시, 민중신학은 무엇인가'라는 물음으로 저를 이끄네요. 이런 흐름과 경향들이 저는 민중신학의 동시대성과 관련된 질문이라고 봅니다. 민중신학은 당대의 문제와 대결하면서 꾸준히 발언을 이어 왔습니다.[13] 후

---

13. 다음 책들을 참조하면 21세기 민중신학의 흐름을 감지할 수 있을 것이다. 『민중신학, 고통의 시대를 읽다』(이상철 외, 분도, 2018), 『다시, 민중신학이다』(강원돈 외, 동연, 2010), 『당신들의 신국』(제3시대그리스도교연구소, 돌베개, 2017), 『사회적

배 민중신학자 김진호는 "운동의 신학"에서 "고통의 신학"으로 21세기 민중신학의 전회를 특징적으로 표현합니다.[14] 저는 김진호의 발언이 민중신학에 대한 과거와 현재에 대한 진단, 미래의 민중신학에 대한 전망까지를 담고 있다고 봅니다.

민중신학이 오랜 투쟁의 논리에 익숙해 있다 보니 새로운 것, 타자적인 것을 받아들이는 감각에 있어 둔할 뿐 아니라, 그 과정에서도 냉소와 의심의 해석학에만 의지하고 있는 것은 아닌가 하는 염려가 민중신학 내부에 있습니다. 니체의 말대로 우물 속의 적들만 바라보다가 우리도 어느덧 우물 속의 괴물이 되어 버린 것이 아닌가 하는 생각이 들 때가 왕왕 있어요. 지난 시절이 워낙 엄혹했던 까닭에 우리의 태도와 말투가 거칠고 섬세하지 않다는 것은 앞으로 후학들이 풀어야 할 과제라고 생각합니다.

오늘의 민중신학은 지난날 견지했던 전사(戰士)의 말투와 지사(志士)의 서사에서 벗어나 달라진 세상에 걸맞은 저항의 지점과 표현의 방식을 간구해야 합니다. 지난날의 감각과 담화의 방법으로는 현재의 문제를 담아내지 못합니다. 이러한 문제의식에서 오늘의 민중신학은 이념의 시대에 난무했던 거대 서사들의 숭고한 구호와 음성에 가려 들리지 않았던 사연들과 음성들을 초대하여 말하게 하고 율동하게 해야 할 것입니다. 저는 21세기 민중신학이 지닌 동시대성은 여기서부터 다시 시작되어야 한다고 봅니다.[15]

영성』(김진호 외, 현암사, 2014), 『21세기 민중신학』(김진호 외 편저, 삼인, 2013), 『박근혜정부의 탄생과 신학적 성찰: 시대와 민중신학 12』(제3시대그리스도교연구소, 동연, 2013), 『촛불과 광장 정치와 종교: 시대와 민중신학 11』(제3시대그리스도교연구소, 동연, 2009), 『죽은 민중의 시대 안병무를 다시 본다』(최형묵 외, 삼인, 2006).

14. 김진호 · 김영석 편저, 『21세기 민중신학』(서울: 삼인, 2013) 중 김진호의 「민중신학과 비참의 현상학」(331-66)을 참조하라.

15. 이상철, 『죽은 신의 인문학』(파주: 돌베개, 2018) 중 10장 「민중신학 전 상서 — 어느 소장학자의 민중신학을 위한 제언」(234-55)을 참조하라.

민중신학이 여전히 동시대적이고 당대적일 수 있다면 그것은 어느 시대에나 존재하는 사회적 잉여, 시민의 범주에 들지 않는 민중, 언더클래스, 호모 사케르, 언더커먼스, 프레카리아트 편에 서기를 자임하기 때문일 것입니다. 전체를 볼모 삼아 차이의 제거를 명하는 권력에 맞서는 자들이 존재한다면, 지구적 자본의 수평적 연대 제안에 대한 수직적 적대를 선언하는 무모한 그룹이 있다면 그들은 마땅히 민중신학자들이어야 할 것입니다. 이런 다짐은 외부를 향한 선언이기도 하지만 민중신학의 자기반성이기도 한 대목입니다.

지난날 자유, 민주, 해방, 통일, 정의를 외쳤던 민중신학의 목소리는 한국 사회의 어둠을 밝히는 등불이었습니다. 그 어조는 간결하고 명확하고 단단했습니다. 강한 적대자들과 싸우는 과정에서 그에 걸맞은 강대강의 태도가 우리에게 필요했던 까닭입니다. 그래서 분명한 대오와 일사분란한 정열이 요청되었죠. 그 과정에서 새어 나오는 불협화음과 다른 목소리에 거칠게 반응하고 그것들에 침묵을 강요했었고요. 누구를 꼭 집어서 말할 것은 아니지만 전체적 분위기가 그랬어요. 지금 언급한 내용은 민중신학의 고해 성사라 해도 과언은 아닐 것입니다.

저는 민중신학을 지나치게 이상화, 낭만화 하고 싶지 않습니다. 민중신학 역시 방법적인 측면과 운동의 태도에 있어서 우리가 반대하는 자들의 그것과 크게 다르지 않았습니다. 물론 방향은 서로 달랐겠지만 말입니다. 하지만 오늘날에는 그런 방법이 통하지 않습니다. 이제는 운동의 방향뿐 아니라, 그것에 임하는 방식과 태도, 대화의 방법과 의사 결정의 절차까지 중요한 운동의 덕목이 된 세상이기 때문입니다. 이 대목에서 제가 강 목사님께 묻고 싶은 것이 있습니다. 크리스챤아카데미 운동을 통해 평생 대화 운동에 매진하셨는데, 민중신학의 대화의 기술을 위한 조언을 부탁 드려도 될까요?

6. 민중 메시아 대 '사이·너머' 우주적 그리스도

강원용: 안 박사께서 민중신학에 대한 솔직하고 진솔한 회고와 성찰을 하는 것을 들으면서 민중신학이 마치 살아 있는 생물 같다는 인상을 받았고, 민중신학을 향한 애정과 사랑에 깊은 감동을 받습니다. 크리스챤아카데미 대화 운동에 대한 말씀을 해 주셨는데, 민중신학의 동시대성을 위한 대화의 방법론을 모색하는 시점에서 중요한 발언이라고 봅니다. 결론부터 말하면 아카데미 운동에 있어서 대화는 수단이자 목적 그 자체라고 해도 과언이 아닙니다. 왜 모이느냐고 하면 대화를 위해서 모인다고 하고, 무엇 때문에 모이느냐고 하면 대화를 이어가기 위해 모인다고 했으니까요. 그만큼 아카데미 운동에 있어 대화는 절대적 강령이자 원칙입니다.[16]

1965년도에 제가 우리나라에서 최초로 종교 간 대화 운동을 주도했어요. 법정 스님, 송월주 총무원장, 김수한 추기경 등과 함께 이웃 종교 대화 모임을 지속적으로 도모하면서 많은 오해를 받았습니다. 이는 후에 저변이 확대되어 크리스챤아카데미 종교 청년 대화, 각 종단 예비 성직자 대화 모임으로까지 발전했어요. 1970년대 중간 집단 교육의 목표도 양극화되고 비인간화된 상황 속에서 좌와 우, 보수와 진보를 횡단하는 중간의 영역을 상상하면서 그곳에서 모두가 살 수 있는 방안을 모색하고자 했습니다.

1988년에 3김(김대중, 김영삼, 김종필) 초청 대화 모임도 크리스챤아카데미에서 있었습니다. 노태우 정부 시절 분열과 극한 대립으로 치닫는 한국 정치 현실에서 서로 다른 지형과 입장을 갖고 있는 3김을 초

---

16. 크리스챤아카데미의 대화 운동에 대한 이해는 다음 서적을 참조하라. 크리스챤 아카데미 편, 『대화의 철학』(서울: 서광사, 1992); 박명림·장훈각, 『강원용 인간화의 길 평화의 길』(파주: 한길사, 2017) 중 "대화운동"(193-211).

1987년 민주화 다음해인 1988년 5월 크리스챤아카데미에서 열린 "88년 후반기 한국정치의 중요과제"에 대한 대화 모임(왼쪽부터 김종필, 김영삼, 김대중, 강원용)

대해 꼬인 실타래를 풀고자 했죠. 그 밖에도 우리 사회에 이런저런 갈등과 반목의 사건과 이슈들이 있을 때 각자 입장이 다른 쌍방을 초대해 모임을 열면서 크리스챤아카데미는 한국적 대화 운동의 상징이 되었습니다.

이런 일들이 가능했던 이유는 아카데미 대화 모임 자체가 어떤 목적을 지니지 않았기 때문이에요. 당장 그 자리에서 어떤 결론을 내지도 않았습니다. 장시간 혹은 며칠을 숙박하면서 차분하고도 심도 있는 대화를 진행하였고, 거기서 제기된 문제들을 가지고 다른 날 또 대화를 이어 갔습니다. 이런 신뢰 있는 대화의 과정을 거치면서 후에 아카데미 대화 모임 참석자들을 중심으로 사회 각 분야에서 긍정적 효과가 나타나는 것을 확인할 수 있었습니다.

대화 모임을 주도하면서 이쪽저쪽에서 오해를 많이 받았어요. 양극화된 진영 논리에 사로잡힌 한국 사회 지형 속에서 저는 제3의 영토를 확보하고자 했는데 그것은 양 진영 누구로부터도 환영받지 못했습니다. 그럼에도 불구하고 대화 모임은 '사이·너머'에 있는 제3의 중도의 길을 향한 여정을 포기하지 않았습니다.[17] 대화 모임이 추구했던 것이 있다면 바로 이 '사이 · 너머'에 대한 소망이 아닐까 합니다.

'사이 · 너머'에 대한 신학적 단초는 유니언 신학교 시절 스승이었던 폴 틸리히로 거슬러 올라갑니다. 틸리히는 예수 그리스도를 '종교의 종말(he is the end of religion)'이라고 지칭하면서, 종교와 비종교, 그리스도교와 비그리스도교 너머로 위치시킵니다(Tillich, 1948: 102). 저는 폴 틸리히를 따라서 신이 존재한다면 현실을 지배하는 양 진영 사이에, 혹은 진영 너머에 존재한다고 믿습니다. 여기서 말하는 사이(between)는 보혁을 둘러싼 양자택일, 혹은 양비론이 판치는 공간이 아니라 둘을 품는 공간이고, 너머(beyond)는 현실을 초월하는 신, 우리와 관계 없는 신이 계시는 현실 밖의 공간이 아닙니다. 즉물적인 현실의 욕망과 장치들의 효력이 미치지 않는 진리와 자유의 영역입니다. 근래 각광받고 있는 유대계 사상가인 에마뉘엘 레비나스가 말하는 타자와 무한, 흔적과 얼굴의 사유와 자크 데리다의 해체와 차연과 유령에 대한 사유는 '사이 · 너머'와 대화할 수 있는 파트너가 아닐까 합니다.

'사이 · 너머'를 추구할 수 있었던 신학적 배경에는 '우주적 그리스도(Cosmic Christ)'에 대한 고백도 한몫을 합니다(강원용, 1998: 272-4). 고린도후서(5:19)와 에베소서(4:5), 골로새서(1:15-17) 등에 우주적 그리스도에 대한 증언이 담겨 있습니다.[18] 신약 성서의 증언에 의하면 예수

---

17. "나는 독선적이고 폐쇄적으로 대립하는 역사 속에서 양극을 넘어선 제3지대에 내가 설 자리를 마련하려고 애쓰며 살아왔다. '중간, 그리고 그것을 넘어서'(Between and Beyond) 살고자 했던 나는 항상 양극 사이에서 좁고 험한 길을 걸어야 했다. 나를 잘못 이해하는 사람들에게 중간파, 때로는 회색분자 취급도 받았다. 그러나 어느 편은 절대 선이고 그 반대편은 절대 악이란 사고방식은 옳지 않다고 보았기에 이를 해소하고자 1959년부터 크리스챤아카데미 운동을 시작하면서 '대화'로 각 방면의 대립를 해소하고 화해의 길을 열기 위해 노력했다."(강원용, 2003b: 표지글).

18. "곧 하나님께서 사람들의 죄과를 따지지 않으시고, 화해의 말씀을 우리에게 맡겨주심으로써, 세상을 그리스도 안에서 자기와 화해하게 하신 것입니다"(고린도후서 5:19); "주님도 한 분이시요, 믿음도 하나요, 세례도 하나요, 하나님도 한 분이십니다. 하나님은 모든 것의 아버지시요, 모든 것 위에 계시고 모든 것을 통하여 계시고

는 창조 이전에 존재했고 그리스도로 인해 세상이 창조되었습니다. 예수는 우주의 보존자요, 만물이 예수 안에서 보존되기에 예수와 신은 본체입니다. 초대 그리스도교는 이 진리를 이끌어 내려고 수많은 논쟁을 하였습니다. 교회사의 전개 과정에서 각 정파들의 이해득실 차원에서 교리가 나왔다고 비판하는 사람들도 있을 수 있겠으나 저는 그 말에 동의하지 않습니다. 초대 교회의 그리스도 선언은 예수는 인간들, 특히 신자들만의 그리스도가 아니라 우주의 창조자이자, 우주의 그리스도임을 천명한 사건입니다. 초대 교회는 그것을 도출하고 간직하려고 교회의 생명을 걸었던 것이고요. 지금 한국 교회에서 횡행하는 '예수 천당, 불신 지옥'과 같은 구호는 '우주적 그리스도'의 관점에서 보자면 반교회적이고 반그리스도적인 부분이 있습니다.

구약 성서에 나오는 노아의 방주 사건도 우주적 구원 사건을 전합니다. 방주에는 사람뿐만 아니라 모든 동물들이 각각 한 쌍씩 탔고, 부정한 짐승도 승선하였다고 적혀 있습니다.[19] 우리는 이 사건을 통해 인간 중심적인 혹은 교리 중심적인 사고로 신과 신앙을 재단해서는 안 된다는 사실을 깨닫습니다. 인간이 그리스도의 구원 사건을 제한할 수 없다는 말입니다. 이런 관점에서 보자면 에큐메니컬 운동이 내세우는 하느님의 선교, 변방으로부터의 선교, 타자에 대한 환대 신학은 당연하고도 마땅한 선교의 기치입니다. 저에게 있어 이웃 종교와의 대화가 중요했던 이유도 마찬가지입니다. 뿐만 아니라 인간 해방과 모든 피

모든 것 안에 계시는 분이십니다"(에베소서 4:5-6); "그 아들은 보이지 않는 하나님의 형상이시요, 모든 피조물보다 먼저 나신 분이십니다. 만물이 그분 안에서 창조되었습니다. 하늘에 있는 것들과 땅에 있는 것들, 보이는 것들과 보이지 않는 것들, 왕권이나 주권이나 권력이나 권세나 할 것 없이, 모든 것이 그분으로 말미암아 창조되었고, 그분을 위하여 창조되었습니다. 그분은 만물보다 먼저 계시고, 만물은 그분 안에서 존속합니다"(골로새서 1:15-17).

19. "방주로 들어가거라. 모든 정결한 짐승은 수컷과 암컷으로 일곱 쌍씩, 그리고 부정한 짐승은 수컷과 암컷으로 두 쌍씩 네가 데리고 가거라."(창세기 7:1ff 2).

조 생명의 보존을 위해 우리는 대화를 하고 연대를 해야 합니다. 왜냐하면 예수의 사건은 전 우주적 사건으로서 교회만을 향하는 것이 아니라 전 우주적 영역에서 전방위적으로 일어나고 있기 때문입니다. 이렇듯 크리스챤아카데미 운동에서 '대화'와 '사이·너머'와 '우주적 그리스도'는 이론적으로, 신학적으로, 실천적으로 하나로 엮여 있습니다.

이 대목에서 안 박사님께 마지막 질문을 던지고 싶습니다. 제가 지금 '우주적 그리스도'에 대한 언급을 했는데, 민중신학은 '민중 메시아'를 표방합니다. 서로가 상충되는 부분이 있죠. 민중신학의 역사에서 말도 많고 탈도 많았던 것이 민중 메시아일 텐데 그에 대해 말씀 부탁 드립니다.

안병무: 강 목사님의 '사이·너머'에 대한 이야기와 '우주적 그리스도'에 대한 내용을 들으니 크리스챤아카데미가 진행했던 그간의 사역이 일관된 맥락과 흐름 속에서 이어져 왔음을 느낄 수 있었습니다. 그 과정에서 크리스챤아카데미와 민중신학 사이에 신학적 언어의 미묘한 차이도 감지됩니다. 크리스챤아카데미의 '사이·너머'는 민중신학적으로는 '지금·여기'로 전환할 수 있을 것 같고, '우주적 그리스도'는 '민중 메시아'로 대립이 가능할 것 같습니다. 범박하게 표현하면 '우주적 그리스도'는 수평적 연대의 메시지로, '민중 메시아'는 수직적 적대의 메시지로 읽힐 수 있을 것 같아요. 예수에 대한 해석에 있어 두 가지 큰 흐름이 아닐까 합니다. 이 자리에서 무엇이 더 중한지를 논하는 것은 의미가 없을 것 같습니다.

그중 민중 메시아에 대해 언급하자면, 민중신학의 초창기부터 민중 메시아는 논란의 핵심이었습니다. 민중 메시아는 서구 메시아주의 입장에서 보면 파격입니다. 이 땅과 초월해 있는 메시아가 환난 가운데 있는 세상 속으로 우리를 구하러 오신다는 메시아에 대한 판타지는 현실의 고통 가운데 있는 신자들을 견디게 하는 신앙의 보증 수표였습니다. 민중신학은 역사적 예수가 유일회적으로 이룩한 메시아 사건을 예수 안에만 가두지 않고 예수와 더불어 함께한 민중(오클로스)까지를 포함한 사건으로 메시아를 해방시켰습니다. 그리고 그것은 예수 당대의 메시아 사건으로 그치는 것이 아니라, 역사의 수많은 고통의 현장에서 민중의 함성과 저항 가운데 귀환합니다. 이것이 민중 메시아론에서 말하는 민중의 자기 초월입니다(안병무, 1990: 26-8).

민중의 자기 초월 사건, 즉 민중이 어떻게 스스로를 구원할 수 있는가를 둘러싼 주제는 민중신학에 대한 오해와 비판의 중핵이라 할 수 있습니다. 민중 메시아에 대한 비판의 중심에 몰트만이 있습니다. 몰트만은 민중신학에 가장 우호적인 서구 신학자였음에도 불구하고 민중 메시아만큼은 이해를 못하겠다고 나에게 해명을 하라고 윽박질렀죠(웃음)(Moltmann, 2000: 249-67). 저는 몰트만의 비판에 대해 "민중을 모르면 예수를 모르고 예수를 모르면 민중을 모른다"고 반박하면서, 몰트만 역시 예수와 그리스도, 메시아 등을 서구 기독교의 한계와 도그마 안에서 해석하고 있음을 지적한 바 있습니다(안병무, 1990: 33-5).

저의 민중 메시아 발언은 전통 신학이 모두 틀렸고, 기존 신자들의 신앙을 비난하기 위함은 아닙니다. 서구 신학이 말하는 도그마 안으로 메시아의 진리가 갇혀서는 안 되고, 교회가 선전하는 신앙생활 안으로만 전유되는 메시아적 공간을 해체하고 싶었습니다. '지금 · 여기'서 고난의 시간을 견디고 있는 민중들에게 교리와 신조를 내세우며 무조건 믿으면 구원받는다는 맹목적 신앙을 강요하는 것은 잠시 고통을 가리는 마취제이기는 하겠으나 근본적인 해결책이 될 수는 없기 때문입니다. 삶을 밑에서부터 바라보고 변혁시킬 수 있는 신학이 필요했습니다. 민중 메시아는 이러한 요청 속에서 하느님의 구원 행위를 역사 속에서 일어났던 민중의 자기 초월적 행위로 파악했던 것이죠.

안병무와 몰트만, 1975년 몰트만의 첫 한국 방문

　저는 민중 메시아가 서남동이 말했던 '두 이야기의 합류'(서남동, 2018: 101-7)와도 연관이 있다고 봅니다. 이천 년 전 예수의 이야기와 오늘의 민중 이야기가 만나 해석학적 순환을 통해 새로운 지평인 민중 메시아가 등장하였습니다. '지금·여기' 고난의 현장에서 변혁을 지향하는 복음의 의미를 물었던 것이죠. 이것이 민중 메시아가 의도했던 바입니다. 후배 민중신학자 김희헌은 민중 메시아가 가능했던 원인으로 민중신학 안에 내재된 관계론적 세계관을 지목하더군요. 서구의 '이원론적 이신론'에 입각한 메시아니즘은 '관계론적인 범재신론'이라 할 수 있는 민중 메시아를 따라가는 데 한계가 있음을 지적합니다(김희헌, 2014: 65). 서남동의 '두 이야기의 합류'와 김희헌의 '관계론적인 범재신론' 발언은 빈약했던 민중 메시아의 속을 알찬 내용물로 채워 주었습니다.

　저는 근래 해체주의 사상가 자크 데리다의 '메시아주의 없는 메시아적인 것(the messianic without messianism)' 주장이 민중 메시아의 외연을 확장시킬 수 있는 이론이라 생각됩니다. 기존 messianism 안에 굳건하게 자리 잡고 있었던 존재론적 확신이 역사의 진행 과정에서 타자에 대한 배제와 혐오의 정치학으로 작동하였는데, 데리다는 그런 메시아주의를 비판하면서 the messianic을 제안합니다.[20] 전통적 메시아주의는 서양 관념론의 완성이라 할 수 있는 변증법의 종교 서사입니다. 모든 시간과 난관을 꿰뚫고 마침내 이르고야 마는 역사의 종말로서의 절대정신! 그것이 종교적으로는 메시아주의라 할 수 있죠. '메시아적인 것'은 바로 메시아주의에 대한 대항입니다. 그런 점에서 민중 메시아와 공명하는 지점이 있습니다.[21]

결론적으로, 민중 메시아는 상징계를 지배하는 이데올로기, 도그마, 관습, 법 등에 무조건적 순종을 강요하지 않습니다. 대신 현실에 존재하는 다양한 익명의 타자들이 겪는 고통의 자리로 우리를 초대하여 그곳을 지배하는 통치의 언어와 권력의 장치들을 향해 하느님의 정의와 자유와 해방을 묻습니다. 또한 고통당하는 민중들에게는 '지금·여기'서 전개되고 있는 해방 사건의 자리로 나오라고 권면하죠. 그 자리란 각자가 지닌 차이가 차별이 된 세상이고, 다양성이 존중되지 않은 닫힌 사회입니다. 구체적으로 그곳은 다양한 성의 차이를 향한 저주가, 피부색이 다르다는 이유로 자행되는 폭력이, 계급과 신분의 차이로 인한 혐오가, 종교가 다르다는 이유로 벌어지는 적대가 공존하는 곳입니다. 이곳입니다. 그 고난의 한복판에서 민중신학은 역설적으로 희망을 말했고, 그 파국의 현장에서 민중 메시아는 우리에게 다가오는 구원을 속삭였던 것입니다.

---

20. "메시아적 차원은 어떠한 메시아주의에도 종속되지 않고, 어떠한 특정 계시도 따르지 않는다."(데리다, 2016: 104).
21. 데리다와 발터 벤야민의 메시아 담론과 민중 메시아 사이 대화는 다음 글을 참조하라. 이상철 외, 『민중신학, 고통의 시대를 읽다』(서울: 분도출판사, 2018) 중 이상철의 「논란의 중심 민중 메시아」(259-79).

7. 에필로그: 오늘의 민중신학

강원용: 민중 메시아에 대한 다방면의 견해를 피력해 주셔서 좋았습니다. 특별히 현대 철학자의 언어에서 민중 메시아와 공명할 수 있는 부분이 있다는 점을 새롭게 알 수 있었고, 민중 메시아가 지닌 신학적 함의가 제2의 종교 개혁으로 가는 데 있어 중요한 디딤돌이 될 수도 있겠다, 라는 생각을 가져 봅니다. '민중 메시아'와 '우주적 그리스도' 사이의 대화는 오늘 본격적으로 하지는 못했지만 서로가 영향을 주고받을 수 있는 대목이 있다고 생각됩니다. 그 부분은 다음을 위한 대화거리로 남겨 놓도록 하죠.

안 박사님, 오늘 귀한 시간 내어 민중신학에 대한 전반적 이해와 과제를 함께 나누어 주셔서 감사합니다. 저에게는 민중신학에 대한 거리감과 어려움이 있었는데, 이번 기회에 안 박사님과 함께 대화하면서 그동안의 문제를 해결할 수 있게 되어 기쁩니다. 앞으로 종종 만나면서 대화가 이어지기를 간구합니다. 마지막으로 한 말씀 하시면서 마치도록 하겠습니다.

안병무: 다시 처음으로 돌아가 민중신학이 무엇인가, 라는 질문을 스스로에게 던져 봅니다. 신학의 본질을 사유하지만 교리에 함몰되지 않고, 사유의 깊이를 흠모하되 나르시스적인 자기도취에 빠지지 않는 신학! 세상을 너에게 주겠다는 사탄의 유혹과 영혼과 욕망을 흥정하는 메피스토펠레스의 속삭임에 분명한 어조로 '아니오!'로 답하는 신학! 그것이 바로 온갖 사이비 신학들이 난무하는 세상 속에서 교회와 신학을 지켜 왔던 민중신학의 정수였다고 저는 고백합니다.

민중신학의 과거에 대한 기억은 차치하고서라도 오늘의 민중신학, 나아가 앞으로의 민중신학이 감당해야 할 몫에 대한 논의는 우리가 함께 풀어가야 할 과제입니다. 오늘의 민중신학은 21세기의 고통을 예각화하여 드러내고 증언해야 하는 책임이 있습니다. 고통에 대한 예각화라는 말은 설명이 좀 필요합니다. 민중신학은 예전보다 더 정확하고 예민해야 하고, 민중들의 고통의 결을 살피는 감수성 면에서도 더 섬세해야 한다는 뜻입니다.

과거의 민중신학은 우람한 대타자의 목소리였습니다. 민중들의 작은 고통의 이야기들은 적들의 목소리도 크고 아군의 목소리도 컸던 탓에 자기 소리를 낼 수 없었습니다. 불만과 아쉬움이 있었지만 이쪽저쪽에서 나오는 강인한 음성에 묻혀 들리지 않았습니다. 지금 회상해 보니 그 소리들은 전체를 볼모로 저당 잡혀야 했습니다. 그 목소리들은 이런 것들입니다. 이주자와 난민, 여성 문제와 성 소수자 문제가 그랬고, 장애인과 청년, 젠트리피케이션 문제도 마찬가지였습니다. 그렇다고 볼 때, 21세기 민중신학의 동시대성을 '운동의 신학'에서 '고통의 신학'으로 전환한 것은 바람직한 선택이라 할 수 있습니다.

21세기 민중신학의 전회는 의식의 각성과 계몽, 조직과 선동 등과 같은 구시대 운동의 논리에서 탈피할 것을 우리들에게 권합니다. 대신에 다종의 고통을 분류하는 영민한 시선과 수많은 현장의 고통들을 하나하나 다르게 바라보는 섬세한 감성이 민중신학의 새로운 덕목으로 떠올랐습니다. 민중신학이 변해야 하는 이유는 분명합니다. 어지럽게 꼬이고 교차하는 고통의 현장에서 고난당하는 사람들의 곁을 지키는 민중신학에 대한 제고 때문입니다. 이러한 전환의 시대에 『사회적 영성』이 출판되어 민중신학의 영성에 대한 논의가 시작되어 기쁩니다. 민중신학의 그간의 활동과 앞으로의 방향을 사회적 영성 차원에서 재정비하고 재맥락화할 필요가 있습니다. 후배 민중신학자들이 그 몫을 잘 감당해 주기를 기도합니다.

장시간 이야기 들어주셔서 감사합니다. 인터뷰하면서 저 스스로도 민중신학의 과거와 현재, 그리고 내일이 제 머릿속에서 파노라마처럼 펼쳐지는 것을 느낄 수 있어서 좋았습니다. 그 과정에서 망각하거나 상실했던 민중신학의 이런저런 면모들도 생각할 수 있었고요. 앞으로도 이런 대화들이 많이 일어났으면 좋겠습니다. 다시 한 번 감사드립니다.

민중신학 50년 회고

세대론으로 바라본 민중신학의 계보학

1. 프롤로그

2025년 올해는 민중신학이 출범한 지 50주년이 되는 해이다. 민중신학의 기원을 구한말 동학 운동, 1960년대 한국 사회 각 분야에서 등장하기 시작한 민중론, 1970년 전태일 사건으로 소급해 올라갈 수 있겠으나 '민중신학'이라는 용어가 공식적으로 출현한 것은 1975년이다.[1] 전태일 사건 이후 안병무는 본격적으로 민중 사건을 성서와 연결시키는 작업에 몰두하였고 기념비적인 논문이라 할 수 있는 「예수와 민중」을 발표하였다(안병무, 1979: 3-18). 1979년 10월 서울에서 CCA(아시아교회협의회) 주최로 개최된 신학 대회에서 발표된 논문들을 편집해 1981년 영문으로 *Minjung Theology*가 출판되었다.[2] 이 책은 민중신학의 세계화를 선도한 저서로 지금까지 영미 신학계에서는 민중신학의 바이블로 통하고 있다. 1982년 한국기독교교회협의회에

---

1. 안병무의 「민족 · 민중 · 교회」(『기독교사상』 203, 78-84, 1975/4)와 서남동의 「민중의 신학에 대하여」(『기독교사상』 203, 85-90, 1975/4)가 민중신학을 세상에 알린 최초의 작업들이다.
2. *Minjung Theology: People as the Subjects of History*, Edited by the Commission on Theological Concerns of the Christian Conference fo Asia (Singapore: C.C.C, 1981)

서 79년 CCA 발표 논문들을 한글로 엮어서 『민중과 한국신학』(안병무 외, 1982)이 나왔고, 1983년에는 크리스챤아카데미에서 급부상하는 민중신학에 대한 최초의 본격 비평서라 할 수 있는 『한국 민중신학의 조명』[3]을 출판하였다. 돌아보면 그 무렵이 민중신학이 논란의 중심으로 등장하던 때였다.

필자는 본고에서 민중신학의 지난 50년을 회고하면서 세대론적 흐름에 따라 내용을 정리하고자 한다. 하지만 민중신학의 세대론을 포함해 모든 세대론적 구분에는 위험성이 있다. 어떤 사건과 진리의 흐름은 칼로 두부모를 자르듯이 명확히 구분도 안 될 뿐 아니라 구획할 수 있는 성질도 아니기 때문이다. 어쩌면 세대론적 범주로부터 빠져 나가는 그 무엇이 진리의 중핵일는지도 모르겠다. 그럼에도 불구하고 세대론적 분류를 쓰는 이유는 시대별 민중신학의 변천과 당대적 문제의식을 조망할 수 있다는 장점 때문이다. 이 글에서는 민중신학의 세대론을 1세대 민중신학, 2세대 민중신학, 3세대 민중신학으로 표기하였다. 각각의 이유와 내용은 본문에서 밝힌다.[4]

2. 1세대 민중신학

민중신학이라는 새로운 신학 운동을 발견하고 진전시켜 나갈 즈음,

3. 민경배(구약 신학), 전경연(신약 신학), 김경재(조직 신학), 장일조(철학) 4명의 학자가 분야별로 민중신학이 지니는 함의에 대해 밝히면서 민중신학에 대한 비판적 읽기를 도모하였다(민경배 외, 1983).
4. 민중신학에 대한 세대론적 분류는 다음을 참조하라: 안병무, 「민중신학의 어제와 오늘」, 한국기독교장로회총회교육원 편, 『목회자를 위한 최근 신학의 동향』(오산: 한신대출판부, 1992), 127-42; 김경재, 「문화신학과 정치신학의 관계성」, 『문화신학 담론』(서울: 대한기독교서회, 1997), 18-20; 김진호, 「민중신학의 계보학적 이해」, 『시대와 민중신학』 4(1997/12), 6-29; 최형묵, 「민중신학 세대론」, 『민중신학 개념 지도』(서울: 동연, 2024), 189-92; 이상철, 「민중신학 전상서」, 『죽은 신의 인문학』(파주: 돌베개, 2018), 234-58.

동시대 세계 신학은 눈부신 발전을 하고 있었다. 20세기 신학을 선도했던 신정통주의 거물들이 사라지면서 과정 신학, 희망의 신학, 정치 신학, 신 죽음의 신학, 세속화 신학 등 주류 서구 신학의 전통에서 새로운 신학적 움직임이 거세게 일었다. 반면 신학의 방계 전통에서는 여성 신학, 흑인 신학, 해방 신학이 등장하면서 신학의 대전환을 도모하고 있었다. 신전통주의 대 신학자들이 사라지자 신학계는 마치 그동안 숨죽이고 있었던 고수들이 하나둘 등장해 강호에서 자웅을 겨루는 형국이었다. 이런 신학적 대전환의 시기에 민중신학도 세계적 흐름에 영향을 받았다고 볼 수 있다. 하지만 민중신학은 세계 신학의 권위와 이름에 주눅 들지 않고 우리의 방식과 언어와 서사로 한국적 상황 신학이자 문화 신학인 민중신학을 세상에 내놓았다고 자부한다.[5]

안병무, 서남동으로 상징되는 1세대 민중신학은 1970년대 박정희 유신 체제에 대항하는 반독재 투쟁에 중점을 두었고, 전태일 분신 이래로 노동자와 도시 빈민과 연관된 인권 운동에 관여하였다. 민중신학의 형성기와 발전기에 빈번하게 언급되는 내용들이 있었는데 그것들은 다음과 같다. 첫 번째 민중신학은 현장의, 현장을 위한, 현장에서 벌어지는 신학이라는 점이다. 현장을 가진 신학이라는 당파성이 기존 신학과 다른 민중신학의 예외성을 잘 드러낸다.

두 번째로 민중신학은 체험의 신학이다. 하느님 이해가 교리와 도그마에 의존하는 것이 아니라 고난당하는 민중의 현장에서 체험하는 하나님의 역사를 통해 이루어진다는 점에서 그렇다. 세 번째로 민중신학은 증언의 신학, 부연하면 민중 사건에 대한 증언의 신학이다. 민중

---

5. 김경재는 이를 다음과 같이 묘사한다. "민중신학은 20세기 중반 이후 세계적 신학 프론티어들의 전통적 신학 주제들에 대한 비판적 고뇌와 삶의 체험들이 한국 땅에서 마침내 여과되고 농축되어 한국 그리스도인들의 민중적 삶의 체험속에서 특유하게 재창조된 신학사상이요, 신학운동이다." 김경재, 「민중신학의 신학사적 의미와 그 평가」, 『한국 민중신학의 조명』(서울: 대화출판사, 1983), 96.

신학자들은 고난의 현장에서 만나는 민중들의 외침과 몸부림이 그리스도 사건이었고 그것이 하느님의 계시임을 증언하고자 했다. '증언의 신학'은 1세대 민중신학자들의 기표와도 같은 말이라 할 수 있다(안병무, 1990: 17-43).

1970년대를 지나 80년대로 진입하면서 민중신학 진영은 당시 대두되는 새로운 문제의식과 직면하게 된다. 이는 5.18 이후 한국 사회를 바라보는 새로운 자각이 생겼다는 말이다. 민주주의는 자주화가 전제되어야 한다는 각성이 그것인데, 5.18의 배후에 미국이 있다고 여겨졌기 때문이었다. 그 후 한국의 민주주의 문제는 민족의 문제(예를 들면, 통일의 문제), 즉 자주화와 궤를 같이하면서 민주화, 자주화, 통일을 견인하는 주체가 민중이라는 인식이 확산되었다. 돌이켜보면 70년대 민중신학에서 민중은 선언만 있었지 내용은 비교적 느슨했던 것이 사실이었다. 그러나 1980년대를 지나면서 민중은 낭만적 주체에서 운동의 실질적 주체로 부상하게 된다.

민중신학의 서사 전환은 앞서 언급했듯이 5.18 이후 대두되는 한국 사회 전반을 바라보는 인식의 변화와 관련이 있다. 1980년 5월 이후 우리 사회는 이른바 사구체 논쟁(사회 구성체 논쟁)으로 알려진 의제를 놓고 논쟁하였다. 민중을 운동의 주체라 할 때 현실을 지배하는 신군부의 독재, 대미 종속과 분단의 문제, 노동자와 농민의 생존권 문제를 어떻게 해결할 것인가? 이러한 부조리한 상황 속에서 우선순위의 문제 즉, 민족의 해방(민족 민주 혁명)이 우선인가? 아니면 계급의 해방(민중 민주 혁명)이 우선인가? 1980년대 중반을 전후로 사회 구성체 논쟁이 도마 위로 오르면서 대학가와 지식 사회에서는 활발한 이론 투쟁이 벌어졌고 이는 기독 운동계에도 파장을 미쳤다.

당시 사회 변혁에 관심하는 교회 청년들은 민중 운동과 기독 운동 사이 관계를 어떻게 설정할 지를 놓고 설전을 벌였다. 한쪽에서는 교회 정체성을 바탕으로 기독인들이 주체가 되는 운동을 전개해야 한다고 주장하였고, 다른 편에서는 민중 운동의 부분 운동으로서 기독 운동의 역할에 대해 논하고자 했다. 전자를 정체성 그룹, 후자를 전략적 동맹 그룹이라 부를 수 있을 텐데 각각은 다음과 같은 다소의 편향된 인식이 있었다. 정체성 그룹은 교회 정체성에 방점이 있는 까닭에 민중 운동과의 연대가 뒷전으로 밀릴 우려가 있었고, 전략적 동맹 그룹은 교회 정체성이 미흡한 까닭에 민중 운동에 희석될 염려가 있었다. 민중신학은 변화된 세계 속에서 새롭게 제기되는 문제들에 답을 해야만 했다. 이러한 배경 속에서 2세대 민중신학이 출현하였다.

3. 2세대 민중신학

1세대 민중신학이 '증언의 신학'이라고 한다면, 2세대 민중신학은 '운동의 신학'이라 부를 수 있겠다. 2세대 민중신학은 1980년대에 분출하던 민중 운동의 파트너로서 기독 운동이 지녀야 할 내적 논리를 밝히고 그에 걸맞은 언어와 주제를 구체적으로 발굴하고자 했다. 예를 들어 분단을 극복하는 통일 전략 모색과 기독인들의 자세, 반독재 투쟁에 나서는 기독 시민의 운동 전략 등과 같이 말이다.

주목할 만한 것은 1980년대는 마르크스주의와 민중 운동이 결합하던 시기였고, 그것이 기독 운동과도 긴밀하게 연결되어 있었다는 점이다. 많은 기독 청년들이 민중신학자들에게 마르크스주의의 부상과 함께 새롭게 짜이기 시작한 운동의 전선에 대해 물으면서 답을 요청하였는데, 박성준과 강원돈은 당대 기독 청년들의 질문에 응대를 했던 2세대 민중신학자다.[6] 특히 강원돈의 『물의 신학』은 '운동의 신학'이 예각

---

6. 2세대 민중신학자들의 글은 아래를 참조하라: 박성준, 「한국 기독교의 변혁과 기독교 운동의 과제」, 『전환』(서울: 사계절, 1997); 강원돈, 「신학적 해석학의 새로운 모색 — 민

화 된 경우라 말할 수 있는데, 마르크스의 정치 경제학적 해석학과 신학적 해석학이 (해석학적) 순환을 반복하다 지평 융합된 결과물이라고 말하고 싶다.

'물의 신학'은 요한복음 1장 14절에 적혀 있는 성육신에 대한 탈형이상학적이고 해체적인 해석에서 시작된다. 요한복음은 서문에서 신을 로고스라 적고 곧바로 로고스가 육신이 되었다고 주장했다. 로고스(Logos)가 육신(Sarx)이 되었다는 선언은 당시 그리스-로마의 지적 전통에서는 용납이 안 되는 것이었다. 왜냐하면 육신으로 번역된 Sarx(사르크스)는 썩기 직전의 살, 즉 가장 비천한 사물의 상태를 의미했기 때문이다. 강원돈은 이 구절로부터 관념론적이고 정태적인 상태에서 벗어나 실천과 유물론 위에 선 새로운 신학적 상상인 '물의 신학'을 정초하였다(강원돈, 1992: 151-6).

강원돈은 '물의 신학'을 "물질적 세계관과 신앙의 한 종합"(강원돈, 1992: 123)이라고 정의하면서 실천과 유물론에 바탕한 신학을 정초하고자 하였다. 여기서 말하는 실천은 성서가 증언하는 출애굽 사건과 예수 운동에서 드러난 하느님의 구원 사역이 오늘의 민중 현장에서 재생시키는 기독인들의 행위를 말한다. "하느님은 노동하는 하느님이고, 일하는 사람들의 신"(강원돈, 1992: 157)이다. 인간은 노동을 하면서 자신을 세우고 대상을 인식하고 세상과 관계한다. 이런 인간의 삶이야말로 모든 피조 세계를 창조한 후에 '보시기에 좋았다'라고 하신 주님의 말씀과 부합하는 아름다운 것이다.

하지만 성서에서 인간이 처한 고통과 탄식의 기록들이 즐비하다. 그것은 일상을 사는 우리들의 현실을 반영한 것이라 볼 수 있다. 강원돈

중문화운동의 민중신학적 수용」, 『신학사상』 53(1986/여름), 247-86; 강원돈, 「신학하는 방법의 새로운 모색 — 운동하는 전체로서의 현실에 대한 신학적 인식과 실천」, 『물의 신학』(서울: 한울, 1992), 97-121.

은 성서와 일상에서 등장하는 비참과 탄식의 현상이 "권력과 물질을 둘러싸고 형성된 역사적으로 구체적인 관계들의 소산"(강원돈, 1992: 158)임을 분명히 한다. 이런 사회적 모순과 구조를 변혁하기 위한 투쟁은 창조 질서 회복을 위한 당연한 요구라 할 수 있다. '물의 신학'은 현실 관계와 실천을 중심으로 삼았던 실천적 유물론이라 할 수 있고, 마르크스주의와 신학 간의 대화에 있어 좋은 선례로 남았다.[7]

1990년대 이후 현실 사회주의의 몰락과 자본에 의한 전 지구적 지배는 비단 민중신학뿐 아니라 진보 진영 전체에게 큰 충격이었다. 기존의 운동은 큰 틀에서 볼 때 근대적 체계가 만들어 놓은 불합리에 대한 저항이었다. 국가와 민족, 자본과 시민으로 대표되는 근대 국가의 원리들이 역사적, 현실적 운영 과정에서 모순이 발생하였고, 그것을 지적하고 실천적 대안을 내세우면서 근대 이후의 세계가 발전해 왔는데, 1990년대 이후부터는 더 이상 같은 방식으로 사회가 구성되고 운영되지 않게 되었다. 민중신학은 시대의 변화에 맞춰 새롭게 체질을 전환해야 한다는 요청에 다시금 직면하였다.

4. 3세대 민중신학

근대의 공리들은 사회주의 몰락과 포스트 담론의 출현으로 해체되어 갔고 한동안 변화된 세상에 맞는 대안을 모색하느라 모두들 어리둥절해 하면서 세월을 허송했다. 냉전 체제의 몰락으로 인해 인민을

---

7. 최형묵은 '물의 신학'으로 대표되는 2세대 민중신학의 특징을 다음과 같이 평가한다. "2세대 민중신학은 1세대 민중신학의 핵심을 당대의 상황에서 더욱 철저화하였다. 예수와 민중을 동일시하고 신학의 하부구조를 말했던 민중신학의 핵심은 실천적 유물론과의 결합을 통해 물의 신학으로 재현되었고, 그것은 1980년대 민중운동에 참여하는 그리스도교 운동의 주체들에게 분명한 하나의 신학적 대안으로 몫을 감당하였다." (최형묵, 2024: 82).

억압했던 억압과 폭력이 사라질 것이라 예상했는데 세계화 된 지구는 이전 시대보다 더 세련되고 정교한 억압의 기재들이 자리를 채웠다. 이러한 변화 속에서 민중은 지역적이고 민족적일 뿐 아니라 포괄적으로 지구적 민중으로 확대되어 해석되었다. 그에 따라 새로운 해방의 전략들이 요청되었고, 이것이 3세대 민중신학이 태동하게 된 배경이라 할 수 있겠다.[8]

3세대 민중신학의 달라진 민중 인식은 민중신학의 방법론에도 영향을 끼쳤다. 지난 시절 이데올로기적인 전략 혹은 정치 경제학적인 분석에서 탈피하여 '문화 정치학'이 전면에 등장했다.[9] 3세대 민중신학이 새로운 운동 전략과 화법에 관심하는 이유는 분명하다. 지구적 자본의 질서 속으로 들어오지 못하는 체제의 잉여와 타자들을 위한 담론을 다시금 정초하겠다는 이유에서다. 그것은 동시에 기존의 거대 서사에 입각한 민중신학의 내러티브를 극복하겠다는 의지라고 평할 수 있다. 김진호는 이를 '민족적 민중(national minjung)'에서 '오클로스적 민중(ochlos minjung)'으로의 전환이라 표현하였고, 이는 지구화 시대를 살아가는 민중의 비참성을 논하는 데 있어 적절한 대처였다고 판단된다 (김진호 외, 2014: 332-4).

사실 지금까지 민중신학은 타도의 대상에만 관심했지 말하는 방식이라든지 마음의 문제에 대해 등한시했던 것이 사실이다. 3세대 민중신학은 새로운 감각과 방식으로 말하는 방식의 개선, 태도의 변화를 통해 민중신학의 새로운 전기를 확보하고자 하였다. 이 대목에서 기존

---

8. 3세대 민중신학은 김진호, 최형묵이 대표적인 인물들이고, 3세대 민중신학을 대표하는 도서는 다음을 참조하라: 김진호 외, 『죽은 민중의 시대 안병무를 다시 본다』(서울: 삼인, 2006); 이상철 외, 『민중신학, 고통의 시대를 읽다』(서울: 분도출판사, 2018); 김진호 · 김영석 편저, 『21세기 민중신학』(서울: 삼인, 2014).
9. 김진호 외, 「특별기획: 민중신학의 문화정치학적 전망」, 『시대와 민중신학』 4 (1997/12), 6-122.

의 민중신학과의 갈등이 생겨났다. 3세대 민중신학 담론은 민중사, 혹은 마르크스주의 등과 같은 1990년대 이전까지 한국 진보 진영이 내세웠던 주된 화두와는 거리가 있었다. 그들은 포스트 담론이 기존 진보 진영을 향해 던지는 비판적 문제의식을 수용하면서 민중신학이 지니는 이론적, 실천적 한계를 극복하고자 하였다.

제3세대 민중신학은 유명한 포스트모던 문구인 '거대 서사의 붕괴와 작은 이야기들의 발견'(Lyotard, 1984: 60)에 반응하여 민중사에서 일상사로, 정치 경제학에서 문화사로, 동일성(주체)에서 차이(타자)로, 민족에서 탈민족으로, 통일에서 평화로, 이성에서 감성으로의 전환을 도모하였다. 그것은 보편 안으로 포섭되지 못한 배제된 존재들을 지지하겠다는 것이고, 부흥을 담보로 차이의 제거에 협력하는 신학과는 거리를 두겠다는 말이다. 이렇듯 3세대 민중신학은 은폐된 타자들과 모순을 세상에서 탈은폐시키는 신학, 근본을 사유하지만 도그마와 우상에 빠지지 않는 신학을 지향했다.

1세대 민중신학이 '증언의 신학'이었고, 2세대 민중신학이 '운동의 신학'이었다면, 3세대 민중신학은 '고통의 신학'이라고 김진호는 정의한다(이상철 외, 2018: 338). 민중의 한(恨)을 발견하고 고통에 주목하면서 민중신학은 출현했다고 해도 과언이 아닌데 김진호는 새삼스럽게 왜 다시 고통에 주목하는 것일까? 1세대와 2세대 민중신학이 지적했던 사회적 모순과 3세대 민중신학이 주목하는 그것은 다소 결이 다르다. 선배 민중신학자들이 국가적, 민족적 차원과 배경 속에서 등장하는 민중의 한과 고통에 주목했다면, 3세대는 글로벌한 민중, 세계화된 민중의 고통에 주목한다.[10]

---

10. 김진호는 신자유주의로 인한 전 지구적 지배가 진행되고 있는 현실 속에서 오클로스(민중)에 대한 재번역을 도모하면서 '민족적 민중'에서 '오클로스적 민중'으로 해석할 것을 제안한다. "우리는 앞에서 지구화 시대 민중의 존재 방식에서 귀속성의 박탈

세계화되고 다원화된 오늘날의 지구촌에는 다양성만큼의 편견과 억압이 숨겨져 있다. 권력은 전 시대와는 비교가 안 될 정도로 진화한 통치술로 고통을 세련되게 통제하고 있는 실정이다. 특이한 것은 과거와 같은 체제의 강제가 아니라 인민들의 동의와 자발성을 바탕으로 한 통치가 이루어진다는 점이다. 독재가 아니라 민주적 방식으로 체제는 인민들을 고통의 나락으로 내몰고 있다. 이런 비참한 현실 속에서 3세대 민중신학은 다양한 전선에 걸쳐 은폐된 채 전개되는 다종(多種)의, 다성(多聲)의 고통에 주목한다.

오늘날의 사회는 민중신학이 출현했던 50년 전에는 부각되지 않았던 생경한 이슈들이 출몰하고 있는 세상이다. 3세대 민중신학은 체제의 폭력은 물론이고 체제와 맞서 싸우느라 놓쳤던 부분까지, 즉 이중의 폭력에 노출되었던 타자의 현상학에 관심한다. 여성의 문제, 성 소수자의 문제, 장애 문제, 난민 문제, 젠트리피케이션, 자살률 1위로 치닫는 청년과 노인의 문제, 비인간 존재의 문제, 포스트휴먼 시대의 도래와 더불어 발생하는 인간 소외의 문제까지 새롭게 부상하는 고통의 자리로 나간다.[11]

을 주목했고, 그것을 안병무의 용어를 따라 오클로스적 민중이라 보았다. 그런데 오클로스는 민족적 민중처럼 하나의 거대한 집합체가 아니다. 그들은 수많은 요인에 의해 온갖 방식으로 배제를 체험한 사람들을 가리키는 용어이며, 다양한 방식으로 분산된 '흩어진 존재들'을 의미한다. 따라서 오클로스는 그 현장을 중층적으로 읽어내야만 그 비참의 양상이 포착되는 존재다. 그런 점에서 민중신학자에게 오클로스와 비참의 현상학은 서로 쌍을 이룬다. 하여 오클로스를 신학적으로 묻는 일은 우리 시대의 지배적 시선 혹은 통념적 시선에서 삭제된, 은폐된 이들의 기념비를 세우는 것, 하트와 네그리가 저술한 제국의 용어에 따르면 '탈영자들의 기념비'를 세우는 것이다."(김진호 외, 2014: 364-5).

11. 3세대 민중신학의 문제의식이 결집되어 꽃핀 책이 『민중신학, 고통의 시대를 읽다』이다. "1부. 민중을 말하다", "2부 시대를 말하다"를 통해 저자들은 바뀐 세상의 질서 속에서 새롭게 조명되는 민중(들)을 향해 말을 건다.

5. 에필로그: '민중신학의 위기'에 답하다

지금까지 민중신학 출범 50년을 맞아 민중신학이 지나온 길을 회고하였다. 과거에 대한 복기는 앞으로 미래를 꿈꾸기 위한 예비적 조치라 할 수 있다. 앞으로의 민중신학을 전망한다는 말은 10년, 20년을 예단하면서 닥쳐올 미래의 문제를 예상하고 대처하자는 것이 아니다. 미래는 과거로부터 도래하거나 현재 속에 이미 싹이 터 있는 것이다. 그렇다고 볼 때 미래의 과제는 오늘의 숙제이자 과거의 해결하지 못한 문제라 볼 수 있다. 그런 의미에서 민중신학의 지나온 50년을 돌아다보는 것은 필자에게는 유의미한 작업이었다.

글을 마무리하면서 민중신학에 대한 혹자의 오해에 대해 지면을 빌려 변증을 할 필요를 느낀다. 오늘날 민중신학의 위상이 예전만 못하다고 하여 민중신학의 위기론을 유포시키는 사람들이 있다. 민중신학이 시대적 흐름에 기민하게 대처하지 못한 점은 반성할 대목이나 그렇다고 해서 민중신학이 시대적 소명을 다했다는 평가에는 동의를 못하겠다.

돌이켜보면 민중신학은 정주적인 신학 함이 아니었고, 고정적 체계를 세우려 했던 신학도 아니다. 민중신학은 사건의 신학이었기에 늘 당대의 사회적 아픔과 고통의 기원을 좇아야 했다. 우리는 이러한 문제의식이 민중신학을 지속시키는 것이라 믿었고, 그런 의미에서 민중신학은 '도상(途上)의 신학'이다. 길 위의 변화하는 상황 속에서 늘 스스로를 향해 지속적인 변화를 요청해야만 했던 신학이 민중신학이라는 말이다. 그 변화를 향한 몸부림이 안온한 신학을 구사하는 이들로 하여금 위기감을 불러일으켰는지 모르겠다. 그렇다면 민중신학의 위기론은 민중신학에 붙여진 훈장이다.

민중신학은 체제에 영합하는 신학을 향해 반신학적 태도를 지니고 등장했다는 점에서 위기의 신학이었고, 체제의 불합리와 부조리로 인해 고통 받는 민중들의 편에 섰다는 점에서 사회적 위기의 신호탄이었다. 민중신학은 동시대 사회적 모순으로 인해 벌어진 틈과 균열을 드러내고 알리는 나팔수였고, 그 외침은 본성상 사회적 관행을 삐딱하게 바라보고 금기를 해체하는 세이렌의 음성인 까닭에 위기여야 했다. 물론 시절에 따라 부침이 있었지만 민중신학이 보여 준 행보는 늘 분명했다. 아픔이 있는 곳이 세상이 중심이라는 신앙 고백 위에서 민중신학은 지난 50년을 위기를 향해 달려왔고 앞으로도 그러할 것이다.

3부

오늘의 종교·문화 비평

'종교적인 것'에 관한 열 가지 단상(斷想), 혹은 연상(聯想)

1. 경동교회와 남영동 대공분실

'종교적인 것'에 대한 논의를 두 건축물에 대한 소개로부터 시작한다. 하나는 서울 중구 장충동에 위치한 '경동교회'(1981)이고, 다른 하나는 '남영동 대공분실'(1975; 현 민주화운동기념관)이다. 주목해야 할 것은 두 건축물이 한 인물의 작품이라는 점인데, 그가 바로 20세기 대한민국 건축을 대표하는 김수근[1]이다. 경동교회는 가장 진보적인 교단이라 할 수 있는 한국기독교장로회를 대표하는 교회이다. 기장 교단은 1970-80년대 군부 독재 시절에 인권, 민주, 통일을 향한 운동의 선봉에 섰던 교단으로 한국 사회가 민주화되고 시민 사회로 발전하는 데 중요한 역할을 했다. 김재준, 강원용, 장준하, 문익환, 문동환, 안병무 등 비단 교계뿐 아니라 지난 20세기 대한민국의 시민 사회를 이끌었던 거인들이 이 교단 소속의 인물들이었다.

남영동 대공분실은 군부 독재 시절 정권에 반하는 행위를 하는 인물들을 감금하고 고문했던 장소다. 박종철, 김근태 등 많은 민주 인사들이 이곳에서 고문을 받다 죽거나 혹은 고문 후유증에 시달렸다. 전문

---

1. '김수근문화재단(kimswoogeun.org)'에 접속하면 김수근의 건축에 대한 자세한 정보를 얻을 수 있다.

가들에 의하면 대공분실은 밀폐된 공간에서 인간의 공포를 극대화하는 구조로 설계되었다고 한다. 주로 5층에서 고문이 이루어졌는데 일반 사무실로 이용한 1~4층과 달리 꼭대기 층인 5층(이후 증축해 현재는 7층 건물)에는 설계 단계부터 다른 층의 1/8도 되지 않는 작은 창문을 달았다. 채광을 최대한 억제하고 탈출을 방지하려는 의도다. 복도 양쪽으로 배열된 16개 조사실의 문을 서로 어긋나게 설계해 마주한 두 조사실의 문을 동시에 열어도 맞은편 조사실에 있는 사람의 얼굴을 볼 수 없도록 했다.

경동교회는 나의 모교회로 10대와 20대를 지나 30대 초반까지 신앙생활을 했던 곳이다. 결혼식도 경동에서 치렀다. 지금과 같은 예배당이 세워졌던 때는 전두환 정권 시절이었고, 내가 초등학교를 졸업하고 중학교로 진학하던 무렵이었다. 친구들과 동굴 탐험 하듯이 교회 곳곳을 누볐던 기억이 있다. 한동안 어디가 입구이고 출구인지가 헷갈렸다. 교회 곳곳에 사적이고 은밀한 장소들이 많아 숨바꼭질하기에 안성맞춤이었다. 지하에서 옥상 노천 예배당까지 원형 계단으로 이어져 있는 것도 흥미로운 포인트였다. 계단을 올라가다 보면 본당 발코니로 빠질 수도 있는데 그곳은 묵상하기 좋은 자기만의 공간이었다. 그것들 하나하나가 신자들의 영성을 위한 배려였다는 사실을 깨달은 것은 내가 신학 공부를 하고도 한참의 시간이 흐른 뒤였다.

2. 선(善)과 악(惡)은 닮았다.

2019년도에 옛 '남영동 대공분실' 자리에서 '대한민국 민주주의 100년 기획전'(2019. 10.29~11.30/주최: 민주화운동기념사업회)이 열렸다. 현재는 '민주화운동기념관'으로 새롭게 단장했는데, 2019년 당시에는 남영동 대공분실의 어두운 기억을 지우고 민주주의를 회고하는 전당

| 경동교회 계단 | 남영동 대공분실 계단 |

을 만들고자 하는 기획들이 진행 중인 때였다. '민주주의 100년 기획전'은 남영동 갱신 프로젝트의 일환이었다. 행사 관계자 중에 지인이 있었던 관계로 전시에 참여했다. 특별히 내가 원장으로 있는 '크리스챤아카데미 사건'(1979) 관련 코너도 마련되어 있어 감회가 남달랐다. 하지만 나는 그곳에 오래 머무를 수 없었다.

지금도 경동교회에 갈 때마다 느끼는 특유의 온도와 습도, 냄새와 바람, 분위기 같은 것이 있다. 감수성이 예민했던 10대와 열정적이었던 20대를 교회에서 살다시피 하면서 경동교회의 모든 것을 향유했던 나로서는 어쩌면 당연한 몸과 지각의 경험이고 기억이다. 아직까지도 무슨 강연이나 원고의 마지막 결론을 내릴 때면 습관적으로 경동에서의 기억으로 회귀한다. 그런데 남영동 대공분실로 민주주의 기획전을 관람하러 입장하는데 경동교회 들어갈 때의 느낌과 너무나 유사하다는 것을 나는 단번에 알아차렸다.

우선 두 공간은 나선형 계단을 이용해 위로 올라가고 아래로 내려간다는 점에서 공통점이 있다. 경동교회의 상하를 관통하는 계단은 지하에서 하늘로 이어져 있다. 남영동 대공분실도 마찬가지로 중앙 계단을 이용해 위와 아래로 이동한다. 하지만 양자의 최종 종착점은 다르다. 경동교회의 맨 꼭대기는 하늘과 맞닿아 있는 노천 예배당이고, 남영동의 맨 꼭대기는 고문실이다. 1층과 5층을 바로 연결하는 나선형 계단을 통해 눈을 가린 피의자들이 빙빙 돌며 계단을 올라갔다. 잡혀 온 민주 인사들이 계단을 걸어 올라가면서 느꼈을 불안과 공포를 생각하니 등골이 오싹했다. 그것을 인지하고서는 몸이 떨리는 것 같고, 속이 매슥거리는 것 같아 도저히 그 안에 있을 수 없었다. 선과 악이 동전의 양면, 아니 선과 악이 어쩌면 같은 것이 아닐까, 라는 생각을 남영동을 벗어나는 내내 했다.

3. "텍스트 밖에는 아무것도 없다"

"텍스트 밖에는 아무것도 없다"(Derrida, 1997: 158)는 데리다를 일약 스타 철학자로 만든 문장이라 할 수 있다. 데리다 이전에는 텍스트 밖에서 텍스트를 견인하고 기획하는 어떤 힘, 권력, 권위, 근원이 있다고 보았다. 그것은 아르케, 이데아, 형상, 로고스, 코기토, 이성, 신 등으로 불리면서 시대를 달리하며 권좌를 누렸다. 데리다는 텍스트 밖에 있다고 믿었던 그런 것들은 없다고 선언하면서 다음과 같이 말하였다. "진리의 장소는 장의 바깥에 존재하지 않습니다. 절대적이고 몰역사적인 조망대는 없습니다. 조망대가 부재한다는 것은 곧 장이 근본적으로 역사적이라는 것, 장이 필연적으로 다수성·이질성에 내맡겨진다는 것입니다."(데리다·페라리스, 2022: 27).

텍스트 밖에 아무것도 없으면 그럼 무엇이 남는가? 데리다는 후에 이렇게 말을 전환한다. "콘텍스트 밖에는 아무것도 없다(there is nothing outside of the context)."(Derrida, 1977: 136). 콘텍스트는 상황이다. 예를 들면, 나 자신, 독자 자신이다. 내가 거하는 공간과 시간이 콘텍스트이다. 급기야 데리다는 "모든 것은 텍스트가 된다(everything becomes a text)"(Derrida, 2005: 41)라는 말까지 서슴없이 한다. 데리다의 연이은 발언들은 정전(正典)과 정념(正念)으로서의 텍스트론에 대한 반역이라 할 수 있다.

우리는 현실의 바깥에 불변하는 선의 근원이 있고, 악의 근원도 있다고 생각한다. 그것들이 현실의 우리를 지배한다고 믿는다. 텍스트 밖에 무언가 있다는 믿음은 서구의 존재론, 인식론, 윤리학, 미학 등 모든 철학 분야에서 중요한 공리였다. 그런데 데리다가 오래된 믿음에 대한 반란을 도모하고 있는 것이다. 데리다식으로 말하면, 경동교회와 남영동 대공분실의 예에서 보듯이 선과 악의 존재론적인 자리가 없다. 경동교회는 선과 연결이 되고 남영동은 악과 연결이 되어 있는 것이 아니라는 말이다. 왜냐하면 선과 악은 실체가 있는 명사가 아니기 때문이다. 그것은 행위와 결부된 동사적 성격을 지닌다. 그렇다면 예정된 종교적 장소가 따로 있다는 것에도 수정이 필요해 보인다. 남영동이 선하고 경동교회가 악할 수 있다. 중요한 것은 그곳에서 현재 누가 무슨 일을 하고 있는가이다. 선과 악은 그 후에 결정된다. 그러므로 경동교회 공간이 고문실이 되어도 이상할 것이 없고, 남영동 대공분실이 예배당이 되어도 어색할 이유가 없다.

남영동 대공분실에서 되살아났던 경동의 추억은 선과 악이 우리가 알고 있는 것처럼 칼로 두부모를 자르듯 분명하게 단절되어 있지 않다는 점을 알렸다. 생각이 여기까지 미치자 '텍스트 밖에는 아무것도 없다'고 말했던 데리다의 의도가 어렴풋이 이해되었고 그와 맞물려 성경 구절 하나가 떠올랐다. "그 무엇보다도 너는 네 마음을 지켜라. 그 마음이 바로 생명의 근원이기 때문이다."(잠언 4:23).

4. "너는 네 마음을 지켜라"…「잠언」중

흔히 제1성서(구약 성서)에 있는 잠언, 전도서, 욥기를 지혜서라 부른다. 개인적으로 전도서와 욥기를 좋아한다. 헛되고, 헛되고, 헛되다, 라고 하면서 시대를 조롱하는 전도자의 발언과 의인에게 닥치는 알 수 없는 고난에 저항하는 욥의 말과 행동은 나로 하여금 많은 생각과 다양한 도발을 상상하게 한다. 하지만 잠언은 그렇지 않다. 잠언이 말하는 지혜는 욥기와 전도서가 말하는 변혁적 지혜와는 거리가 있다. 잠언은 꼰대, 권위, 권력의 언어로 가득 차 있는, 마치 바른생활, 도덕, 국민 윤리 같은 책이다. 이런 이유로 나는 설교를 할 때 잠언은 잘 인용하지 않는다.

잠언, 전도서, 욥기 같은 지혜서들은 언제, 누구에 의해 쓰인 것인지 확실치 않다. 그나마 말할 수 있는 것은 포로기 이후 자료들이 모아지기 시작했고, 그것들이 정경으로 확정된 것은 AD 1세기 무렵이라는 것 정도이다. 포로기 이후 바벨론, 페르시아, 알렉산더 제국, 셀레우코스 왕국, 로마 제국으로 이어지는 모진 세월을 거치면서 이스라엘 백성들은 인생과 신앙에 대해, 인간과 신에 대해 묻고 따지고 답을 했다. 그 모든 것들이 각기 다른 삶의 자리에서 사후적으로 수집되고 편집되어 지혜서들이 만들어졌다. 잠언은 상층부에서 말하고 싶은 지혜이고, 전도서는 냉소적 지식인들의 지혜이며, 욥기는 도발적 신앙인들의 지혜라 부르고 싶다.

학자들은 잠언과 전도서와 욥기가 언급하는 지혜 사이에는 확연한 차이가 있다고 본다. 잠언의 지혜를 창조하신 하느님은 규범과 패턴을 창조하시고 그 원리대로 다스리는 분이다. 반면, 전도서가 말하는 지혜는 산전수전을 다 겪은 현인(賢人)이 인생을 뒤돌아보면서 하는 말인데, 지혜자는 신의 뜻을 인간이 알 수 없다고 말한다. 그러니까 인간이 만든 법과 규율이 헛되다고 말할 수 있는 것이다. 잠언의 신이 인간의 세계로 수렴하는 신이라면, 전도서의 신은 무한의 영역으로 발산하는 신이다.

욥기는 하느님은 물론 권선징악과 인과응보를 창조하신 분이나 그 원리에 절대 갇혀 계신 하느님이 아님을 말한다. 잠언이 말하는 정합적이고 목적론적인 신과 전도서가 말하는 잡히지 않는 차연과도 같은 신에 비해 욥기의 신은 어딘가 자기 모순적이고 삐딱하고 그래서 전복적이고 해체적인 면모가 있다. 욥기는 표면적으로는 잠언의 신을 말하는 것 같은데 전도서처럼 자꾸 그것을 비튼다. 그렇다고 볼 때 내 판단으로는 욥기는 잠언보다는 전도서 쪽에 더 가깝지 않을까 싶다.

전도서와 욥기 중에 어느 것이 더 날(生)것인가라고 묻는다면, 개인적으로는 욥기라고 말할 것 같다. 전도서가 헛되고, 헛되다고 말하지만 거기에는 고도의 신학적 메시지가 감춰져 있다. 하지만 욥기는 전도서보다는 더 파국을 향해 질주하려는 경향이 있다. 물론 그것을 끝까지 돌파해 내지도 못했고 잘 수습하지도 못했지만 말이다. 이런 느낌들의 차이가 지혜서로 분류되는 잠언, 전도서, 욥기 사이에는 있다.

나는 무례하게도 잠언이 수준 낮은 지혜를 나열하고 있다고 판단해서 어느 때부터 잘 보지 않았다. 그런데 뜻밖에도 가장 파격적인 구절이 잠언 속에 있는 것을 발견했다. 그것이 바로 앞서 언급한 본문이다. "그 무엇보다도 너는 네 마음을 지켜라. 그 마음이 바로 생명의 근원이기 때문이다." 잠언의 속성상 그 무엇보다 너는 하느님 말씀을 지켜라. 율법과 도덕과 규범을 따르라고 말해야 하는 것이 맞다. 왜냐하면 텍스트 밖에서 텍스트를 구획하고 조정하고 강제하는 것이 진리이기 때문이다. 잠언은 그 법칙에 충실한 텍스트이다. 그런 잠언이 이런 도발적인 말을 한다고? 나는 잠언의 이 발언이 종교적 지혜란 무엇인가를 묻는 질문에 대한 가장 적합한 답변이 아닐까라는 생각을 했다.

5. "니가 남았다"… 영화 〈내가 죽던 날〉 중

내가 잠언의 구절에 꽂혔던 계기가 있었다. 2024년 여름에 큰 수술을 마치고 집에서 회복하는 동안에 넷플릭스를 통해 영화 한 편을 봤다. 2020년에 개봉한 〈내가 죽던 날〉(박지완 감독/김혜수·이정은 주연)이라는 영화다. 섬에서 한 소녀의 자살 사건이 일어났다. 김혜수가 형사로 나오는데 사건에 대한 보고서를 쓰러 섬으로 들어가면서 영화는 시작된다.

자살했다고 판단되는 소녀는 어떤 범죄 사건의 주요 증인인 관계로 서울에서 섬으로 옮겨져 경찰의 보호를 받고 있었다. 범죄를 저지른 아빠와 오빠, 가족이라고 믿었던 새엄마는 연락이 두절되고, 가까이 지내던 보호관 형사도 왠지 모를 석연치 않은 사연 때문에 그 소녀의 자살 사건에 개입하지 않으려고 한다. 경찰 상부에서는 그 사건을 빨리 자살로 종결시키라고 김혜수를 압박하지만, 김혜수는 뭔가 석연치 않다. 시체도 발견되지 않았고, 정황상 자살할 이유도 없고, 왠지 죽었다면 타살일 것 같고, 아니면 소녀가 어딘가 살아 있는 것 같은 느낌적인 느낌을 김혜수는 받는다. 소녀 주변을 살피고 조사하던 김혜수는 소녀가 섬에 마치 유배된 사람처럼 방치되어 홀로 외로움과 세상에 대한 배신감 때문에 고통스러워했음을 알아냈다.

형사로 나오는 김혜수 외에 또 다른 주연이 순천댁 역으로 나오는 이정은 배우다. 순천댁은 소녀를 목격한 마지막 증인이다. 그는 실종된 소녀와는 옆집 이웃으로 관계를 맺고 있었다. 순천댁은 동생의 자살로 인한 충격으로 농약을 마셔 목소리를 거의 잃고 지내는 상처 많은 인물이다. 어느 날 절망에 빠진 소녀가 유서를 써 놓고 죽음을 준비한다는 것을 우연히 알게 된 순천댁은 유서를 발견하고는 반으로 접어서 그 뒷면에 "밥 잘먹으라"고 쓰고 밥상을 차려 준다. 소녀가 울면서

"살아있을 이유가 없다. 내 곁에 아무도 남지 않았다"고 울부짖자 순천댁이 종이에 무언가를 쓰기 시작한다. 순천댁은 목소리가 나오지 않으니까 필담으로 사람들과 의사소통을 하는데, 작품을 보는 관객들은 이 대목에서 순천댁이 뭘 썼을까 궁금해 한다. 그대들이 순천댁이었으면 뭐라고 썼겠는가?

나는 '내 곁에 아무도 남지 않았다…'라는 소녀의 절규가 힌트라고 생각했다. 나를 지지하고 변함없이 내 곁을 지켜 주는 한 사람, 그 한 사람만 있어도 인생은 그럭저럭 살 만하지 않나. 생각이 거기에 미치니까 나는 (진부하게도) 순천댁이 연필로 "내가 네 곁에 있어 줄게"라고 썼으리라 생각했다. 하지만 순천댁의 답은 예상과 달랐고, 그것이 나를 잠시 얼어붙게 만들었다. 그녀는 틀린 맞춤법과 삐뚤삐뚤한 글씨로 "니가 남았다"라고 쓴다. 나는 그 장면과 글씨를 보면서 마음이 먹먹했다. 그리고 나오지 않는 목소리, 거북하고 불쾌한 쇳소리로 그녀는 이렇게 천천히 말한다. "아무도 안 구해줘. 니가 너를 구해야지. 인생이 니 생각보다 훨씬 길어. 나가서 살아."

순천댁은 뻔한 위로를 하지 않았다. "내가 옆에 있어 줄게. 괜찮아. 너만 힘든 거 아니거든. 나 봐라. 나는 너보다 더 심했어…." 이런 식으로 자기 이야기를 늘어놓는 것이 아니라, "살아가야 한다. 살아내야 한다. 인생이 길다. 그 긴 인생 속에서 어떤 일이 벌어질지 알 수 없기 때문에 너 자신이 스스로 중심을 잡아야 한다. 혹 절망 속에 누군가 손을 내밀어 준다면 큰 위로가 되겠지만 결국 자신을 구할 수 있는 건 너 자신이다! 이런 생각을 가지고 뚜벅뚜벅 걸어가라…." 관점에 따라서는 서늘한 말일 수도 있지만, 수술을 마치고 집으로 돌아온 내게 작품 속 대사는 묘한 위로와 감동으로 다가왔다. 영화를 보면서 '네 마음을 지켜라'는 잠언의 구절이 생각났던 것은 그리 놀라운 일이 아니었다.

문득 신약 성서에서 예수가 혈루병을 앓던 여인을 고치는 장면도 떠올랐다. 병을 고치고 나서 예수는 그녀에게 "너의 믿음이 너를 구원하였다"고 쿨하고 담백하게 말한다. 나는 이 대사가 예수의 어록 중 백미라고 생각하는데, 영화 중 '니가 남았다'고 말하는 순천댁의 말과 오버랩되었다. 그런데 의문이 생겼다. 어떻게 그럴 수 있지? 방금 우리가 읽은 잠언에서 '네 마음을 지켜라'고 하는데, 그것이 지켜야 할 내 마음인 것을 어떻게 알고 확신할 수 있는가? 예수는 너의 믿음이 너를 구원하였다고 하는데, 도대체 그 믿음을 나는 알 수가 없는데 어떻게 그것을 보증할 수 있는가? … 질문은 계속 이어진다.

6. 성(聖)과 속(俗) … 영화 〈신과 함께 가라〉 중

> 그때에 헤롯은 그 박사들을 가만히 불러서, 별이 나타난 때를 캐어 묻고, 그들을 베들레헴으로 보내며 말하였다. "가서, 그 아기를 샅샅이 찾아보시오. 찾거든, 나에게 알려 주시오. 나도 가서, 그에게 경배할 생각이오." (마태복음 2:7-8)

위의 글은 마태복음의 성탄 이야기 중 동방 박사와 헤롯왕이 만나는 대목에서 가져왔다. 동방 박사들이 누구였고 뭐하는 사람들이었는가에 대한 이야기는 생략하겠다. 영어 성경에는 동방 박사가 wise men이라고 되어 있는데 아마도 그들은 메소포타미아 지역의 현자들로 추정된다. 박사들이 예루살렘에 있는 헤롯왕에게 와서 "유대인의 왕으로 나신 이가 어디에 계십니까? 동방에서 그의 별을 보고 경배하러 왔다"(마 2:3)고 말하자, 헤롯의 신하들이 예언서 중 미가서 5장 2절에 나와 있는 성서 구절을 토대로 메시아가 태어날 장소가 유대 베들레헴이라고 답한다. 그리고 나서 동방 박사들이 베들레헴으로 떠날 때 헤롯왕이 했던 말이 위의 구절이다.

〈신과 함께 가라〉(2003)는 영화가 있다. 독일 브란덴부르크의 한 수도원에서 이야기가 시작된다. 영화 속에서 이 수도원은 가톨릭으로부터 파문당한 칸토리안 교단 소속의 수도원이다. 칸토리안 교단은 16세기에서 18세기를 거쳐 독일 개신교 도시에서 활동했던 가톨릭 교단이다. 종교 개혁 이전에 가톨릭교회는 예배 중에 악기 사용을 금하고 오직 단성부의 음악을 사용했다. 루터가 회중 찬송을 부활시키면서 칸토리안 교단이 이에 동조했고, 이로 인해 가톨릭 교단에서 파문된 것으로 알려져 있다.

영화의 줄거리는 이렇다. 1693년 교황에게 파문당한 이후 교세가 쇠락하여 현재 독일 브란덴부르크와 이탈리아 몬테체르볼리 두 곳에만 수도원이 존재한다. 수도원의 수도사는 총 4명. 찬양 도중에 들이닥친 빚쟁이가 3주 안에 빚을 갚으라고 통보하고 떠나자 늙은 수도원장은 충격을 받아 쓰러지고, 남은 세 명의 수도사에게 이탈리아의 칸토리안 수도원으로 가라고 유언한 뒤 숨을 거둔다. 이렇게 남은 세 명의 수도사 벤노(고지식하고 지적 욕구 강함), 타실로(우직하고 직관적인 믿음의 수도사), 아르보(아기 때 수도원에 들어온 세상을 모르는 미소년)의 이탈리아 여행이 시작되는데, 영화는 그 여정에서 벌어지는 일을 따라간다.

갑작스레 속세에 떨어진 3명의 수도사는 기차를 타기도 녹녹치 않아 이탈리아까지 무작정 걸어서 가겠다고 마음먹고 걷는다. 걸어가면서 수도사들이 들려주는 노래들이 관객들로 하여금 귀 호강을 하게 한다. 그런데 이들 중 타실로가 수십 년 만에 어머니를 만난 뒤 이탈하고, 벤노마저 예수회 신학교의 희귀한 자료에 혹해 눌러앉자, 젊은 수사 아르보는 여정에서 만났던 여자 키아라에게 전화를 걸어 도움을 요청한다.

키아라는 여행 도중 우연히 만나 함께 여행하게 된 여인이다. 미소년인 '아르보'는 난생 처음 그녀로부터 '사랑'이란 감정을 느끼며 혼란을 겪는다. 키아라도 아르보를 마음에 두고 있었는데, 그녀는 아르보가 곤경에 처한 정황을 설명하자 다 듣지도 않고 말을 자른 뒤 이렇게 묻습니다. "요점만 말해. 거기 어디야(where are you)?"

지적 호기심과 인정 욕구가 강한 벤노는 수도원에 있을 땐 느끼지 못한 욕망을 우연찮게 길에서 만난 옛 친구 클라우디우스가 교장으로 있는 예수회 신학교에서 느끼게 되고, 마음껏 연구하고 지적 욕구를 충족시킬 수 있다는 유혹에 쉽사리 넘어가고 만다. 그 교장은 탐욕과 허위의식에 눈먼 자였는데 영화 끝부분에서 희귀한 고문서를 갖고 있는 아르보를 뒤쫓던 직원과 통화가 되자마자 바로 묻는다. "지금, 어디야(where are you)?"

마태복음에서 별을 따라 무작정 따라온 동방 박사를 만난 헤롯왕도 마찬가지다. "언제 그 별이 나타났는지 묻고, 아기 예수를 찾거든 아기가 어디에 있는지 알려주시오." 나는 성(聖)이 무엇인지는 잘 모르겠으나 속(俗)이 어떤 속성을 지니는지는 어렴풋이 알 것 같다. 아기 예수의 행방을 집요하게 추적하는 헤롯의 질문은 분명 '聖'에 속한 마음은 아닐 것이다.

위의 예들에서 볼 수 있듯이 '俗'은 사람에 대한 평가를 그가 지금 어디에 있는지를 통해 끊임없이 확인하려 드는 경향이 아닐까 싶다. 우리들은 출신지부터 지금 일하는 곳까지를 집요하게 묻는 것이다. 통화할 때 제일 먼저 하는 말이 누구세요?, 어디세요? 아닌가. who = where를 동격으로 여기는 마음이 현대인들에게 있다. 어디서 태어났는지, 본이 어디인지, 어디서 성장해 지금은 어느 동네에 사는지, 어떤 집에 사는지, 어느 학교를 나왔는지, 어디에서 일하는지, 심지어 어느 교회를 다니는지… 모두가 where are you와 관련되어 있다. 어디에 있는지가 내가 누구인지를 드러내는 잣대가 되는 사회는 聖이 지배하는 사회가 아니라 俗에 속한 사회이다. 그렇다면 '성'에 속하는 것은 무엇이고, 성인들의 믿음은 무엇인가?

7. 갈 바를 알지 못하지만

"…그는 어디로 가는지를 알지 못했지만, 떠난 것입니다." (히브리서
11장 8절)

위의 구절은 신약성서 히브리서 11장에 나와 있는 문장으로 흔히 믿
음의 조상이라고 불리는 아브라함에 대한 사후적 인상 비평이다. 아브
라함은 그리스도교와 이슬람, 그리고 유대교가 공히 그들의 믿음의 조
상으로 추앙하는 자이다. 도대체 그가 지녔던 믿음의 분량은 어느 정
도였을까? 성서의 제일 첫 번째 책인 창세기는 1~11장까지 신화적인
이야기를 하다가, 12장부터 창세기 끝(50장)까지 '아브라함-이삭-야
곱-요셉'으로 이어지는 아브라함 가계의 역사를 기록한다. 참고로 아
브라함은 75세 때 신의 부름을 받고 하란에서 가나안 땅으로 이주했
다(창세기 12장). 99세 때 자손의 축복을 받았고(창 17장), 175세에 사
망했다(창 25).

우리가 믿음에 대해 오해하는 것이 있다. 믿음은 확고해야 하고, 믿
음은 흔들리지 말아야 한다는 것이다. 하지만 히브리서에서 그리는 아
브라함의 믿음은 갈 바를 알지 못하지만 떠나는 믿음이다. 충만한 믿
음이 아니라 균열이 있는 믿음이고, 완벽한 믿음이 아니라 틈이 있는
믿음이다. 틈과 균열이 있는 믿음을 어떻게 이해해야 하는지 난감해
하던 시절 지젝이 『시차적 관점』에서 말했던 소실점에 대한 발언이 나
를 다소 진정시켰다.

소실점의 발견은 근대 회화에 막대한 영향을 끼쳤다. 소실점을 중심
으로 펼쳐지는 원근법은 작가와 대상 간의 의식의 거리를 나타냄과 동

시에 의미의 서열을 함축한다. 소실점으로 상징되는 동심원적 주체의 자리가 마련되면서 대상과 세계가 배치되고 자리를 잡게 되었다. 근대적 주체를 설명할 때 소실점과 같은 주체라는 표현을 써도 별 무리가 없다. 지젝은 이러한 소실점에 대해 새로운 견해를 펼친다. 소실점은 "대상 안에 들어 있는 대상 자체를 넘어서는 부분인 맹점(blind spot)", 즉 얼룩이다. "그것은 내가 바라보는 현실이 결코 전체가 아니라는 것을 의미한다."(지젝, 2009: 40).

지젝에 의하면 소실점은 주체와 객체, 인식과 대상, 사유와 실재 간의 변증법적 종합을 뜻하지도, 양자 간의 합을 의미하지도, 소실점을 중심으로 이루어지는 해석의 지평도 아니다. 소실점은 해석과 이해가 하나로 모아지고 종합되는 장이 아니라, 그것들이 서로 충돌하며 공존하는 장이 아닐까 싶다. 각각의 이야기들이 지닌 고유한 서사들이 보존되는 공간이 소실점인 셈이다. 기존의 소실점에 대한 이해와 소실점에 기대어 주체를 설명하려 했던 시도를 일거에 무너뜨리는 지젝의 발언이 아닐까 싶다.

지젝의 소실점 발언을 들으면서 갈 바를 알지 못하지만 그럼에도 불구하고 길을 떠났던 아브라함의 믿음이 지젝이 말하는 소실점 같다는 생각이 들었다. 진정한 믿음을 논하는 자리에서는 어떤 유력한 신앙의 판본이 존재하지 않는다. 각자의 입장과 생각들이 서로 교차하면서 조화와 균형을 이루는 공론의 장이 믿음의 자리이다. 내가 고백하고 증언하는 신앙이 결코 전체가 아니라는 것, 우리 각자가 고백하는 믿음을 다 모았다고 그것으로 믿음의 총체가 구성되지 않는다는 것, 항상 전체는 부분의 총합보다 많은 잉여를 산출한다는 것, 그 미끄러짐을 잡을 수 없다는 고백이 참다운 종교인의 고백이 아닐까 싶다. 아브라함이 믿음의 조상이 된 이유는 바로 그런 신앙인이었기 때문이었으리라.

8. 자전거 탄 풍경

나는 자전거를 타지 못한다. 자전거를 타고 공기를 가르며 나갈 때 느끼는 기분은 어떤 것일까. 특별히 두 손을 놓은 채 자전거를 타는 이들을 향해서는 일종의 경외감마저 든다. 시카고 유학 도중에는 자전거를 못 타는 것에 대한 후회가 컸다. 미국의 공간 개념이 한국보다는 광활하기에 자전거를 탔으면 시간을 단축시켜 여러모로 편했을 텐데, 라는 생각을 유학 내내 했더랬다. 하지만 나는 지금까지 자전거 타기를 배우지 못했다. 아마도 이번 생애에는 그른 것 같다.

자전거를 타고 친구들이 내 앞을 휙휙 지나가던 어느 학기 말 오후에 학교 게시판에 이런 문구가 붙어 있었다. Welcome to those who can't ride a bicycle!(자전거 타지 못하는 사람 환영!). 시카고 시절 박사 코스워크 무렵으로 기억하는데, 철학 Ontology(존재론) 강의였다. 종강 수업을 오픈 세미나 형식으로 한단다. 그리고 추신(P.S.)에 '자전거 타지 못하는 사람 환영!'이라고 적혀 있었는데 그 문장이 내 눈에 들어온 것이다.

나는 수업을 듣지 않았지만 '자전거'에 꽂혀 강의실로 들어갔다. 대략 20명 내외 학생들이 앉아 있었던 것 같고 나같이 청강하러 온 사람들도 더러 있었다. 교수는 자전거를 못 타는 사람들에게 왜 자전거 타기를 포기했는지에 대해 물었다. 저마다 각양각색의 자전거 못 타는 이유를 말했다. 심리적인 이유도 있었고, 방법론적인 면을 말하는 사람도 있었다. 한 바퀴 돌고 나서 교수는 자기 역시 자전거를 못 탔다고 고백하면서 이야기를 시작했다.

교수는 자신의 경험담과 학생들의 이야기를 종합하면서 이렇게 말을 했다. 자전거를 못 타는 이유는 중심을 먼저 잡고 난 후에 앞으로 나가려 하기 때문이라고 말이다. 나의 자전거 실패 경험담을 빠르게 돌렸는데 맞는 말 같았다. 중심이 안 잡히는 것이 불안하니까 지금 확실히 중심을 잡고 가야지 마음먹고 몸에 힘을 주었다. 그럴 때마다 어김없이 자전거는 넘어지고. 그런 경험이 반복되다 보니 자전거 타기에 대한 흥미를 잃었던 것 같다.

교수의 말처럼 자전거의 중심은 중심을 잡으려 할 때는 잡히지 않는다. 앞으로 나가면서 중심을 잡는 것이다. 믿음도 그런 것 아닐까. 혹시 아브라함도 앞으로 나아가면서 없었던 믿음의 중심을 잡아 갔던 것 아닐까, 라는 생각이 들었다. 그렇다면 갈 바를 알지 못하고 나갔다는 아브라함의 고백은 그가 지녔던 믿음의 방법론이라 할 수 있다. 자전거 타기 방법론처럼 비틀거리면서 중심을 잡아 나가는 방법론을 가지고 아브라함은 비록 갈 바를 몰랐지만 여행을 떠날 수 있었던 것이다.

자전거를 타지 못하는 이유를 둘러싼 물음에서 시작된 종강 수업에서 교수는 신에 대해 다음의 말을 남기고 마무리하였다. "중심을 먼저 잡고 앞으로 나가는 것이 아니라 앞으로 나가면서 중심을 잡아 가는 자전거 타기처럼, 신 역시 역사의 진행 과정, 창조의 과정에서, 진화의 과정에서 갈 바를 알지 못하면서 앞으로 나가는 존재가 아닌가. 그때마다 순간순간 당신이 만든 피조물들과 새로운 관계를 맺고 그 관계를 통해 새로운 사건이 발생하면서 신의 표면적은 날로 깊고 넓어지고 있다. 그리하여 점점 신은 신답게 되어 가고 있는 중이고 필경 신이 되고야 말 것이다."

9. 믿음이 없는 믿음

아브라함은 성서에 등장하는 카리스마를 지닌 다른 영웅들과는 다르게 너무나 평범한 사람이었다. 그가 어떻게 해서, 무슨 이유로 믿음의 조상이 되어 이슬람과 그리스도교와 유대교가 숭배하는 대상이 되었는지 이해가 되지 않는다. 아브라함이 믿음의 조상이 된 단 하나의 이유는 신의 부름에 기꺼이 따랐다는 것이다. 그러나 그 광경은 너무나 엉성하다. 신은 가야 할 목적지를 분명히 말해 주지도 않았고 어떻게 가라고 소상하게 일러 주지도 않았다. 아브라함도 목적지가 어딘지, 어떻게 가라는 것인지 묻지 않았다. 사리 분별에 밝은 현대인의 시선으로 볼 때 어처구니없는 일이 발생한 것인데 그것이 역으로 아브라함이 믿음의 조상이 된 결정적인 사건이라고 성서는 증언한다.

이 대목에서 우리가 믿음에 대해 간과하고 있는 게 있는 것은 아닌지, 라는 물음이 생겼다. 혹 아브라함 이야기가 관습적인 종교를 향해 대항적이고 대안적인 메시지를 던지고 있는 것은 아닌가라는 질문 말이다. 역사 속에서 얼마나 많은 이들이 이름 모를 신을 자신들의 언어와 생각 안으로 형상화하려고 했던가, 그리고 또 얼마나 많은 신학이 신을 자신들의 개념 안으로 가두어 화석화 시켰던가. 신은 이미지로 표상되거나 문자로 기록되는 순간 더 이상 신이 아니다. 아브라함이 믿음의 조상이 된 것은 이런 종교인들과는 다른 믿음의 패턴을 보였기 때문이다. 그것을 성서의 저자는 말하고자 했던 것이 아닐까.

아브라함은 갈 바를 알지 못하고 목적지도 모르는 우발성이 넘치는 세상으로 걸어 나갔고 그곳에서 인연들을 하나씩 맺으면서 필연적인 사건을 만들어 냈다. 신은 우리의 예상과는 다르게 필연이 아닌 우연적인 것들이 쌓이고 쌓일 때 비로소 드러나는 실체일는지 모르겠다. 그러므로 필연적인 것이 먼저 있고 그것에서 벗어나는 것이 우발이라는 말은 맞지 않다. 태초에 우연이 먼저 있었고, 그 우연들이 동시다발적으로 발생하면서 접점이 생기기 시작하는데 그곳으로 신이 임재하는 공간이 만들어졌다.

그 우발적인 것들의 변증법을 어떻게 설명할 도리가 없어 안병무와 바디우는 '사건'이란 말로 에둘러 표현하였다. '사건'은 지젝식으로 말하면 실재(the Real)의 귀환이다. 이미지의 영역도 아니고 의미화된 언어로도 잡히지 않는 그 무엇을 라캉은 실재라 불렀다. 상상 속 이미지에서 탈(脫)하면서도 상징 속 언어의 체계(법의 체계, 관습의 체계, 도덕의 체계…)로 편입되기를 거부하는 미지의 X로 남아 있는 부분, 그것을 뭐라고 호명해야 할지 몰라서 정신 분석학에 입각해 비평을 하는 이들은 실재(the Real)라고 불렀는데, 나는 그것을 신이라고 써도 무방하다고 본다. 실재로서의 신은 물론 진(眞)과 선(善)과 미(美)의 영역을 지배하지만, 그것들 밖에서 진리와 다르게 존재하는 신이고, 선하지 만은 않은 역사 가운데 추한 몰골로 존재하는 신이기도 하다.

나는 아브라함이 이런 신을 만났다고 생각한다. 균열된 신의 속성을 알고 있었던 아브라함은 그래서 자신의 믿음을 '갈 바를 알지 못했으나 길을 떠났다'고 표현한 히브리서의 기록에 반대하지는 않았을 것이다. 그런데 확신이 차지 않았음에도 길을 떠났다고 고백하는 아브라함의 믿음, 오히려 절대자의 틈과 균열을 자인하는 아브라함의 믿음에 신뢰가 가는 이유는 왜일까. 아브라함의 믿음은 흔들림과 동요와 불안을 태생적 조건으로 갖는 그런 믿음이다. 그는 중심이 꽉 차고 충만한 믿음을 소유하지 않았다. 그럼에도 불구하고 길을 떠나기로 다짐하고 직접 실행에 옮겼다. 믿음이 없었던 아브라함의 믿음이 나 같은 믿음 없는 사람들의 본이 되었다는 선언이 은혜고 복음이다.

10. 신보다 앞서 걸어라[2]

75세 때 주님의 음성을 듣고 믿음으로 길을 떠나간 아브라함의 삶은 예상대로 험난했다. 신이 했던 약속의 성취는 요원해 보였다. 이렇

---

2. 랍비 조너선 색스, 김준우 옮김, 『매주 오경 읽기 영성 강론: 하나님보다 앞서 걸어라』 (고양: 한국기독교연구소, 2022).

게 흐지부지되나 하던 순간, 아브라함이 99세 되었을 때, 신이 아브라함에게 자손(이삭)의 축복을 허락하면서 다음과 같이 말씀하셨다.

> "나는 전능한 하나님이라 너는 내 앞에서 행하여 완전하라" (창 17:1, 개역개정);
> "나는 전능한 하나님이다. 나에게 순종하며, 흠 없이 살아라." (창 17:1, 새번역).

영어 성경(NRSV)은 좀 다르게 적고 있다. "I am God almighty, walk before me, and be blameless(걸어라 내 앞에서! 그리고 흠 없이 되어라!)." 여기서 나의 눈길을 사로잡은 것이 'walk before me'다. '나보다 앞서 걸어라(walk before me)'는 전통적으로 예수님을 따르는 제자도를 생각할 때 떠오르는 '나를 따르라(follow)'와 상반되는 말이다. 뒤따름이 아니라 신보다 앞서 가라니 얼마나 불손한 발상인가. 그런데 어쩌면 이것이 아브라함이 믿음의 조상이 된 근거가 아닐까, 라는 생각도 해본다.

나는 여해 강원용 목사가 설립한 크리스챤아카데미 원장의 직을 수행하면서 심원 안병무 기념사업회 임원으로, 장공 김재준 기념사업회 신학위원으로 활동하고 있다. 김재준과 강원용과 안병무는 한국 교회뿐 아니라 한국 사회의 발전 과정에서 혁혁한 공로를 세운 분들이다. 각각의 기념 사업회들은 '돌아보고 내다보며'라는 슬로건 아래 고인의 삶을 회상하고 어떻게 동시대적 언어와 감각으로 그분들의 가르침을 이어 갈지를 고민한다.

특별히 올해(2025년)는 크리스챤아카데미가 설립된 지 60주년이 되는 해이다. 1970년대 중간 집단 운동을 통해 성장한 아카데미의 인물들이 군부 독재 정권을 무너뜨리고 1987년 체제를 만드는 과정에서,

그리고 1990년대 이후 한국의 시민 사회를 발전시키는 과정에서 혁혁한 공로를 세웠다. 물론 현재는 87년 체제가 극복의 대상이 되었지만 나는 그들의 수고와 공헌에 박수를 보내는 쪽이다. 창립 60주년 행사들을 준비하면서 이런 소중한 역사를 다시 회고하고 기릴 수 있어서 좋았다. 우리가 역사를 기억한다는 것은 과거를 잊지 않겠다는 다짐이기도 하지만 과거의 기억을 통해 현재를 성찰하기 위함이다.

그럼에도 불구하고 나는 창립 60주년을 맞아 크리스챤아카데미의 역사를 기억한다는 것은 과거에 대한 주례사적 비평도 아니고, 과거에 고착된 현재에 대한 추앙이 되어서도 안 된다고 생각한다. 그 모든 시도들이 미래를 향한 상상과 도발로 모아지지 않는다면 모든 기념 사업회들에서 도모하는 추모 사업들은 공허한 추억팔이일 뿐이다. 적어도 내가 경험한 여해 강원용 목사는 후학들이 앵무새와 같은 당신의 추종자들이 되기를 바라지 않으셨을 것이다. 그것은 다른 분들도 마찬가지다. 김재준, 안병무, 문익환을 기리면서 우리는 그분들과 같은 삶을 살겠다고 다짐한다. 과연 우리들의 위대한 스승들은 당신들의 뒤를 따르겠다고만 다짐하는 이 땅의 제자들에게 무슨 말을 할까? 단언컨대 내가 아는 그분들은 "나처럼 되려고 하지 말고 나를 넘어가라! 나보다 앞서서 가라! 나를 추월하라!"고 강한 어조로 말씀하실 것 같다.

이런 관점에서 신이 아브라함에게 했던 'walk before me'는 믿음에 대한 패러다임의 전환을 촉구한다. 진정한 믿음은 신의 뒤를 따르는 것에 그쳐서는 안 된다. 아브라함이 믿음의 조상이 된 이유는 단 하나다. 하느님 앞에서 걸어갔기 때문이다. 99세의 나이에 뭔가를 새롭게 시작할 용기를 갖는 것, 꿈을 꾸고 개척할 용기를 갖는 것, 남들이 갔던 뻔한 길이 아니라 새로운 길을 떠날 담대함을 갖는 것, 교권과 교직과 교리에 따른 신앙생활을 하는 것이 아니라 탈교권, 탈성직, 탈권위적인 교회를 만들어 가는 것, 이것이 99세의 나이에 아브라함이 가졌던 믿음이다. 먼 길을 떠나가는 도중에 위험이 도사리고 있을 테지만 하느님께서 우리와 함께 하심을 알고 하느님보다 먼저 앞서 가는 용기! 그런 믿음을 가지고 확실성뿐 아니라 불확실성에서도 살아갈 용기! 그런 의미에서 믿음은 '불가능한 가능성'을 추구하는 용기이다. 그런 믿음을 가졌기에 아브라함은 믿음의 조상이 되었다.

전광훈 현상, 어떻게 볼 것인가?

'한국 개신교 극우주의' 읽기

1. 들어가며

2025년 1월 19일 대통령 구속이 확정된 새벽 서울서부지방법원에서 발생한 일부 시위대의 폭동은 온 나라를 충격의 도가니로 몰아넣었다. 극우 성향의 온라인 커뮤니티와 유튜브 방송을 통해 가짜 뉴스와 악성 댓글을 퍼날러 왔던 이들이 단순하게 태극기 집회에서 세를 과시하는 차원을 넘어 법치주의의 상징이라 할 수 있는 법원을 침탈하는 일이 발생한 것이다. 시민들은 12.3 계엄 선포 못지않게 1.19 법원 폭동도 충격적이고 경악스러웠다고 토로한다. 전광훈은 12.3 계엄 조치와 대통령 탄핵 가결(12.14) 후에 국민 저항권을 운운하고 윤석열에 대한 구출을 선동하는 등 1.19 폭동의 배후로 지목되고 있다.

개인적으로 2019년을 전후하여 전광훈 관련 글을 몇 차례 지면을 통해 발표한 바 있다.[1] 당시에도 한국 교회의 극우화에 대한 지적이 있었지만 파장은 크지 않았다. 그때의 우려가 오늘의 비극적 현실이 되기까지는 그리 오랜 시간이 필요치 않았다. 비평가로서의 고민은 전광

---

1. 이상철, 「한국 개신교의 정치의식: 극우정치와의 관련성을 중심으로」(『기독교사상』, 2019년 11월, 26-37); 이상철, 「한국 개신교는 진정 극우적인가?」(『신학연구』 76, 2020년 6월, 7-38).

훈과 극우주의 관련 글을 시작하고자 할 때 어디서부터 실마리를 풀어가야 할지 난감하다는 사실이다. 왜냐하면 작금의 사태는 전광훈 개인의 문제가 아니라 전광훈으로 표상되는 한국 개신교의 균열과 연관되기 때문이다.

이 장은 "전광훈 현상, 어떻게 볼 것인가"라는 제목 아래 전광훈이 등장하기까지의 과정을 살펴보고 전광훈 현상으로 상징되는 한국 개신교의 현실과 개선점을 함께 고민하는 것이다. 전광훈에 대한 논의를 하다 보면 개인의 일탈을 한국 교회 전체의 문제로 몰아가지 말라는 지적과 종종 맞닥뜨리게 된다. 하지만 전광훈은 외딴 곳에서 불쑥 튀어나온 미지의 존재가 아니라 한국 교회의 토양 속에서 태어나고 성장한 성체이기에, 그와 같은 돌연변이가 나올 수밖에 없었던 한국 교회의 민낯을 들추지 않고서는 문제의 중핵으로 들어갈 수 없다.

그러므로 전광훈에 대한 논의는 그를 배양시킨 한국 개신교 일반의 문제와 결합해 전개해야 실체적 진실에 그나마 접근할 수 있다. 서두에서 결론을 미리 말하는 것일 수 있겠으나 한국 교회 전체가 옷을 찢으면서 자복하지 않으면 제2의, 제3의 전광훈식 개신교 극우주의는 계속 복제되고 활성화될 것이다. 제2의 종교 개혁을 해야 하는 비상한 시국으로 한국 개신교는 몰렸고, 그만큼 지금의 상황은 위태하고 절박하다.

2. 전광훈을 바라보는 관전 포인트

전광훈을 둘러싼 기원 서사들, 예를 들어 무슨 공고를 나온 후에 기도원을 쫓아다니며 부흥사 수업을 받았고 나중에 미인가 신학교에서 목사 자격증을 취득했다는 소문, 1983년 사랑제일교회를 설립 후에 이런저런 교단으로 옮겨 다니다가 제명되고 스스로 자신의 교단(예장 대신복원)을 차렸다는 이야기. 많은 우여곡절을 거치면서 그는 2019년에 존재감이 사라진 한기총 대표회장으로 올라섰고, 그때부터 본격적으로 극우적 본색을 드러내기 시작했다.

전광훈의 일대기를 살펴보면 개인의 성장 서사로서는 나무랄 데 없는 흥행 요소들을 다 갖추고 있다. 바닥에서 시작하고 주류 개신교 전통과는 다른 길을 걸었음에도 (비록 빌런이지만) 한국 교회의 대표적인 인물로 성장했으니 말이다. 문제는 그의 발언과 행위들이 타자를 향한 섬김과 배려, 차이에 대한 일치와 연대를 내세우는 그리스도교의 복음과 역행한다는 점이다. 그는 그리스도교의 가치인 사랑, 희생, 용서를 선포하는 것이 아니라 혐오와 적대와 증오를 부추기고, 돈과 권력을 향한 세속적 욕망을 숨기지 않고 거침없이 쏟아 내면서 본인의 존재감을 증폭시켜 왔다. 가히 이단적 행보였다고 해도 과언이 아닐진대 어쩐 일인지 사라지지 않고 점점 맹위를 떨치고 있다.

정황상 전광훈 현상은 한 개인의 일탈로 축소시킬 수 없다. 한국 교회 전체가 연루되어 이룩한 결과물이라 할 수 있다. 한국 개신교의 무엇이 전광훈이라는 변종을 용인하고 키워 왔던 것일까? 어떤 이는 한국 교회 깊숙이 배어 있는 반공주의적인 요소가 전광훈에게 와서 극우주의로 꽃을 피웠다고 하고, 또 다른 이는 '하나님도 나한테 까불면 죽어' 식의 망언을 일삼는 전광훈의 화법이 가부장제적이고 무속적인 신앙 형태에서 비롯되었음을 밝히면서 그것이 결국 반지성적인 신앙으로 흘렀다고 지적한다.

하지만 그것으로 모든 것이 매끈하게 설명되는 것은 아니다. AI로 상징되는 첨단 테크놀로지 시대에 반지성적인 종교의 득세를 어떻게 설명할 것인가? 한국 개신교가 보수와 진보로 나누어져 있었지만 각각의 영역에서 나름의 역할을 잘 수행해 왔다고 자부해 왔는데 어쩌다가 극우 개신교의 등장을 용인하게 되었는지, 왜 어느 누구도 미친 운전자 전광훈의 폭주를 막지 못하는지?

이렇듯 설명되지 않는 무엇이 전광훈 현상 배후에 있고, 그것은 의식적이고 계몽적인 차원의 문제이기도 하겠지만 그것만으로는 잡히지 않는, 무의식적이고 탈주하는 정동(情動)적인 잉여와도 관련된다. 이 글에서는 우선 전광훈이 출현하고 성장하기 시작한 1990년대 이후의 사회 변동에 따른 교회 지형의 변천이 전광훈교(教)의 부침과 어떤 연관이 있었는지를 복기한다. 이런 과정을 거치다 보면 한국 교회의 증상으로서 전광훈 현상의 실체가 드러나리라고 기대한다.

3. 전광훈의 광신(狂信) 연대기: 한기총의 등장에서 윤석열 탄핵까지

전광훈의 이름이 2천 년대 초반부터 등장하기는 했으나 그가 본격적으로 수면 위로 올라온 시기는 이명박-박근혜 보수 정권의 등장과 궤를 같이한다. 그리고 지금과 같은 극우적 존재로 부각된 것은 문재인 정부 이후다. 전광훈을 이야기할 때 한기총(한국기독교총연합)에 대한 이야기는 빠질 수 없다. 그에게 한국 교회를 대표하는 완장을 달아 준 계기가 된 것이 2018년 한기총 대표회장으로 취임한 것이기 때문이다. 그런 의미에서 한기총의 전사를 이해하는 것은 중요하다.

1988년에 한국기독교교회협의회(NCCK) 총회에서 "민족의 통일과 평화에 대한 한국 기독교회 선언"이 선포됐다. 흔히 88선언이라고 알려진 이 문건은 한국 그리스도교 역사상 처음으로 한반도의 평화 통일에 대해 신학적 · 정책적 정의와 교회의 나아갈 길을 밝혀 한국 교회의 공식 지침으로 자리매김했다. 한기총은 88선언 다음 해인 1989년에 창설되었다. 잘 알려진 바와 같이 한국 교회의 주류는 영락교회로 상징되는 반공주의로 무장된 월남한 신도들이다. 잠시 잊고 지냈던 그들의 자의식을 일깨운 사건이 88선언이었고, 진보적 개신교계의 도발에 자극을 받아 보수 개신교 원로 지도자들을 주축으로 한기총이 결성되었다.

점차 영향력을 확장하던 한기총은 2003년 3.1절 시청 광장 집회에서 20만 명을 동원하는 잭팟을 터뜨린다. 당시는 노무현 정권이 등장한 지 보름도 안 되는 시기였다. 김대중-노무현으로 이어지는 민주 정부의 연속된 집권에 불안을 느낀 보수 반공주의 그리스도교가 본격적으로 결집하여 세를 과시했다. 그 중심에 한기총이 있었고, 한기총은 후에 이명박 정권을 창출하는 데 상당 부분 기여를 하였다. 전광훈의 극우적 그리스도교의 맹아도 그때 뿌려졌다.

한기총과 더불어 전광훈의 원(原)역사를 구성할 때 논의가 되어야 할 것은 1997년 IMF의 도래와 사회 변동, 그에 따른 교회 지형의 변화이다. 오랫동안 한국 교회 현상학을 연구해 온 김진호는 IMF 시대 한기총의 역할을 다음과 같이 요약한다. "1997년 외환위기 이후 한국 개신교는 거대한 전환을 겪었는데, 강남권 대형 교회의 폭발적 성장과 함께 새로운 보수주의가 등장했다는 것이다. 경제적으로는 신자유주의에 친화적이고 문화적으로는 보수적인 '웰빙 보수주의'다. 여기서 탈락한 이들의 목소리를 규합한 게 교계 연합기관인 '한국기독교총연합회'(한기총)다."[2]

IMF를 거치면서 한국 교회는 분화를 하게 되는데, 김진호의 말대로라면 선발 대형 교회와 후발 대형 교회로 나누어지기 시작했고, 특별히 후발 대형 교회를 김진호는 웰빙 보수주의라고 명명하였다(김진호, 2020: 9-27). 선발 대형 교회는 조용기의 순복음교회를 연상하면 될 것이다 1980년대를 전후로 초고속 성장을 한 교회들의 특징은 경제 발전의 후폭풍으로 지역에서 서울로 올라온 사람들이 교회로 유입된 결

---

2. 한겨레 신문(2025. 1. 25. 기사,「긴급진단 | 민주주의 위협하는 한국의 극우 ②인터뷰 | 김진호 제3시대그리스도교연구소 이사」편 중.

과이다. 반면 2000년대 이후 성장한 후발 대형 교회들은 강남형 대형 교회라고 불릴 만한데 주로 강남 일대와 분당 등 신도시에서 급성장한 케이스이다. 김진호에 의하면 "전자의 경우 새신자들은 가난한 저학력층 출신이 유난히 많았다. 그런데 후자에는 고학력 중상위계층의 떠돌이 신자들이 대대적으로 재정착한 교회들"(김진호, 2024: 112-3)이다.

IMF 이후 적지 않은 이들이 파산하면서 교회에서 이탈했고, 민주 정부(김대중-노무현)의 개혁 정책에 퇴행적으로 대응하는 보수 교회에 실망해 교회를 떠나간 사람들도 많았다. 이들을 가나안 교인으로 분류하는데 그중 상당수는 새롭게 부상하는 대형 교회로 편입해 들어갔다. 후발 대형 교회에는 신자유적인 경제 원칙에 적응하면서 어느 정도의 부를 축적한 교인들이 많았고, 문화적으로도 세계화의 흐름에 발맞춰 가는 세련된 보수 교회라고 보면 맞다. 전 시대 보수 기독교인들과 다른 문화적 상징 자본을 많이 획득하고 있는 교인들이고 전 시대 수구 이념적 성도들과 구별 짓기를 하고 싶어 하는 그룹이라 보면 맞다.

새로운 흐름에 편입되지 못하고 도태된 교회와 떠도는 교인들은 지금의 극우주의의 토대가 되었다. 그들을 포섭하려는 교회도 등장했는데 대표적인 경우가 신천지다. 2000-15년 사이 기존 교회들이 어려움을 겪던 그 시기에 신천지는 비약적인 성공을 이루는데 매년 1만 명 이상씩 증가했다는 보고가 있다. 1970~80년대 순복음교회를 비롯한 선발 대형 교회의 성장과 비견할 수 있는 괄목할 만한 성장세였다.

전광훈도 같은 연장선상에 있다. 신천지와 차이가 있다면 혐오와 적대의 언어로 무장했다는 점이다. 1997년 외환 위기 이후 변화되는 개신교의 지형 속에서 실패한 교회와 갈 곳을 잃은 교인들을 아스팔트로 규합하면서 전광훈은 광야의 예언자로 자신을 정체화하기 시작했다. 신도들을 붙들어 놓기 위해 기존의 빨갱이를 넘어 새로운 혐오의 대상을 발굴하였는데, 예를 들면 동성애자, 난민, 이슬람, 그리고 페미니즘이 그들이었다. 그 후에 주사파, 문재인, 민주당, 이재명 순으로 혐오의 대상을 확대 재생산하기에 이른다.

2016년 박근혜 탄핵과 2017년 장미 대선 이후에 주춤하던 보수 기독교는 2018년 문재인-김정은 남북 회담, 그리고 하노이 회담을 거친 평화 프로세스를 정면으로 반박하면서 세를 모으기 시작했다. 2018년 한기총 회장에 오른 전광훈은 '문재인 하야 범국민투쟁본부'를 결성하여 문재인 퇴진을 주도하면서 신학자 본회퍼의 미친 운전자론을 끌고 와 화제가 된 바 있다.[3]

2019년은 그야말로 천하 대 혼돈의 시대였다. 조국 법무부 장관을 둘러싼 의견 차이로 민주당으로 대변되는 서초동 집회와 전광훈의 광화문 집회가 첨예하게 대립하였는데 그때부터 전광훈은 광화문 이순신 동상 앞 광장을 장악하였다. 급기야 그는 문재인 대통령 하야를 요구하는 시국 선언문을 발표하였다. 한기총은 문재인 정권이 "주체사상을 종교적 신념의 경지로 만들어 청와대를 점령하고, 검찰·경찰·기무사, 국정원, 군대, 법원, 언론 심지어 우파 시민단체까지 점령했다"는 주장을 했다.[4] 같은 해 10월 3일 개천절에 조국 구속과 문재인 하야를 촉구하는 태극기 집회가 대대적으로 열렸다. 당시 현 '국민의힘'의 전신인 '자유한국당' 황교안 대표 등 실세 정치인들이 집회에 참여해 전광훈에게 힘을 실어 주었다. 전광훈에 대한 전국적 인지도와 영

---

3. 히틀러를 미친 운전자에 비유하면서 히틀러 암살 조직에 가담했던 신학자 본회퍼를 전광훈이 전유하였다. 그는 문재인 대통령을 미친 운전자로 취급하며 본인이 문재인을 내려앉히겠다고 공언하였다. 당시 전광훈의 문재인 '미친 운전자론'에 대한 공방이 많았는데 대표적인 경우가 『시사저널』 기사였다. 필자도 본회퍼 학회 자격으로 토론에 참여하였는데, 다음 기사를 참조하라. 「전광훈 목사의 '미친 자 운전대', 본회퍼의 뜻 왜곡했다」(『시사저널』, 2020년 1월). https://www.sisajournal.com/news/articleView.html?idxno=194563
4. https://www.hani.co.kr/arti/politics/assembly/896941.html (2019. 6. 6. 『한겨레 신문』)

향력이 정점으로 올라섰던 순간이었다.

2019년 전광훈의 극우적 선동이 논란이 되었을 때, 그에 대한 이런 저런 여론 조사가 많이 발표되었다. 한국기독교사회문제연구원이 발표한 "주요사회현안에 대한 개신교인 인식조사"[5]에 따르면, 개신교인 64.4%가 '전광훈 목사가 한국 교회를 대표하지 않고 기독교의 위상을 심각하게 훼손하고 있다'고 답변했고, '그의 주장에 동의한다'고 답한 비율은 13.4%로 확인되었다.[6] 전체 개신교인의 2/3는 전광훈에 대한 반감을 표하고 있으나 그를 옹호하는 10% 넘는 신도들의 존재도 확인되었다.

2019년 여론 조사로부터 4년이 지난 2023년 '국민의힘'이 전광훈 목사와 관련해 마찰음이 계속되는 가운데, 국민 10명 중 8명 이상이 종교인의 정치 활동을 부정적으로 생각한다는 인식조사 결과가 나왔다.[7] 스트레이트뉴스가 여론 조사 전문 기관 조원씨앤아이에 의뢰해 2023년 4월 22-24일 사흘 동안 2004명을 대상으로 한 여론 조사 결과에 따르면 종교인의 정치 활동 적정성에 대해 부적절 응답이 84.4%로 집계됐다. 적절 12.4%, 잘 모름은 3.2%였다. 지지 정당별로 더불어민주당 지지층에서는 부적절하다는 응답이 92.4%로 높게 나타났다. 반면 '국민의힘' 지지층에서는 적절 22.3%, 부적절 73.9%로 집계됐다. '국민의힘' 지지층 중 적절 22.3%는 전체 적절 응답률 12.4% 대비 높은 결과로 전 목사의 존재감이 당 지지층 내에서 실제로 존재하는 것으로 해석될 수 있는 대목이다.

이 여론 조사가 의미 있었던 것은 22대 총선(2024. 4. 10)을 1년 앞둔

---

5. 이상철, 「한국 개신교의 정치의식: 극우정치와의 관련성을 중심으로」, 『기독교사상』 (통권 731호, 2019. 11), 26-37을 참조하라.
6. '전광훈에게 동의한다'(13.4%)를 세부적으로 분류하면 다음과 같다. '다소 지나치나 그의 주장에 동의한다'(10.1%), '적극 지지한다'(3.3%).
7. https://www.everynews.co.kr/news/articleView.html?idxno=43672

시점에서 전광훈으로 상징되는 극우적 제스처가 보수층 사이에서 무시하지 못할 수준에까지 이르렀다는 것을 보여 주었기 때문이다. 필자는 2019년 당시 조사에 참여한 연구원으로 '우격다짐 시끄러운 소수'로 전광훈 일파를 정의하면서 개신교가 극우 정치에 휘말릴 잠재적 위험성이 있다고 조심스럽게 전망한 바 있는데, 5년이 지나지 않아 윤석열 탄핵 정국에서 한국 개신교 극우주의는 실재가 되어 귀환하였다.

지금까지 간략하게 전광훈의 성장사를 살펴보았는데, 이는 전광훈 개인의 일탈을 드러내고자 함은 아니다. 생물학의 오래된 주장 중에 "개체발생은 계통발생을 반복한다"는 말이 있다. 지금은 비록 이런저런 이유로 비판을 받는 이론이지만 곱씹을 만한 대목이 있다. 세계와 주체가 서로 외연적으로, 혹은 내재적으로 깊이 연관되어 있다는 이 주장은 한국 교회와 전광훈과의 관계에도 적용된다. 전광훈이라는 개체의 발생이 한국 교회라는 계통의 반복을 닮았다는 말이다. 그러므로 전광훈 현상을 한국 교회의 실패와 좌절이라는 큰 틀에서 바라볼 필요가 있다. 개인 전광훈의 분열이 아니라 대타자인 한국 교회 일탈의 결과로 전광훈이라는 괴물이 등장한 것이다.

4. 무엇이 전광훈을 살아남게 하는가?

한국 개신교의 문제점을 지적할 때 단골 메뉴로 등장하는 것은 크게 두 가지이다. 하나는 해방과 분단, 그리고 한국 전쟁을 거치면서 교회에 깊숙이 배어 버린 반공주의, 다른 하나는 1970-80년대 비약적 경제 발전과 발맞춰 한국 교회 성장을 주도했던 기복주의에 기반한 은사주의, 그리고 반지성적 신앙이다. 전광훈 현상을 논할 때 이 두 가지 요소는 기본값이라 할 수 있다.

기존의 반공주의가 내세웠던 빨갱이 혐오는 전광훈에 가서 동성애,

이슬람, 외국인 혐오, 나아가 주사파, 문재인, 이재명 혐오의 메커니즘이 되었고, 반지성주의는 전광훈의 극우적 발언과 태도를 너그럽게 용인한다. 축복주의 신앙은 후발 대형 교회의 웰빙형 신앙으로 진화(?)하는데, 이는 자신들만의 카르텔을 만들어 타자를 보이지 않게 배제하는 장치로 활용된다. 결국 그 안으로 진입하지 못한 사람들이 전광훈의 아스팔트 우파의 중요한 자원이 된다. 전광훈 집회 현장에 가면 물신에 대한 즉물적 표현과 찬양이 용인되고 그때마다 모인 인파들이 환호하는 것을 보면 이들이 얼마나 물신에 굶주려 있는지 확인할 수 있다. 물질에 대한 궁핍과 분노, 결핍과 잉여가 광장을 가득 메우고 있고, 전광훈은 그것을 이용해 사람들을 선동한다.

위의 분석은 아스팔트 극우가 발전하는 초·중반까지의 경향이라 할 수 있다. 당시 그곳에 출석하는 사람들은 소외된 노인 계층, 주류 교회로 편입되지 못한 떠돌이 신자 중 일부, 돈을 받고 나오는 사람들이라 치부되었다. 하지만 시간이 흐르면서 점점 덩치가 커지더니 지금은 구성원들의 면모도 다양해졌다. 근래 전광훈 집회에 가 보면 품격을 갖춘 복장과 격조가 있어 보이는 중장년층의 참여가 두드러지고, 활력 넘치는 2030 남성들의 모습도 눈에 띈다. 그리고 실제 모인 군중들의 표정에는 일종의 자부심과 안도감, 기쁨과 유머가 넘친다. 연단에 오르는 연사들의 언어는 폭력적이지만 그곳에 모인 사람들로부터는 특별한 증오감을 느끼지 못했다. 내가 지적하고 싶은 것은, 그들의 문제는 바로 이 점에 있다는 것이다. 누군가가 별다른 생각 없이 무심결에 던지는 증오가 없다고 느끼는 그것이 어떤 이에게는 폭력과 혐오, 그리고 공포로 전달된다는 사실이다.

현재 전광훈 집회는 다양한 사람들이 결집한 복합체이다. 기존의 소외 계층 위주의 집회에 중장년 중산층들이 유입되었고, 피해자 의식이 높은 남성 청년들도 합류했다. 중장년 중산층은 기본 자산이 있는 사람들이라 할 수 있다. 한국 사회가 중산층이 붕괴된 가운데 상층과 하층으로 계급 구조가 바뀐 것을 감안하면, 새롭게 급격히 합류한 중장년층은 본인들이 누리는 부에 대해 현재 위협을 느끼고 있는 계층이다. 그 불안과 공포를 다스리고 표출하기 위해 전광훈의 우산 밑으로 들어왔다고 볼 수 있다.

2016년 강남역 여성 살인 사건 이후 20대 남성과 여성 사이의 갈등이 증폭되었고 이를 정치권이 악용하였다. 양자를 갈라치기 해서 자신들의 정치적 이득을 위해 활용하였다. 그 과정에서 20대 남성들은 피해자 의식을 강화해 갔고, 여성 혐오와 페미 혐오가 대세가 되었다. 이번 윤석열 탄핵 정국에서 불거진 광장의 분할은 20대 여성과 남성의 적대를 확인할 수 있는 광경이었다. 남태령, 한강진에서 벌어진 탄핵 찬성 집회의 주도 세력은 2030 여성들이었고, 탄핵 정국에서 비교적 잠잠하던 20대 남성들이 이후 대거 전광훈이 주도하는 집회로 결집하고 있는 추세다. 20대 남성들이 갖는 피해자 의식은 확인되지 않은 실체이다. 이데올로기가 환상을 통해 작동하는 것과 같은 원리이다. 자신들이 불쌍하고 처량하고 공정하지 못한 대우를 받고 있다는 오해와 착각이 20대 남성들의 중핵을 건드리면서 그것을 발산할 공간을 찾다가 전광훈의 우산 밑으로 들어가 안착했다.

예전에 〈불안은 영혼을 잠식한다〉는 제목의 영화가 있었는데 실제로 불안은 모든 관계와 진실을 잠식한다. 전광훈 집회에 후발 주자로 합류한 이들, 즉 위협 받는 중산층과 피해자 의식에 젖은 20대 남성은 자신의 자산과 미래에 대한 불안을 달래 줄 대리인으로 전광훈을 낙점했다. 사회적 연대와 사회적 돌봄에 대한 신뢰와 기대를 저버리고 그들은 극우적 구호와 행위 속으로 자신의 욕망과 불안을 감추었다. 그것이 전광훈이 사라지지 않고 생존케 하는 원천이자 동력이다.

5. 문제는 파시즘이다

다시 한 번 복기하면 1997년 외환 위기 후 한국 교회가 선발형 대형 교회와 후발형 대형 교회로 분리되는 과정에서 시대 흐름에 편승하지 못한 채 낙오하는 교회와 교인 들이 생겨났고 그들 사이에 오늘의 극우주의 개신교 씨앗이 뿌려졌다. 나는 이것이 전광훈의 광신(狂信)주의 태동에 있어 중요한 분수령이 되었던 종교 사회적 현상이라 본다. 적어도 이전의 한국 교회에서는 분리와 배제, 차이로 인한 차별은 없었다. 교회 안에는 부자와 빈자, 노인과 아이, 장애인과 비장애인, 정규직과 비정규직, 20대 남성과 여성 들이 무난히 섞여 있었다.

하지만 IMF를 거치며 한국 교회가 분화되면서 교회의 정상성과 보편성이 무너졌다. 이익 집단, 사교 집단, 카르텔 집단이 되어 버린 교회 안으로 들어가지 못하는 이탈 교인이 많이 생겼고 그들 중 일부가 전광훈의 광장 교회로 흡수되었다. 현재는 윤석열 탄핵 정국을 거치면서 중산층과 20대 남성들이 결합하는 추세다. 나는 이러한 흐름을 지켜보면서 새로운 파시즘이 우리 사회 깊숙이 개입하고 있음을 느낀다.

21세기 최첨단 테크놀로지 시대에 지난 세기 유물이라 할 수 있는 파시즘의 망령이 되살아날 리 만무하나 그럼에도 불구하고 파시즘이 떠오른 데는 이유가 있다. 지금 언급하는 파시즘은 20세기 파시즘, 훈육과 억압을 통해 사람들의 몸과 마음을 억압하던 전통적 파시즘, 메타적 파시즘이 아니다. 그럼 어떤 파시즘인가? 그것은 역사적 전체주의 시절에 존재했던 구조적 파시즘과는 다르게 일상을 억압하는 미시적 파시즘이다. 일상의 파시즘이라 불리는 그것이 현재 우리 사회의 혐오와 폭력을 정당화하는 기제로 작동한다(임지현, 2022: 9-27).

이데올로기와 체제의 선전이 더 이상 강제 수단으로 작동하지 않는 현대 사회이다. 이 말은 사람들의 마음을 움직이고 몸을 동원하게 하는 기제가 이전 시대와 같은 계몽의 차원과 지식의 문제가 아니라는 말이다. 일상의 파시즘은 권력의 강제가 아니라 인민들의 동의를 통해 이루어지는 파시즘이다. 전광훈의 광장에서 울려 퍼지는 온갖 혐오와 폭력, 예를 들어 실제로 실행된 서부법원 난동과 이후 계속되는 온갖 기이하고 위악적인 행위들은 위에서부터의 억압이 아니라 아래에서부터 사람들의 적극적 지지와 공감을 받으며 펼쳐지고 있다. 이런 미시적 파시즘을 어떻게 규정해야 할지는 논의의 대상이다.

그럼 무엇이 새로운 파시즘을 가능하게 하는가? 의식에 의해 억압되었던 무의식, 욕망, 좌절, 잉여, 결핍, 분노 들이 파시즘의 재료로 사용되고 있는데 이러한 문제를 다루는 것이 정동(affect, 情動) 이론이다.[8] 정동적으로 오늘의 문제를 바라보면 일반 시민들이 일상에서 느끼고 말하고 행위하는 방식은 이데올로기가 지배하던 시대와 다르다. 전광훈의 광신적 행위가 효력을 발동할 수 있었던 것은 1997년 IMF 외환

---

8. 21세기로 접어들면서 인간이란 무엇인가라는 주제를 다룰 때 마음과 감정, 느낌과 정념, 욕망 등의 문제에 관심하기 시작했다. 이를 이론화하려는 시도가 사회 과학 분야에서 도모되고 있는데 '정동 이론'이 대표적인 경우다. 정동은 앞서 말했던 단어들과 비교할 때 이성의 타자라는 점에서 공통점이 있겠다. 하지만 정동은 개인의 차원을 넘어서는 집단적 범위까지 뻗쳐 있다는 점에서, 그리고 주관성보다는 객관성을 담보하고 있다는 점에서 감정과는 다소 다르다. 마음뿐 아니라 신체의 영역으로까지 확대된다는 점에서 여타의 마음 이론들과도 차별성이 있다. 원래 정동은 스파노자의 'affect'의 역어이다. 스피노자는 "정동하고 정동되는(to affect and be a affected)"이라고 적고 있는데, 이는 존재자들끼리 만남, 대결, 상호 작용으로 인한 변화까지를 염두에 둔다. 정동은 역사를 계속적으로 변형시키는 힘으로 작용하지만 그 변형이 반드시 좋은 쪽으로 작동하는 것은 아니다. 정동은 그 자체가 누군가에게 전유되지 않는 에너지이기에 언제든 현재의 판세를 비틀 수 있고 삶의 부정적 요소로 작동할 수도 있다. 예를 들어 촛불 혁명과 응원봉 세대의 정동이 부정적인 태극기 정동, 파시즘의 정동으로 전환되어 출현할 수 있다. 21세기 사회 변화의 움직임을 파악하는 새로운 용어인 정동에 대한 연구가 요청된다 하겠다. 정동 이론에 관해서는 아래 서적을 참조하라. 브라이언 마수미, 조성훈 옮김, 『정동정치』(갈무리, 2018); 김홍중, 『마음의 사회학』(문학동네, 2009); 권명아, 『무한히 정치적인 외로움: 한국 사회의 정동을 묻다』(갈무리, 2012).

위기 후에 우리 사회를 서서히 해체시켜 온 물신(物神)이 공동체 구성원들의 마음에 자리를 잡고 존재의 불안을 증폭시키면서부터이다. 물론 IMF 이전부터 우리 사회에는 주류 문화 밖으로 밀려난 사람들이 있었으나 그래도 그때까지는 사회적 안전망이 작동되고 있었다. 그러나 IMF를 지나고 신자유주의의 원칙이 삶의 원리가 되면서부터는 공익을 추구하고 공동체를 지켜 내는 원리들이 붕괴되기 시작했고, 이와 더불어 우리의 양심과 체면도 하나씩 사라져 갔다.

그 과정에서 교회도 예외일 수 없었다. 주류 문화에서 밀려 밖으로 내쳐진 사람들, 우리 사회의 보이지 않는 약자와 타자들에 대한 환대의 문제에 있어서 오히려 교회는 혐오와 배제의 태도를 취했다. 이러한 교회를 향한 사회의 비판은 드세다. 그럼에도 불구하고 교회는 세상을 향해 자신들을 개방하기보다는 교인들의 이탈을 방지하고자 더욱 세상과 단절된 채 내부 단속과 결속에 몰두하였다. 교회는 어쩌면 21세기 한국 사회에서 미시적 파시즘, 일상의 파시즘을 선도하는 대표적인 단체인지도 모르겠다.

2019년 전광훈이 한기총 회장이 되고 문재인 정권 타도에 선봉이 되면서부터 창궐한 혐오와 배제, 폭력의 일상화는 새로운 파시즘의 도래를 알렸던 사건이었다. 2020년부터 시작된 팬데믹 기간에 사회적 약자를 향한 무방비적인 혐오 표현과 행위가 난무했던 것을 우리는 기억한다. 외국인 혐오, 노인 혐오, 장애인 혐오, 가난한 자 혐오, 동성애 혐오에서 보이는 파시즘적인 말과 행동들은 권력이 강제한 것이 아니었다. 이 모두가 법과 제도와 이데올로기가 동원된 거시적 파시즘이 아닌, 우리 안에 똬리를 틀고 앉아 있지만 나도 모르는 불안과 공포가 그렇게 만들었다. 오늘날 우리 안의 파시즘은 그렇게 작동되고 있다. 전광훈은 이런 한국 사회와 한국 교회의 상황 속에서 성장한 파시즘의 최고 결정체이다.

6. 전광훈 이후의 기독교

나는 전광훈 사태를 지켜보면서 지난 세기까지 각자의 영역에서 저마다의 역할을 감당해 왔던 한국 교회가 (그것이 보수든 진보든 간에) 왜 이 지경에까지 이르게 되었는지 의아했다. 어디서부터 잘못되었던 것일까, 한국 교회는 어디로 가고 있는가, 신은 도대체 이 순간 우리에게 뭐라 말할까? 각자가 자기만의 신당에서 (나만의) 신을 요구하는 한국의 개신교! 어느 누구도 (우리의) 신에 대해 말하지 않는 현실이 오늘의 전광훈을 낳았다. 그렇다면 한국 교회의 새로운 전환은 어떻게 가능한가?

첫째는 교회가 목회자 중심의 권위적 의사 결정 구조에서 벗어나야 한다. 목회자에게 있는 권위는 말씀의 권위이지 개인에게 주어진 특권이 아니다. 전광훈은 본인이 하느님과 동급이라도 되는 듯 신자들 위에 군림하고 있다. 모든 목회자가 전광훈과 같지 않지만 적지 않은 수의 목사들이 전광훈의 카리스마를 흠모하는 것은 공공연한 사실이기도 하다. 군림하는 목회자는 교회의 역할과 신자들의 평신도성을 마비시키거나 퇴보시킨다. 그 결과 신자들은 스스로 사유하고 주체적으로 신앙생활을 못하고 강력한 카리스마를 지닌 목회자에 의존하고 복종하는 신앙을 추구하게 된다. 목회자 중심에서 평신도 중심으로 교회의 체질 변화를 시도하지 않으면 불행은 되풀이된다. 우선 교회 의사 결정 구조에 다양한 세대와 성별이 참여하여 60대 이상 남성들에 의해 주도되는 수직적이고 경직된 언로를 넓혀야 할 것이다. 처음에는 이런저런 시행착오가 있더라도 인내심을 갖고 성령의 선하신 인도함을 믿으며 수평적인 교회 문화를 만들어 가야 한다.

둘째는 교회 성장 신화에 대한 재고이다. 프로테스탄트의 발전과 자본주의의 등장은 밀접한 관계가 있는 것은 맞지만, 그렇다고 교회가 자본주의의 가치를 내면화하는 것은 아닐 것이다. 한국 교회는 개신교의 성장 신화를 왜곡된 형태로 받아들여 맘몬 숭배와 신의 축복을 동일항으로 간주하였다. 그 결과 신도들의 신앙은 지극히 사적이고 기복적인 경향으로 흘렀다. 전광훈의 광신을 주도하는 믿음은 맘몬 숭배이다. 특별히 초창기 전광훈 집회로 모인 사람들은 주류 교회로 편입하지 못하는 소위 말하는 물신의 축복을 누리지 못하는 사람들이었고 그만큼 물신에 대한 욕망과 그것을 이루지 못한 분노가 심한 계층이었다. 그들의 정동을 이용해 전광훈은 광장의 메시아로 등극할 수 있었던 것이다. 물신 추구의 좁고 편협한 신앙이 아닌 사회와 소통하고 세상과 더불어 살아가는 신앙으로의 전환이 긴급하게 마련되지 않는다면 전광훈 현상은 버전을 달리하면서 죽지 않고 계속 출몰할 것이다.

셋째는 에큐메니컬 선교로의 전환이다. 전광훈을 통해 교회의 본질에 대해 다시 한 번 생각할 수 있었다. 교회는 세상을 향한 하느님의 구원 역사를 증언하고 그런 성령의 역사를 선포하는 공동체이다. 이 점에서 교회의 정체성은 복음을 들고 세상으로 나아가는 선교에 있다. 그러나 한국 교회는 선교의 취지를 몰이해하여 교세 확장에만 치중하였다. 그것은 서구의 제국주의 선교관에 영향을 받은 바 크다. 호교론적인 입장에서 침략지에 깃발 꽂고 교회 짓고 개종을 강요하는 것이 하느님 나라의 확장이라는 잘못된 선교관이 과거에 지배적이었는데, 지금도 상당히 유효하게 작동하고 있다. 이에 대한 반성과 회개의 차원에서 등장한 것이 에큐메니컬 선교이다.

에큐메니컬은 헬라어 '오이쿠메네'에서 왔다. 넓은 의미의 살림살이, 곧 세상에서 삶을 영위하는 일체의 것을 뜻한다. 경제(이코노미)도 오이쿠메네에서 파생되었다. 에큐메니컬 선교는 하느님이 창조하신 세상에 있는 모든 피조물들이 서로 공존하면서 평화를 이루는 것을 목표로 한다. 그리하여 만물을 향한 하느님의 은혜와 진리가 현실의 세계에서 작동하게 하는 것이다. 이것이 에큐메니컬 한 교회의 선교가 지향하는 종착점이다. 내게 교회의 본질에 대해 묻는다면 교회는 에큐메니컬 해야 한다고 답할 것이다. 우리의 신학이, 그리고 우리의 교회가 에큐메니컬 하지 않다면, 그것은 신학도 아니고 교회도 아니다. 생명을 죽이고, 평등을 파괴하며, 부정의를 묵인하는 세상이 지속되는 것은 우리의 신앙이 사이비 신앙이라는 반증이고, 교회가 하느님을 증언하고 있지 않다는 확실한 증거다. 전광훈이 그렇다. 결론적으로 에큐메니컬 선교는 죽음과 죽임의 문화가 지배하는 세상을 향해 삶과 살림을 선포하는 교회라면 마땅히 지녀야 할 교회의 캐치프레이즈다.

7. 에필로그: 이 시대의 풍조를 본받지 말고

> 여러분은 이 시대의 풍조를 본받지 말고, 마음을 새롭게 함으로 변화를 받아서, 하나님의 선하시고 기뻐하시고 완전하신 뜻이 무엇인지를 분별하도록 하십시오. (로마서 12:2)

로마서 12장에서 사도 바울이 말했듯이, 비록 우리의 신앙과 신학, 그리고 교회가 캄캄한 터널을 지나고 있다손 치더라도 지금은 구시대의 풍조를 본받지 말고 새로운 시대를 여는 징후를 발견해야 할 때이다. 오늘의 현실이 어찌할 도리가 없는 비상한 상황이니 복잡한 국면을 피해 골방에서 기도하면서 훗날을 기약하겠다거나, 아니면 이런 비정상적인 정국이 어려우니 다시 과거로 돌아가는 것이 선한 것이라고 생각한다면, 그것은 흑암에 사로잡혀 더 짙은 어두움에 포로가 되는 것이다.

엄하고 비장하게 스스로를 비평의 제단으로 기소해 본 경험이 한국 교회는 없다. 전광훈으로 상징되는 한국 개신교의 극우화는 한국 교회가 자기비판을 상실했다는 너무나도 확실한 증거이다. 더 이상의 나락으로 떨어지기 전에 이 시점에서 비상한 결단과 대책을 세우지 않는다면 한국 교회의 미래는 자명하게 비극적이다. 비상한 용기와 결단이 우리에게 필요하다는 말이다. 교회는 지금까지 취했던 본인들의 신앙과 선교와 구원관에 대해서, 사회와 대화하고 관계를 맺는 법에 대해서 처음부터 다시 배우고 학습하면서 하느님이 원하시는 선한 뜻이 무엇인지를 분별해야 한다. 주님의 계획하심을 믿으며 만물 가운데 임재하는 신의 섭리를 조용히 기다려 보자고 말하는 신앙에서 벗어나, 우리 사회의 모순과 부조리를 외면해 왔던 교회의 지난날을 반성하고 회개하면서 새로운 교회의 비전을 촉구하는 신앙으로 전향해야 할 것이다.

돌이켜보면 그리스도교 2천 년 역사는 언제나 위기 상황의 연속이었다. 현재의 교회 위기, 그리고 그 위기를 야기한 과거의 조건들은 변하지 않는다. 그럼에도 불구하고 나는 이 위기를 근본적으로 역전시키고 변화시키는 힘이 그리스도교 신앙 안에 있음을 믿는다. 예수 그리스도의 십자가 사건이 그것을 보증하고 입증하는 증거이고 확신이다. 한국 교회는 일제 치하 우리를 억눌렀던 식민주의를 극복했고, 분단과 한국 전쟁을 통과했을 뿐 아니라, 혹독한 독재 정권 속에서도 교회의 교회다움을 지켜 냈다. 절망과 고난의 한가운데서도 변혁에 대한 희망을 놓치지 않고 그것을 향해 나가 마침내 목표점에 이른 귀한 간증의 역사를 지닌 교회가 한국 교회다.

바른 신앙인은 신과 피조물 사이에 발생한 상처와 아픔이 예수 그리스도로부터 시작되는 선한 용서와 화해의 역사를 통해 치유된다는 사실을 강하게 믿는다. 그러므로 우리는 현재의 환난을 야기한 과거의 부조리와 악행에 노예가 되지 않고, 오히려 비참한 상황 속에서도 새로운 비전을 상상할 수 있는 용기를 발견한다. 또한 우리는 절망과 낙심의 한가운데에 삶을 역전시킬 수 있는 믿음의 고갱이가 있다고 믿는다. 이 모든 것을 알고 있었던 사도 바울은 환난 가운데 처한 우리를 위로하고 격려하면서 희망을 버릴 수 없는 이유와 근거를 다음과 같이 말한다. 그리고 그것은 지금도 유효하다.

주님께서는 내게 이렇게 말씀하셨습니다. "내 은혜가 네게 족하다. 내 능력은 약한 데서 완전하게 된다." 그러므로 그리스도의 능력이 내게 머무르게 하기 위하여 나는 더욱더 기쁜 마음으로 내 약점들을 자랑하려고 합니다. 그러므로 나는 그리스도를 위하여 병약함과 모욕과 궁핍과 박해와 곤란을 겪는 것을 기뻐합니다. 내가 약할 그때에, 오히려 내가 강하기 때문입니다. (고린도후서 12:9-10)

물신의 시대, '종교적인 것'을 다시 사유하다

영화 〈기생충〉 읽기

도하(渡河)의 기억

서양에서나 동양에서나 '물을 건넌다(도하; 渡河)'는 것은 삶과 죽음의 경계를 관통하거나, 혹은 삶의 어떤 지점에서 이전과 이후를 구분하는 통과 의례를 상징하는 메타포 역할을 하였다. 플라톤은 인간이 현실 세상에 태어나는 것을 이데아의 세계에서 '레테의 강(망각의 강)'을 건너 육체를 지닌 감각과 경험의 세계로 진입하는 것으로 설명한다. 반대로 죽음이란 다시 '레테의 강'을 지나 육체를 벗어 버리고 정신의 세계인 이데아의 영역으로 넘어가는 것이다.

우리나라에도 비슷한 이야기가 있다. 학창 시절 고전 문학 시간에 배웠던 「공무도하가」가 대표적이다. "임이여 물을 건너지 마오(公無渡河), 임은 결국 물을 건너시네(公竟渡河), 물에 빠져 죽었으니(墮河而死), 장차 임을 어이할꼬(將奈公何)." 이 곡은 어느 이름 모를 백수광부(白首狂夫)의 아내가 지었다고 전해지는데,[1] 「공무도하가」에는 다음과 같은 배경 설화가 있다.

---

1. 원가(原歌)는 전하지 않지만, 그 한역(漢譯)인 「공후인(箜篌引)」이 진(晋)나라 최표(崔豹)의 『고금주(古今注)』에 설화와 함께 채록되었다. 「공후인」은 곽리자고(霍里子高)의 아내 여옥(麗玉)이 지었다고 알려져 있다.

자고(子高)가 새벽에 일어나 배를 저어 가는데, 머리가 흰 미친 사람(백수광부)이 머리를 풀어헤치고 호리병을 들고 어지러이 물을 건너고 있었다. 그의 아내가 뒤쫓아 외치며 막았으나, 다다르기도 전에 그 사람은 결국 물에 빠져 죽었다. 이에 그의 아내는 공후(箜篌)를 타며 '공무도하(公無渡河)'의 노래를 지으니, 그 소리는 심히 구슬펐다고 한다. 그의 아내는 노래가 끝나자 스스로 몸을 물에 던져 죽었다. 자고가 돌아와 아내 여옥(麗玉)에게 그 광경을 이야기하고 노래를 들려주니, 여옥이 슬퍼하며 공후로 그 소리를 본받아 타니, 듣는 자가 눈물을 흘리지 않는 이가 없었다는 전설이 전해져 온다.

이렇듯 서양의 '레테의 강'이나 동양의 「공무도하가」를 보면 삶과 죽음의 경계에 물이 있다. 물에 대한 또 하나의 메타포는 통과 의례이다. 물로 상징되는 고난을 통과하면 새로운 세상이 펼쳐진다는 주술이 물과 관련된 이야기들 속에 있다. 그리스도교 전통에서 세례가 그러한 역할을 한다. 세례는 온몸을 물에 담그는 침례가 원조이다. 신앙인들에게 있어 세례 이전의 삶과 이후의 삶은 달라야 한다. 교회에서는 이를 '거듭남'이라 명명한다.

물이 통과 의례의 상징으로 등극하게 된 성서적 기원은 출애굽이라고 할 수 있다. 출애굽 과정에서 이스라엘 백성들은 홍해를 건너고 요단강을 건너면서 야훼 백성으로 정체성을 획득하였다. 태초에 혈통적으로 순수한 유대 민족이 있었던 것이 아니라, 이집트에서 가나안 땅으로 이동하는 가운데 홍해와 요단강을 건너면서 형성된 출애굽에 대한 기억과 서사를 간직한 공동체가 이스라엘 백성이 된 것이고, 그 과정에서 야훼를 자신들의 신이라고 고백한 사람들에 의해 야훼 종교가 생겨난 것이다.

출애굽 도하의 두 버전

문득 이 대목에서 2014년 연말에 영화 전문지 『씨네 21』에 리틀리 스콧 감독이 연출한 작품 〈엑소더스: 신들의 전쟁〉에 대한 신학적 비평을 투고했던 기억이 떠오른다. 10년 전에 쓴 글이라 기억이 잘 나지 않아서 검색해 찾아봤더니(이상철, 2014: 48-53), 글의 전반부에서 나는 헐리우드 영화에 등장했던 모세에 대한 시대별 캐릭터 분석을 시도했다. 1950년대 〈십계〉에 등장하는 모세, 1990년대 애니메이션 〈이집트 왕자〉(1997)가 그리는 모세, 21세기 〈엑소더스〉(2014)가 그리는 모세, 이렇듯 서로 다른 시절에 등장했던 모세의 캐릭터를 당대적 의미와 함께 설명하면서, 나는 모세의 캐릭터가 시대상을 반영하고 있다고 말했다. 그러고 나서는 글의 후반부에서 영화 〈엑소더스〉가 묘사하는 출애굽 당시 이스라엘 백성들이 물을 건너는 모습에 대한 이야기를 했다.[2]

출애굽 과정에서 이스라엘 백성들은 물을 두 번 건넌다. 하나는 출애굽의 시작을 알리는 홍해를 건너는 장면이고, 다른 하나는 출애굽의 마침표라 할 수 있는 요단강을 건너는 대목이다. 양자 사이의 차이점은 뭘까? 전자는 모세의 기적으로 홍해가 갈라진 후에 물을 건넜다는 것이고, 후자는 아직 요단강이 마르지 않았음에도 불구하고 사람들이 본인들의 발을 물로 내밀었다는 점이다. 나는 홍해 도하와 요단강 도하 사이에서 이스라엘 백성들의 신앙의 형태가 변화했다고 보았다. 이스라엘 백성들이 눈에 보이는 표상에 의지하지 않고 자기 마음의 소리에 귀를 기울이게 되었다는 것이고, 이것은 또한 현상과 감각에 흔들리지 않고 내면의 목소리와 우주의 소리를 일치시킬 줄 알게 되었다는 것이다.

---

2. 성경에서 이스라엘 백성들이 물을 건너는 장면이 두 번 등장한다. 하나는 출애굽기 14장의 홍해를 건너는 대목, 다른 하나는 여호수아 3장의 요단강을 건너는 장면이다.

홍해를 건너는 것과 요단강을 건너는 것 사이의 차이를 미학적으로는 다음과 같이 분석할 수도 있을 것 같다. 신적인 체험과 기억이 먼저 있었고 그것을 모방해서 신전과 신상을 만든 것이 아니라, 신상을 만들고 신전으로 들어가면서 고대인들은 신과 만났다. 그러면서 새로운 세상을 개시(開示)했다고 하이데거는 「예술 작품의 근원」이라는 글에서 고대 그리스인들의 예술 체험을 회고하면서 서술하였다. 그렇다면 이스라엘 백성들이 홍해를 건너는 것은 '모방과 재현(再現)으로서의 진리'라 말할 수 있고, 요단강을 건너는 것은 '개시(開示)로서의 진리'라 말할 수 있지 않을까.

이미 갈라진 바닷길을 보고 확인하며 뒤따라가는 것은 모방하고 재현하는 것이라고 할 수 있다. 하지만 갈라지지 않는 바닷물에 발을 담그자 물이 마른 것은 다르다. 자신들의 세계를 스스로 개시(開示)한 것, 즉 새로운 세상을 열어젖힌 것이다. 단순히 이데아를 모방하는 것이 아니라, 예술가가 예술 행위를 함으로써 새로운 미적 질서를 열어 보이는 것이 개시인데, 이스라엘 백성들이 요단강을 건너는 장면이 그와 닮았다. 마른땅이 드러나지 않았음에도 불구하고, 그들은 흐르는 물을 향해 걸어 나간다. 그러면서 새로운 시대를 스스로 열어젖혔고, 그리하여 이스라엘 백성들은 신의 백성이라는 계급장을 쟁취하였다.

'눈(目)의 종교' 대 '귀(耳)의 종교'

다른 종교들과는 다른 히브리 종교만의 특징이 있다. 이것은 헬레니즘과 헤브라이즘의 차이로부터 기인하는 것이라 할 수 있는데, 두 가지 측면만 간단히 설명하면, 우선 양측은 시간관에서 차이가 난다. 헬레니즘이 크로노스(Κρόνος)적인 시간관이라면, 헤브라이즘의 경우는 카이로스(Καιρός)적인 시간관이라 할 수 있다. 전자가 통시적 시간관이라면, 후자는 공시적 시간관이다. 우리가 알고 있는 연대기(Chronology)의 어원이 '크로노스'이다. 이는 고대 그리스 사람들이 생각했던 시간관을 극명하게 드러낸다 하겠다. 시간은 과거로부터 와서 현재를 지나 미래를 향해 직선적으로 수미일관하게 흘러간다. 지구는 하루에 한 번 자전하고, 1년에 한 번 태양을 공전한다. 이런 이유로 크로노스적인 시간은 관측과 예측이 가능하다.

반면, 이스라엘 사람들은 다르다. 시간은 통시적이지 않고 공시적이다. 크로노스적 시간이 종적인 직선(linear)의 시간이라면, 카이로스적 시간은 횡적인(vertical) 시간이라 할 수 있다. 카이로스적 시간은 과거-현재-미래로 흐르는 연대기적 시간이 아니라 사건 중심의 시간이다. 예를 들어 예수가 공생애를 시작하면서 했던 연설에서 처음으로 했던 말이 "때가 찼다 하느님 나라가 가까이 왔다"인데, 여기서 "때"는 크로노스가 아니라 카이로스이다. 이전과 이후를 가르는 시간을 표현할 때 쓰이는 말이 '카이로스'인데, 대한민국의 현대사에 적용하면, 80년 광주 5.18, 87년 6월 시민 항쟁, 2014년 4.16 세월호 사건 등이 대표적인 케이스라 할 수 있다.

인식론에서도 헬레니즘과 헤브라이즘은 차이를 보인다. 그리스인들이 시각적 인식론을 가지고 있다면, 이스라엘 사람들은 청각적 인식론을 가지고 있다. 예를 들어 고대 그리스의 예술 작품들을 보라. 대부분 시각적인 조각, 신전, 건축물들 아닌가. 반면 히브리(구약) 성서에 보면 신과의 만남을 적시할 때 '보다(see)'라는 말을 쓰지 않고 '이스라엘아 들어라'(שְׁמַע יִשְׂרָאֵל; 쉐마 이스라엘)는 표현을 사용한다. 십계명에 보면 우상을 만들지 말라는 항목이 있는 것도 시각적 인식론에 대한 부정적 소여를 드러내는 대표적인 경우라 할 수 있다.

종교적 아이콘(Icon)과 이미지(Image) 들은 구도자와 절대자 사이에 불안한 거리와 공간을 채우면서 믿음의 불안과 실존의 공포를 가리는 장치들이라 할 수 있다. 그런 표징들을 바라보면서 신앙인들은 자신들의 믿음을 확인한다. 종교성의 발전 과정을 연구한 학자들은 그래서 대부분의 고등 종교는 '눈(目)의 종교'라 정의했다. 모세가 손을 벌리자 홍해가 갈라져 마른땅이 드러났고, 그 땅을 밟고 사람들이 건너갔다는 스펙터클한 광경(view)에 대한 묘사는 야훼 종교가 지니는 '눈(目)의 종교'로서의 면모가 드러난 대목이다.

그런데 「여호수아서」에 가서는 야훼 종교 내에서 반동이 일어났다. 시각적 종교에서 감각적, 촉각적 종교 체험으로 그 자리가 옮겨진 것이다. 대부분의 고등 종교가 '눈(目)의 종교'로 발전하고 있는 가운데 야훼 종교는 '촉(觸)의 종교'로, 혹은 '귀(耳)의 종교'로 돌연변이를 한 것이다. 왜 그들은 시대를 거스르면서, 시대에 반하는 종교적 회귀를 감행하고 있는 것일까? 나는 이 문제를 영화 〈기생충〉과 엮어서 읽어낼 수 있다고 보았고, 그 과정에서 세속의 원칙과 구별되는 종교성의 일면을 발견할 수 있으리라는 기대가 생겼다. 하지만 본격적으로 영화 〈기생충〉을 사유하기에 앞서 거쳐야 할 관문이 있다. 〈기생충〉이 연출될 수밖에 없었던 사회상과의 정직한 대면이 그것이다.

〈기생충〉의 정치 경제학

오늘날 우리 사회의 중요한 난제는 신자유주의의 발호 후 심화된 불평등성이 인간의 삶을 피폐하게 만들 뿐 아니라, 개인을 단자화 시키고 고립된 상태로 몰고 간다는 데 있다. 지난 세기 현실 사회주의의 실험이 진행되던 시절에는 그래도 자본주의 체제 밑에서 노동자들에게 자행되는 불평등이 자본가의 착취로부터 기인한다는 공감대가 어느 정도 형성되어 있었고, 실제로 직접적인 행동을 통해 자본주의를 개선하고 변혁시키기도 했다.

그러나 1990년 사회주의 몰락 이후 본격적으로 등장한 신자유주의는 자본의, 자본에 의한 전 지구적 승리를 선언하면서 한 세대 넘게 무한 질주를 거듭했고, 그 결과 영화 〈기생충〉과 넷플릭스 드라마 〈오징어 게임〉이 묘사하는 디스토피아적인 세상이 되었다. 하지만 현실은 무엇을 상상하든 드라마가 그리는 세상보다 훨씬 상위한다. 영화 〈기생충〉에 등장하는 세상과 인물들은 현실의 단면일 뿐이다. 작품을 통해 봉준호 감독은 신자유주의의 증상에 대해 논하고 있다. 왜 우리는 무력한가, 왜 세상이 이 지경인데 아무 일도 일어나지 않는가?

증상이란 상징계에 엄연히 존재하나 상징계가 감추고 억압하고 있는 틈과 오물 같은 것이다. 증상이 표면 위로 출몰할 경우 권력은 그것을 진압하면서 단순한 사고였고 오작동이었다고 발표하나 실제로는 체제 자체의 필연적인 산물임을 아는 사람은 다 안다. 체제 운영에 필수적이지만 동시에 위험한 존재인 프롤레타리아트는 자본주의가 필연적으로 발생시키는 증상이다. 마르크스는 그들의 존재를 감지하였고 전 세계 노동자들이 단결하면 새로운 세상이 올 것이라고 예견하였다. 하지만 자본주의는 진화하면서 단순한 상품 자본주의를 넘어 금융 자본주의로, 현재는 AI에 기반한 자본의 축적 단계로 이동 중이다. 전통적인 노동이 사라져도 이윤을 창출하는 자본은 마치 암세포처럼 먹이를 달리면서 죽지 않고 번식한다.

이렇듯 21세기 자본은 고전적인 이윤 창출을 넘어 감정과 인격, 무의식과 종교 같은 상부 구조까지 상품화해 냈다. 마르크스가 살던 시절의 자본은 상품의 생산과 순환에 머물렀다. 20세기로 접어들면서 문화 산업으로 범위를 넓힌 자본은 21세기에 비물질적 영역으로까지 진출한 것이다. 현재 자본주의 패권은 물질 노동(재화를 생산하는 산업 노동)에서 비물질 노동(지식, 정보, 관계, 감정 등 비물질적 생산물을 창조하는 노동)으로 이전하였다. 물질 노동에다가 비물질 노동까지 그야말로 인간 삶 전체를 일상에 갈아 넣어야 생존할 수 있는 완전체 자본주의가 된 것이다.

마르크스 시절에는 노동자(타자)의 단결을 통해 세상이 진보할 수 있다고 외칠 수 있었지만, 21세기 자본주의 하에서는 웬일인지 저항을 위한 연대가 이전 시대보다 급격히 약화되는 모습을 보인다. 역사를 되돌아보면 불평등하고 정의롭지 않은 세상에서는 차별에 대한 분노와 저항이 발생하기 마련인데, 어찌된 일인지 21세기 자본주의로 넘어오면서는 대응이 잘 이루어지지 않을 뿐 아니라 변혁에 대한 열망도 미지근하다. 이 말은 21세기 자본주의는 체제와 맞서는 타자와 타자적 요소들을 추방하는 시스템이 은밀하고 효율적으로, 의식의 차원에서 뿐만 아니라 무의식의 차원에서도 촘촘하게 엮여 있다는 말이다.

그 원인을 섬뜩하게 분석한 책이 토마 피케티의 『21세기 자본』이다. 피케티는 오늘의 자본주의를 '세습 자본주의'라고 말하면서 차별과 불평등이 U자형 양극단으로 고착화된 사회라 지적하였다. 청년들의 대화에서 빈번하게 들리는 '이번 생은 망했다'라는 표현은 우스갯소리 같지만 현실의 씁쓸함과 절망을 잘 드러낸 말이다. 인생의 향배가 태어나면서 결정된다는 말은 정확히 맞다. 자산, 학력, 직장, 주택, 노후 등 생애 주기 때마다 나타나는 우리 삶의 중요한 이슈들은 DNA처럼 확고하고 변하지 않는 운명이 되었다.

피케티가 말하는 '세습 자본주의'란 계급 차별이 극대화되어 고대·중세 때처럼 상층과 하층의 구조가 고착화된 사회를 말한다. 이런 불평등한 사회를 별다른 소란 없이 유지시키기 위해 자본은 오랜 기간 개인을 단자화 시키고 고립시키는 정책을 폈다. 자본에 최적화된 스펙을 쌓기 위해 청년들은 사활을 건다. 그리고 경쟁으로 인한 불안과 공포를 다스리는 힐링 프로그램으로 그들은 고단한 몸과 마음을 숨긴다. 스펙과 힐링을 왕래하는 동안 현대인들은 공동체적 연대에 대해 무심해지고, 집단적 비전보다는 나 하나의 평안에만 매몰되는 고독한 군중으로 몰락하고 만다.

경제적 모순과 불평등이 심화되면 혁명을 상상하고 도모하는 기획이 발생하기 마련인데 오늘의 현실은 정반대이다. 타자에 대한 관심과 배려가 사라진 세상이 되었다. 심지어 타자에 대한 혐오와 차별이 정당화되는 사회로 변모했다. 개인의 불행에 접근하는 방법에 있어 대타자의 결핍, 즉 국가와 기업과 사회의 모순과 부조리에는 눈을 돌리지 않고, 내 불행에 대한 화풀이 대상을 찾아나서 차별하고 혐오한다. 이것이 영화 〈기생충〉이 보여 주는 현실이다. 그리고 그 사회는 물리적으로 구획된 선이 아니라 냄새로 상징되는 보이지는 않지만 확고한 선으로 나와 타자를 구분하는 사회다.

'후각의 현상학'으로 본 영화 〈기생충〉

영화 〈기생충〉은 계급을 소재로 한 영화이다. 정확히 말하면 지각의 현상학, 후각(냄새)의 현상학으로 바라본 계급 영화이다. 극 전체를 끌고 나가는 동력은 후각이다. 이 영화는 냄새를 통한 상상으로 시작해서 냄새로 인한 파국으로 끝이 난다. 영화를 보는 내내 나는 메를로퐁티(Maurice Merleau-Ponty, 1908~1961)가 쓴 『지각의 현상학』을 생각했다. 메를로퐁티에 따르면 지각의 주체는 정신이 아니라 감각이다. 이 말은 많은 논란을 불러일으켰다. 이야기란 이성의 힘으로 흩어진 기억과 서사를 수미일관하고 논리적으로 엮어 낼 때 탄생한다. 흩어진 산만한 질료들에 질서를 부여하는 역할을 담당했던 것이 로고스와 코기토, 즉 이성이었다.

전통적으로 인식이란 참된 본질에 대한 인식이고, 데카르트로부터 시작되어 칸트로 이어지는 근대적 주체는 참된 본질에 대한 절대적 확실성으로 가득 찬 주체였다. 그런데 메를로퐁티가 '지각의 현상학'에서 그동안의 합의를 거부하고 있는 것이다. 명확한 이성이 아닌 감각을 사건의 근거로 소환하면서 그는 말한다. 본질은 이데아로서 초월해 있는 것이 아니라, 특수한 역사적 상황 속에 위치한 개별자가 느끼는 어떤 지각에 대한 이해라고 말이다.[3]

영화 〈기생충〉은 합리와 이성에 의해 사고하고 행위 하는 주체가 아니라, 감각 그중에서도 가장 원초적인 후각에 의해 충동되는 존재임을 보여 준다. 이것이 극에서 사건을 만들고 사건들의 연쇄를 야기해 현실에 절단선을 긋는다. 그리하여 관객들로 하여금 현실 밑에 숨어 있었던 확인하고 싶지 않았던 실재(the Real)와의 조우를 경험하게 한다. 그 절단선 역할을 하는 것이 바로 후각이다. 그래서일까 유독 이 영화에서는 냄새와 관련된 대사가 많이 등장한다.

박사장(이선균)과 연교(조여정) 사이의 어린 아들(다송)이 극 초반에 냄새와 관련된 복선과도 같은 말을 던지면서 영화가 감춰 놓은 파국의 지점을 미리 암시한다. "저 아줌마(가정부, 충숙), 아저씨(운전기사, 기택), 선생님(미술 선생, 기정) 모두 같은 냄새 나." 이후 기택 가정은 반지하 집에서 고기를 구워 먹으며 냄새를 주제로 이야기를 한다. 서로 다른 세탁비누로 빨래를 해야 한다는 둥. 이때 기정이 그건 지워질 냄새가 아니라고 한다. 반지하에 살면서 나는 냄새이기 때문에 여기에서 벗어나지 않는 한 계속 그 냄새가 날 수밖에 없다는 거다. 그리고 영화 중반에 박사장이 연교와 이야기할 때 기택에 대한 평을 하다가 기택이 선을 넘을락 말락 하지만 결국 안 넘는다고 만족을 표시한 후에, '다 좋은데 그에게서 냄새가 난다'고 꼬집는다. 이 말을 기택은 거실 식탁 밑에 숨어서 직접 듣는다. 본격적으로 기택에게서 냄새에 대한 콤플렉

---

3. 메를리 퐁티, 류의근 옮김, 『지각의 현상학』(서울: 문학과지성사, 2002), 제2부 "지각된 세계"의 「서론: 신체론은 이미 지각론이다」(311-6)를 참조하라.

스가 발동하는 지점이고 그것이 쌓이면서 박사장에 대한 살인, 즉 파국의 지점을 살짝 보여 주고 금세 닫히면서 영화는 끝난다.

영화에서 냄새라는 말 대신 가난, 계급이라는 단어를 집어넣어 보면 어떨까. 뜻이 완벽히 통한다. 앞서 기정이 고기를 구워 먹으면서 반지하방 냄새는 지워지지 않는다고, 반지하에서 벗어나야 냄새가 나지 않는다고, 이 냄새는 어쩔 수 없다고 했는데 그것은 정확히 맞는 말이다. 그래서일까 영화를 보는 내내 나는 몰래 옷에 코를 대고 나의 냄새를 맡았다. 예전 가난했던 시절에 우리는 가난에서, 아니 그 냄새에서 벗어나려고 온갖 폭력과 부자유와 부정의가 난무함에도 불구하고 가난의 체취를 지우겠다는 일념으로 뒤도 안 돌아보고 달렸었다.

그러나 지금은 그런 노력이 필요 없는 시대다. 돌이켜보면 가난을 지울 수 있다는 희망이 존재했던 시절은 행복했다. 불행하게도 오늘의 대한민국에서는 내가(우리가) 열심히 노력한다고 나의 원 계급을 극복할 수 없다. 개천에서 용이 나는 사회는 그나마 소망이 있는 사회다. 그러나 21세기 자본이 지배하는 세상에서는 개천에서 절대 용이 나지 않는다. 가난과 학력이 유전되고 세습되면서 중세 봉건 사회처럼 타고난 처지가 바로 운명이 되어 버리는 사회가 21세기 한국 사회다. 봉준호 감독은 21세기 자본주의 시대에서 살아가는 '갑'과 '을'의 역학과 위상을 〈기생충〉에 담고자 했고, 그것을 냄새의 현상학으로 그렸다. 이러한 메시지가 세계화된 자본주의 시대를 살아가는 지구촌의 모든 인민들에게 공감을 일으킬 수 있는 보편성으로 작용할 수 있다고 칸 영화제 심사위원들은 판단하였다.

'감각의 제국'에서

태초에 말씀이 있었다고 하는데 나는 이 말을 태초에 이야기가 있었다는 말로 바꾸고 싶다. 한병철은 "삶은 이야기다. 서사적 동물인 인간은 새로운 삶의 형식들을 서사적으로 실현시킨다는 점에서 동물과 구별된다"(한병철, 2023: 136-7)고 말한 바 있다. 이야기는 삶 이전에, 현실 이전부터 존재해 왔다. 온갖 아포칼립스 서사의 결말을 보라. 한 무리의 남은 자들을 남겨 두고 그들로부터 포스트 아포칼립스 서사를 펼칠 수 있도록 장치를 하는 것은 모두 다음의 이야기 전개를 염두에 둔 포석이다.

이야기는 그것이 아무리 하찮은 것이라도 우리의 감각에 호소하고 반응을 기다린다. 기쁨과 슬픔을 주기도 하고 분노와 절망을 선사하는 이야기는 우리의 감각과 직접적으로 연결된다. 그것은 정치적인 감각일 수도 있고, 정서적 혹은 일상의 감각일 수도 있다. 미학적 감각과 종교적 감각은 고도의 재능과 수행과 연결되는 감각이다. 각각의 감각들은 그에 걸맞은 이야기들과 조응한다. 인간은 이런 감각의 제국에서 배우고 성장하면서 본인의 시대의 특정 이야기가 선사하는 감각의 기제들을 습득한다. 그것이 성인이 되는 과정이고 한 사회 구성원으로 승인받는 절차가 아닐까 싶다. 그렇다고 볼 때 이야기와 감각, 그리고 양자를 하나의 차원으로 묶는 공동체는 서로가 이어져 있고, 인간은 그러한 '감각의 제국' 속에서 좀처럼 벗어나지 못한다.

아리스토텔레스에 의하면 인간에게는 다섯 가지 감각이 있다고 한다. 그는 『영혼에 관하여』라는 책에서 다섯 가지 감각이 모두 촉각에서 비롯되었다고 본다. 보지 못하는 동물, 맛을 못 느끼는 동물, 냄새를 못 맡는 동물, 듣지 못하는 동물은 있어도 촉각이 없는 동물은 없다. 아리스토텔레스적인 관점에서 요단강을 건너는 장면을 해석한다면 가장 원초적인 감각인 촉각의 현상학으로 인해 야훼 종교가 진화했다는 추측을 할 수도 있겠다.

문명 이전 인간의 생명 활동은 주로 감각 능력에 의존하지만, 문명이 발전하면서 감각의 능력 대신 추상적 이성의 능력이 득세를 한다. 추상 작업은 어떤 대상과의 거리를 확보하고 그것을 바라보는(관조하는) 것으로부터 시작한다고 볼 때, 시각은 감각에서 추상으로 넘어가는 과정에서 중요한 역할을 한다고 볼 수 있다. 감각은 욕망과 감성의 영역이었고, 추상은 이성적, 윤리적 사유를 가능케 하는 것이라 여겨졌다. 이러한 정의에 반기를 든 사람이 19세기에 등장한 니체이다.

니체는 그의 첫 작품인 『비극의 탄생』에서 소크라테스 이후 서양의 정신사를 이성과 의지에 의해 억압당한 감성과 욕망의 굴욕사라 비판한다. '아폴론적인 것'에 의해 '디오니소스적인 것'이 배제되고 가려졌다는 것이다. 그러므로 이성에 의해 자행된 인류 문명의 병폐를 해결하기 위해 욕망과 감성, 즉 감각적인 것에 대한 새로운 발견과 통찰이 있어야 한다는 것이 니체의 주장이다. 포스트모던 사상가들은 니체의 발언에 열렬한 지지를 표했다.

그렇다면 여호수아서에 나오는 요단강을 건너가는 장면과 영화 〈기생충〉은 포스트모던적 해석이 가능한 텍스트이다. 여호수아서에서 요단강을 건너는 장면, 그리고 냄새의 현상학으로 21세기 자본을 그리는 〈기생충〉은 우리들로 하여금 진리를 드러내고 진술하는 방법에 대한 새로운 독법을 선사하기 때문이다. 영화에서 가장 원초적인 감각인 후각으로 현실을 인지하고 행위를 한다는 설정은 위태로운 서사의 문법이다. 통상적으로 영화에서 카메라는 인간의 시선인데, 〈기생충〉을 보는 내내 카메라가 시선을 따라 움직이는 것이 아니라, 냄새를 따라 움직이는 듯한 착각으로 관객들은 빠져 들어간다. 아마도 그것이 평단이나 관객들로 하여금 신선한 충격에 빠지게 하지 않았나 싶다.

실제로 영화제 심사 위원들은 봉준호 감독의 장르적 특징에 대해 많은 토론을 했다고 한다. 그것은 영화적 형식의 파괴 혹은 영화적 형식의 혼종성과도 연관된 내용으로, 결국 영화 〈기생충〉의 장르적 실험이 성공했다는 것에 대한 찬사였다. 칸 영화제 심사 위원장은 봉준호 감독의 작품을 황금종려상으로 선정하면서 다음과 같은 말을 남겼다. "우리는 영화를 본 후 모두 이 영화가 예상치 못한 방법으로 여러 장르를 혼합하여 우리를 이끈 미스터리함에 대해 이야기를 나누었다. 장르 영화도 정치 영화도 아니면서 사회적인 주제를 유머러스하게 전개하는 능력, 관객들의 감정선을 끝까지 끌고 가는 힘이 있는 작품이다. 우리 심사위원들은 이 영화의 결과에 마음을 빼앗겨 버렸다. 그리고 만장일치의 결정을 내렸다."

〈기생충〉은 봉준호식 장르 파괴가 무엇인지 보여 주는 영화이다. 그리고 그 과정에서 중요한 매개로 등장하는 것이 시각이 아니라 냄새, 즉 후각이다. 후각의, 후각에 의한 전복성! 그것으로 봉준호는 관객을 다른 인식의 세계로 인도하였고, 그래서 똑같이 지루하게 펼쳐지는 일상을 다르게 바라보게 하였다.

〈기생충〉이 내게 종교적 영화인 이유

나는 요단강을 건너는 장면도 당시 지배 종교들이 지녔던 종교적 관습과 이데올로기를 향한 장르 파괴적 효과로 보고 싶다. 요단강을 도하하는 과정에서 흐르는 물에 발을 담그는 장면은 발이 물에 닿는 촉각의 현상학으로 신적 사건을 해석한다는 점에서 눈에 보이는 풍요만을 추구하던 당시의 종교를 향한 대항의 메시지를 전하려 했던 것은 아닐까. 장식을 제거하고 거품을 빼고 원초적 종교심으로 돌아가라는 경고 말이다.

조금 과격하게 말하자면, 야훼 종교는 당시 주변 세계를 향해 파국을 선언하였다. 우리에게 이제는 신의 표상(상징) 따위는, 신과 관련된 주술 따위는, 아니 좀 더 적나라하게 말하면 보여지는 신을 둘러싸고 벌어지는 신적 위계와 권위와 질서 따위는 필요 없다고 말이다. 눈앞에서 우리를 현혹하는 퍼포먼스가 없어도 우리의 신앙은, 우리의 신을 향한 확신은 변함이 없고 흔들리지 않는다는 집단적 확신이 홍해와 요단강 사이에서 방황하던 40년 동안 이스라엘 백성들에게 일어났던 것은 아닐는지.

그런 이유로 아직 마른땅이 드러나지 않았음에도 불구하고, 아직 시퍼런 물이 우리 앞을 가로막고 있음에도 불구하고, 아직 현실의 문제가 아무것도 해결되지 않았음에도 불구하고 이스라엘 백성들은 흐르는 물을 향해 몸을 맡길 수 있었다. 그렇게 그들은 새 역사를 스스로 창조해 갔고, 그리하여 그들은 그들의 신을 마침내 쟁취해 냈다.

영화 〈기생충〉은 후각의 현상학을 전개하면서 기존의 영화적 시선에 대한 소소한 반란을 도모하였고, 시퍼런 물이 흐르던 요단강에 발을 먼저 내딛었던 이스라엘 사람들 역시 기존의 틀에 박힌 신앙을 거역하는 불손한 사람들이었다. 관습을 벗어나고, 장르를 뒤집고, 전과는 다른 지평으로 넘어갔다는 측면에서 말이다. 결국 양측은 드러내 놓고 파국을 노래하지는 않았지만 파국의 전조를 보임으로써 기존의 시스템과 종교적 관행을 꼬집는다.

〈기생충〉에서 그리는 오늘의 사회는 물질과 비물질의 영역까지 완전히 개방된 광명한 세상이지만 어디에도 갈 곳이 없는 닫힌 사회이다. 모든 것이 노출되어 자유롭고, 실제로 모두가 자유를 말하지만 모두가 어떤 강박과 히스테리에 빠진 사회다. 〈기생충〉은 후각의 흐름을 따라가면서 우리 사회의 모순을 살피다가 후반부에 가서 뾰족하게 봉기의 기억을 돌출시킨 후에 사라진다. 봉준호스러운 파국의 묵시록이었다.

결론적으로 영화 〈기생충〉은 기존의 감각과는 다른 방법으로 영화에 접근하면서 새로운 영상 언어를 창출하였다. 그리하여 관객들로 하여금 관성적으로 대면했던 텍스트를 삐딱하게 보게 하고 위험한 상상을 가능하게 한다. 〈기생충〉에 대한 내 나름의 10자평을 적으면 '전복적 텍스트 읽기가 선사하는 상상과 쾌락'이다. 이것은 종교를 사유하는 방법과도 연관된다. 관성화 된 믿음에 대해 다른 감각과 다양한 시차를 두고 바라보라는 종교적 제언 말이다. 어쩌면 신앙이란 파국을 감행하는 용기이고, 그 과정에서 발생할 수 있는 상처를 향한 위로와 애도이며, 꿈꾸었던 파국의 경지에 도달했을 때 잠시 쉬고 다시 어디론가 길을 떠날 것을 다짐하는 용기가 아닐는지. 그런 의미에서 영화 〈기생충〉은 내게는 종교를 다시 생각하게 하는 '종교적인 것'에 관한 영화다.

실패해서 성공한 종교 텍스트

다큐멘터리 〈나는 신이다〉 읽기

나는 무엇을 말하고자 하는가

2023년 상반기에 개봉한 넷플릭스 제작 다큐멘터리 시리즈 〈나는 신이다: 신이 배신한 사람들〉(이하 〈나는 신이다〉)이 많은 논란과 관심을 끌면서 국내외적으로 차트 1위에 오르는 기염을 토했다. 사이비 교주들의 행각은 무엇을 상상하든 그 이상이었다. 작품에 대한 평가는 극명하게 갈렸다. 긍정적인 면에 주목하는 이들은 다큐 정신에 입각한 사회적 고발로 사이비 종교와 교주에 대한 경각심을 높였다는 점을 강조했고, 부정적인 평가를 하는 사람들은 JMS 정명석이 저지른 성폭력을 빈번하게 반복적으로 보여 줌으로써 폭력의 구조를 드러내고 폭력을 재생산하는 데 기여할 수 있다고 꼬집었다.

비평가들은 〈나는 신이다〉가 선정적-폭력적인 것과 진실의 재현 사이에서 다큐가 어떤 행보를 보여야 할 것인지에 대한 문제의식을 던져 주었고, 그 과정에서 다큐 정신이 무엇인지를 다시 질문해야 한다고 말한다. 충분히 많은 〈나는 신이다〉에 대한 비평과 분석이 이루어졌기에 여기서 다시 그것을 반복하지는 않겠다.[1] 내가 이 글에서 관심하는 것

---

1. 〈나는 신이다〉 관련해서는 다음의 글들을 참조하라.
- 서도원 (2023), 「〈나는 신이다〉, 신은 정말 '그들'뿐이었는가?」, 『가톨릭 평론』, 40,

은 다큐멘터리 〈나는 신이다〉가 종교, 혹은 종교적 현상을 바라보는 시선의 문제이다. 그 시선이 어떻게 '종교'와 '종교적인 것'을 분할하는지, 그리고 그 분할로 인해 야기된 결과(효과)가 무엇인지에 대해 본고는 주목한다. 그 과정에서 〈나는 신이다〉가 나올 수밖에 없었던 (일부) 한국 개신교의 파행적 기록지를 살펴보겠으나 그것이 글의 목표는 아니다.

필자에게 〈나는 신이다〉는 '다큐적으로 세상을 읽는 것이 무엇인지?'에 대한 화두를 선사했다. 다큐의 정신은, 그런 것이 있다면, 무엇인지? 다큐가 사물과 인간을 대하는 태도와 마음도 궁금해졌다. 이런 물음들을 스스로에게 던지고 답하면서 다큐적 읽기(Reading)에 대한 함의를 그려 보는 것이 이 글이 최종적으로 의도하는 바이다. 〈나는 신이다〉는 종교적 피폐함을 다루는 다큐멘터리지만, 그 시선을 따라가면서 나는 '종교적인 것'이 무엇인지, '다큐적인 것'이 무엇인지에 대해 반복적으로 물을 것이다. 바라기는 이 글이 다큐란 무엇인가, 라는 수많은 질문과 답에 틈을 내고 균열을 일으키는 효과가 되기를 바라고, '종교적인 것'에 대한 접근과 내용에 있어서도 그것은 동일하다.

어쩌면 이런 물음들은 다큐쟁이들이 답하기에는 민망한 문제일 수 있다. 오히려 나같이 다큐에 대해 문외한이기에 가능한 작업이고, 이런저런 종교적 활동을 통해 '종교적인 것'에 대한 나름의 이야기를 갖고 있는 필자이기에 해봄직한 시도라 생각을 했다. 어느 인문/신학자가 쓴 다큐에 대한 무지한 관람 혹은 종교에 대한 삐딱한 시선쯤으로 글

82-89;
- 박진규, 「[바이블시론] '나는 신이다'로 말하지 않은 것」, https://news.kmib.co.kr/article/view.asp?arcid=0924295558&code=11171370&cp=nv
- 서동진, 「반-다큐멘터리적인 다큐멘터리: 〈나는 신이다〉에 관한 짧은메모」, http://dockingmagazine.com/contents/31/267
- 손희정. 「선정성은 가능성의 변수인가? 쇼츠 시대의 다큐멘터리, 〈나는 신이다〉」, http://dockingmagazine.com/contents/31/266

의 성격을 가늠해 주면 좋겠다.

〈나는 신이다〉 대 〈패션 오브 크라이스트〉

〈나는 신이다〉를 보는데 문득 멜 깁슨이 감독했던 예수의 죽음을 다룬 영화 〈패션 오브 크라이스트〉가 오버랩 되었다. 〈패션 오브 크라이스트〉를 볼 때 느꼈던 심장 박동수와 스트레스, 보고 난 다음 다가왔던 이물감이 〈나는 신이다〉를 관람하는 내내 반복되었다. 무엇이 문제였을까? 두 작품 공히 기독교에 대해 뭔가를 말하고 있는데 스크린을 가득 채우는 어떤 과잉과 도착으로 인해 나는 어느 순간부터 길을 잃었던 것 같다.

〈패션 오브 크라이스트〉의 경우는 기독교의 중핵을 향한 과잉이 작품으로의 몰입을 방해했고, 〈나는 신이다〉의 경우는 도착된 기독교를 향한 편집증적 집착이 나로 하여금 텍스트로의 접근을 힘들게 하였다. 방식이 다른 두 작품이지만 둘 사이에는 서로 겹치는 교집합이 있다. 그것은 바로 '육체의 잔혹사'이다. 육체에 대한 잔혹의 현상학으로 하나는 기독교의 정통을, 다른 하나는 반대로 기독교의 이단을 스크린 상에서 재현하였고, 양자는 어느 정도 사회적 관심과 흥행적인 측면에서 성공하였다.

예수 생애 마지막 12시간을 집중적으로 조명한 〈패션 오브 크라이스트〉는 종교적 색채를 빼고 본다면 고대 로마 시대 십자가형을 치르는 한 죄수의 처형을 가학적으로 그리는 기이한 영화이다. 쇳조각이 붙어 있는 채찍에 맞아 찢겨져 나가는 청년의 살점이 슬로 모션으로 처리될 때와 십자가 상에서 손바닥에 굵은 못이 박힐 때, 그리고 옆구리에 창이 찔려 핏줄기가 분수처럼 흩어질 때 장엄하게 깔리는 음악은 (내가 보기에) 너무나 변태적이었다. 이런 극사실주의적인 묘사가 예수의 수난을 돋보이게끔 하는 효과였다고 말할 수는 있다. 그러나 그것은 예수의 죽음이 지닌 신앙적 고백에 동의하는 자들만을 위한 장치에 불과하다.

이 영화는 앞뒤 다 자르고 죽음 직전 예수가 감당해야 했던 육체의 고통을 즐기라고 말한다. 왜 예수가 죽어야 했는지, 누가 예수를 무엇 때문에 죽였는지, 예수의 죽음을 바라보는 다양한 시선들에 대하여, 예수의 죽음 이후 사태에 대해서 영화는 관심하지 않는다. 마치 대상을 보다 섬세하고 샅샅이 살피고자 고안된 현미경처럼 〈패션 오브 크라이스트〉는 예수의 죽음을 현미경처럼 확대할 뿐이다. 하지만 그것은 우리 눈이 보는 일상에 대한 왜곡이다. 배율이 높은 현미경일수록 현실에 대한 왜곡도 그만큼 크다. 정확하고 섬세하게 보겠다는 의지가 진실에 대한 거짓으로 드러날 수 있다는 말이다.

다큐멘터리 〈나는 신이다〉가 그랬다. 1~3회 JMS 정명석 편에서는 회차별로 실제 피해 상황을 담은 음성과 영상이 길게는 43초씩 3~7차례 사용됐고, 대역 배우를 사용한 성범죄 재연 장면은 회차마다 짧게는 10여 초에서 길게는 2~3분씩 5~6번 등장한다. 아가동산 편은 사망한 최 모 군이 어떻게 사망했는지 재현한 영상, 만민중앙교회 편에서도 성폭행 관련된 증언 등이 반복적으로 등장한다.

〈패션 오브 크라이스트〉가 다른 것은 다 빼고 예수의 육체적 고난에만 집중했던 것처럼, 〈나는 신이다〉도 한국 교회의 부조리에 대한 추적과 비판 없이 바로 피해자들에게 카메라를 들이댄다. 사이비 종교가 발생하는 이유와 원인 분석은 생략하고 사이비 종교의 육체 잔혹극으로 바로 넘어간 것이다. 〈패션 오브 크라이스트〉와 〈나는 신이다〉는 전혀 다른 방향에서 진행되었으나 양자는 공히 몸을 향한 가해가 선사하는 쾌락(혹은 불쾌)을 전시하고 있는 포르노 효과에 기대는 작품이라는 점에서 닮았다.

몸의 해방, 육체의 속박

오랜 세월 인류는 몸과 정신을 나누고 몸을 부정적인 시선으로 다루어 왔다. 몸에 대한 왜곡된 시선이 20세기 이전 서양 정신의 역사라고 해도 과언이 아니다. 현상학자인 메를로퐁티의 『지각의 현상학』은 이런 서구적 사유의 전통을 깨고 몸이 사유의 출발점이라는 사실을 직시한 책이었고, 몸의 복권을 인식론적 차원에서 다룬 저작이었다. 정신에서 해방된 몸, 정신만큼이나 중요한 몸의 발견은 중요한 의미를 지닌다. 생명이 깃든 전인적인 몸에 대한 사유를 비로소 시작할 수 있는 계기가 마련되었기 때문이다.

이 책의 「서문」은 특히 『지각의 현상학』을 압축해 주는 중요한 부분이다. 먼저 독자에게 '현상학이란 무엇인가?'라고 물으면서 인간을 객관적 인과 관계로 분석하거나 또는 여기서부터 연역하려고 하지 말고 인간을 객관적 세계를 향해 자신을 투신하는 존재로 볼 것을 권한다. 이 말은 현상학은 근대적 주체의 절대적 확실성을 출발점으로 삼지 않겠다는 말이다. 세계는 주체의 성찰보다 앞서 이미 주어져 있고, 기술되어야 할 뿐이며 결코 주체에 의해 구성될 수 없다(메를로 퐁티, 2002: 13-23).

이렇듯 현상학적 인식이란 전통적인 지적 인식과 구별된다. 후자가 변치 않는 참된 본질을 전제한다면 현상학적 이해는 본질뿐만 아니라 특수한 역사적 상황 속에 주어지는 존재 양식에 대한 이해까지를 포함한다. 그 과정에서 메를로퐁티는 역사란 — 마르크스의 말처럼 — 머리로 걷는 것은 아니지만 그렇다고 발로 생각하는 것도 아니라는 점을 지적하면서 머리나 발 둘 다 모두 몸(body)의 한 부분임을 강조한다. 메를로퐁티의 가장 중요한 공헌은 서양 철학사의 난제라 할 수 있는 주관-객관의 이원론, 정신과 육체의 문제를 극복할 길을 열었다는 데 있다.

하지만 20세기 자본주의는 억압에서 해방된 몸을 그대로 놔두지 않았다. 각종 광고와 스포츠, 할리우드로 대변되는 영상 매체는 이상적인 육체를 숭배하도록 만들었다. 전 시대보다 더 철저한 몸에 대한 타자화가 진행된 것이다. 그 결과 새로운 버전의 몸에 대한 억압이 우리 사회를 지배하는 상황이 되었다. 인간의 몸이 이상화된 규격에 의해 검증받는 시대가 되었고, 그로 인해 현대인은 우리 자신의 몸을 스스로 소외시키는 처지로 몰렸다.

가상으로 존재했던 몸에 대한 이데아가 테크놀로지의 발달로 실현 가능한 몸으로 구현되었지만, 그로 인해 현대인들은 이전 시대보다 더욱 자신의 몸에 만족을 느끼지 못하는 처지가 되었다. 아니 심지어 자신의 몸을 환멸하기도 한다. 그것이 어쩌면 타인의 몸에 대한 가학적 쾌락 혹은 불쾌의 메커니즘을 유통시키는 원인이 된 것은 아닐까. 다큐멘터리 〈나는 신이다〉는 사이비 종교 폭로라는 공익성을 표방하지만, 그것을 제작하는 문법과 유통시키는 전략에는 21세기 육체의 가학성이 깔려 있다는 의심을 떨칠 수 없다.

〈나는 신이다〉 현상에 대한 내 나름의 이런저런 비평의 시간을 갖다가 좀 더 근원적으로 다큐멘터리의 눈은 무엇을 좇아야 하는지, 다큐의 카메라 안에는 무엇이 담겨야 하는지, 다큐를 찍는 사람은 무엇을 묻고 어떻게 사물을 바라보아야 하는지에 대한 (다큐판에 있는 사람들에게는) 익숙하겠지만 내게는 생소한 질문들이 생겨났다.

응시하는 주체

카메라를 눈이라고 가정했을 때, 과연 다큐멘터리가 사건과 대상을 관찰하는 눈은 어떠해야 하는가? 〈나는 신이다〉를 보는 내내 맴돌았던 질문이었다. 문학 평론가 서영채는 시선과 응시를 구분한다(서영채,

2021: 161-70). '시선(視線)'은 말 그대로 눈이 가는 방향, 즉 단순한 보여 주기다. '응시'는 뚫어지게 바라보는 것, 시선을 타고 어떤 힘이 지속적으로 투여되는 것이다. '응시'를 언급하는 이 순간 20세기 말에 등장했던 화장품 광고 하나가 떠오른다.

두 여자가 지하철역 복도 같은 곳을 마주 보고 걸어오다가 눈이 마주치면서 스쳐 지나간다. 그리고 한 여자가 속으로 읊조린다. "낯선 여자에게서 그의 향기를 느꼈다." 고개를 돌려 상대방을 바라보는 것으로 광고는 끝이 나는데 둘의 눈이 마주쳤는지는 기억이 없다. 왕가위 감독의 영화 〈타락천사〉(1995)의 한 장면을 패러디한 작품이었다. 돌아서서 가는데 나의 등(back)을 뚫어지게 바라보고 있는 무엇인가가 느껴져 내가 뒤를 돌아본다면 그것은 어떤 힘이 나를 돌아서게 한 것이다. 사건은 그것을 느낄 때 발생한다.

'시선'이 주체로부터 대상을 향해 가는 일방향적이고 밋밋하고 납작한 것이라면, '응시'는 대상으로부터 나를 향해 돌아오는 모호하고 불확실하고 예측이 불투명한 눈길이다. 길을 걷다가 스친 상대방이 내 등을 바라보는 느낌에 못 이겨 뒤를 돌아봤는데 내가 본 것이 그이의 등이라면 그 여자의 등(back)이 나를 보고 있었다는 말이다. 이게 무슨 귀신 씻나락 까먹는 소리인가, 등에 눈(目)이 있다는 말인가? 사실 그 눈은 상대의 눈이 아니고 그이를 바라보는 내 눈길이었다. 나의 시선이 그 여자의 등에 반사되어 '뒤돌아보라고 외치는 나'를 쳐다보고 있는 것이다. 그것이 바로 응시이다.[2]

정신분석가 자크 라캉(Jacques Lacan)에 의하면 상징 시스템으로 들

---

2. 서영채는 응시의 개념을 다음과 같이 설명한다. "그 여자의 뒤통수가 널 보고 있었어, 그 여자는 눈이 뒤통수에 달려 있었던 거야, 그런데 그 눈은 그 여자의 눈이 아니었어, 사실은 그 여자를 바라보는 너 자신의 눈이었다고, 네 눈동자가 그 여자 뒤통수에 날아가 박혀서 뒤돌아보라는 주문을 외고 있는 너 자신을 쳐다보고 있었던 것이지. 그게 응시의 개념입니다."(서영채, 2021: 163).

어온 주체는 '빗금 그어진 주체($)'이다. '빗금 그어진 주체($)'는 언어
화 과정을 거치면서 사회(법, 제도, 규범, 도덕, 종교…) 안으로 진입한 주
체인데, 그 과정에서 '오리지널한 나'(빗금 그어지지 않은 주체, 상상계 속
의 주체, 언어화 이전의 주체)를 상실한 주체이기도 하다. 온전한 자기의
시선을 더 이상 가질 수 없게 된 불행한 주체인 셈이다. 언어화 과정,
사회화 과정을 거치면서 결핍과 잉여를 남긴 채 상징 시스템 안으로
들어온 '빗금 그어진 주체($)'는 상징계 안에서 대타자의 명령에 순종
하면서 점점 대타자의 욕망을 욕망하는 주체로 안착하게 된다. 이것이
라캉식 정신분석학에서 말하는 주체에 대한 간략한 이해다.

내가 보고 욕망하는 것은 상징 시스템이 만든 각본에 따르는 것이
다. 응시는 대타자의 욕망을 욕망하는 주체의 시선에 만족하지 않고
그런 나를 45도 각도에서 떨어져 내려다보는 시선이다. 그렇다면 응시
는 내게서 이월하여 나를 바라보는 시선이 되는 셈인데, 그런 까닭에
응시는 내가 나에게 하는 말이 된다. 하지만 전자의 나와 후자의 나는
다르다. '빗금 그어지지 않은 주체'가 '빗금 그어진 주체($)'에게, 혹은
'빗금 그어진 주체($)'가 '빗금 그어지지 않은 주체'에게로 향하는 시선
이 응시다.

다큐멘터리의 눈(目)

나는 다큐멘터리 작법에 대한 지식은 없지만 작품을 위해서는 최소
한 세 개의 카메라가 필요하다고 본다. 〈나는 신이다〉를 예로 들면, 작
품 속에서 JMS, 오대양, 아가동산, 만민중앙교회가 어떻게 발생하고
성장했는지를 팩트에 입각해 객관적 시점으로 따라가는 1번 카메라의
눈이 하나 있다. 소설로 분류하면 3인칭 관찰자 시점이라 할 수 있을
것이다. 〈나는 신이다〉의 대부분을 차지하는 피해자들의 사례 인터뷰

와 재연 영상은 피해자들의 입장에서 사이비 종교를 담아내고 그들의 입장과 심정을 그려 낸다. 이것이 2번 카메라의 눈이다. 전자를 객관적 시선이라고 하고, 후자를 주관적 시선이라고 했을 때, 다큐멘터리 안에는 두 가지 시선이 공존한다.

1번 카메라와 2번 카메라에 담긴 영상과 서사를 조화롭게 편집하여 내레이션을 달면 무난한 다큐가 될 수도 있을 것이다. 하지만 좋은 다큐가 되려면 3번 카메라가 한 대 더 있어야 되지 않을까 생각한다. 3번 카메라의 위치는 특별한 곳, 응시의 자리다. 응시하는 카메라는 무엇을 담아내야 하는가? 1번 카메라와 2번 카메라가 상징계 속 원칙에 충실한 반면, 3번 응시의 카메라는 대타자의 시선을 의식하면서도 그것을 벗어나는 대상과 사건에 주목한다.

대타자는 앞서 언급했던 자크 라캉의 용어인데, 프로이트(Sigmund Freud)가 말했던 초자아와 비슷한 개념으로 법, 규범, 도덕, 그리고 신의 목소리라 말할 수 있다. 응시는 대타자와 관계한다. 대타자가 우리를 바라보는 것을 담아내지만, 3번 카메라의 가장 중요한 역할은 '그런 나를 바라보는 또 다른 나의 시선'[3]을 담는 것이다. 응시 때문에 우리는 현실과의 불화를 경험하고, 현실과 이상 사이 간극이 있음을 알아차린다. 누군가 내 등을 계속 바라보고 있다는 느낌적인 느낌으로 인해 당신이 평화롭지 못하다면, 누군가의 응시로 인해 당신 안에서 존재론적 간극이 느껴져 정신적인 가위눌림에 시달린다면, 당신은 '불행한 주체'(헤겔)이고 '타자적 주체'(레비나스)이며 '약하고 희미한 주체'(벤야민)이다.

내가 생각하는 좋은 다큐멘터리란 응시하는 3번 카메라의 효과로

---

3. 서영채는 이를 다음과 같이 부연한다. "내 뒤통수에서 나를 내려다보는 나의 시선, 그것이 내 안에서 돌아가는 진짜 카메라예요. ··· 그것이 신(神)의 시선이기도 해요."(서영채, 2021: 165).

인해 나의 안온함이 깨어지고, 나를 정신적으로 가위눌리게 하는 작품이다. 그리하여 내가 만나는 미끈한 세상과 이미 종결된 사건들에 시비를 거는 작품이다. 그렇다고 볼 때 〈나는 신이다〉는 좋은 다큐는 아니다. 1, 2번 카메라만 작동하고 3번 카메라, 즉 응시의 불빛은 꺼져 있기 때문이다. 작심하고 뚜렷한 목적과 의도를 갖고 관객에게 특정한 의도만을 보여 주는 다큐멘터리는 패착이다. 그것이 아무리 명백한 진실이고 팩트라 하더라도 다큐멘터리는 그곳에 이르는 지난한 과정과 흔들리는 시선들을 보여 주어야 한다. 점과 점 사이 최단 거리를 물불 안 가리고 가로지르는 직선적 카메라 워크가 아니라, 점과 점 사이에 놓여 있는 다양한 가능성을 열어 놓고 흔들리면서 미끄러져 가는 카메라 워크가 다큐멘터리의 눈(目)이 되어야 하지 않을까.

실패해서 성공한 종교 텍스트

종교(Religion)의 어원 중 하나는 '다시(re) 묶는다(ligare)'이다. 이승과 저승, 일상과 피안, 현실과 이상을 분리하지 않고 묶고 연결하고 일치시키는 것이 종교이다. 마르크스가 '종교는 아편이다'라고 했을 때, 그것은 현실의 삶과 분리된 피안의 세상만을 바라는 종교의 부조리를 지적한 것이다. 그런 의미에서 유물론자들은 종교의 반대자가 아니라 오히려 종교의 본질을 꿰뚫고 있는 자들인지도 모르겠다.

지금껏 살아남은 고등 종교들은 삶에서 발생하는 고난과 고통을 본인들의 경전에 비추어 의미를 묻고 해석하면서 세상으로 나갔던 종교들이다. 건강한 종교는 인간이 현실에서 고난을 대할 때 그것을 회피하지 않고 정면을 바라보도록 돕는다. 이러한 삶의 진실을 대면하는 종교인들은 서로 연대하면서 그 힘으로 미래를 소망한다. 아이러니한 것은 모든 이단은 종교적 열정을 가진 사람들 틈에서 피어나 꽃피웠다는 사실이다. 그렇다면 무엇이 이단을 만드는가?

이단은 삶에서 만나는 고난을 회피하고 도망친 게토화 된 공간, 더 이상 진실을 대면할 수 없는 상황에서 발아한다. 고난에 시달리고 그 것을 회피하는 과정에서 약해진 자아는 종교적 권위로부터 위안과 안심을 느끼는데, 그 증상은 갈수록 심해져 현실로부터 스스로를 떼어 내는 처지에까지 이르게 된다. 마치 마약에 중독되듯 종교에 중독되는 것이다. 그 과정에서 카리스마적인 지도자에 끌려 의지하게 되고 그러면서 본인의 현실을 지운다. 다큐멘터리 〈나는 신이다〉가 카메라를 들이대는 지점은 여기서부터이다. 사이비 종교로 인해 파멸된 개인의 잔혹사와 사이비 교주의 가학적 행위를 교차 편집하면서 〈나는 신이다〉는 브레이크 없는 폭주 기관차가 되고 말았다.

이 책의 프롤로그에서 데리다의 '유령론'에 대한 소개를 한 바 있는데, 나는 다큐멘터리의 3번 카메라를 유령의 응시라 말하고 싶었다. 세계를 완벽하게 드러내고 해석하는 것이 아니라, 현실에 개입하여 틈과 균열을 내는 것! 그리하여 현실 자체가 'not-all'임을 드러내는 것이 (내가 생각하는) 다큐멘터리의 독법이다. 즉 현실이 감추고 있는 진실을 드러내는 것이 다큐적 읽기(Reading)의 요체라는 말이다. 그 틈과 균열이 현실에 저항할 수 있는 지점이자 주체가 자유로운 행위를 할 수 있는 공간이고, 3번 카메라는 그 지점들을 포착해 낸다.

그렇다면, 유령론으로 바라본 종교는 무엇인가? 본래 종교의 언어는 유령의 언어가 아니었던가. 그것은 현실에 있지만 지나온 과거와 아직 도래하지 않은 미래를 주목한다는 점에서 그렇고, 현실의 쾌락보다는 현실이 누락한 잉여를 발견하는 일, 현실의 원칙보다는 상징 질서 밖 실재(the Real)로 시선을 향한다는 점에서 그렇다. 종교의 역할이 있다면 상징 질서를 떠도는 유령들의 흔적을 찾아 방황하면서 그것들의 사연을 듣고 읽어 내면서 그들의 현전을 축복하는 일이다. 그 틈으로 진리가 개입하고, 불가능이 가능성으로 변하고, 가려지고 잊힌 얼굴들이 돌아올 것이다. 그것을 빌고 바라고 축복해 주는 것이 기도(祈禱)인 것이고.

다큐멘터리 〈나는 신이다〉를 보면서 '종교란 무엇인가'라는 질문이 떠올랐던 이유는 작품을 보는 내내 뭔가 허전함을 느꼈기 때문이다. 1번과 2번 카메라를 속도감 있게 교차 편집 하면서 시청자들로 하여금 몰입감을 가지고 작품 속으로 몰두하게는 했지만 더 이상 깊게는 나가지 못했다. 그 원인을 찾다가 3번 카메라의 응시가 부재했다는 사실을 깨달았고, 그렇다면 3번 카메라는 어떤 역할을 해야 할까를 고민하던 중 그것이 종교적 시선이 되어야 하지 않을까, 라는 결론에 이르렀다.

종교를 둘러싼 문제는 내게 있어 반복되는 질문이지만, 언제나 주저하면서 우물쭈물 답변을 유보해 왔던 사안이기도 했다. 종교의 파국을 향해 전속력으로 달리는 〈나는 신이다〉를 보는 내내 괴로웠고, '종교란 무엇인가'라는 오래되고 익숙한 질문 앞에서 다시 서성거렸다. 돌이켜보니 꺼져 있는 3번 카메라를 대신해 의식적으로 작품에서는 언급하지 않았던 종교의 중핵을 향해 나는 한 발짝 두 발짝 걸어 안으로 들어갔던 것 같기도 하다. 그리하여 개인적으로는 작품에 대한 의도와 성과, 혹은 작품을 둘러싼 논란과는 상관없이 오롯이 '종교적인 것'을 생각할 수 있었다. 그리하여 최종적으로 다큐멘터리 〈나는 신이다〉는 실패했지만 성공한 '종교적인 것'을 다루는 텍스트로 내게 남았다.

유령의 시선, 말하는 주검들

한강의 『소년이 온다』 읽기 (1)

소설의 줄거리

한강의 소설 『소년이 온다』는 5.18 당시 사망자들의 시신을 처리하던 상무관을 지켰던 사람들의 이야기다. 1장은 1980년 5월 실종된 친구 정대를 찾는 중3 동호의 이야기로 동호를 2인칭 '너'라고 부르는 서술자의 시선을 따라간다. 2장은 이미 사망한 동호 친구 정대의 이야기인데 죽은 자신의 몸을 내려다보는 정대의 시선이다. 3장은 5.18 당시 수피아여고 3학년이었고, 그 후 출판사에서 일하는 은숙의 이야기(1980년대). 4장은 마지막까지 도청을 지켰던 시민군 남성 김진수의 이야기인데 그는 10년 후에 죽었다. 대신 진수와 동호와 함께 도청에 남았던 영재가 화자로 등장한다(1990년대). 5장은 가두방송까지 했던 그리고 지금은 시민 단체에서 활동하는 선주 이야기. 6장은 동호 어머니의 현재 이야기. 에필로그는 작가가 지워진 80년 광주의 거리를 배회하다가 현재 유명 학원 강사가 된 동호의 형을 만나 인터뷰를 하는 내용이다. 『소년이 온다』는 작가의 망월동 방문으로 막을 내린다.

프롤로그

언제부터인가 내가 쓰는 글에 습관적으로 등장하는 단어가 있는데 그것은 '유령(론)'이다.[1] 데리다의 『마르크스의 유령들』을 만난 후부터였을까, 아니면 지젝의 『이데올로기의 숭고한 대상』 중 4장 "당신은 항상 두 번 죽는다"를 읽고 난 다음부터였을까. 그 지점이 어딘지는 확실치 않다. 그것들을 읽고 나서 나는 가끔 악몽을 꾸었다. 초등학교 시절 여름밤마다 아이들끼리 모여 앉아 무서운 이야기를 할 때 단골 메뉴로 등장했던 "내가 아직까지 너의 엄마로 보여…?" 같은 에피소드 말이다.

곰곰이 생각해 보면 유령론의 그림자는 훨씬 이전으로 거슬러 올라간다. 열 살까지 살았던 제주 4.3의 유령일 수 있고, 1980년 초등학교 5학년 5월에 경험했던 5.18에 대한 기억도 나의 유령론 작업에 영향을 끼쳤다. 40대 중반에 10년간의 미국 유학 생활을 마치고 돌아와 희망차게 한 달을 보내고 맞이한 세월호 사건은 나의 아련한 유령에 대한 악몽을 일깨웠던 사건이었다. 제주 4.3, 한국 전쟁, 5월 광주, 그리고 세월호까지 한국 현대사의 전개 과정에서 발생한 국가 폭력으로 인한 죽음을 목도하면서 어렴풋이 깨달았다. 내 안에, 아니 우리 안에는 대타자의 음성과 상징적 질서가 절대 가둘 수 없는 강렬하고 꿈틀거리는 실재의 외상적 잔여들이 호시탐탐 경계를 넘어서고자 찰랑거리고 있다는 것을 말이다. 하지만 나는 모든 유령론의 재료들을 듬성듬성 이곳저곳에 쌓아만 두었지 하나로 엮을 엄두는 내지 못했다. 적어도 한강의 『소년이 온다』를 읽기 전까지는 그랬다.

이 장은 한강의 『소년이 온다』를 인문-신학적 관점에서 비평하는 글

---

1. 유령론에 대한 서론적 이해는 이 책의 프롤로그를 참조하라

이다. 이 장은 광주를 바라보는 엇갈린 시선에 대한 이야기이고, 이어지는 다음 장에서는 소설을 읽으며 떠올랐던 윤리적, 신학적 주제들에 대한 내용이 펼쳐진다. 『소년이 온다』는 기독교 사회 윤리학자인 필자로 하여금 많은 것들을 생각하게 했다. 메시아의 도래에 대해, 애도에 대하여, 윤리적인 것에 관하여, 사실과 실재, 그리고 진리란 무엇인가에 대해서 소설을 읽는 내내 고민했다. 우선은 이 글 전체를 지배하는 유령론에 대한 이야기로부터 글을 시작한다.

유령론과 정신 분석학

데리다의 유령론은 자본의 논리로 재편된 세계 질서 속에서 그 흐름으로 편입되지 못하는, 혹은 떨어져 나간 존재들을 향한 레퀴엠이다. 그들을 호명하고 넋을 위로하면서, 사라진 기억과 이야기를 소환하면서 데리다는 유령과 메시아의 도래(to-come)를 이야기한다. 『소년이 온다』를 직역하면 'Here comes the boy'쯤 될 텐데, 이때 '오다(come)' 동사가 데리다의 그것과 겹친다. 유령이 귀환하고, 메시아가 도래하고, 소년이 온다…. 뭔지 모를 상동성이 양자 사이에는 있다. 한강의 『소년이 온다』는 적어도 내게는 데리다의 유령론이 한국적 상황 속에서 일으키는 적용과 효과로 다가왔고, 그 매개가 5.18 광주였다는 것은 어쩌면 당연한 귀결인지도 모르겠다.

그렇다면 데리다와 한강은 왜 '오다(come)'라는 표현을 쓰는 것일까? 1990년 사회주의 몰락 이후 자본에 의한 전 지구적 승리가 선언되고 그로부터도 30년이 훨씬 지난 시점에서, 1980년 광주로부터 45년이 지난 시점에서 두 사람은 메시아가 도래하고 소년이 온다고 주장하는데, 거기에는 공통의 메시지가 있다. 그것은 데리다가 던지는 다음의 문제의식과 연관된다. "어떻게 역사의 종말을 지연시킬 수 있을까?"[2]

데리다의 문장에는 '역사가 자본의 승리로 끝났다'는 신자유주의 역사관에 대한 회의와 냉소가 깔려 있다. 위의 문구는 보편사로 편입되지 못한 사연들이 일으키는 반란들로 인해 역사는 절대로 매끈하게 정리되지 않을 것이라는 주문(呪文)이고, 그래서 체제의 입장에서 볼 때는 저주와 같은 말이기도 하다. 보편사로서 수미일관하게 정리된 역사는, 그것이 목적론적 사관에 입각한 구원사가 되었든 민족사가 되었든지 간에 해석의 종말을 뜻한다.

그러나 완료된 역사 안에서, 정리되었다고 믿어지는 역사 안에서 끊임없는 해석의 역전과 변형이 발생한다. 이것이 데리다의 유령론이 노리는 바인데, "마르크스는 하나 이상 있으며, 또한 마땅히 하나 이상 있어야 한다"(Derrida, 1994: 14)는 말은 이러한 데리다의 의중을 잘 드러낸 구절이라 할 수 있다. 마르크스가 하나 이상 있어야 하듯, 광주를 기억하는 것에도 많은 사본들이 있어야 한다. 『소년이 온다』는 그것을 각인시키는 작품으로 내게 다가왔다.

'역사의 종말'이라는 말은 세계화된 권력에 의해 봉합되는 갈등과 부조리의 은폐를 미화시키는 말이다. 이러한 자본의 음모를 직시했던 데리다가 자본으로 봉인된 세계 속으로 유령이 도래한다고 말했던 것처럼, 1980년 5월 광주도 마찬가지다. 광주에 대한 기억이 '광주 사태'에서 '민주화운동기념일'로 매듭지어진 지점에서 한강은 봉인되었던 기억을 들춰내고 은폐된 채 매몰된 광주를 다시 무대 위로 올려 세우고 있다. 나는 데리다의 유령론과 한강의 『소년이 온다』가 같은 의도를 가지고 있다고 본다. 두 사람은 역사를 바라보는 이질적이고도 불온한 관점을 독자들에게 선사하는데, 그것은 단일한 봉합선으로 매

---

2. Derrida, *Specters of Marx*(Routledge, 1994), 17; "How can one be late to the end of history?"

듭지어진 역사에 속지 말라는 것이다.

　이 대목에서 유령론에 대한 다차원적인 접근을 위해 정신 분석학의 발전을 눈여겨볼 필요가 있다. 정신 분석학의 공헌을 말해 보라고 한다면 근대성의 이성적 주체가 선험적으로, 혹은 존재론적으로 있지 않다는 사실을 밝혔다는 점이다. 정신 분석적 사유에서 주체란 주체화의 과정 — 그것은 언어화의 과정, 사회화의 과정, 역사화의 과정, 종교화의 과정 등 무수한 이름으로 불리는데 — 을 통과한 후 비로소 획득된다.

　프로이트에 의하면 주체란 '의식'과 '무의식'이라는 두 차원에 위치하는 그것이고, 프로이트 후기에 가서는 이드(Id)-자아(ego)-초자아(Superego)라는 역동 사이에서 방황하는 주체다. 프로이트적 주체는 라캉을 통과하면서 타자에 의해 영향 받는 주체로 전환된다. 알튀세르가 말하는 이데올로기적 호명은 주체가 이미 사회적으로(타자적인 것으로) 구성되었음을 드러내는 말이다. 나를 부르는 자들이 누구였나? 학교, 국가, 군대, 병원, 교회, 법, 그리고 가족들 아니었나. 나를 호명하는 자가 타자인데, 그것이 라캉식으로 말하면 상징계다.

　라캉은 상징 시스템 안으로 편입된 자아를 '빗금 그어진 주체($)'라 부른다. 상징계 속 주체는 언어화의 과정을 무사히 통과하여 정상 세계에 안착한 자로서, 그는 언어로 표현될 수 있는 것과 없는 것 사이의 기준을 장착한 자라 말할 수 있다. 언어로 정착이 안 된 영역을 무의식의 영역, 더 나아가 타자의 영역이라 한다면, 라캉의 주체는 타자의 호명에 반응하고 타자의 명령(욕망)을 욕망하는 무의식의 주체인 셈이다.

　이런 이유로 프로이트로부터 시작되어 라캉에 이른 주체는 의식의 주체에 대해 맹신하는 근대적 주체와 불화를 일으킬 수밖에 없었다. "내가 존재하지 않는 곳에서 나는 생각한다. 그러므로 내가 생각하지 않는 곳에서 나는 존재한다"(Lacan, 1977: 166)는 라캉의 어록은 내 안에 내가 모르고 있는 어떤 것에 의해 내가 구성되고 통제되지 않고 있다는 사실을 누설한다. 계몽 이성과 진보적 사관을 장착한 근대적 주체와는 전혀 결이 다른 인간 이해가 펼쳐지고 있는 셈이다. 이와 같이 정신 분석학에서의 주체는 나이지만 동시에 내가 아니다. 정신 분석은 내 안에 있는 나도 모르는 어떤 것에 주목한다. 그런데 곰곰이 생각해 보면, 나를 나라고 부를 수 없어 나를 찾고자하는 자, 나를 구원하고 자 끊임없이 배회하는 자의 시선이 바로 유령의 시선 아닌가.

굳이 정신 분석학적 주체에 대한 이야기를 하는 이유는『소년이 온다』의 화자가 빗금 그어진 유령적 주체와 닮았기 때문이다. 정념(正念)으로서의 5.18이 품지 못하는 무엇이 아직 구천을 떠돌고 있다. 광주민주화운동기념일로는 포섭이 안 되는 기억의 찌꺼기들이 아직 많이 남아 있다. 말해지지 않고 목소리가 들리지 않는 비루한 광주의 증언들이 생생하게 켜켜이 쌓여 있다. 소설가 한강은 오랜 시간 동안 그것들을 관찰하고 추적했다. 맨 정신으로는 말할 수 없는 안타까운 진실들, 정사(正史)로는 편입이 불가한 이야기들, 아직 중단되어서는 안 되는 수많은 사연들이 한강 작가를 짓눌렀다. 그녀는 유령의 시선과 목소리를 빌려 자신이 영매가 된 채 본인의 몸과 마음에 덕지덕지 붙은 광주 영령들과의 해원(解冤)을 시도한다.『소년이 온다』는 그렇게 탄생했다.

애도에 관하여

5.18 당시 상무관 자원봉사자로 함께 있었던 이들은 도청에서의 마지막 밤 이후 각기 다른 행보를 걷는다. 소설은 80년 광주에서 시작하여 현재까지 시기별로 각각의 인물들의 내러티브를 늘어놓는다. 사망하여 없는 동호와 정대, 그리고 진수를 제외하면 모두 광주 이후 살아남은 사람들이다. 그들의 마음속에는 죄의식, 분노, 원한, 복수심 같은

격한 감정들이 소용돌이 치고 있다. 중요한 특징은 모두가 작품에는 직접적으로 등장하지 않는 동호에게 빚을 지고 있다. 일곱 개의 서로 다른 시선이 교집합으로 만나는 지점이 있는데 그것이 바로 동호의 죽음이다. 한강 작가는 왜 인물과 시대가 다른 일곱 시선을 배치하였던 것인가?

동호의 죽음에 대한 애도를 위해서이다. 애도(哀悼)란 누군가의 죽음을 슬퍼하는 것, 더 나아가 누군가의 죽음을 기억하는 행위다. 애도를 잘 끝냈다는 말은 망자에 대한 슬픔의 기간과 기억의 작동이 마무리되었다는 말이다. 그렇다면 성공한 애도란 애도의 사전적 의미로 따지면 실패한 애도가 된다. 본래 애도란 망자에 대한 기억을 유지하고, 망자의 상실로 인한 아픔을 계속 지속시키는 행위여야 되는 것 아닌가. 그렇다면 진정한 애도란 애도의 사전적 의미, 즉 사람의 죽음을 슬퍼하는 행위를 현재 진행의 사건으로 계속 유지시키는 행위다.

세월호 참사로 인해 자식을 잃은 부모들이 인터뷰에서 빨리 슬픔에서 벗어나는 것을 꿈꾸는 것만큼이나, 이 슬픔이 완전히 극복되고 잊히게 되는 것이 두렵다고 말하는 것은 진정한 애도가 무엇인지에 대해 우리로 하여금 다시 묻게 만든다. 그런 의미에서 3장의 화자 은숙이 연극을 보던 중 배우의 입을 통해 세어 나온 대사는 소설 전체를 지배하는 (애도의) 정서가 아닐까 싶다. "당신이 죽은 뒤 장례식을 치르지 못해, 내 삶이 장례식이 되었습니다."(99).[3]

치르지 못한 장례를 감행하겠다는 측면에서 한강의 『소년이 온다』와 소포클레스의 『안티고네』는 닮았다. 국가(테베)를 배신한 역적인 오빠 폴리네이케스의 시체를 거두어 장례를 치르려는 안티고네와 반역자에 대한 애도를 허락하지 않는 테베왕 크레온 사이의 갈등이 『안티고

---

3. 『소년이 온다』에서 인용한 부분은 쪽수만 표시한다.

네』의 줄거리다. 문제의 원인은 안티고네에게 있었다. 현행법을 어기면서까지 그녀는 오빠 폴리네이케스의 시신을 되찾아 장례를 치르겠다는 의지를 꺾지 않는다. 안티고네는 법과 현실의 원칙이 아니라, 모든 인간은 죽으면 누구나 장례를 치르고 안장되어야 한다는 생명의 원칙에 무게를 두었고, 그것을 현실의 삶에서 실현하고자 했다. 왜, 안티고네는 법과 규범을 거부하고 금지된 애도를 끝까지 밀어붙이는가? 왜, 『소년이 온다』의 인물들은 치르지 못한 동호의 장례에 집착하는가?

광주의 보편성과 실현된 광주

『소년이 온다』의 구성은 촘촘하다. 씨줄과 날줄로 비유한다면, 하나는 '광주의 보편성과 실현된 광주'라 이름을 붙일 수 있고, 다른 하나는 '재현 불가능한 광주와 미완의 광주'이다. 지금부터 전개되는 내용은 두 가지 서로 다른 관점에 대한 것이다. 작품을 읽다 보면 보편적이고 인류애적인 차원의 무엇이 광주를 재현하는 데 있어 중요한 요소로 소환되고 있음을 느끼게 된다.

예를 들면 이런 것이다. 소설의 에필로그에 보면 작가가 2009년 1월 불타는 용산 남일당 망루를 보면서 "저건 광주잖아. 그러니까 광주는 고립된 것, 힘으로 짓밟힌 것, 훼손된 것, 훼손되지 말았어야 했던 것의 다른 이름이었다"(207)고 말하는 대목이 있다. 1980년 광주는 국내외적으로 부당한 정권에 짓밟히고 훼손되는 것들의 대표 단수라고 해도 과언이 아니다.

돌이켜보면 저항과 민주주의의 상징으로서 광주는 5.18이 경과하고 얼마 지나지 않아서 이미 퍼진 진실로 확정되어 지금까지 이어지고 있다. 광주로부터 기인하는 보편적이고도 인류애적인 사고를 정의하는 것은 어렵지 않다. 권력은 정의로워야 하고, 만약 정의롭지 못한 권력이 백성들을 짓밟는다면 시민은 연대하고 저항해야 한다는 것, 바로 그것이 선이고 민주주의이다. 이것이 광주가 지닌 보편성이다.

『소년이 온다』에서는 광주의 보편성을 강하게 뒷받침하는 근거로 양심이 등장한다. 소설 속에서 계엄군의 총구 앞에 선 광주 시민들의 심정을 묘사하는 대목이 있다. 내가 그동안 알고 있었던 양심에 대한 그 어떤 문장보다 가장 강렬했고 심지어 아름답기까지 했다.

> 군인들이 압도적으로 강하다는 걸 모르지 않았습니다. 다만 이상한 건, 그들의 힘만큼이나 강렬한 무엇인가가 나를 압도하고 있었다는 겁니다.
>
> **양심.**
>
> **그래요, 양심.**
>
> 세상에서 제일 무서운 게 그겁니다.
>
> 군인들이 쏘아 죽인 사람들의 시신을 리어카에 실어 앞세우고 수십만의 사람들과 함께 총구 앞에 섰던 날, 느닷없이 발견한 내 안의 깨끗한 무엇에 나는 놀랐습니다. 더 이상 두렵지 않다는 느낌, 지금 죽어도 좋다는 느낌, 수십만 사람들의 피가 모여 거대한 혈관을 이룬 것 같았던 생생한 느낌을 기억합니다. 그 혈관에 흐르며 고동치는, 세상에서 가장 거대하고 숭고한 심장의 맥박을 나는 느꼈습니다. 감히 내가 그것의 일부가 되었다고 느꼈습니다. (114)

80년 광주를 논할 때 빠지지 않고 등장하는 용어가 '절대 공동체'이다.[4] 범박하게 말하면 개인의식과 공동체 의식의 경계가 무화되어 버

---

4. 최정운은 『오월의 사회과학』에서 절대 공동체를 잘 설명하고 있다. 대표적으로 절대 공동체를 묘사한 한 대목을 옮긴다. "…그곳에는 사유재산도 없었고, 목숨도 내 것 네 것이 따로 없었고 시간 또한 흐르지 않았다. 그곳에는 중생의 모든

린 일심일체의 공동체가 절대 공동체이다. 아마도 소설 속 양심에 대한 묘사는 절대 공동체의 체험이 가져다준 효과가 아닐까 싶다. 그런 의미에서 80년 광주의 절대 공동체는 실현된 광주이다. 광주의 정신과 원형으로서의 5.18은 이미 그때 정경(正經)으로 완성이 되었다.

광주에 내려가면 '5.18 정신을 계승하자'라는 구호를 빈번하게 접하게 된다. 5.18 정신의 고갱이가 있다는 말인데 일면 수긍을 하면서도 그런 식의 사고가 5.18 정신을 오히려 훼손하는 것이 아닐까 하는 생각도 조심스럽게 해본다. 5.18 정신을 누군가 규정하고 관장하고 있다는 느낌을 줄 수 있기 때문이다. 어떤 정신을 계승하자는 것은 그것에 대한 주례사적 비평과 그것으로의 맹목적 귀환을 의미하는 것은 아닐 것이다. 소중한 정신을 지녔던 사람들의 삶의 방식과 태도, 특별히 타자를 대하는 자세에 우리는 주목해야 한다.

그런 맥락에서 5.18을 계승하자고 할 때, 우리는 단순히 민주주의 만세를 외치는 것으로 그쳐서는 안 된다. 우크라이나와 팔레스타인에서 벌어지는 전쟁 때문에 고통당하는 세계 시민을 떠올려야 한다. 또한 성 소수자, 외국인 노동자, 이민자, 난민, 장애인 등 우리 사회에 있지만 존재가 인정되지 않는 사람들에 대한 연대와 실천을 상상해야 한다. 더 나아가 인간의 타자로 존재하면서 그동안 인간 때문에 고통을 감수해야만 했던 비인간 존재들에 대한 회개와 반성으로까지 나갈 때 비로소 5.18 정신은 계승되는 것이 아닐까.

다시 원래 질문으로 돌아가 보자. 왜, 『소년이 온다』의 인물들은 치르지 못한 동호의 장례에 집착하는가? 이에 대해 나는 광주의 보편성을 내세웠다. 절대 공동체의 시간을 거치면서 형성된 '양심이라는 눈부시게 깨끗한 보석'(116)이 그들을 '껍데기 밖으로 걸어나와'(116) 치

분별심이 사라지고 개인들은 융합되어 하나로 존재했고 공포와 환희가 하나로 얼크러졌다."(최정운, 2012: 123).

르지 못한 동호의 장례에 대한 연민과 죄의식으로 인도하였다.

하지만 내가 보기에『소년이 온다』는 광주의 보편성과 재현 가능성보다는 오히려 재현의 불가능성과 미완의 광주에 포커스가 맞춰져 있는 작품이다. 그것은 앞서 언급했던 유령론적인 시선이 작품을 지배하고 있기 때문이다. 한강 작가 자신이 샤먼(무당)을 자임하면서 망자들의 말을 대신 전해야겠다는 일종의 제사장적 윤리의식이 작품의 저변에 깔려 있다.

재현 불가능한 광주와 미완의 광주

『소년이 온다』는 5.18에 대한 총체적 역사와 진실을 복원하겠다고 덤비는 소설도 아니고 그럴 의도도 없다. 오히려 종합적이고 균형 잡힌 시각으로 5.18을 복원하겠다는 사실주의 문법과 거리를 둔다. 한강은 죽어서 현실에 존재하지 않거나 현실에는 있으나 목소리가 지워진 인물들의 증언을 토대로 이야기를 구성하였다. 이들의 증언은 광주를 기억한다는 것이 무엇인지에 대한 근원적인 질문을 독자들에게 던진다.

작품을 읽으면서 소설의 시점 때문에 한참을 갸우뚱거렸던 것 같다. 보통 소설의 시점이 전지적 작가 시점, 1인칭 주인공 시점, 3인칭 관찰자 시점 등이 존재한다고 학창 시절에 배우지 않았던가. 그런데『소년이 온다』1장은 그동안 봐 왔던 어떤 시점에도 속하지 않는 독특한 그것이었다. 2인칭 시점? 예를 들어 소설의 시작은 이렇다. "비가 올 것 같아. 너는 소리 내어 중얼거린다. 정말 비가 쏟아지면 어떡하지. 너는 눈을 가늘게 뜨고 도청 앞 은행나무들을 지켜본다."(7).

그런데 1장의 시점, 즉 2인칭 시점에 대한 의혹은 2장을 읽으면서 해소되었다. 2장은 동호의 친구 정대의 시점, 1인칭 주인공 시점이다.

그런데 정대는 이미 소설이 시작되기 전에 죽었다. 2장은 이미 망자가 된 유령 정대가 어떻게 광주에서 자기가 죽었는지를 밝히는 대목이다. 그 순간 독자는 1장 동호를 다루는 장에서 보였던 2인칭 시점이 바로 죽은 정대의 시점, 즉 유령의 시점일 수 있겠다 직감한다.

1장과 2장의 시간과 공간은 80년 5월 광주였다. 하지만 3장부터 6장까지, 그리고 에필로그는 그때로부터 떨어진 80년대 중·후반(3장), 90년대(4장), 그리고 20년쯤 지난 시점(5장), 그리고 오늘의 시점이다(6장). 각기 다른 입장과 각기 다른 시간대로 80년 5월 광주가 유령처럼 떠돌면서 어떻게 사람들에게 스며들었는지 소설은 이야기한다. 시간이 흐르고 사람들이 변하고 공간은 파헤쳐졌지만 광주는 하나의 보편적 광주가 아닌 다종(多種)의 광주, 다성(多聲)의 광주로 번져 나갔음을 소설은 그리고 있다.

한강은 『소년이 온다』에서 광주의 정신에 대한 주례사적 비평에 대해 하나도 관심하지 않았다. 시간이 흐르고 장소가 달라짐에도 벗어날 수 없는 고통에 대해서, 과거에서 현재까지 이어져 오는 고통이 어떻게 공기처럼 퍼져 있는지에 대해, 광주에 대한 애도가 왜 불가능한지에 대해, 그럼에도 왜 애도는 계속 이어져야 하는지에 대해 묻는다. 단지 과거의 사실을 보여 주고자 하는 것도 아니고, 현재 살아남은 자들의 슬픔을 청승맞게 논하지도 않는다. 그냥 아직 게임이 끝나지 않았다고, 광주는 계속 구천을 떠돌면서 진행 중인 미완의 사건이고, 시간이 흘러도 고통의 자국들은 하나로 통합되지 않고 더욱 다차원적으로 번져 나가고 있음을 『소년이 온다』는 말한다.

소설을 읽는 내내 작가는 근대적 주체의 명료함과 대문자 역사의 힘을 믿지 않는다고 생각했다. 한강은 대타자의 음성에 속지 않았다. 그것이 국가든, 민족이든, 교회든, 이데올로기든, 역사든… 그래서 라캉의 『세미나 11』에 적혀 있는 "속지 않는 자가 방황한다"는 그에게 어울리는 말이다. 그런데 아이러니한 것은 인간을 긍정하지도 않고, 인간의 고통을 매끈하게 증언하고 매조지하는 역사에 대한 신뢰가 없음에도 불구하고, 그 누더기 같은 역사를 정직하게 더듬더듬 말하면서 방황하는 한강을 어느 순간부터 내가 신뢰하고 있었다는 점이다. 이런 믿음은 어디에서 연유하는가?

『소년이 온다』를 몇 차례 읽으면서 고민하다가 최종적으로 책을 덮고서 나는 다음과 같은 결말에 이르렀다. 진실은 완결된 초자아가 제공하는 매끈한 총체성으로부터 기인하는 것이 아니다. 그것은 배제되고 제거된 무의식의 언어와 탈역사의 흔적 속에 간직되어 있다가 인생의 어떤 계기에 출몰한다. 어쩌면 진실은 분명한 의식과 분석의 도구가 아닌 다른 기법으로, 예를 들어 유령적인 시선, 혹은 이질적 시선이 서로 교차될 때 겨우 우리에게 다가오는 것인지 모르겠다. 진실은 선하고 아름다운 매끈한 사실의 차원에만 있는 것이 아니다.

그렇다면 1980년 5월 광주는 보편적이고 실현된 광주보다는 재현 불가능한 광주와 미완의 광주가 어울린다. 불가능한 미완의 지점으로, 틈과 균열의 장소로 여러 기억과 증언과 공감이 들락거릴 때 겨우 진실은 자신을 드러낸다. 『소년이 온다』에서 동호는 텅 빈 기표로 끝까지 남았다. 비어 있는 중심인 동호를 향한 다양한 기억과 시선이 교차되면서 동호가 다시 우리에게로 왔다. 그래서 광주를, 나를, 우리를 돌아보고 상상하게 한다. 이제야 비로소 한강 작가가 『소년이 온다』라고 소설의 제목을 붙인 이유를 어렴풋이 알 것도 같다.

진실의 윤리학과 증상으로서의 신학

한강의 『소년이 온다』 읽기 (2)

선의 윤리학 대 진실의 윤리학

윤리학을 하는 입장에서 볼 때 『소년이 온다』는 규범 윤리학에 대항하는 '진실(리)의 윤리(the Ethic of Truths)'를 제안하는 텍스트가 아닐까 한다. 서양의 정신이 진, 선, 미의 구조 아래 있다고 할 때, 그중에서 윤리는 선(善; Good)의 영역이라 할 수 있다. 윤리적 의미로 'Good'은 좋음(기쁨, 쾌락, 행복)과 선함으로 양분된다. 전자를 추구하는 윤리가 목적론적 윤리학이고, 후자가 칸트로 대변되는 의무론적 윤리학이다. 목적론적 윤리와 의무론적 윤리를 학계에서는 규범 윤리학이라 부르는데 양자는 윤리적 기본값이라고 해도 무방하다.

스피노자는 '선을 추구하는 신보다 무심한 신이 진리에 가깝다'고 하면서 기존의 규범 윤리학을 향한 불편한 심기를 드러내었다. 이 말은 권력에 의해 말해지고 쓰이는 '선'에 대한 규정을 신의 이름에 기대어 남용하니 차라리 그런 것들에 무심한 신이 오히려 신의 진정한 면모가 아니겠는가, 라는 냉소의 뜻이 담긴 메시지다. 돌이켜 보면 십자군 원정, 유럽의 전 세계를 상대로 한 식민지 경영, 팔레스타인 땅에서 일어나는 이스라엘의 폭력, 미국이 세계 곳곳에서 일으키는 전쟁들에서 빈번하게 동원되는 수사는 선한 힘의 능력으로 '악의 축(axis of evil)'을 제거하자는 것이다. 역사에서 선은 서구, 백인, 남성, 자본가, 그리스도교, 이성애자들의 소유였고, 그것 이외의 것은 단지 다르다는 이유로 악이었다.

선의 윤리학은 기존 시스템의 유지와 지속을 위한 매뉴얼 내지는 이데올로기로 작동하는 무엇이다. 바르고 착한 사람은 대타자의 음성을 잘 따르는 사람이고, 나쁘고 악한 사람은 반대 경우다. 반면, 진실의 윤리학은 총체성과 전체성이 아니라 그 과정에서 배제되는 대상을 향한다. 체제와 법 바깥에 남겨진 잔여, 잉여, 실재(the Real), 타자, 차이에 주목한다. 이것들은 현재의 상징적 질서가 은폐하는 존재들이다. 그것들은 구체적으로 난민과 장애인들이고, 여성과 성 소수자일 수 있고, 비정규직 임시 노동자이며, 외국인 불법 노동자들이다. 이런 이유로 진실의 윤리학은 전통적 윤리학을 리부팅 하는 역할을 한다.

진실의 윤리학에서 주체는 사건을 통해 등장한다. 사건은 진실을 드러내는 것이고, 진실을 봐 버린 주체는 사건 이전으로 회귀할 수 없는 주체다. 『소년이 온다』를 예로 들면, 주체는 5.18이라는 사건을 통과한 후 남겨진 진실을 경험한 잔여들이다. 5.18 당시 양심의 세례를 받은 이래로 소설 속 인물들은, 아니 진실에 붙들린 사람들은 그것을 포기하지 못한다. (진실의 윤리학을 말하는) 바디우에게 있어 윤리란 어떤 계기와 사건을 통해 진실을 깨달은 주체가 자신의 삶의 자리에서 그 진실을 밀어붙이는 숙고와 행위다(바디우, 2001: 53-7). 선의 윤리학이 권력이 의도하는 정답을 제시하는 윤리였다면, 진실의 윤리학은 그 모범 답안에 의문을 제시하고 딴지를 걸면서 당연하게 생각했던 장(場) 자체를 요동치게 한다. 이런 이유로 나는 『소년이 온다』가 진실의 윤리학에 관여한다고 보는 것이다.

'진실의 윤리학'이 보는 것

한강의『소년이 온다』가 진실의 윤리학일 수 있는 이유는 하나가 아닌 다양한 시선들의 꼬임 때문이다. 단일하지 않은 시선들의 교차가 수많은 진실들의 출몰을 초래하였다. 그것은 한강 작가가 독자에게 던지는 말 걸기의 효과라 할 수 있겠는데, 한강은 시선의 얽힘을 작가의 의도가 아니라 극중 화자의 목소리로 둔갑시켜 독자로 하여금 마치 스스로에게 던지는 질문인 양 착각하게 만들었다. 그리하여『소년이 온다』는 5.18과 관련된 각자의 사연을 말해야 하고 변명해야 하는 사람들에게 그것을 허(許)하게 하는 제문과도 같은 작품이 되었다. 나 역시 마찬가지다. 언제부터인가 매년 5월이 되면 한강의『소년이 온다』를 읽는 것이 나에게는 5.18 의식 같은 것이 되었다.

『소년이 온다』를 1년에 한 번 꺼내 읽는 것은 무척이나 두렵고 힘들고 지난한 작업이다. 몇 차례『소년이 온다』를 읽으며 발견한 것이 있는데 유독 '보다(see)'와 관련된 표현이 많다는 점이다. 죽은 사람이 산 사람을 쳐다보고, 산 사람이 죽은 사람을 바라본다. 육신이 유령이 되어 구천을 떠돌다 세상을 내려다보고, 죽은 혼령이 시체가 되어 버린 본인을 바라본다. 죽지 못한 사람들은 죽은 이들에게 미안해하고, 죽은 사람들은 살아 있는 사람들을 그리워한다. 반복적으로 소설을 읽다 보니 이 모든 것을 조망하는 작가의 마음이 어느 순간부터 보이기 시작했다. 그리고 그런 나를 내가 멀리서 바라본다.

『소년이 온다』에 등장하는 시선의 효과는 예수를 세 번 부인한 베드로가 바로 그 현장에서 예수와 대면한 후 울음을 터뜨렸다는 일화와 겹친다. 베드로가 예수를 세 번 부인하는 장면은 복음서에 모두 등장한다. 그런데 마태, 마가, 요한복음과 누가복음 사이에는 차이가 있다. 나머지 세 복음서는 예수와 베드로가 같은 장소에 있지 않았다. 하지만 누가복음은 베드로와 예수가 같은 장소에 있었고, 심지어 베드로가 당신을 세 번이나 부인하는 것을 예수는 다 듣고 있었다. 마지막에 예수가 몸을 돌려 베드로를 빤히 들여다봤다고 누가복음은 전한다(누가복음 22:61). 그것이 생전의 예수와 베드로 사이의 마지막 만남이었다.

예수가 베드로를 빤히 들여다보았다고 성서에는 적혀 있지만, 그것은 결국 베드로가 예수의 눈동자에 비친 자신을 정면으로 응시했다는 말이다. 그리고 나서 베드로는 울음을 터트렸다는데 그 울음의 의미를 이 자리에서 말하지는 않겠다. 분명한 것은 예수를 통해서 스스로를 응시할 수 있는 시선이 생긴 후에 베드로는 이전의 베드로로 돌아갈 수 없었다. 아마도 5.18이라는 진실의 사건을 경험하고 충실한 주체가 된 사람들도 그러했으리라 본다.

'나는 5.18로부터 도망쳤고, 5.18을 잊고 지우려고 했던 사람이다. 나는 5.18 앞에 떳떳치 못한 남루한 사람이고 그래서 역사의 죄인이다…' 우리에게 5.18에 관해서 이런 마음들이 다들 있지 않은가. 그런데 『소년이 온다』를 읽으면서 '나에게 아직까지 양심이 있구나, 염치 같은 것이 있구나, 타인에 대한 미안함이 있고, 역사에 대한 부끄러움이 남아 있구나, 여전히 나에게 인간은 존엄해야 한다는 것에 대한 믿음이 남아 있구나'를 확인할 수 있었다. 『소년이 온다』를 읽으면서 오열했던 이유는 내가 비록 죄인이지만 그럼에도 불구하고 나에게 일말의 구원의 가능성이 남아 있다는 것을 작가 한강이 나지막하게 긍정하고 있음을 알고 그 마음이 고마워서였다.

1980년 광주 이후를 살아가는 사람들의 실존은 같은 공간에 있었던 예수를 세 번 부인했던 베드로의 그것과 동일하다. 5.18은 이후 한국 현대사의 발전 과정에서 거울과도 같은 역할을 하면서 우리로 하여금 스스로를 반성하게 하고 자신을 응시하게 하는 기능을 하였다. 그리하여 규범 너머에 존재하는 진실의 목소리에 귀 기울이게 한다. 그것에 반응하는 충실한 주체들이 일으키는 사건들이 현실에 균열을 내었고, 무수히 출몰하는 사건들의 연쇄가 역사를 이 만큼 발전시켰다. 『소년이 온다』는 그 역사를 살았고 믿어 왔던 사람들의 비망록이고, 앞으로 그런 진실의 역사를 꿈꾸며 살아갈 사람들을 위한 슬프지만 뜨거운 안내서이다.

너무나 신학적인 노벨상 선정 이유

스웨덴 한림원은 2024년 11월 10일 2024년 노벨 문학상 수상자로 한국인 작가 한강을 발표했다. 한림원은 "역사적 트라우마에 맞서고 인간 생의 연약함을 드러낸 강렬한 시적 산문"이라며 선정 이유를 밝혔다.[1] 좀 더 내용을 살피면, 한림원은 그간의 작품을 통해 한강 작가는 역사적 트라우마와 보이지 않는 규칙들에 맞서며 인간 삶의 연약함을 드러냈다고 평한다. 이어서 한강은 몸과 영혼, 살아 있는 자와 죽은 자 사이의 연결에 대해 독특한 인식을 가진 작가라는 말을 덧붙였다.

노벨상 발표 후 (2024년) 12월 8일 스웨덴에서 한강의 노벨상 강연 (Lecture)이 있었다. 그 자리에서 한강은 이런 말들을 쏟아냈다.

…인간이란 무엇인가? 고통이란 무엇인가? 폭력이란 무엇인가? 인

---

1. 노벨상위원회 공식 홈페이지에 실린 한강 작가의 수상 이유 전문. "Han Kang began her career in 1993 as a poet, but has since written mainly novels and short stories. In her oeuvre, she confronts historical traumas and invisible sets of rules and, in each of her works, exposes the fragility of human life. She has a unique awareness of the connections between body and soul, the living and the dead, and in her poetic and experimental style has become an innovator in contemporary prose.Among her works are The Vegetarian, Human Acts and We Do Not Part." https://www.nobelprize.org/prizes/literature/2024/han/facts/

간은 어디까지 추락하고 악해질 수 있는가? 과거가 현재를 도울 수 있는가? 죽은 자가 산자를 구할 수 있는가? 산자가 망자의 눈물을 닦아 줄 수 있는가? 인간은 어떻게 왜 자신에게 다가오는 압도적인 인간의 폭력 앞에서 나를 위해, 타인을 위해 자신을 내어 주는가? 인간과 인간이 이어진다는 것은 무엇이며 그것은 어떻게 가능하고 어떻게 불가능한가? 사랑이란 무엇인가? …

이 자리에서 신학의 전통과 역사를 밝히고 그것들을 비평할 생각은 없지만, 그럼에도 불구하고 오늘의 신학은 한강이 던지는 질문에 귀를 기울여야 한다. 왜냐하면 한강의 작품에서 내뿜는 주제와 대사들 하나하나가 신학적 의제들이고 어느 신학자 못지않게 진지하고 성찰적으로, 아니 오히려 더 월등하게 신학의 자리로 나가고 있기 때문이다. 하여 한강에 기대어 묻는다. 다시, 신학이란 무엇인가?

신학 공부를 시작하고 얼마 지나지 않았을 무렵 '신학은 인간학'이라고 했던 대 신학자의 말에 매료되었다. 나는 이 불손하고 불순한 말에 가슴이 뛰었고, 그날 이후 신학은 시대의 잡다한 현상을 교리적 도그마에 입각해 판단하는 것이 아니라 악에 대한 인간들의 고투와 그런 인간끼리의 연대를 통해 시대의 총체성으로 드러나야 모름지기 신학이라고 생각했다.

하지만 신학 공부를 거듭하면서 '신학은 인간학'이라는 말이 대문자 역사에 대한 신봉으로도 흐를 수 있음을 알았다. 문제가 되는 지점은 인간(학)에 대한 규명이었다. 어떤 인간이고, 누구에 의해 명명되는 인간인가? 그것이 백인, 서구 남성, 이성애자, 기독교인으로 한정되는 인간이라면 그 안으로 포함되지 못한 인간에게도 '신학은 인간학'이라는 말이 유효한가, 라는 물음이 생겼다. 나의 의심이 합리적이라면 '신학은 인간학'이라는 말은 그들만의 리그에서만 통용되는 폼 나는 수사일 뿐이다.

주류 신학의 역사는 (성급한 일반화일 수도 있지만) 특정한 존재들과 사건들을 신학적 보편성 밖으로 밀어냈던 역사다. 그 보편성이란 예를 들면 이런 것이다. 창조의 섭리, 성령의 인도하심, 말씀의 권위 등으로 불리는 교회의 용어들 말이다. 그것도 모자라 때때로 신학은 교회의 힘과 권위를 유지하기 위해 특정 존재들을 악마화하기도 했다. 여성과 자연을, 유대인과 이교도들을, 유색 인종과 성 소수자를 타자화 시키고 그들을 향한 폭력을 정당화하였으며 심지어 자신들의 만행을 신학적 도그마 안으로 은폐시키기까지 했다.

한강의 노벨 문학상 선정 이유와 강연을 들으면서 대문자 신학에 대해 생각했다. 그동안 내가 추구했던 신학은 누구였고 우리가 실천했던 신학은 무엇이었나? 한강의 작품과 발언을 통해서 신학의 역사에 대한 반성과 탈신학의 방향에 대한 가늠을 동시에 도모할 수 있었다. 이제부터 신학은 교회의 도그마가 실재라고 정해 놓은 것이 아니라 실재 너머에서 떠도는 유령들에 대한 호명이 되어야 맞다. 이런 이유로 내게 있어 신학은 이제는 유령론과 공명한다.

신학, 증상과의 동일시

'증상과의 동일시'는 (유령론으로서의) 신학을 위한 방법론으로 생각하면 좋겠다. 증상은 의학적으로 몸이 아프다는 지표이다. 정신 분석학에서는 억압이 있는 곳에 증상이 있다고 한다. 억압되었던 것이 해제되어 의식으로 드러나면 증상은 사라진다. 이 말은 증상은 무의식과 관계한다는 말이다. 의학적 임상 용어인 증상을 문명과 이데올로기 비판, 즉 정치 철학의 용어로 끌고 온 인물이 슬라보예 지젝이다.

대한민국 사회에서 폭동이 일어났다고 가정해 보자. 이 경우 대문자

역사와 이데올로기, 그리고 신앙의 도그마는 현실의 억압을 가리고 은
폐시키면서 대타자 대한민국은 문제가 없고 시스템에도 오차가 없다
며 선전한다. 그러면서 증상(폭동)을 표출하는 개인(혹은 특정 집단)에게
모든 문제의 원인을 돌린다. 대타자인 국가, 법, 교회, 자본주의는 자
신들에게 순응하지 못하는 개인에게는 책임을 묻고 체제의 모순을 지
적하는 세력은 불순하다며 몰아붙인다.

　역사의 진행 과정에서 사회적 문제가 발생했을 경우 신학과 도덕,
그리고 법이 어떻게 문제를 처리해 왔는지 회상해 보라. 교회는 개인에
게 회개를 촉구하였고, 사회는 법과 도덕으로의 복귀를 통해 제 문제
를 해결하려고 했다. 여기에는 대타자인 사회와 법, 교회는 문제가 없
다는 전제가 깔려 있다. '사회(대타자)는 안전하니 문제적인 너(주체)만
정신 차리고 완벽한 이곳으로 돌아오면 다시 사회에는 평화가 임한다'
고 강변한다.

　대타자가 보기에 주체가 안정적으로 체제 안으로 정착하지 않았을
경우 증상이라는 이름이 붙여진다. 개인이 마음을 다잡고 사회로 복
귀하면 문제가 해결될 것처럼 보이지만 사실은 그것이 아니다. 문제
의 원인이 다른 곳에 있기 때문이다. 대타자 또한 균열되었다면? 그렇
다면 모든 문제는 근원적으로는 대타자 자체의 필연적 산물인 셈이다.
결국, 증상이란 대타자 사회의 오작동을 드러내는 증거라 할 수 있다.

　지젝은 우리가 복귀를 해야 할 완벽한 대타자는 없다고 말한다. 하
나로 통합되고 아름답게 마무리되는 드라마와 같은 결말은 존재하지
않는다. 이러한 사실을 깨닫는 것이 중요한데, 지젝은 '환상을 횡단한
다'라는 말로 진실을 폭로하였다(지젝, 2002: 216-23). 환상을 횡단하면
서 주체는 체제가 바뀌면 개선될 것처럼 보이는 모순들이 사실은 체제
자체의 필연적 산물이었음을 깨닫게 된다. 그렇다면 우리는 어떻게 위
기를 극복할 수 있을까? 분열된 주체가 돌아갈 완벽한 대타자(사회)가

없다는 위기를 말이다. 여기까지 잘 따라왔다면 이제 우리에게는 마지막 과제만 남은 셈이다. 『소년이 온다』와 '증상과의 동일시', 그리고 신학이 어떻게 연결 가능한가?

'증상과의 동일시'는 이 순간에 발현한다. 해법은 비정상이라고 간주되어 거부했던 것 속으로 들어가는 것이다. 왜냐하면 정상적이지 않은 것으로 판명된 과잉 혹은 결핍 속에 정상으로 통하는 열쇠가 있기 때문이다. 균열을 회피하거나 거부하는 것이 아니라 그 안에서 진실을 찾아나서는 것이 '증상과의 동일시'이기 때문이다.

신학적으로 '증상과의 동일시'를 설명하자면 신정론에서 인정론으로의 전환이라고 명명할 수 있겠다. "신앙으로 고난을 견디라, 주님이 시련을 통해 우리를 성장시키신다, 이 불행에는 뭔가 큰 섭리가 있을 것이다…." 등의 권면이 증상을 대하는 교회의 태도였고 그 밑바탕에는 주님이 모든 것을 예비하셨다는 신정론적인 도그마가 있다. 이러한 교회를 향해 '증상과의 동일시'를 선언하는 것은 신정론을 폐기하고 인정론을 택한다는 말이다. 고난을 통해 인간이 성장한다는 믿음은 환상이다. 건강한 신앙은 환상을 횡단하면서 고난을 정면으로 응시하는 일이다. 그리고 고난에 대한 인간의 책임과 참여, 그리고 고난 극복을 위한 연대와 행진으로 나서는 것이 아닌가를 묻는다.

나는 소설 『소년이 온다』가 '증상과의 동일시'라는 과제를 수행한 작품이라 말하고 싶다. "이곳에 뭔가 균열이 있고 파괴된 것이 있는데, 그것이 바로 나다"라는 태도를 견지하는 것이 '증상과의 동일시'다. 하지만 기존의 해결책은 달랐다. "이곳에 뭔가 정상적이지 않은 이상한 일이 발생했으니 내가 지금부터 그것을 해명(결)한다"라고 선언했던 것이 과거의 방식이었다. 『소년이 온다』는 5.18의 균열에 대한 판관의 입장에서 글을 전개하지 않았다. 소설에 등장하는 화자들은 모두 5.18로 인해 훼손된 당사자들이고 한강 작가는 이들을 여과 없이 그냥 드러내 보이면서 내가 바로 5.18임을 담담하게 진술하였다. 그것이 오히려 많은 사람들의 심금을 울렸다. 그 시기가 예상보다 좀 앞당겨졌을 뿐이지 노벨 문학상이 한강을 건너뛸 수는 없는 일이었다.

신학도 마찬가지다. 증상과의 동일시로서의 신학은 사회적 증상에 주목한다. 증상이 무엇이었나? 그것은 사회의 어느 지점이 훼손되었다는 증거다. 신학의 과제는 증상에 대한 해설이 아니라 증상을 드러내는 것이다. 그것은 의사의 자리에 앉아 있는 것이 아니라 환자의 자리로 거하는 것이고, 대타자의 명령, 상징 시스템, 교회의 도그마 안으로 편입되는 것에 대한 저항과 관련된다. 그렇다고 볼 때, 신학적 행위는 대타자에 의해 이미(already) 쓰이고 선언된 것과 아직(not yet) 쓰이지 않고 발화되지 않은 고난 받는 민중들의 서사 사이에서 방황하고 번민하는 작업이라 할 수 있겠다. 『소년이 온다』가 바로 그렇게 쓰인 경우다. 이미 쓰인 5.18의 신화화에 맞서 아직 도래하지 않고 있는 지워지고 가려진 존재들의 목소리를 한강은 소환하고 있으니 말이다.

'증상과의 동일시'를 수행하는 마음가짐을 지젝의 표현에서 빌리면 '부정적인 것과 함께 머무는 것'이라 표현할 수 있을 것 같다. 어떻게 우리는 부정적인 것과 함께 할 수 있는가? 이 말은 한강에 와서 다음과 같은 물음으로 전환되었다. 어떻게 인간은 폭력 앞에서 숭고할 수 있는가? 과거가 현재를 어떻게 도울 수 있고, 죽은 자가 산자를 어떻게 구할 수 있는가?

사랑, 부정적인 것과 함께 머물기

그는 하나님의 모습을 지니셨으나, 하나님과 동등함을 당연하게 생각하지 않으시고, 오히려 자기를 비워서 종의 모습을 취하시고, 사람과 같이 되셨습니다. 그는 사람의 모양으로 나타나셔서, 자기를

낮추시고, 죽기까지 순종하셨으니, 곧 십자가에 죽기까지 하셨습니다. (빌립보서 2:6-8)

신약 성서 안에 포함된 사도 바울이 썼다고 알려진 빌립보서 2장은 흔히 '그리스도 찬가'로 알려져 있다. 한국어 성경 번역본에서 주문장은 '그는 … 사람과 같이 되셨습니다'이다. 자기를 비웠다는 것, 종의 모습을 취한 것은 주문장을 꾸미는 부수적인 문장이다. 그러나 헬라어나 영어 표현은 다르다. 주문장이 '그리스도께서 … 자기를 비우셨다'이다. 종의 모습을 취하고, 사람이 되셨다는 분사 형태로 되어 있는데 이것들이 주문장을 꾸미는 구조다. 그러므로 "그리스도는 (종의 모습을 취하시고 사람과 같이 되심으로써) 자기를 비우셨습니다"로 번역하는 것이 맞다.

'그리스도가 자기를 비웠다'는 말은 신이 인간이 된 사건인 '성육신(Incarnation)'에 대한 서술이다. 신 스스로가 '부정적인 것과 함께 머물기'를 선택했다는 말인데, 그리스도교 전통에서는 사랑이 신으로 하여금 그것을 가능하게 했다고 설파한다. 이것이 그리스도교가 말하는 사랑의 법칙인데 뭔가 좀 이상하고 특이하다. 솔직히 말해서 내게 있는 것과 너에게 있는 것, 내가 소유한 것과 상대방이 소유한 것을 까면서 시작되는 것이 인간들의 사랑법 아닌가. 그것과 다르게 성서는 나의 공백과 너의 공백, 즉 우리 사이 결핍과 부족함이 중요하게 부각되고 있다. 나는 여기에 그리스도교가 말하고자 하는 사랑의 중핵이 있다고 본다.

사람들은 "내게 남은(=내가 가진) 사랑을 (당신에게) 드릴께요"(장혜리의 노래 가사의 일부) 라고 노래한다. 이 말은 당신도, 당신에게 남은, 당신이 가진 사랑을 제게 주세요, 라는 뜻이다. 하지만 예수의, 예수를 그리스도라고 고백했던 사람들의 사랑 고백은 달랐다. 굳이 표현하자면, "나의 공백(없음)을 당신에게 드릴께요"라고 말하고 싶다. "당신 빈손이네요. 저도 빈손이에요." 빌립보서의 그리스도 찬가는 이 말을 하고 싶었던 것이다.

인간이라는 결핍과 인간 세상의 균열을 증상이라고 할 때 신이 취했던 방식은 힘과 권위로 문제를 해결하는 것이 아니라 신 자신의 '인간-되기'를 통해서이다. 신은 의사의 자리가 아니라 환자의 자리로, 판사의 자리가 아니라 피고의 자리로 하강하면서 증상과 정면으로 맞섰다. 그리스도교에서 말하는 사랑은 증상, 즉 부정적인 것과 하나가 된다는 것이고, '증상과의 동일시'는 결국 사랑하라는 말이다.

예수 그리스도의 십자가 사건이 사랑을 보증한다. 신이 인간이 되었다는 것, 그리고 신이 인간과 같은 방식으로 고통을 받으며 죽었다는 것처럼 '증상과의 동일시'를 완벽하게 실현했던 사건은 없었다. 신은 알았다. 모든 것을 갖고 있는 전지전능한 신 가지고는 인간을 구원할 수 없다는 것을 말이다. 그래서 스스로 낮아지고 비우기로 결심하였다. 부족하고 약하고 부정적인 인간과 함께 머무를 때 비로소 구원의 실마리가 시작된다고 신은 보았던 것이다. 이런 모든 일련의 과정을 그리스도교에서는 사랑이 있었기에 가능했고 사랑의 전개 과정이라고 가르친다.

에필로그

많은 사람들이 평가하듯 소설 『소년이 온다』는 영물(靈物)이다. 노벨상위원회의 감상처럼 분리되어 있었던 산 자와 죽은 자가 부활하여 만나 이야기하는 곳으로 독자인 나도 초대받아 저들의 대화에 끼어들 수 있어 벅찼다. 작품을 읽는 내내 어떤 영적인 기운과 메시지가 나를 짓눌렀다. 서로 다른 시간과 공간, 그리고 사람들이 소설 속에서 하나가

되는 경험을 했다. 그것은 매번 다르게 내게로 왔고 앞으로도 그러할 것이다.

기존의 신학적 단상들을 답습하고 복기하는 것에 안주하고 있던 내게 『소년이 온다』는 세상과 인간, 신을 새롭게 볼 수 있는 몇 가지 창을 허락하였다. (성경이 그러하듯이) 위험하고 위태하지만 위로가 되고 구원을 향해 나가는 그런 상상들 말이다. 그래서일까 소설 『소년이 온다』는 문학 분야가 아니라 신학 · 종교 서적으로 분류되어 내 서가에 꽂혔다. 그리고 다가올 5.18을 기다리고 있다.

양심이란 무엇인가?

'양심적 병역 거부'에서 양심의 문제

1. 프롤로그

나는 기독교 윤리학자이다. 윤리학에서 양심의 문제는 중요한 화두였고, 신학에서도 양심은 신적 발언과 행위의 중요한 근거였다. 종교와 법, 법과 윤리는 오랜 세월 의식과 행위를 규정하는 당위적 목소리를 인간에게 선사하면서 자신들의 영토를 확고히 해 왔다. 하지만 종교와 윤리의 역사를 거슬러 올라가다 보면 진정 윤리적인 것, 종교적인 것은 법 너머에 존재하는 무엇을 지향하는 어떤 것이었다. 양심은 그 과정에서 현실의 원칙을 넘어서려는 인간들에게 행위의 원천으로 작용하였다.

애초에 이 글은 법학자들과 함께 '양심적 병역 거부'를 논하는 자리에서 발표되었다.[1] 인문-신학자인 필자에게 법조계에서 의견을 구한 이유는 법리와 다른 이치로 양심적 병역 거부 문제를 다루어 달라는 취지에서이다. 본문은 크게 세 부분으로 구성되어 있는데 첫 번째 절은 양심적 병역 거부의 역사에 대한 부분이다. 21세기 들어 한국 사

---

1. 이 글은 한국외대 법학연구소 '종교와 법 센터'가 주최한 "제5회 법학연구소 종교와 법 센터 학술대회"(2019. 2. 19)에서 발표한 논문 「양심은 법적 판단의 대상이 되는가? ― 서양 종교 및 법적 관점에서」를 수정, 보완하였다.

회에서 양심적 병역 거부 운동의 시발점이 되었던 오태양 사건으로부터 2019년 12월 29일 "양심적 병역거부 대체복무제 도입을 위한 대체역의 편입 및 복무 등에 관한 법률안"과 "병역법 개정안"이 국회를 통과하기까지의 내용에 대한 서술을 담았다. 다음 절에서는 고대 그리스 비극 『안티고네』를 통해 바라본 양심의 문제인데 여기서는 정신 분석학에 입각해 이 문제를 바라본다. 세 번째 절은 신학적 관점에서 바라본 양심의 문제를 다룬다.

2. 양심적 병역 거부의 역사

한국 전쟁을 거치면서 양심적 병역 거부에 대한 법적 제재가 시작된 이래 수많은 청년들이 종교적 혹은 윤리적 신념과 양심에 따른 집총 거부로 유죄 판결을 받아 왔다. 21세기로 넘어오면서 냉전 체제가 무너지고 세계화 된 지구촌 시대에 걸맞게 병역 체계도 변화되어야 한다는 주장이 있었지만, 분단이라는 현실적 삶의 조건은 여전히 한반도를 뒤덮고 있는 악령으로 작동하면서 그것을 허용치 않았다. 21세기가 도래해도 인권보다는 국가의 안보가 우선이고, 죽이지 못하겠다는 양심의 흐느낌이 죽여야 한다는 국가의 명령을 넘어서지 못했던 것이다.[2]

2018년 6월 28일 헌법재판소는 대체 복무제를 규정하지 않아 양심적 병역 거부자들을 범법자로 몰아가는 현행 병역법 제5조 제1항(병역의 종류 조항)이 위헌이라고 결정하였다. 6(위헌) 대 3(각하)으로 기존의 판결이 뒤집힌 것이다. 그 결과 분단 이후 수많은 양심적 병역 거부자들이 지녔던 한과 고통의 역사가 종식되었다고 역사는 기록할 것이고,

---

2. 헌법재판소는 2000년대 이후 양심적 병역 거부에 대해 2018년 판결이 있기 전까지 2번의 판단을 내렸다. 2004년, 2011년 모두 결과는 7(합헌) 대 2(위헌)의 합헌 판단이었다.

2018년이 되어서야 비로소 한국 사회가 분단이라는 사회적 원죄로부터 벗어나기 시작했다고 덧붙일 것이다.

한국 사회 양심적 병역 거부 운동의 시발점은 오태양 사건이었다. 오태양은 서울교육대학교 국어교육과에 94학번으로 입학하여 인권 운동을 하다가 2001년 자신의 평화주의 신념에 따라 양심적 병역 거부를 선언하였다. 한동안 선고가 보류되고 재판이 미루어지다가 2004년에서야 1년 6개월 실형을 선고 받고 법정 구속되었다. 이 사건을 계기로 병역 의무를 신성하게 여기던 한국 사회에서 양심적 병역 거부에 대한 새로운 인식이 번져 나가기 시작했다.

내가 이 사건에 관심을 갖게 된 것은 다큐이야기 대표 김환태 감독의 다큐멘터리 〈총을 들지 않는 사람들〉(2003)의 제작 과정을 지켜보면서부터이다. 감독과 어린 시절부터 이어 왔던 각별한 인연으로 인해 나는 작품이 완성되는 과정을 엿볼 수 있었다. 2001년 12월 오태양 씨 병역 거부 선언에서부터 다큐는 시작된다. 오태양과 그의 가족들, 옆에서 도움을 주었던 친구와 동지들, 그리고 그들이 투쟁했던 공간과 동선들을 따라가면서 카메라는 국가 병영 시스템이 선사하는 폭력의 메커니즘을 여과 없이 관객들에게 보여 준다. 오태양이 구속되는 것으로 작품이 끝났던 것으로 기억하는데, 김 감독은 2018년 헌재 판결 이후 '양심적 병역 거부'를 둘러싼 못다 한 이야기를 완성하였다.[3]

오태양의 양심적 병역 거부에 대한 2004년(8월 26일) 헌법재판소의 판결의 요지는 다음과 같다. "양심의 자유는 법적 의무의 이행을 거부하거나 법적 의무를 대신하는 대체의무의 제공을 요구할 수 있는 권리

---

3. 2020년 9월에 열린 '제12회 DMZ 국제 다큐멘터리영화제'에서 김환태 감독의 〈총을 들지 않는 사람들 2: 금기에 도전〉이 최우수 한국다큐멘터리상을 수상했다. 2003년 〈총을 들지 않는 사람들 1〉에 나왔던 오태양은 현재 미래당 대표로 활동하고 있고, 종로5가 기독교회관 701호실에서 오태양을 보호하면서 함께 투쟁했던 정진우 목사는 후에 민주화운동기념사업회 부이사장으로 활동했다.

가 아니다." 재판부는 결정문에서 "따라서 양심의 자유로부터 대체복무를 요구할 권리도 도출되지 않는다. 우리 헌법은 병역의무와 관련하여 양심의 자유의 일방적인 우위를 인정하는 어떠한 규범적 표현도 하고 있지 않다"라고 밝혔다. 최종적으로 재판부는 공익과 양심의 자유사이에 갈등이 등장할 경우에 대비 아래와 같이 단호한 입장을 표명하였다. "양심의 자유의 경우 비례의 원칙을 통하여 양심의 자유를 공익과 교량하고 공익을 실현하기 위하여 양심을 상대화하는 것은 양심의 자유의 본질과 부합될 수 없다. 양심상의 결정이 법익교량과정에서 공익에 부합하는 상태로 축소되거나 그 내용에 있어서 왜곡·굴절된다면, 이는 이미 '양심'이 아니다. 이 사건 법률조항을 통하여 달성하고자 하는 공익은 국가의 존립과 모든 자유의 전제조건인 '국가안보'라는 대단히 중요한 공익으로서, 이러한 중대한 법익이 문제되는 경우에는 개인의 자유를 최대한으로 보장하기 위하여 국가안보를 저해할 수 있는 무리한 입법적 실험을 할 것을 요구할 수 없다."[4]

오태양의 투쟁 과정과 그것을 다루고 판결했던 20년 전 대한민국 사법부의 태도는 당시 나에게 많은 충격과 생각할 거리를 제공하였다. 국가에 대하여, 개인의 자유에 관하여, 법에 관하여, 법 밖의 정의에 관하여, 현실의 법을 무너뜨리는 연대와 투쟁에 관하여 등 많은 질문이 떠올랐지만 그중 어느 것 하나 똑 부러지게 답할 수 있는 것이 없었다.

그때로부터 오랜 시간이 흐른 2019년 12월 27일 많은 사람들의 노력과 투쟁 끝에 "양심적 병역거부 대체복무제 도입을 위한 대체역의 편입 및 복무 등에 관한 법률안"과 "병역법 개정안"이 국회를 통과했다. 양심적 병역 거부자가 수행할 수 있는 대체 복무제를 규정하지 않은 병역법이 헌법에 반한다는 헌법재판소의 결정 이후 1년 6개월 만

---

4. 국가법령정보센터: 병역법 제88조 제1항 제1호 위헌제청 [전원재판부 2002헌가1, 2004. 8. 26]: https://www.law.go.kr/LSW//detcInfoP.do?detcSeq=58368

이다. 하지만 이 법안은 현역병 복무 기간의 두 배에 달하는 36개월을 교정 시설에서만 합숙 근무하도록 하는 징벌적 대체 복무의 성격이 강하다. 그래서 우리나라에서 양심적 병역 거부자의 대체 복무제 첫 도입이라는 역사적 의미는 애초 기대보다 퇴색되고 말았다.

이 과정을 지켜보면서 나는 양심적 병역 거부 문제는 '국가의 법과 개인의 양심', '공동체 질서와 양심의 자유'라는 오랜 세월 인류 역사에서 되풀이되어 왔던 난제의 연장선에 위치한다는 사실을 깨달았다. 이 글을 읽는 독자들은 무엇이 더 중요하다고 생각하는가. 전자인가 후자인가. 이 질문에 대한 원형과도 같은 이야기가 있는데 그것이 바로 고대 그리스 비극인 소포클레스(B.C. 497-406)의 『안티고네』다. 안티고네에서 우리는 양심에 대한 인류의 원형적 생각과 마주한다.

3. 정신 분석학적인 관점에서 바라본 양심: 『안티고네』를 중심으로

이 절에서는 양심에 대한 정신 분석학적인 접근을 시도한다. 안티고네의 애도를 감행하는 행위는 프로이트가 말했던 '쾌락의 원칙'을 넘어가는 것이다. 인간의 사회화 과정은 언어의 학습과 병행한다. 어린 아이는 언어를 습득하면서 이드(Id)가 지배하던 원초적 자아(상상계적 자아)에서 '아버지의 이름'이라는 원칙이 지배하는 사회 속으로 편입된다. 사회라는 상징계 안으로 진입한 아이는 제도가 만들어 놓은 질서와 전통 안에서 자라면서 사회가 설정한 기표를 따라가는 것이 생의 목표이고 기쁨이라 여기게 된다. '쾌락의 원칙'이란 사회적 기표를 하나씩 따르면서 생기는 삶의 기쁨과 보람과 가치를 말하는 것이다. 이런 까닭에 '쾌락의 원칙'에는 사회적 인정을 추구하는 동시에 사회적 불안과 소외를 피하려는 속성이 있다. 그래서 '쾌락의 원칙'은 사회적 금기의 한계를 넘어서지 못하는 보수적 성격을 지니게 된다. 그런데 프로이트가 「쾌락의 원칙을 넘어서」에서 인간에게는 상징계가 제공하는 법과 원칙을 넘어가는 측면이 있음을 밝힌 것이다.[5] 그것의 대표적인 예가 안티고네 이야기다.

국법으로 정한 오빠 폴리네이케스에 대한 장례 금지 조항을 거스르는 안티고네를 향한 이스메네의 걱정과 비난에 대해 안티고네는 다음과 같이 답한다. "저승에서 오빠와 영원히 함께할 거야. 넌 마치 인간의 법만을 생각하고 신의 법은 아랑곳하지 않는 사람 같구나."(소포클레스, 2011: 14).

종교학자 배철현은 '인간의 법'과 맞서는 '신의 법'을 '양심'이라 말하며 다음과 같이 이 부분을 번역한다. "나는 오빠 폴리네이케스, 나의 사랑하는 자 옆에 양심대로 '거룩한 범행'을 행한 자로 누울 거야."[6] 배철현의 해석대로라면 안티고네에게 있어 양심은 현실의 법을, 현실을 지배하는 삶의 원칙을 가로지르는 도발적이고 위태로운 행위를 가능하게 한다.

안티고네의 양심을 보다 심도 있게 이해하려면 인간 행위를 가능하게 하는 욕동(drive)에 대한 문제부터 해결해야 한다. 프랑스의 정신분석학자인 자크 라캉(JacquesLacan, 1901-1981)은 인간의 욕동을 '욕망(desire)'과 '주이상스(jouissance)'로 구분한다. 우리가 일상적으로 말하는 욕망이란 사회적 관습이나 전통, 이데올로기, 혹은 법률 안에서 형성되고 허용되는 욕망으로, 그것은 사회적 가치, 내지 타자의 시선을 따라가는 욕망이라 할 수 있다. 2019년에 방영된 jtbc 화제의 드라마 〈SKY 캐슬〉의 예를 들어 보자. 학벌 중심주의라는 상징계(현실 세

---

5. 지그문트 프로이트, 박찬부 옮김, 『쾌락의 원칙을 넘어서―프로이트 전집 14권』(서울: 열린책들, 1997)에 「쾌락의 원칙을 넘어서」와 「자아와 이드」가 수록되어 있다.
6. 배철현 박사의 인문학 산책-소포클레스와 민주주의(21) 양심
  :https://modeun1226.tistory.com/5294

계)에 살고 있는 드라마 속 인물들은 서울대 의대를 욕망한다. 그것은 사회가 요구하는 기표(상징)를 내가 따르는 것이다. '서울대 의대'라는 욕망의 기표는 이름(기표)만 바뀐 채 계속 변화된다. 연봉 1억에서 10억으로, 교수에서 학과장 그리고 병원장으로 말이다. 그 기표들의 연쇄를 따라 우리는 상징계에서 살아가고 있는 것이다.

하지만 그것은 내가 진정 바라는 것이 아니다. 드라마 속에 나오는 서울대 의대에 입학한 남학생은 그토록 바라던 의대에 들어간 후에 자퇴한다. 왜냐하면 기표들은 사회(부모)라는 대타자가 만들어 놓은 기준이기 때문이다. 남들이 다 하니까, 남들이 원하니까 내가 하는 것이다. 그래야 내가 인정받으니까. 그러면 내가 편하고 즐거우니까. 그래서 계속 그 기표를 따르려고 쫓아다닌다. 결국 상징계 속 욕망이란 타자의 욕망을 욕망하는 것이다. 안티고네는 이런 식의 상징계 속 쾌락 원칙의 지배하에 있는 욕망과는 다른 욕망을 주장하는데, 그것이 바로 라캉이 말하는 '주이상스'이고(Lacan, 1992: 167-240), 안티고네가 말하는 '양심'은 상징 시스템 밖으로 뛰쳐나가는 주이상스를 닮았다.

욕망이 상징계 속 기표를 추구하는 것이라면, 주이상스는 상징계로 진입하기 이전 상상계 시절에 작동하였던 욕망이다. 이것이 상상계에서 상징계로 진입하지 못한 채 떠돌다가 현실의 세계로 귀환하는 것이 '실재(the Real)'다. 어쩌면 그것은 전체로 환원되지 못한 부분(잉여)들의 세계이다. 비트겐슈타인이 『논리 철학 논고』 후반부에서 "실로 언표할 수 없는 것이 있다. 그것은 드러난다, 그것이 신비로운 것이다." (비트겐슈타인, 2006: 6.522)라고 말했는데, 말로 표현할 수 없는 스스로를 드러내는 신비로운 그것이 실재(the Real)가 아닐까도 싶다.

전통 형이상학에서 '실재'란 현실을 초월해 있는 존재, 혹은 운동의 원칙이었다. 플라톤의 '이데아'가 대표적인 예다. 하지만 라캉은 이런 전통적인 실재와는 다른 실재를 언급하는데, 이를 'Das Ding(=the

Thing)'이라 불렸다. 우리말로 굳이 옮기면 '그것, 거시기'쯤으로 번역되지 않을까 싶다. 라캉은 실재를 겨냥하는 주이상스가 지닌 전복적인 힘에 주목하면서 안티고네 이야기를 그것의 적절한 예로 끌어들인다 (Lacan, 1992: 243-87).

'쾌락의 원칙'에 의하면 폴리네이케스에 대한 애도는 실행되어서는 안 되었다. 법을 어길 경우 짊어져야 할 형벌과 공포와 불쾌는 상상을 초월할 정도로 크기 때문이다. 그럼에도 불구하고 안티고네는 쾌락 너머의 원칙을 따라간다. 그것은 보편적인 하늘의 법도에 충실한 것, 비트겐슈타인의 표현대로라면 '말로 표현할 수 없는 스스로를 드러내는 신비로운 그것'이다. 사람이라면 누구나 장례를 치를 권리가 있고, 사람이라면 누구나 죽은 자를 향한 애도의 마음을 품어야 한다는 인륜 말이다. 안티고네는 어떤 특정한 정치적 이념이나, 윤리적 덕목에 입각해 행동했던 것이 아니다. 아주 원초적이고 보편적인 인륜성에 기반한 행위를 했을 뿐이다. 이런 보편적 욕망에 충실했기에 안티고네는 체제가 만들어 놓은 법 밖으로 걸어 나갈 수 있었다.

안티고네의 행위는 크레온으로 상징되는 기존의 체제와 질서를 무너뜨리는 결과를 초래했다. 안티고네의 자살은 그녀의 약혼자이자 크레온의 아들인 하이몬의 자살로 이어졌고, 이는 다시 사랑하는 아들을 잃은 크레온의 아내 에우디케의 죽음을 불러온다. 그리하여 마지막에는 크레온도 모든 것을 상실하는 파국을 맞게 된다. 안티고네의 법 밖의 것을 지향하는 윤리가 크레온으로 상징되는 법의 윤리를 무너뜨린 것이다. 나는 그것을 양심이 법을 이겼다, 라고 말하고 싶다.

지금까지 나는 안티고네에 대한 정신 분석학적인 접근을 통해 안티고네의 행위가 지니는 전복적 특성에 대해 이야기하였고, 양심이 있었기에 그것이 가능했다고 말했다. 안티고네의 예에서 보듯이 인간은 누구나 그 누구의 명령이나 간섭이 아닌 자신의 양심에 의지해 올바른 일을 수행할 수 있다. 하지만 여전히 풀리지 않는 문제는 양심의 근원이 과연 무엇인가, 라는 물음이다. 이제부터 소개할 루터와 바울에 대한 이야기는 그리스도교 신학의 관점에서 바라보는 양심에 대한 내용이다.

4. 신학적인 관점에서 바라본 양심: '사도 바울'과 '마르틴 루터'를 중심으로

"내 양심은 하나님 말씀에 사로잡혀 있습니다. 나는 아무것도 취소할 수 없고 또 취소하지 않을 것입니다. 왜냐하면 양심에 어긋난 행동을 한다는 것은 옳지 않을 뿐만 아니라 안전하지도 않기 때문입니다. 하나님이여, 우리를 도우소서. 아멘."[7]

1521년 종교 개혁자 마르틴 루터가 한 말이다. 루터는 보름스 법정에서 심문당할 때, 본인의 입장을 철회하라는 요구를 거부하는 근거로 양심을 끌어들인다. 1517년 10월 31일 마르틴 루터가 95개조 테제를 비텐베르크(Wittenberg) 성벽에 게시하면서 종교 개혁은 시작되었다. 그날은 어쩌면 서구 역사에서 근대의 출발을 알리는 시발점이었고, 근대 시민 사회에서 개인의 자유가 탄생하는 순간이기도 했다.

로마 가톨릭교회는 루터의 개혁 운동을 방해하고 협박하였다. 하지만 루터는 신변의 위협을 감수하면서도 개혁의 의지를 굽히지 않았다. 오히려 교황청과의 이론 투쟁을 통해 루터의 개혁 신학은 점점 발전하였고, 아울러 루터의 명성도 올라갔다. 급기야 로마 교황청은 1518년

---

7. *Luther's Works*, 32권, Jaroslav Pelikan, Hilton C. Oswald, and Helmut T. hehmann(엮음) (Philadelphia: Fortress Press, 1957-1986), 112. 원문은 다음과 같다. "My conscience is captive to the word of God. I cannot and I will not retract anything, since it is neither safe nor right to go against conscience. God help us. Amen."

10월 아우크스부르크에서 루터를 심문하였다. 루터는 교황청의 요구를 거부하였고 교황권과 그 권위 남용에 대해 자신의 뜻을 굽히지 않고 문제를 계속 제기하였다. 양자 간의 만남은 아무런 소득 없이 마무리되었고, 이후로도 루터는 로마 교황청에 대한 신학적 투쟁을 그치지 않았다.

1521년 1월 28일 공식적으로 루터는 교황청으로부터 파문을 당한다. 보름스 의회(1521년 4월 17일)는 루터에 대한 파문을 선포하는 요식 행위를 진행하였는데, 그 회의에서 루터는 양심에 근거해 이 모든 일을 하고 있다고 선언한 것이다. 비텐베르크에서 보름스에 이르기까지 루터는 많은 불안과 공포에 시달렸을 것이다. 곳곳에서 루터의 글과 책을 압수하고 소각하는 일이 벌어졌고, 루터의 사상에 동조하는 사람들을 향한 탄압도 있었다. 물론 루터의 개혁에 환호를 하는 사람들도 많았으나 그를 처단하고 질서를 회복하라는 수구 세력의 저항 또한 대단했다. 그런 상황 속에서 로마 교황청으로부터 파문을 당한 후 어쩌면 여행 도중 살해를 당할지도 모르는 위험을 감수하면서도 루터는 보름스로 향했다.

그렇다면 루터에게 있어 양심은 무엇이었나? 우리를 정신적으로 가위눌리게 하는 양심, 우리를 악으로 빠지지 않게 하고, 설령 악에 빠지더라도 우리에게 언제나 호소하는 양심, 그리고 불의한 권력과 권위를 향해 저항하고 몸부림치게 하는 양심은 어디서 오는가? 루터는 양심을 신의 목소리와 연결시킨다. 양심이 종교적 의미로 해석된 셈인데, 이러한 전통의 기원은 그리스도교의 포교를 선도했던 바울에게로 거슬러 올라간다.

그리스도인의 박해자였던 바울은 다마스커스에서 전향한 후에 열혈 그리스도인이 되었다. 바울은 팔레스타인에 한정되었던 예수 운동을 유럽으로 전파시켜 그리스도교의 세계화를 이끈 인물로 평가된다.

유대 문화에 바탕을 두었던 예수의 정신은 바울을 통해 유럽으로 전파되면서 그리스-로마 문화의 전통과 사유에 맞게 각색되어 로마인들의 마음을 사로잡으며 점차 지지 기반을 확충할 수 있었다. 예수의 정신을 헬레니즘적인 언어와 사유로 번역을 했다는 말은 그리스도교가 로마인들의 눈높이와 시선으로 번역되어 이해되었다는 말이다. 그 중심에 있었던 인물이 바울이었다.

양심(시나이데시스, syneidesis)을 본격적으로 성서 해석에 도입하면서 신의 목소리와 연결시킨 인물도 바울이었다.[8] 원래 '시나이데시스'는 스토아 철학에서 '도덕적으로 판단하는 자의식'을 의미했다. 이 개념을 바울이 '하나님의 뜻'과 연결시켰다.[9] 바울 이후로 양심은 그리스도교의 발전과 궤를 같이 하였고, 5세기 이후 그리스도교가 유럽의 정신으로 굳어지기 시작하면서 '신앙의 양심'으로 자리 잡았다. 바울의 양심 이해는 로마 제국의 통치 원리인 강한 자와 약한 자의 대립으로부터 벗어나 약한 자의 아픈 마음에 공감하는 연대 의식과 연관된다.[10] 바울은 후에 양심을 빌립보서에서 그리스도의 자기-비움을 닮아서 타자의 고난에 참여하는 차원으로까지 발전시킨다.[11]

---

8. 신약 성서에서 양심은 전부 30번 나온다. 바울서신(로마, 고전, 고후, 딤전, 딤후, 디도) 20번, 히브리서에 5번, 벧전3번, 사도행전에 2번 나온다.
9. 우리가 세상에서 특별히 너희에게 대하여 하나님의 거룩함과 진실함으로 행하되 육체의 지혜로 하지 아니하고 하나님의 은혜로 행함은 우리 〈양심〉의 증거하는 바니 이것이 우리의 자랑이라(고후 1:12); 오직 진리를 나타냄으로 하나님 앞에서 각 사람의 〈양심〉에 대하여 스스로 천거하노라(고후 4:2); 우리는 주의 두려우심을 알므로 사람들을 권면하거니와 우리가 하나님 앞에 알리어졌으니 또 너희의 〈양심〉에도 알리어지기를 바라노라(고후 5:11).
10. 그리스도께서는 그 약한 신도를 위하여 죽으셨습니다. 이렇게 여러분이 형제자매들에게 죄를 짓고, 그들의 약한 〈양심〉을 상하게 하는 것이 그리스도께 죄를 짓는 것입니다(고전 8:11-12); 내가 여기서 〈양심〉이라고 말하는 것은 내 〈양심〉이 아니라 다른 사람의 〈양심〉입니다(고전 10:29).
11. 무슨 일을 하든지, 경쟁심이나 허영으로 하지 말고 겸손한 마음으로 하고 자기보다 서로 남을 낮게 여기십시오. 또한 여러분은 자기 일만 돌보지 말고, 서로 다른 사람들의

요약하면 양심은 타자의 감정에 민감할 것을 요구한다는 점에서 자아 중심적 사고가 아니다. 타자를 위한 자기 비움과 겸허를 행동으로 보이는 실천 철학의 면모를 양심은 갖추고 있다. 타자의 고통에 동참하기 시작하면서 우리는 공동체의 연대를 향해 전진할 수 있다. 양심은 바울에 있어 '더불어 앎'의 차원, 더 나아가 '더불어 삶'의 차원으로 고양된 정서이고 인식이었다. 초대 교인들이 로마가 정한 법으로부터 제외된 타자에 대한 폭력을 비판함과 동시에, '법 밖의 정의'[12]를 외치면서 하느님 나라(Kingdom of God)를 향해 달려갈 수 있었던 것은 신앙의 양심에 따른 믿음이 있었기에 가능했다.

슬라보예 지젝은 로마의 법에 맞섰던 신앙의 양심을 '하나의 커다란 분할선'이었다고 회고한다. "그리스인이나 유대인이나 남자나 여자나 아무런 구별이 없다"고 했을 때 그것은 우리 모두는 하나의 행복한 인류 가족이라는 말이 아니라, 이 모든 특수한 정체성들을 가로지르는 하나의 커다란 분할선이 있어 그 정체성들을 궁극적으로 의미 없게 만든다는 의미다. 그리스인이나 유대인이나 남자나 여자나 아무런 구별이 없다. 오직 기독교인들과 기독교의 적들이 있을 뿐이다. 아니면 오늘날에는 이렇게 말해야 할 것이다. 오직 해방을 위해 싸우는 자들과 그들의 반동적 적대자들, 민중과 민중의 적들이 있을 뿐이다."(지젝, 2010: 93).

일도 돌보아 주십시오. 여러분 안에 이 마음을 품으십시오. 그것은 곧 그리스도 예수의 마음이기도 합니다. 그는 하나님과 동등함을 당연하게 생각하지 않으시고, 오히려 자기를 비워서 종의 모습으로 취하시고, 사람과 같이 되셨습니다. 그는 사람의 모양으로 나타나셔서 자기를 낮추시고 죽기까지 순종하셨으니 곧 십자가에서 죽기까지 하셨습니다(빌 2: 3-8).

12. Theodore Jennings, *Outlaw Justice: The Messianic Politcis of Paul*(California: Stanford University Press, 2013); 시카고 신학교에 있는 테드 제닝스 교수는 예수의 메시아 운동을 재해석한 바울 신학의 핵심을 "법 밖의 정의(Outlaw Justice)"라 지칭하면서, 요즘 급격하게 일고 있는 바울에 대한 새로운 해석학적 움직임에 힘을 더하고 있다. 이 책은 『무법적 정의: 바울의 메시아정치』(길, 2018)라는 제목으로 번역되었다.

로마의 법은 시민과 유민을 갈랐고, 유대 사람과 로마 사람을 차등하였다. 뿐만 아니라 로마의 법은 자유인과 노예, 남자와 여자를 차별했다. 하지만 바울에 의하면 이러한 법적인 규정과 차등은 신앙적 양심으로 인해 무효로 선언된다. 지젝의 말처럼 커다란 분할선이 신앙의 양심이라는 이름으로 선포된 것이다. 그리하여 '로마의 법'은 '신앙의 양심'으로 대체되었다. 그 양심을 기준으로 세상의 질서는 역전되었다.

바울은 다음과 같은 성서 구절로 위의 사실을 요약한 바 있다. "누구든지 그리스도 안에 있으면, 그는 새로운 피조물입니다. 옛 것은 지나갔습니다. 보십시오. 새것이 되었습니다"(고린도후서 5:17). 나는 바울의 말을 다음과 같이 바꾸겠다. "누구든지 신앙의 양심 안에 있으면, (여성은, 외국인 노동자는, 난민은, 성 소수자는, 비정규직 노동자는, 장애인은, 그리고 양심적 병역 거부자는⋯) 새로운 피조물입니다. 옛 것은 지나갔습니다. 보십시오. 새것이 되었습니다."

지금까지 나는 안티고네, 바울, 루터를 거슬러 올라가며 각각이 그려 온 양심의 고고학에 대한 이야기를 전개하였다. 글의 초반에서는 정신 분석학적인 해석으로 안티고네에 접근했고, 다음으로는 신학적인 관점에서 루터와 바울을 경유하여 양심의 역사를 바라보았다. 그 과정에서 나는 공교롭게도 양심이란 타자에 대한 감수성, 타자를 향한 열림과 반응에 관계한다는 점을 발견하였다. 루터와 바울 안에 스며 있는 신앙적 양심은 말할 것도 없고, 안티고네를 통해서도 쾌락 원칙 너머에 있는 타자적인 것을 향한 충동이 양심의 선택이었고 그것이 현재의 모순적 체제를 허무는 동인으로 작동하였다.

5. 에필로그

한국 전쟁 이후 지난 70년 동안 거의 2만 명에 가까운 이 땅의 젊은 이들이 종교적 혹은 윤리적 신념에 입각해 총을 들지 않았다는 이유로 구속되고 재판을 받고 수감되었다. 양심적 병역 거부자들, 그리고 그들과 함께 한 많은 사람들의 헌신과 투쟁으로 2018년 6월 양심적 병역 거부를 범법으로 몰아가는 법률 조항에 대한 위헌 결정이 내려졌다. 비록 늦은 감이 없지 않으나 병역 거부에 대한 누명이 벗겨진 셈이다.

이 글을 시작할 때 목적은 양심적 병역 거부자들이 말하는 양심에 대한 정의를 내리는 것이었다. 법을 위반할 정도로 강력한 양심의 힘이 무엇인지? 나는 그것이 궁금했다. 그렇다고 이 글에서 양심을 일필휘지로 정리, 재단하고 싶지는 않았다. 물론, 그럴 수도 없지만. 나는 양심에 대한 서로 다른 접근법(정신 분석학적인 양심, 신학적 양심)을 콜라주하여 펼쳐 놓으면서 양심의 다차원적인 면을 드러내고자 했다. 현대 예술의 용어 중에 콜라주라는 기법이 있다. 미술에서는 각양각색의 것을 발라 붙임으로써 나타나는 우연과 비유의 효과를 노리고, 무용에서는 서로 연관되지 않은 동작을 모아 전체를 구성하는 기법을 일컫는 말이다.

양심에 대한 서로 다른 계열의 인물과 사건을 더듬어 가면서 깨달은 것은 상이한 양심의 서사들이 마치 콜라주처럼 얽혀 경계가 모호한 양심의 지형도를 그리고 있다는 점이다. 애초 기획은 법을 어기면서까지 간직하고 싶었던 '양심적 병역 거부자'들에게 있다고 믿어지는 '양심'에 대한 존재론적 근원을 파헤치는 것이었으나, 집필을 거듭하면서 그것은 망각되었다.

나는 작업을 진행하면서 양심에 대한 새로운 면모를 확인할 수 있었다. 안티고네를 정신 분석학적으로 분석하면서 현실을 지배하는 쾌락 원칙을 넘어가는 양심의 힘을 발견하였고, 마르틴 루터와 바울의 경우에서는 로마 제국과 로마 교황청의 강제와 억압을 넘어가는 신앙의 양심을 확인하였다. 그 과정에서 양심의 역할은 체제가 그어놓은 경계선을 넘어 새로운 세상을 지향한다. 양심은 현실의 질서를 지배하는 욕망의 법칙과 법의 힘에 굴종하고 따르는 노예의 도덕이 아니다. 시민적 용기와 행위의 근간으로 발전할 때 양심은 비로소 만개한다.

결론적으로 양심의 역사는 우리에게 다음과 사실을 전한다. 유토피아는 현실에 뿌리박지 않은 하늘로부터 강림하는 환상이 아니라, 이 땅에서 목소리가 들리지 않고 존재가 가려졌던 타자들과의 섞임과 연대를 통해 도래한다. 양심을 존재론적으로 정의 내릴 수는 없지만, 양심은 타자의 고통에 대한 예민한 감수성이고, 현실의 부조리를 강제하는 시스템을 향해 "No!"라고 말할 수 있는 용기이며, '법 밖의 정의'를 향해 뛰쳐나가는 결단이다. 그 양심을 포기하지 않았던 사람들의 기억과 투쟁들이, 양심적 병역 거부 운동에 동참했던 사람들의 예에서 보듯이, 우리를 역사에서 해방으로 인도했고, 앞으로도 그러할 것이다.

중동의 평화를 위하여

이스라엘과 팔레스타인 잔혹사

비극의 탄생

2023년 10월 발생한 이스라엘과 하마스 간의 전쟁이 지금도 이어지고 있다. 어디서부터 이야기를 시작해야 할지 가슴이 아프고 난감하다. 우선 모든 불행의 시작이라 할 수 있는 팔레스타인 분할과 지배의 역사를 복기할 필요가 있다. 2025년 올해는 2차 세계 대전 이후(1947. 11. 29) 열린 국제 연합 총회에서 팔레스타인 영토 분할 안을 채택한 지 78주년이 되는 해이다. 국제 연합은 당시 팔레스타인 영토를 유대 국가(영토의 56%)와 아랍 국가(44%)로 분할하고, 예루살렘을 국제 관리 체제 하에 두기로 하는 안을 통과시켰다.

그동안 이런저런 중동 전쟁의 역사를 거치면서 이스라엘은 미국의 비호 아래 국제적 약속을 어기고 팔레스타인 사람들을 내쫓거나 일정 구획으로 몰아넣으면서 자신들의 영토를 넓혀 왔다(1947년 이스라엘의 건국으로 약 70만 명의 팔레스타인 사람들이 추방되었다). 현재는 44%를 약속받은 아랍 민족이 10%에도 못 미치는 몇 개의 자치 구역 영토에 살고 있다. 그렇게 자신들의 땅을 계속 잃어 가면서 저항하고, 그러다가 죽고 다시 그 한과 원망으로 저항을 하고, 그때마다 이스라엘은 더 강하게 진압을 하는 역사가 반복되고 있는 것이다.

1967년 6월, 이른바 제3차 중동 전쟁 후 이스라엘은 웨스트뱅크, 동예루살렘, 가자 지구를 차지한다(가자 지구는 길이 40km, 너비 8km로 남북으로 길쭉하게 뻗은 직사각형 모양이다). 1977년에 5천 명에 불과했던 이 지역의 유대인 정착민 수는 1992년에 12만 명에 이르렀고, 그 후 10년 동안 다시 두 배나 증가하여 25만 명을 넘어섰다(이스라엘 정착민들은 가자 지구 땅의 약 25%를 차지함). 이스라엘의 점령 통치에 맞선 팔레스타인인들의 무장 저항이 이어졌고, 1987년 이스라엘에 맞선 민중 봉기(인티파다)가 일어났다. 후에 양국의 평화 협상은 1993년의 오슬로 조약 체결로 결실을 맺게 된다. 그 결과 팔레스타인은 가자 지구와 웨스트뱅크에 자치 정부를 수립할 수 있게 된다. 그리고 1995년 오슬로 II 조약은 요르단강 서쪽의 6개 도시와 450개 도시에서 이스라엘의 완전 철수를 요구하는 조항을 추가하기에 이른다.

그러나 1995년 11월 4일 이스라엘과 팔레스타인의 평화 회담을 이끌었던 라빈 총리가 극우 유대교 근본주의 세력에게 암살되면서 팔레스타인 자치 지구는 다시금 큰 위기에 빠진다. 그 후 강경파인 네타냐후(1996-1999 재임)와 에후드 바라크(1999-2000 재임)가 점령지 반환을 거부하면서 팔레스타인의 평화 무드는 깨지고 말았다. 2001년 총리로 선출된 아리엘 샤론은 자살 테러가 증가한다는 핑계로 웨스트뱅크를 재점령하고 장벽을 건설하기 시작하였고, 2007년에 하마스가 가자 지구의 패권을 장악하자 이스라엘은 가자 지구 동쪽과 북쪽에 8m 높이의 콘크리트와 철조망 장벽을 쌓아 버렸다. 가자 지구는, 남쪽은 이집트 국경(라파), 서쪽은 지중해와 면해 있어, 사실상 거대한 감옥인 셈이다.

반복되는 증오

하마스는 유대교 안식일인 2023년 10월 7일 새벽 이스라엘을 상대로 '알-아크사 홍수(Al-Aqsa flood)' 작전을 감행해 수천 발의 로켓을 쏘면서 선전 포고를 했다. 알-아크사는 예루살렘 성지 밀집 지역인 구시가지 내 고지대 구역을 가리키고, 이곳에 건축된 모스크(이슬람 사원) 명칭이기도 하다. 특별히 이곳 '알-아크사' 지역은 이슬람교와 유대교 및 기독교 모두 중요한 성지로 여기는 곳이라 예민한 곳이다. 우선 '알-아크사'는 예언자 무함마드가 승천한 장소로 알려진 이슬람 3대 성지 중 하나이다. 메카(무함마드가 이슬람교를 선언한 제1성지), 메디나(무함마드가 박해를 피해 메카에서 메디나로 이주/해지라: 거룩한 도망)에 이어 세 번째 성지인 이곳은 매년 수많은 무슬림이 순례를 위해 방문한다.

유대교도는 이곳을 '성전산(Temple Mount)'이라 부른다. 믿음의 조상인 아브라함이 아들 이삭을 야훼에게 바치려던 장소이자, 솔로몬 성전이 있던 장소이다. 솔로몬의 성전은 서기 70년 로마군에 의해 파괴되었다. 로마군은 신앙 문제에 비타협적인 유대인에게 교훈을 남기고자 서쪽 벽만 남겨두고 성전을 초토화시켰다. 이후 유대인들이 그 벽을 붙잡고 울며 기도를 드려 '통곡의 벽'으로 불리고 있다. 이곳은 또한 그리스도교의 성지이기도 하다. 바로 뒤쪽에 예수가 십자가를 지고 고행의 길을 걸은 골고다 언덕과 예수의 무덤이 있기 때문이다.

유대인 등 비무슬림 방문객은 특정 시간대에 특정 구역을 방문할 수 있지만, 경내에서 기도는 이슬람교도에게만 허락되어 있다. 대신 유대인들은 '통곡의 벽'에서 기도할 수 있다. 이에 불만을 가진 유대인들은 동예루살렘 점령을 기념하는 '예루살렘의 날' 행사를 매년 열면서 이스라엘 국기를 들고 구시가지 주변을 행진하곤 한다. 그런 행위들이 '알-아크사' 사원에서 예배를 드리는 팔레스타인 사람들을 자극하는 것은 당연하다.

1990년 이스라엘 극우 단체가 템플마운트에 유대교 성전을 짓는다고 발표하면서 '알-아크사'를 둘러싼 충돌이 본격화되었는데, 당시 이

이스라엘-팔레스타인

에 항의하는 시위대를 해산하는 과정에서 이스라엘군이 팔레스타인인 20여 명을 살상하였다. 1996년에는 '통곡의 벽' 아래로 새 터널을 개통하는 것을 반대하는 시위 도중에 충돌이 발생해 63명이 사망하기도 했다. 일부 유대인들은 의도적으로 사원을 집단 방문해 갈등을 유도하기도 했는데, 대표적인 사례가 2000년 아리엘 샤론 전 총리의 도발이었다. 당시 야당이던 우파 정당 리쿠드당의 지도자였던 샤론은 사원을 기습적으로 방문하였는데, 이로 인해 제2차 인티파다(팔레스타인 저항운동)가 촉발되었다.

2023년에도 일부 유대교 극단주의자들이 4월 5일부터 시작하는 유대교 축일을 기념해 '알-아크사'에 침범했고, 저항하는 무슬림 350명을 이스라엘군이 모스크로 들어가 구금하는 일이 벌어졌다. 지난 5월에는 이스라엘의 극우 정치인들이 사원 경내에 기습적으로 들어가 도발하면서 긴장이 고조되기도 했다. 이런 일들이 쌓이면서 하마스의 인내심은 한계치를 넘어서 버렸다. 10월 7일 공격 당시 공개된 음성 녹음에서 하마스의 '알-카삼 여단'의 사령관 무함마드 알-데이프는 이번 폭력 사태는 이른바 "알-아크사 모스크 뜰 안에서 감히 우리 예언자를 모욕한" 이스라엘인들의 "알-아크사 모스크에 대한 일상적인 공격"에 대한 보복이라고 주장하였다. 그동안 쌓였던 것이 터진 것이다. 금번 사태는 '알-아크사'를 둘러싼 갈등이 표면적 이유이겠으나 문제의 본질은 꽤나 복잡하고 심오하다. 아브라함을 믿음의 조상으로 여기는 종교들 사이에 신을 향한 진정성, 정통성 문제, 그것을 둘러싼 인정 투쟁 성격이 거기에는 있다.

평화의 도시, 전쟁의 도시

미국 유학 시절 '아브라함의 종교들'이라는 세미나에 참여한 바 있다(참고로 내가 공부했던 시카고 신학교 교수진에는 현재 이슬람 이맘, 유대교 랍비가 정교수로 있어 종교 간 대화와 화해를 도모하는 세미나를 이끌고 있다). 유대교와 이슬람교, 그리스도교의 갈등과 화해의 역사를 추적하는 시간이었다. 이슬람 이맘과 유대교 랍비와 그리스도교 신학자 3명이 함께 수업을 진행한다. 수업의 1/3은 이맘이 보는 유대교와 그리스도교, 나머지 1/3은 랍비가 보는 이슬람과 그리스도교, 나머지 1/3은 목사가 보는 이슬람과 유대교 순이다.

물론 각 종단 간 차이가 있지만 기본적으로 유일신, 종말론, 신념 체계 등이 비슷하였고, 무엇보다 다른 종교들에 비해 그들 모두 호전적이라는 점에서 공통적이었다. 사라센 제국의 확장, 십자군 원정, 현대의 중동 분쟁에 이르기까지 서구에서 일어났던 전쟁은 아브라함을 믿음의 조상으로 여기는, 예루살렘을 본인들의 성지라 주장하는 종교인들 사이의 전쟁이라고 해도 과언이 아니다.

신들의 도시 예루살렘은 다윗 전에는 토착민인 팔레스타인 사람들이 섬겼던 태양신 샤하르(Shahar: 일출의 신)와 샬림(Shalim: 일몰의 신)을 숭배하던 곳이었다. 예루살렘의 '살렘(평화)'은 가나안 사람들의 신이름 '샬림'과 관계가 있지 않을까 싶다. 이스라엘의 가나안 정복 이후 '살렘'과 평화라는 뜻의 히브리어 '샬롬(Shalom)'이 혼재되어 쓰이다가, '샬림의 도시'가 '샬롬의 도시'로, 즉 '일몰의 도시'에서 '평화의 도시'로 예루살렘은 그 이름이 변경되었다. 유대인과 아랍인은 모두 아브라함의 후손이고 예루살렘은 그들의 본향이다. 하지만 신의 축복을 받은 자가 누구냐를 두고 양자는 엇갈린 주장을 펼친다. 유대인은 아브라함과 정실부인인 사라에게서 태어난 적자 이삭의 후손이고, 아랍인은 아브라함과 하녀 하갈 사이에서 태어난 맏아들 이스마엘의 후손인데, 축복권을 둘러싼 양자 간의 인정 투쟁이 시간이 흘러 오늘의 참극을 야기했다.

691년 무렵 예루살렘을 장악한 이슬람 세력들은 그 자리에 '알-아크사' 사원을 세운다. '알-아크사' 사원은 '가장 먼 사원'이란 뜻이다. 전설에 의하면 이슬람 창시자 무함마드가 621년 메카에서 신비한 네발 달린 동물을 탄 채 가장 먼 사원까지 날아가 그곳의 바위를 박차고 하늘나라로 승천했다는 이야기가 전해진다. 무함마드가 살아 있을 때만 해도 이 사원의 위치가 특정되지 않았는데 그의 사후 점차 예루살렘으로 고정된 것으로 추정된다. 애초 정확한 위치는 없었는데 나중에 (권력에 의하여) 그곳이 예루살렘으로 고정이 된 것이다.

예루살렘을 둘러싼 폭력의 잔혹사를 논할 때 빼놓을 수 없는 사건이 십자군 전쟁이다. 십자군 원정은 인류 역사상 가장 집요한 탐욕으로 예루살렘을 채웠던 시기다. 이교도에게 함락당한 예루살렘을 탈환하기 위한 전쟁이었다고는 하지만 그것은 허울에 불과했다. 십자군에 참여했던 각각의 주체들(사제, 봉건 영주, 기사, 상인, 농노)은 자신들의 욕망과 결핍을 충족시킬 대상이 필요했고 모두의 니즈(needs)가 예루살렘을 향한 환상으로 수렴되었다. 십자군 원정은 교회 중심의 중세 유럽이 지녔던 자기 분열을 적나라하게 드러낸 사건이었고 십자군 원정의 실패 후 르네상스와 종교 개혁을 거치면서 중세는 서서히 몰락의 길로 접어든다.

예루살렘… Nothing! and Everything!

십자군 원정을 소재로 많은 영화들이 만들어졌는데, 그중 하나인 〈킹덤 오브 헤븐〉(2005, 리들리 스콧 감독)을 잠시 소개하면서 하마스-이스라엘 전쟁의 심층으로 한 발짝 더 들어가 보기로 하겠다. 이 작품은 3차 십자군 원정을 배경으로 한 영화이고 이슬람의 영웅 살라딘이 예루살렘을 정복한 이야기를 내용으로 한다. 당시 예루살렘은 이웃 종교인(유대인, 무슬림)을 환대하던 프랑스 출신 '보두앵 4세'가 통치하고 있었다. 그는 나병으로 죽어 가면서도 예루살렘을 그 이름에 걸맞은 평화의 도시로 만들고자 했다. 그러나 각각의 이해관계를 지녔던 십자군 참여자들의 호전성을 평화의 메시지로 막을 수는 없었다.

영화에 보면 십자군으로 참여한 병사인 '발리앙'이라는 대장장이가 등장한다. 살라딘의 대군은 예루살렘 성을 포위하고 성 주민들이 지치기를 기다리고 있었다. 그 기간이 길어질수록 예루살렘 성 안의 사람들의 불안과 공포가 더해만 간다. 이때 발리앙이 예루살렘 성 안에 있는 그리스도인들에게 말한다. "예루살렘은 도대체 무엇입니까? 이곳은 로마인들이 무너뜨린 유대인들의 성지 위에 세워졌고, 무슬림의 성지는 여러분들의 성지 위에 지어졌습니다. 무엇이 더 신성합니까? 통곡의 벽? 바위 돔 모스크(알-아크사)? 성묘 교회(예수님의 시신을 거두어들인 교회)? 어느 것이 정당합니까? 어느 하나만 정당하지 않습니다. 모두가 정당합니다!"

이스라엘과 하마스 간의 전쟁 소식을 접하면서 나는 〈킹덤 오브 헤븐〉에 나왔던 발리앙의 대사가 떠올랐다. 역사적으로 예루살렘은 유대인이 550년, 그리스도교가 400년, 이슬람이 1200년 통치했다고 전해진다. 그래서 사람들은 예루살렘을 우주의 배꼽이라고도 표현하는가 보다. 하지만 이 도시는 그 누구의 것도 아니다. 발리앙의 발언을 들고 있던 대주교가 "신성 모독이야!"라고 저지를 하지만, 발리앙은 계속 자신의 말을 이어 간다. "우리가 예루살렘을 지키는 것은 이런 돌덩이들을 위해서가 아니라, 이 성벽 안에 있는 사람들을 위한 것입니다!" 그러고 나서 발리앙은 예루살렘 주민들을 살리기 위해 살라딘과 협상을 하는데, 항복하여 몸값 내고 퇴각하는 조건으로 학살을 막는다.

예루살렘에 입성한 살라딘을 향해 발리앙이 묻는다. 예루살렘이 무엇입니까? (pause) 살라딘이 웃으면서 말합니다. "Nothing!" 그리고 뒤돌아 걸어가던 살라딘이 고개를 돌려 마지막으로 한 마디 덧붙인다. "and Everything!" 살라딘에 의하면 예루살렘은 모든 것 안의 모든 것이고, 아무것도 아닌 것 속에 아무것도 아닌 셈이다. 유대교, 이슬람, 그리스도교 세 종교가 모두 예루살렘을 자신들의 성지라 주장한다. 그렇다면 예루살렘에는 어떤 신이 존재하는 것일까?

내가 살 집을 네가 지으려고 하느냐?

예루살렘을 둘러싼 신화의 시작은 앞서 언급했듯이 다윗부터이다. 글의 서두에 인용한 사무엘하 본문은 시온에 대한 이데올로기가 만들어지던 무렵을 배경으로 한다. 오랜 권력 투쟁 끝에 왕위에 오른 다윗은 예루살렘으로 수도를 옮기고 백향목으로 지은 아름다운 성전에 하나님을 안치시키려 했다. 거기에는 본인의 취약했던 권력의 정통성을 쇄신하려는 다윗의 노림수가 숨겨져 있었다. 다윗은 모세의 십계명이 보관되어 있는 법궤를 예루살렘으로 가져옴으로써 세겜, 실로, 베델 등 북쪽 지파의 힘을 무력화시키고, 동시에 통합의 명분까지 획득하려고 했다. 그래서 하느님의 법궤를 안치할 성전을 세우려 했던 것이다.

그런 다윗의 계획에 야훼는 예언자 나단을 시켜 제동을 걸면서 다음과 같이 말씀하신다. "나 주가 말한다. 내가 살 집을 네가 지으려고 하느냐? 그러나 나는, 이스라엘 자손을 이집트에서 데리고 올라온 날로부터 오늘에 이르기까지, 어떤 집에서도 살지 않고, 오직 장막이나 성막에 있으면서, 옮겨 다니며 지냈다. 내가 이스라엘 온 자손과 함께 옮겨 다닌 모든 곳에서, 내가 나의 백성 이스라엘을 돌보라고 명한 이스라엘 그 어느 지파에게라도, 나에게 백향목 집을 지어 주지 않은 것을 두고 말한 적이 있느냐?"

야훼는 출애굽 이후 법궤와 함께, 장막이나 성막과 함께 이동하신 분이다. 굳이 법궤를 둘 고정된 성소와 성전을 만들 의지와 필요성도 없는 신인데, 다윗은 굳이 예루살렘에 신을 안치시키려 한 것이다. 결국 다윗의 의도는 성사되었고, 그의 아들이었던 솔로몬을 거치면서 예루살렘에 대한 환상과 욕망은 완성되었다. 그 후 역사가 전개되면서 아브라함을 믿음의 조상으로 하는 종교들끼리 예루살렘에 대한 저마다의 정통성을 주장하면서 2천 년 동안 싸우고 있다.

그런 인간들을 향해 야훼는 "내가 살 집을 네가 지으려고 하느냐?"고 묻는다. 이 말은 다음과 같은 뜻이 아닐까 싶다. "내가 있을 곳은 내가 정할 테니 경거망동하지 말거라. 내 일은 내가 알아서 할게." 그렇다면 사무엘하 본문은 인간이 마음대로 하느님을 가둘 수 없다는 사실에 대한 확인이고, 신을 가두려는 인간의 욕망에 대한 경고의 메시지이다. 신은 예루살렘에, 메카에, 알-아크사 안에 가둘 수 없는 분이기 때문이다.

야훼 종교는 애초에 성전 이데올로기, 자리에 대한 집착, 장소에 대한 욕망이 없었던 종교였다. 야훼는 철저히 물신을 배격했다. 그럼에도 불구하고 다윗-솔로몬 시대를 지나면서 권력은 야훼의 임재와 현존을 공간화하고 성역화하는 데 성공하였고, 그 중심에 예루살렘이 있다. 그런 예루살렘의 장악을 둘러싸고 벌이는 전쟁이 아브라함을 믿음의 조상으로 갖는 사람들 사이에서 수천 년간 이어져 오고 있고, 하마스-이스라엘 전쟁도 그 연장선상에 있다고 보면 맞다.

모든 것은 이어져 있다

정녕 신은 시온에 존재하는가? 예루살렘에 신이 있다는 믿음이 모든 불행의 시작이었다면, 차라리 예루살렘을 폭파해 지구상에서 없애 버리든, 아니면 아브라함의 종교를 폐기하는 것이 가장 확실한 처방책이 아닐까, 라는 말도 안 되는 상상을 해본다. 그만큼 팔레스타인의 평화가 우리의 긴급한 기도 제목으로 떠올랐다는 반증일 것이다. 어디서부터 어떻게 손을 대야 할지 답이 안 나온다. 수천 년 동안 쌓여 왔던 원한과 죽음의 바벨탑이 어떻게 한순간 사라질 수 있겠나. 우리에게는 전쟁의 시간만큼이나 오랜 사죄와 용서와 화해의 시간이 필요할지 모른다.

신을 예루살렘에, '알-아크사'에, 자신들이 만든 성전 안에, 인간의 언어와 생각의 틀 안에 가두어 왔던 종교와 자신들의 카테고리 안으로 들어오지 못하는/않는 존재들에 대한 혐오와 적대의 오래된 관성이 이번 사태를 낳았다. 신은 시온에 없다. 신은 당신이 임재할 그곳을 스스로 결정하는 분이기 때문이다. '신이 하늘에 계시다'는 그런 뜻으로 읽어야 한다.

또한 신은 "모든 것 위에 계시고 모든 것을 통하여 계시고 모든 것 안에 계신 분이다."(엡 4:6). 이 말은 인간의 마음대로 신을 가둘 수 없다는 선포임과 동시에 신을 인간의 카테고리 안으로 가두려는 욕망에 대한 경고의 메시지다. 하느님은 이 땅 위의 특정한 장소, 사물, 언어 안으로 가둘 수 없는 분이고, 신은 바람과 같아서 보이지 않고, 어디에서 와서 어디로 가는지 모르는 분이다. 이런 신을 소유했다고 착각하는 종교들이 (신의 이름을 빌려) 벌이는 만행을 보면서 신은 다음과 같은 말로 그들과의 수직적인 단절을 선언한다. '너희의 손에는 피가 가득하다. 너희들이 드리는 예배는 받지 않겠다'(이사야 1장).

마지막으로 분명히 우리가 인지해야 할 것은 지금까지 언급한 모든 내용들이 우리와 상관이 없지 않다는 점이다. 멀리 떨어져 있는 이스라엘과 하마스 사이에 발생한 사건을 강 건너 불구경하듯 바라보거나 축소시키면 안 된다. 모든 종교인들은 자신들의 신앙 패턴이 금번 살육과 이어져 있지 않은지 돌아봐야 할 것이다. 특별히 성조기와 이스라엘 국기를 들고 광장으로 나와 온갖 혐오 발언를 일삼는 일부 한국 개신교인들의 행태가 대표적이다. 한국 현대사에서 나타났던 서북청년단으로 대변되는 기독교 우파들의 만행과 거기에서부터 지금까지 이어지는 극우 개신교도들의 광기는 이스라엘의 가자 지구를 폭격하고 학살하는 그것과 결코 다르지 않다. 우리가 과연 가자 지구 대학살로부터 자유롭다고 말할 수 있을까. 우리도 공범이다! 이런 회개와 반성으로 이번 사태를 바라보면서 대외적으로 팔레스타인의 평화를 위한 전 지구적 연대를 도모하고, 내부적으로는 우리 안의 종교적 광기와 파시즘에 대한 논의를 본격적으로 시작해야 할 것이다.

동성애 혐오에 반(反)하다

'소돔과 고모라' 전복적 읽기

문제적인 '소돔과 고모라' 이야기

동성애 반대를 하는 사람들이 그들의 주장을 뒷받침하기 위해 동원하는 성서의 구절은 손으로 꼽을 수 있다. 창세기 19장(소돔과 고모라), 레위기 18:22, 레위기 20:13, 로마서 1:27, 고린도전서 6:9-10, 디모데전서 1:10, 히브리서 13:4 등이다. 그중 소돔과 고모라에 대한 이야기는 성서에 나와 있는 동성애를 반대하는 가장 강력한 근거로 동원되는 기사이다.

또한 소돔을 향해 뒤돌아본 롯의 아내 이야기는 여성의 어리석음과 나약한 믿음을 이야기할 때 일부 보수적인 목사들이 종종 인용하는 구절이기도 하다. 롯과 롯의 두 딸이 소돔을 무사히 빠져나온 후에 롯과 두 딸 간의 근친상간이 발생한다(창19장 후반). 큰 딸과 관계해서 낳은 자손으로부터 모압 가문이 나왔고, 작은 딸과 관계해서 낳은 후손으로부터 암몬 족속이 나오는 것으로 롯의 이야기는 마무리된다. 롯을 둘러싼 서사가 끝나고 창세기 20장으로 넘어가면서 아브라함의 이야기로 다시 돌아가 21장에 가서 이삭이 태어나는 내용으로 화제가 전환된다.

창세기는 아브라함-이삭-야곱-요셉으로 이어지는 4대에 걸친 아브라함 가문의 이야기이고, 이 혈통은 다윗으로, 그리고 최종적으로 예수로 이어지는 그리스도교의 메인 라인, 즉 상층부의 역사를 담당하게 된다. 롯 이야기는 아브라함이 이삭을 얻기 전에 삽입된 내용으로 갑자기 훅 들어온 느낌이 있는데, 이스라엘과 악연이 있는 암몬과 모압에 대한 기원 서사로서 롯의 이야기가 위치한다고 볼 수 있다. 소돔과 고모라와 관련된 이야기는 이런 롯 설화 중 뜬금없이 들어온 에피소드라 할 수 있다.

좀 더 부연하면, 학자들은 창세기 19장 롯의 이야기는 21장에 나오는 아브라함-이삭으로 이어지는 유대 주류 혈통의 순수성을 돋보이게 하기 위한 구성이 아니었을까 추측한다. 이스라엘 주변에서 이스라엘과 갈등과 긴장의 관계에 있는 이방신을 섬기는 모압과 암몬이 두 딸과 근친상간을 한 롯의 후손이라는 점을 부각시키기 위한 장치로 롯의 이야기와 그와 연관된 소돔과 고모라 이야기가 삽입되었다는 것이다. 그러면서 다음 장에 나오는 이삭의 탄생을 돋보이게 하기 위한 문학적 배열이 완성된다.

이 장에서는 롯의 이야기를 둘러싼 구약 성서의 편집사적 논쟁에 대해서 다루지 않는다. 필자가 의도하는 것은 소돔과 고모라에서 벌어졌던 사건에 대한 다시 읽기를 통해 1) 소돔과 고모라에 가해진 동성애 관련 루머를 밝혀내는 것, 2) 탈출 도중 뒤를 돌아봐서 돌이 된 롯의 아내에 대한 오명을 씻어 내는 것이다. 그 과정을 통해 한국 보수 개신교도들이 동성애 혐오를 강화하는 데 도구로 쓰는 소돔과 고모라에 대한 기존의 해석을 해체하고, 한국 개신교에서 여성 비하의 근거로 소환되는 어리석은 롯의 아내에 대한 전복적 성서 해석을 제시하는 것, 그것이 내가 이 글에서 의도하는 바이다.

성서는 동성애를 혐오하나?

소돔과 고모라를 생각할 때마다 떠오르는 '나쁜 짓'이 있다. 그것은 동성애다. 그런데 정말 소돔과 고모라에서 벌어졌던 나쁜 짓이 동성애였을까, 하느님은 정말로 그것 때문에 유황과 불로 소돔과 고모라를 멸망시켰나? 그것이 아니라면, 정말로 소돔과 고모라에서 일어났던 나쁜 짓은 무엇이었나? 동성애를 반대하는 개신교도들에게 소돔은 동성애를 범한 죄악과 심판의 도시로 각인되어 있다. 소돔에서 유래한 "소도미(sodomy)"는 이성 혹은 동성 간 성적 교제에서 승낙 없이 강제로, 특히 항문 성교로 강간하는 것을 가리킨다. 그런데 이것은 후대에 형성된 동성애를 둘러싼 위악적인 이데올로기일 확률이 높다. 왜냐하면 정작 성서의 기록들, 예를 들어 예수님이나 구약 시대 예언자들이 소돔 혹은 소돔과 관련된 이야기를 거론할 때 동성애와 관련된 죄를 언급한 적은 한 번도 없기 때문이다.

에스겔서(16:49-50)는 소돔에서 일어났던 죄를 다음과 같이 기록한다. "양식이 많아서 배부르고 한가하여 평안하게 살면서도 가난하고 못 사는 사람들의 손을 붙잡아 주지 않았다." 즉 소돔이 저지른 죄는 엄청난 부와 안락을 가난하고 불쌍한 사람들과 나누지 않은 것이고 그것이 하나님을 진노하게 한 것이다. 최종적으로 에스겔은 "내가 그것을 보고는 그들을 없애 버렸다"라고 적었다.

이사야 1장 10-17절에서도 소돔과 고모라가 언급되고 있다. "너희 소돔의 통치자들아! 주님의 말씀을 들어라. 너희 고모라의 백성아! 우리 하나님의 법에 귀를 기울여라"(사 1:10). "너희가 팔을 벌리고 기도한다 하더라도 나는 거들떠보지도 않겠다. 너희가 아무리 많이 기도를 한다 하여도 나는 듣지 않겠다. 너희의 손에는 피가 가득하다"(사 1:15). "내가 보는 앞에서 너희의 악한 행실을 버려라. 악한 일을 그치고 옳은 일을 하는 것을 배워라. 정의를 찾아라. 억압받는 사람들을 도와주어라. 고아의 송사를 변호하여 주고 과부의 송사를 변론하여 주어라"(사 1:16-17). 소돔이 저지른 죄가 무엇이라는 것인가? 억압받는 사람들, 타자와 약자를 보살피는 것이 정의인데 그 정의를 실현하지 않은 것이 죄악이라는 말이다. 예레미야 애가(4:4) 역시 동일하게 소돔의 죄를 다음과 같이 밝힌다. "젖먹이들이 목말라서 혀가 입천장에 붙고, 어린 것들이 먹을 것을 달라고 하여도 한 술 떠주는 이가 없구나."

지금까지 구약 성서 예언서에 등장하는 소돔과 관련된 기사들을 살펴보았다. 공히 그것들이 주목하고 있는 소돔의 죄는 동성애가 아니었다. 약자의 편에 서지 않고 현실의 논리. 맘몬의 논리에 영합하여 살아가는 삶의 방식과 태도가 죄악인 것이다. 예수 역시 소돔과 고모라, 그리고 동성애를 죄악시하는 내용의 발언은 하지 않았다.

누가복음에 보면 예수가 롯의 아내에 대해 언급한 구절이 있는데 그 내용은 다음과 같다. "롯이 소돔에서 떠나던 날에 하늘에서 불과 유황이 쏟아져 내려서 그들을 모두 멸망시켰다. 인자가 나타나는 날에도 그러할 것이다. 그 날에 지붕 위에 있는 사람은 자기 물건들이 집 안에 있더라도, 그것들을 꺼내려고 내려가지 말아라. 또한 들에 있는 사람도 집으로 돌아가지 말아라. 롯의 아내를 기억하여라"(눅 17:29-32). 예수가 소돔의 이야기를 하면서 롯의 아내를 인용한 이유는 마지막 날에 사람들이 어떻게 행동해야 할 것인지에 대한 행동 원칙을 말하기 위함이지, 동성애에 대한 죄를 말하기 위함이 아니다. 마지막 날에는 뒤를 돌아보지 말 것, 즉 현실의 원칙과 욕망에 미련을 갖지 말라는 것이다. 현실과 과거에 미련을 갖는 사람은 도래할 하느님 나라의 주인공이 될 수 없다는 뜻으로 읽을 수 있는데 그때 소환한 인물이 바로 롯의 아내이다. 결론적으로 예수도 소돔에 대한 이야기를 할 때, 롯에 대한 이야기를 할 때, 동성애는 염두에 두지 않았다.

이렇듯 성서는 소돔과 고모라 이야기를 거론할 때 우리의 예상과는 달리 동성애 혐오를 취급하지도, 관심을 갖지도 않는다. 오히려 소돔과 고모라가 저질렀던 죄악은 나그네와 고아와 과부를 살피고 환대하라는, 타자와 약자에 대한 관심과 배려를 베풀라는 율법을 어기고 두 나그네를 환대하지 않고 해코지하려고 했던 것이고, 집으로 득달같이 달려온 동네 남자들과의 거래를 위해 여성(두 딸을)을 내주면서 이런 말을 한 것이다. "이보게 나에게 남자를 알지 못하는 두 딸이 있네. 그 아이들을 자네들에게 줄 터이니, 그 아이들을 자네들 좋을 대로 하게. 그러나 이 남자들은 나의 집에 보호받으러 온 손님들이니까, 그들에게는 아무 일도 저지르지 말게."(창 19:8). 이 대목에서 소돔과 고모라의 문제는 동성애의 문제에서 페미니즘 문제로 넘어온다.

　나는 소돔과 고모라에서 동성애가 일어났는지 안 일어났는지는 모르겠으나, 설사 일어났다고 해도 자기 딸을, 여성을 남성들 사이에서 발생한 문제의 해결을 위해 한 치의 망설임 없이 내주는 그 짓이 더 큰 죄악이라고 생각한다. 하느님이 소돔과 고모라에서 저질러진 죄악 때문에 유황과 불을 내려 망하게 했다면, 가장 확실하게 성서에 기록된 소돔의 죄악은 여성을 문제 해결을 위한 성적 도구와 거래의 대상으로 취급했다는 것이다. 그러니 소돔과 고모라 본문을 가지고 동성애 혐오를 조장하는 자들이 있다면, 제발 이 본문을 가지고 문제를 호도하지 말기를 바란다. 왜냐하면 그것이 바로 성서의 권위를 무너뜨리는 행위이고, 그것이야말로 신성을 모독하는 죄악이기 때문이다.

　지금까지 소돔과 고모라 하면 동성애를 떠올리는 것이 얼마나 비성서적이고 반그리스도교적인지에 대해 살펴보았다. 이제부터는 '돌아보지 마!'라는 제목으로 롯의 아내에 대한 변호를 도모할 것이다. 소돔과 고모라를 탈출하면서 뒤를 돌아보는 바람에 롯의 아내가 소금 기둥이 되었다는 구절은 여성을 어리석고 과거에 사로잡혀 미래로 나가지 못하는 미련하고 무능한 존재로 묘사할 때 자주 인용된다. 과연 그럴까?

이야기의 원형: '그건 너!' & '돌아보지 마!'

종교학이나 신화를 공부하는 사람들에게 물어보면 지역을 떠나 각종 신화에 등장하는 공통적인 요소가 있다고 한다. 심리학을 연구하는 사람들은 인류가 가진 집단 무의식이라 말할 것이고, 문학을 공부하는 사람들은 이것을 '이야기의 원형'이라고도 부를 것이다. 첫 번째가 "그건 너!"이다. 오이디푸스 콤플렉스로 유명한 오이디푸스가 대표적이다. 아버지를 죽인 사람을 찾아 떠나는데 결국 자기가 그 범인인 것으로 밝혀진다. 창세기 선악과 이야기도 "그건 너!"와 관련이 있다. '네가 어디 있느냐? 네가 벗었다는 것을 누가 일러 주더냐?'라고 하나님이 아담에게 묻는 대목이 있다. 그러자 아담이 '그 여자가 그랬습니다'라고 핑계를 댄다. 하지만 정말 하와가 문제였을까? 결국 아담이 한 것이었다. 뱀이 하와를 꼬실 때 현장에 아담이 있었다. "여자가 그 열매를 따서 먹고, 함께 있는 남편에게도 주니, 그도 그것을 먹었다"(창 3:6)라고 적혀 있는 것을 보면 아담 역시 공범이었다. 아담이 여자에게 핑계를 돌리는 모습을 보고 신이 했을 말이 있다면 '그건 너!'가 아닐까. 많은 종교들에서 전하는 깨달음은 모든 문제의 시작은 나이고, 그 문제의 실마리 역시도 나임을 분명히 한다.

첫 번째 이야기의 원형이 "그건 너!"라면, 두 번째로 다룰 이야기의 원형은 "돌아보지 마!"이다. 롯의 아내와 연관된 내용이다. 일본의 미야자키 하야오는 우리에게 널리 알려진 애니메이션 감독이다. 〈미래소년 코난〉(1978), 〈이웃집 토토로〉(2001), 〈하울의 움직이는 성〉(2004), 〈바람의 계곡 나우시카〉(2000) 등의 작품들을 남겼다. 미야자키 하야오의 작품들에는 기술의 발전, 혹은 핵전쟁 이후 디스토피아적인 세상에 대한 풍경이 영화 전반을 장식한다. 자연과 인간, 인간과 기술, 인간과 문명 간의 갈등이 주된 소재이지만 그의 영화는 선악 이분법이나 교훈적 결말을 담지는 않는다. 권선징악적인 결론이 아니라 화해와 공생, 환대를 이야기하기에 지금도 많은 사람들에게 공감을 선사한다.

'돌아보지 마!' 주제와 관련하여 나는 하야오 감독의 〈센과 치히로의 행방불명〉(2002)을 소개하고자 한다. 열 살의 소녀 치히로와 그의 가족들은 이사 가던 중 길을 잘못 들어 묘령의 터널을 지나게 된다. 치히로는 이상한 분위기를 느끼고 돌아가자고 조르지만 부모는 아이의 말을 듣지 않는다. 낯선 곳에 차려진 음식을 먹던 치히로의 부모는 돼지로 변해 버리고 터널을 통과한 후 당도한 공간은 기상천외한 일들이 벌어지는 신들의 세계다. 그곳에서 엄마와 아빠를 정상적으로 되돌려 다시 터널을 통과해 인간의 세계로 돌아가기 위해 치히로가 겪는 모험담이 〈센과 치히로의 행방불명〉의 내용이다. 천신만고 끝에 돼지가 된 부모를 구출해 돌아가던 소녀 치히로는 바깥세상을 나가는 통로에 놓인 터널을 지나는 동안 "결코 돌아봐서는 안 된다"는 말을 듣는다. 무사히 뒤를 돌아보지 않고 다시 원래 있었던 그곳으로 돌아오고 영화는 결말을 맞는다.

그리스 신화의 오르페우스 이야기는 "돌아보지 마!"를 대표하는 원형이라 할 수 있다. 저승까지 찾아가 아내(에우리디케)를 구해 내는 데 성공한 오르페우스에게 주어진 금기가 있었다. 저승을 빠져 나올 때까지 절대로 뒤돌아보지 말라는 것이다. 그러나 오르페우스는 아내 손을 잡고 빠져 나오다가 그녀를 보고 싶은 마음에 그만 뒤를 돌아보고 만다. 이로 인해 아내를 데려오는 일은 마지막 순간 실패로 돌아가고 말았다. 이렇듯 금기를 깨고 뒤돌아보았을 때 돌이나 소금 기둥이 되는 이야기는 도처에 널려 있다. 구약 성서에 있는 롯의 아내 이야기도 마찬가지다. 그런데 이상하지 않은가? 어찌하여 이토록 다양한 문화와 시대 속에서 왜 그토록 많은 "돌아보지 마!"를 주제로 한 이야기들이 존재하는 것일까. 그것은 혹시 우리 삶의 어느 한 단계에서의 마무리와 다른 단계로의 고양이 결국 지나간 시절에 대한 미련과 회한을 떨쳐 버릴 때야 비로소 훈장처럼 주어지는 것이라는 사실을 인류는 경험을 통해 체득하고 있기 때문은 아닐까, 라는 생각이 들었다.

그리스 신화에 나오는 오르페우스처럼, 〈센과 치히로의 행방불명〉에 나오는 치히로처럼, 창세기에 나오는 롯의 아내처럼, 인간은 새로운 단계로 넘어갈 때는 통과 의례를 거쳐야 한다. 그때마다 우리는 망설인다. 그리움 때문이든 두려움 때문이든, 후회 때문이든 미련 때문이든 간에 지나온 시간을 되돌아볼 때마다 우리들에게는 셈해야 하고, 정리해야 하고, 화해하고 풀어야 할 것들이 많이 등장한다. 어쩌면 주인공들이 뒤돌아보는 바람에 생겼다는 소금 기둥과 바위는 그 감정의 찌꺼기들이 쌓이고 쌓인 퇴적물들 아닐는지. 과거의 그것을 가지고는 미래를 향해 떠날 수 없다는 사실을 "돌아보지 마!" 설화들은 말하고 있는 것이 아닐까.

결국, 우리가 인생을 살아갈 때 명심해야 할 사실은 '가산의 철학'이 아니라 '감산의 철학'이다. 살다가 획득한 명성과 부와 권력, 기억과 애착과 미련을 어떻게 한껏 지고 나가느냐가 아니라, 그것들을 어떻게 적당히 삭제하면서 털어 내고 가느냐에 따라 인생의 다음 단계 성패가 달려 있다. 그러니 여러분, 아무리 마음이 아파도 뒤돌아보지 마십시오. 정말로 뒤돌아보고 싶다면 산에 다 올라가서, 아니면 터널을 완전히 통과한 후에 돌아보십시오. 이것이 롯의 아내 이야기가 주는 교훈이다. 그런데 자꾸 롯의 아내가 나에게 말을 걸어오는 것 같고, 시비를 걸어오는 것 같은 느낌적인 느낌이 든다. 네가 뭘 안다고, 네가 그곳에서 무슨 일이 벌어졌는지 알기나 하니? 내가 왜 돌아봤는지 내 이야기를 좀 들어봐 달라고 지금 롯의 아내가 말하는 것 같다.

왜 내가 뒤를 돌아보았나?

미국에서 박사 과정 세미나 때 들었던 수업 중 Biblical Hermenut-ics(성서 해석학) 시간에 있었던 일이다. 여러 가지 성서 비평 방법들, 전통적인 역사 비평부터 (탈)구조주의, 해체주의, 포스트모던, 포스트콜로니얼, 페미니즘, 우머니스트, 퀴어, 해방 신학, 흑인 신학 등 여러 관점으로 성서를 읽는 방법을 그 시간을 통해 접했다. 마지막 과제는 그동안 배운 것을 바탕으로 본문을 정하고, 각자가 자신이 택한 방법론으로 택한 본문을 새롭게 바라보고 수업 마지막 날에 자기가 쓸 기말 페이퍼에 대한 프리젠테이션을 했다.

인도에서 온 학생이 있었는데 그는 포스트콜로니얼적인 관점으로 소돔과 고모라를 해석하면서 인도의 에큐메니컬 운동가 스탠리 사마르타의 시를 낭독하였다. 사마르타는 WCC의 "이웃 종교와의 대화"에 적극적으로 참여했던 인물이었고, 이 시는 그가 어느 회의석상에서 발표했던 글이라고 했다.

왜 내가 뒤를 돌아보았나? (Stanley J. Samartha)

나는 어젯밤 우리 집에 온 두 나그네가 무서웠다. 그들이 말하기를 "우리"는 좋은 사람이지만, "저들" 우리의 이웃은 나쁘다고 했다. 롯은 기뻐서 그들에게 크게 "나마쎄"(환영)했더니 그들은 잔치를 베풀어 달라고 했다. 롯은 그들이 천사들이라고 했지만, 나는 그들이 무서웠다. 그들의 얼굴은 냉담하고, 눈길은 사납고, 화가 잔뜩 난 눈치였다.

왜 내가 뒤를 돌아보았나?

나는 롯에게 화가 났다. (동네)남자들이 우리 집을 포위하고 그 나그네들을 내어놓으라고 했을 때, 롯은 우리의 처녀 딸들을 내주었다. 그러나 두 딸은 모두 약혼을 했었다. 나는 대단히 화가 났고, 분노했다. 나는 딸들을 뒤쪽 창고에 급히 숨겼다. 나는 그들을 지키며, 죽을 각오를 했다. 저 남자들이 남자 나그네들을 원하는데, 어째서 우리 딸들을 내어주는가? 왜 롯 자신이 가지 않고? 왜, 그 천사 둘이 가지 않고? 그게 천사의 일일 텐데.

왜 내가 뒤를 돌아보았나?

내 이웃들이 거기 있기 때문이야. 내가 첫아이를 낳으며 진통할 때, 여자들이 거기 있었어. 내 손을 잡아 주고, 이마의 땀을 닦아 주고, 마실 물을 주었어. 그리고 아기를 낳았을 때, 목욕을 시켜서 내 젖을 물려 주었어. 그런데 롯은 어디 있었지? 밭에 나가서 하느님께 기도나 하고 있었겠지.

왜 내가 뒤를 돌아보았나?

나의 사람들이 거기 있기 때문이야. 작은 딸 아이가 돌부리에 발을 치어서 발톱이 부러졌을 때, 내 이웃이 짓이긴 풀잎을 가져와서 약을 만들어 주었어. 딸이 눈물 사이로 미소를 지었어. 그런데 롯은 어디 있었나? 밭에 나가서 하느님께 기도나 하고 있었겠지.

왜 내가 뒤를 돌아보았나?

나의 자매와 형제가 거기 있기 때문이야. 나와 남편이 열병에 걸려 거동을 못한 채 신음하고 있을 때, 사흘 동안 물 한 방울도 없고 아이들은 울고 있을 때, 나의 형제와 자매들은 십 리나 걸어서 물을 길어다가 우리에게 나누어 주었지.

왜 내가 뒤를 돌아보았나?

왜냐하면, 이웃을 팽개치고 나 혼자 구원받는 것보다 그들과 함께, 그들과 더불어 그곳에 있어야 되는 것이 맞지 않나. 비록 내가 함께 죽더라도 말이야.

에필로그

롯의 아내는 왜 뒤를 돌아보았을까? 나 혼자 살겠다고, 우리 가족만 살겠다고 달아나는 스스로가 부끄러웠던 것 아닐까. 소돔에 남겨진 사람들에게 너무 미안하고 면목 없었던 것이다. 이것을 어떻게 여성의 어리석음이고 불신앙이라 말할 수 있나. 나는 오히려 이 장면이 셈하여지지 않은 채 죽어 가는, 목소리가 들리지 않은 채 사라져 가는 생명에 대한 안타까움에 몸부림치는 인간의 양심을 대변하는 것으로 보인다. 이런 이유로 나는 본인만큼은 그 아픔에 동참하겠노라고 다짐하고 결연히 탈주하는 대열에서 이탈하여 뒤를 돌아본 롯의 아내의 행위가 오히려 경외스럽다.

나는 그 순간에 오히려 (불경한 해석인지 모르겠으나) 역설적으로 롯의 아내에게 구원이 임했다고 본다. 유황불에 죽어 가던 소돔의 사람들은 비참한 자신들의 최후를 돌아봐 준 롯의 아내와 눈이 마주친다. 소돔의 사람들은 불에 타서 죽어 가고 롯의 아내는 서서히 돌덩이로 변해 죽어 가면서 서로를 바라보는 광경을 상상해 보라. 구원의 대상에서 제외된 자신들을 위해 뒤돌아봐 준 롯의 아내 덕에 그들의 최후는 다소나마 외롭지 않았을 것이다. 나는 소돔과 고모라 이야기가 동성애 혐오의 근거가 아니라, 절망과 비참의 나락으로 떨어지는 인간을 향한 태도와 자세에 대해 성찰하게끔 하는 본문이라고 생각한다.

이렇듯 성서의 진리는 어느 하나의 단일한 해석 안으로 갇히면 안 된다. 어쩌면 성서가 전하는 진리는 우리들 각자가 성서를 읽고 느끼는 것 사이 어딘가에 존재하는 것인지 모른다. 그럼에도 불구하고 역사 속에서 등장했던 교회의 권력은 성서에 드리워져 있는 진리의 그림자를 없애고, 온갖 자기 동일성의 논리로 성서의 진리를 왜곡하였다. 그렇게 변질된 성서의 메시지는 혐오의 메커니즘을 생산하는 데 악용되었다. 차별과 배제, 폭력과 응징을 정당화하는 도구로 성서를 사용한 예는 무수히 많다.

대표적인 것이 이교도 혐오, 동성애 혐오, 여성 혐오라 할 수 있을 것이다. 멀리 가지 않고 우리 사회만 봐도 이슬람 혐오, 빨갱이 혐오, 동성애 혐오, 여성 혐오, 장애인 혐오, 중국 혐오 등의 이름으로 혐오의 메커니즘은 강하게 작동하고 있고, 그들의 뒷배에는 어김없이 성서의 진리를 잘못 해석한 한국의 대형 보수 교회가 있다. 오늘 다룬 소돔과 고모라 이야기, 그리고 롯의 아내 이야기는 대표적으로 잘못 알려진 반동성애, 반페미니즘 관련 성서 구절이다. 성서는 그렇게 말하지 않았다.

안온 무해한 시대,
응원봉 세대에게 띄우는 전태일의 편지[1]

1970년에 제가 이 땅에서 사라졌으니 벌써 50년 넘게 세월이 흘렀네요. 노동자 전태일을 회고하는 일이 계속 이어지는 것은 (저로서는) 감사한 일이기는 하나 다소 민망한 일이기도 합니다. 제가 살던 50년 전에는 노동이 과잉이었던 시절이었습니다. 반면, 21세기 중반을 향해 가는 오늘의 상황은 노동이 사라져 가는 시절입니다. 산업 자본주의에서 금융 자본주의로 변모하더니, 앞으로는 AI를 기반으로 하는 경제 체제로 바뀐다고 합니다. 그 과정에서 인간이 하는 노동은 점점 축소될 것입니다. 이런 현실 속에서 공장에서 하루 종일 노동했던 50년 전 인물인 전태일을 기억하면서 노동은 숭고하고 가치 있다고 말하는 것이 얼마나 설득력이 있을지는 잘 모르겠습니다. 노동에 대한 뭔가 다른 감각과 이해가 필요한 시기를 지나고 있다고 봅니다. 사족이 길었네요.

청년들이 매년 이맘때 저를 기억하는 예배를 드리는 것에 대해 감사하게 생각하고 있었습니다. 그래서 이 시간에는 그동안의 여러분의 수

---

1. 필자가 담임 목사로 시무하는 한백교회는 청년부 주관으로 매년 11월 둘째 주일을 전태일 기억 주일로 드린다. 이 글은 2024년 한백교회 전태일 주일 때 발표한 글을 수정한 것이다. 전태일이 화자가 되어 응원봉 세대로 상징되는 오늘의 청년들에게 전하고 싶은 말을 이 책의 에필로그로 대신한다.

고에 대한 고마움을 표하고, 요즘 제가 하는 생각들, 특별히 21세기 노동이 사라져 가는 세상에서 살아가는 한백 청년들을 비롯한 이 땅의 젊은이들에게 평소에 하고 싶었던 말을 잠시 전하고자 합니다. 노동의 가치가 구시대의 유물이 되어 버린 현시대를 향한 어느 늙은 노동자의 넋두리라 생각해 주십시오.

인간은 소비를 통해 본인의 계급을 증명합니다. 우리 시대에는 촌스럽게 비싼 차, 평수 큰 아파트를 과시하고, 롤렉스 같은 명품 시계와 보석을 주렁주렁 매달고 다니면서 자신들의 계급을 뽐냈습니다. 하지만 요즘 청년들은 다른 것 같습니다. 우리 세대보다 명시적이지 않게 본인들의 계급을 드러내 보입니다. 예를 들면 이런 것입니다. 공정 무역 커피를 마시고, 비건 음식을 먹고, 대중들은 모르는 나만의 음악과 영화를 즐기고, 반려견/반려묘 돌봄에 많은 비용을 지불하거나 혹은 필라테스를 하는… 뭔가 힙하게 소비를 하는 것입니다.

아마 한백을 비롯한 진보적인 청년들이 지니는 소비 패턴이 이렇지 않을까, 라는 생각을 조심스레 해봅니다. 우리 세대가 현재 자신이 위치하고 있는 계급을 증명하려 했다면, 여러분들은 자신들이 추구하는 계급에 대한 욕망을 전시하는 세대 같습니다. 그 계급이 뭔지는 잘 모르겠어요. 오늘 하고 싶은 이야기가 이것입니다. 2025년을 살아가는 청년들이 지닌 계급 의식! 그것을 알아야 비로소 노동의 문제로 들어갈 수 있다고 보기 때문입니다.

좀 더 이에 대해 묘사하면(이건 어디까지나 저의 인상 비평이라는 점을 감안하기 바랍니다), 여러분들은 페이스북보다는 인스타나 트위터를 즐기는, 지적 호기심과 성취욕이 강한 분들입니다. 페미니즘-퀴어 프렌들리-생태주의를 표방하고 마포나 그 주변에 살거나 마포 거주를 꿈꾸는 진보적 성향의, 윤석열은 분명 싫어하지만 그렇다고 이재명을 마냥 좋아할 수도 없는 그런 취향의 청년들이죠. 저의 생각이 대충 맞나요? 제가 너무나 감사하게 생각하는 것은 그런 여러분들이 교회를 다닌다는 점입니다. 보통 이런 청년들은 교회에 소속되는 것을 거부합니다. 이런 청년들이 왜 시대에 뒤떨어진 교회를 다닙니까? 그렇다고 볼 때 한백이 이상한 교회이거나, 아니면 여러분들이 이상한 청년들이거나 둘 중 하나가 아닐까 싶습니다. (웃음)

근래 여러분들 같은 MZ 세대를 설명하면서 '안온 무해한 존재'라는 표현을 쓴다고 합니다. 여러분들 들어보셨는지 모르겠어요. 아주 교묘한 말이라는 생각이 우선 들었습니다. 예전에는 도식적으로 '부자-중산층-가난한 자'로 계급을 나누었죠. 현재는 중산층이 몰락했고, 대부분의 가난한 자와 일부 극소수의 부자들로 양분되는 상황입니다. 그런데 이상하지 않나요. 이렇게 천지개벽할 일이 벌어졌는데 너무나도 조용하고 아무런 일도 일어나지 않습니다. 분명 불평등한 세상이 되었는데 불평등이 안 보이는 것처럼, 마치 없는 것처럼 모두가 행동을 합니다. 그래서 '안온하고 무해한 존재'라는 이름이 붙여진 것이 아닌가 생각됩니다.

돌이켜 보면 사회는 늘 불평등의 연속이었고, 역사는 그것을 타파하려는 투쟁의 역사였습니다. '안온 무해한 존재'는 그런 역사와 의식적으로 거리 두기를 하는 주체의 다른 이름이 아닐까요. 그것을 추동하고 승인하는 세력이 바로 자본입니다. 신자유주의 체제가 우리를 '안온 무해한 존재'에 머물러 있으라고 위치 짓기 한 것입니다. 환경 단체와 장애인 인권 단체에 기부하고, 젠더적 감수성과 개방성에 가치를 부여하는 우리들! 길고양이를 잘 보살피고, 소수자의 인권에 신경 쓰면서 우리는 나의 정체성과 당위성을 획득하려고 애씁니다. 그것이 나의 자리에서 할 수 있는 나름 악에 대항하면서 정의롭게 살고자 하는 행위라고 믿기 때문입니다. 그런데 그 결과 얻어진 나의 정체성이 '안온하고 무해한 존재'인 셈입니다. 뭔가 억울한 면이 있습니다. 우리는 한다고 하는데, 우리는 그래도 발버둥 치고 있는데 왜 이런 일이 발생하는 걸까요. 현 상황에 대한 판단 중지가 요청되는 대목입니다.

곰곰이 생각하다가 이런 생각이 들었습니다. 혹시 우리들의 안온하고 무해한 결정과 행동이 누군가의 시선에서 볼 때는 기득권을 가진 사람들이 누리는 특권일 수 있다는 점입니다. "저는 페미니즘, 퀴어, 에콜로지, 포스트 담론들에 대해 잘은 모르지만 저의 짧은 지식으로 말해 보자면…"으로 시작하는 우리들의 말투가 평생 노동자로 살다 죽은 제가 볼 때는 특권입니다. 굳이 푸코를 들먹이지 않아도 언어를 가지고 자기의 생각을 표현할 수 있다는 것이 얼마나 큰 권력인지 여러분도 잘 아시지 않습니까.

제가 볼 때, 여러분들은 스스로가 지각하는 것보다 가진 것이 많습니다. 내가 가진 것을 인정하고 긍정하는 것으로부터 무언가를 시작할 수 있는데, 우리 사회는 그런 생각을 할 수 있는 분위기가 아닙니다. 모두가 나는 부족하다고 가난하다고 느낍니다. 심지어 재벌들도 내가 가진 것이 없다고 말하는 세상 아닙니까. 내가 지금 갖고 있고 누리고 있는 것을 생각하면 사실 안 가졌다고 할 수 없는데 습관적으로 우리는 가난을 참칭하고, 가난을 연민합니다. 설마 자본이 가난까지도 빼앗아 간 것이 아닌가 하는 생각이 들기도 합니다. 박완서의 소설 제목처럼 우리 사회에서 가난은 '도둑맞은 가난'입니다.

저는 또 이런 생각도 해봅니다. 혹시 우리의 안온하고 무해한 결정과 행동이 '절대악'으로부터 멀어지려는 시도, 혹은 '절대악'과 대면하지 않겠다는 무의식의 발로가 아닐까 하는 점입니다. 우리가 뭘 해도 세상이 바뀌지 않잖아요. 혹시 우리가 하는 그 일들이 — 공정 무역 커피를 마시고, 비건 음식을 먹고, 대중들은 모르는 나만의 음악과 영화를 즐기고, 반려견/반려묘 돌봄에 많은 비용을 지불하면서 필라테스하는… 환경 단체와 장애인 인권 단체에 기부하고, 젠더적 감수성과 개방성에 가치를 부여하고 소수자의 인권에 신경 쓰는 — 세상을 바꾸는 것과는 하등의 관계가 없는, 오히려 현 시스템을 강화하는 기제는 아닐는지요. 우리 사회 문제의 중핵으로 들어가고 그것과 대면해야 하는데 왠지 공회전만을 계속하고 있다는 느낌적인 느낌이 드는 것은 저만의 생각일까요. 그래서 체제와의 수직적 적대를 선언해야 하는 시기를 놓치고 우리의 양심의 가책을 수평적 다양성에 대한 존중으로 미화시키면서 페미와 퀴어와 생태와 비인간 존재의 숭고함을 말하고 있는 것이라면… 물론 그럴 리 없겠지만… 속이 상한 마음에 넋두리를 해봅니다.

솔직히 저는 현재 상황을 비관적으로 바라봅니다. "근로기준법을 준수하라!" 외치면서 제가 몸에 기름을 부었을 때 물론 너무나 슬프고 비참하고 고통스러웠지만, 나의 죽음 이후 수많은 전태일들이 봉기하리라 저는 믿었습니다. 비록 나는 죽지만 이제부터 조금씩 달라질 것이라고 말입니다. 그것이 일종의 희망 같은 거였냐고 저에게 묻는다면… 맞습니다. 그래도 예전에는 지금보다는 못살았지만 희망이 있었어요. 그것은 사람에 대한 희망일 수도 있고, 미래에 대한 희망일 수도 있고, 심지어 믿기지 않겠지만 교회에 대한 희망도 있었습니다.

하지만 IMF(1997) 이후 기존의 판도가 모두 흔들렸습니다. 대의와 당위, 체면 같은 것들이 그래도 우리 사회를 움직이는 근간이었다고 생각했는데 자본의 쓰나미 앞에 순식간에 추풍낙엽처럼 휩쓸려 갔습니다. 그로부터 정확히 10년 후에 펼쳐진 이명박 정권의 등장은 모든 상황을 종료시킨 사건이었습니다. BBK의 실소유주가 이명박이었음이 밝혀졌는데도 불구하고 '모두가 새빨간 거짓말입니다'라고 변명하는 이명박을 압도적인 표차로 우리는 대통령으로 선택했습니다. 그날로 대한민국은 양심과 체면을 내려놓고 오징어 게임에 몰입하기 시작했습니다. 이명박으로부터 10년 후 박근혜 탄핵으로 불거진 2017년 촛불 정국과 장미 대선이 마지막으로 분출한 희망의 세레모니이기를 바랐는데 현실은 윤석열 정부의 등장으로 마무리되었지요.

윤석렬은 본인의 임기 중간을 지나면서 계엄을 발동시키고 내란을 조장했다는 혐의를 지고 현재 권좌에서 물러나 재판 중입니다(2025년 10월 현재). 그 과정에서 국론은 분열되었고 대한민국의 헌정 질서는 유린되었습니다. 지젝의 표현처럼 '천하 대혼돈'의 시절 한가운데를 우리는 지나고 있습니다. 그럼에도 불구하고 내일은 내일의 태양이 뜨니까 청년 여러분 희망을 가지세요! 라는 말은 저는 못하겠습니다. 진정 양심적인 지식인 혹은 종교인이라면 옷을 찢으면서 우리에게 내리는 형벌을 달게 받아야 되는 것이 아닌가, 라는 생각이 드는 요즘입니다.

그래도 유일한 희망의 근거를 찾자면 장강의 뒷물결이 앞물결을 밀어낸다는 사실입니다. 자연의 이치가 그러하듯이 이전 시대의 악령과 사람들도 사라질 것입니다. 이것이 은혜라면 은혜가 아닐까 싶네요. 저는 그것을 윤석열 계엄, 내란 정국에서 벌어지는 응원봉으로 상징되는 시위 문화를 통해 느끼고 있습니다. 윤석열이 물러나고 새로운 정부가 등장해 폐습을 허물고 대한민국이 또다시 약동할 것이라는 신기루보다 지금 광장에서 형형색색으로 밝혀지는 외침과 율동들을 보면서 우리 사회가 희망을 또다시 희망할 수도 있겠다, 라는 생각을 합니다.

저는 이번(2024-25) 윤석열 탄핵·내란 정국에서 벌어지는 응원봉 집회에서 새로운 민주주의가 출현했다고 봅니다. 박근혜 탄핵 촛불 집회랑 비교해도 완전 다릅니다. 우선, 무대에서 발언하는 사람들을 교체했습니다. 장애인, 성 소수자, 20대 여성, 노래방 도우미, 대구가 고향인 20대 남자, 온갖 재난 피해자들, 국가 폭력의 희생자들, 이주민, 난민들… 그동안 공론장에서 발언권이 주어지지 않았던 사람들이 무대 위에서 대한민국의 미래와 우리 사회의 안녕에 대해 평등하게 발언하는 것을 보면서 저도 모르게 눈물이 흐르더군요. 오래전 쪽방에서

15시간 이상 일하면서 말 한마디도 못하고 피를 토하며 죽어 간 많은 동료 노동자들의 얼굴이 하나씩 스쳐 지나갔습니다. 그들이 오늘 저 무대 위에 있었더라면 어떤 말들을 했을까.

박근혜 탄핵 집회 때만 해도 저들이 말을 하려고 할 때 "다음에, 다음에…" 구호를 외치면서 발언을 못하도록 압력을 행사했던 우리들 아닙니까. 7년이 흐른 지금 분위기가 바뀌었습니다. 불행 중 다행인지는 모르겠으나 윤설열 탄핵 응원봉 집회를 계기로 87년 이후 고착화된 구도가 변하고 있다는 느낌을 받았습니다. 닫힌 진보와 닫힌 보수의 구도에서 열린 진보와 폐쇄된 극우 전선으로 재편되는 것이죠. 저는 윤석열의 제거도 중요하지만 이번에 남태령과 한강진과 광화문에서 보인 응원봉 집회가 이전의 운동과 이후의 운동을 가르는 중요한 분수령이고 새로운 진보의 판이 짜이는 전환점이 아닌가, 라는 생각을 합니다.

저는 부디 여러분들은 새롭게 짜이는 판 속에서 우리보다는 지혜롭게 잘 싸웠으면 합니다. 그리고 반드시 승리하십시오. 무엇보다 전체와 구조를 보는 시선을 갖기 바랍니다. 거대 자본이 제일 공을 들여 하는 작업이 전체를 못 보게 하는 것이니까요. 그것을 외면하면 우리처럼 당합니다. 이 사회가 어떤 구조이고, 그 구조 속에서 나는 어디에 위치하고, 내 위치에서 보고 듣는 것은 무엇인지. 결론적으로 내가 지금 나의 주변을 변화시키기 위해 무엇을 할 수 있고 그것을 위해 어떻게 사람들과 연대할 수 있을지 들여다보는 것이 필요합니다. 포기하지 않고, 할 수 있는 것은 하겠다, 라고 마음먹는 것도 중요할 것 같고요. (점점 꼰대 같은 말투로 변해 가네요. 죄송합니다.)

물론 우리가 희망하는 것들이 삶과 일상의 정치에서 꽃피우기까지는 많은 시간과 시행착오가 필요합니다. 그 과정에서 새로운 악령과 빌런들이 등장하겠죠. 하지만 그 모든 것들을 극복하면서 여러분들은 더욱 넓어지고 깊어지리라는 것을 광화문에서 넘실거리는 응원봉의 파도를 보면서 확신했습니다. 화염병의 시대를 지나고 촛불의 시대를 거쳐 응원봉의 시대에 이르러 마침내 대한민국의 민주주의는 완성되었다는 기사가 역사에 기록되기를 멀리서 두 손 모아 빕니다.

참고 문헌

강성영(2020), 「디트리히 본회퍼의 타자의 윤리의 신학적 토대와 오늘의 의미」, 『신학연구』 제76집, 101-122

강성영. 이상철(2021), 「코로나19 시대의 타자의 윤리: 본회퍼와 레비나스를 중심으로 살펴본 혐오극복의 윤리학」, 『신학사상』 제194집(가을호), 127-160.

강원돈(1992), 『物의 신학』, 서울: 한울.

강원용(1979), 『강원용전집 5: 세계를 향한 목소리』, 서울: 서문당.

강원용(1993), 『빈들에서 — 나의 삶, 한국현대사의 소용돌이 3』, 서울: 도서출판 열린문화.

강원용(1995), 『강원용전집 4: 아래로부터의 혁명』, 서울: 동서문화사.

강원용(1998), 『믿는 나 믿음 없는 나』, 서울: 웅진출판.

강원용(2003a), 『역사의 언덕에서 1』, 파주: 한길사.

강원용(2003b), 『역사의 언덕에서 3』, 파주: 한길사.

강원용(2003c), 『역사의 언덕에서 5』, 파주: 한길사.

강지희(2022), 『파토스의 그림자』, 서울: 문학동네.

고범서(1995), 『여해 강원용의 삶과 사상』, 서울: 종로서적.

권명아(2012), 『무한히 정치적인 외로움: 한국 사회의 정동을 묻다』, 갈무리.

그렌츠, 스탠리 & 올슨, 로저(1997), 신재구 옮김, 『20세기 신학』, 서울: IVP.

금주섭(2016) 엮음, 정병준 옮김, 『함께 생명을 향하여: 변화하는 세계 지형 속에서 선교와 전도 — WCC 선교 성명과 지침서』, 서울: 대한기독교서회.

길희성(2015), 『신앙과 이성 사이에서』, 서울: 세창출판사.

김건우(2014), 「한국 현대지성사에서 한신 가지는 의미」, 『상허학보』 42집 (2014), 501-531.

김건우(2017), 『대한민국의 설계자들』, 홍성: 느티나무 책방.

김경재(1990), 『씨알들의 믿음과 삶』, 서울: 나눔사.

김경재(1994), 『해석학과 종교신학』, 천안: 한국신학연구소.

김경재(1996a), 「민중신학과 종교신학의 길항성과 상보성」, 『신학사상』 93(여름).

김경재(1996b), 「문화신학과 정치신학의 상보관계에 관하여: Paul Tillich의 문화신학을 중심으로」, 『문화신학회 논문집』 제1집, 24-45.

김경재(1997), 『문화신학 담론』. 서울: 대한기독교서회.

김경재(2004), 『대승적 기독교론 서설: 울타리를 넘어서』. 서울: 유토피아.

김경재(2005), 『아레오바고 법정에서 들려오는 저 소리』. 서울: 삼인.

김경재(2014), 「한국 진보 신학의 오늘과 내일」. 『신학과 교회』 2(겨울), 111-44.

김경재(2018). 『틸리히신학 되새김』. 서울: 대화출판사.

김경재(2021), 「숨밭 김경재의 꿈, 대승 그리스도교」. 『기독교사상』 749, 76-96.

김경재(2022a). 「영과 진리 안에서: 21세기 대승적 민중 신학의 길」. 『기독교사상』 768, 95-106.

김경재(2022b). 「한국 민중사상의 맥」. 『신학과 교회』 18(겨울), 251-85.

김성호(2020), 「타자를 향한 교회: 본회퍼와 레비나스 사상을 중심으로」, 『신학사상』 제190집(가을호), 319-354

김진호 외(2006), 『죽은 민중의 시대 안병무를 다시 본다』, 서울: 삼인.

김진호 외(2013) 편저, 『21세기 민중신학』, 서울: 삼인.

김진호 외(2014), 『사회적 영성』, 서울: 현암사.

김진호(2011), 『반신학의 미소』, 서울: 삼인.

김진호(2018), 『권력과 교회』, 파주: 창비.

김진호(2020), 『대형교회와 웰빙보수주의』, 파주: 오월의 봄.

김진호(2024), 『극우주의와 기독교』, 서울: 홀가분.

김창락 외(2001), 『성서를 읽는 11가지 방법』, 서울: 생활성서.

김창주(2006), 「〈서평〉 Vaya con Dios, 성서의 새로운 이해: 주석학과 해석학의 대화」, 『신학연구』 49.

김창주(2020), 「구약성서의 구성과 그 신학적 의의」, 『신학사상』 190.

김창주(2022), 「인공지능과 구약성서: 무슨 상관이 있는가」, 『구약논단』(제28권 4호), 통권 86집, 187-214.

김홍중(2009), 『마음의 사회학』, 문학동네.

김희헌(2014), 『민중신학과 범재신론: 민중신학과 과정신학의 대화』, 서울: 너의 오월.

노우드, 도널드(2021), 한강희 옮김, 『신앙의 순례: 세계교회협의회의 역사와 주제』, 서울: 대한기독교서회.

니버, 라인홀드(2006), 이한우 옮김, 『도덕적 인간과 비도덕적 사회』, 서울: 문예출판사.

니체, 프리드리히(2005), 안성찬. 홍사현 옮김, 『즐거운 학문』(니체전집 12), 서울: 책

세상.

대화문화아카데미 편(2013), 『여해 강원용 그는 누구인가』, 서울: 대화출판사.

데리다, 자크&페라리스, 마우리치오(2022), 김민호 옮김, 『비밀의 취향』, 서울: 이학사.

데리다, 자크(1992), 박성창 편역, 『입장들』, 서울: 솔출판사.

데리다, 자크(1996), 김보현 편역, 『해체』, 서울: 문예출판사.

데리다, 자크(2004), 진태원 옮김, 『법의 힘』, 서울: 문학과지성사.

데리다, 자크(2007), 진태원 옮김, 『마르크스의 유령들』, 서울: 이제이북스.

데리다, 자크(2014), 진태원 옮김, 『마르크스의 유령들』, 서울: 그린비.

데리다, 자크(2016), 신정아·최용호 옮김, 『신앙과 지식/세기와 용서』, 파주: 아카넷.

도이처, 페넬로페(2007), 변성찬 옮김, 『How to Read 데리다』, 서울: 웅진지식하우스.

뒤르켐, 에밀(2000), 윤병철 외 옮김, 『사회학적 방법의 규칙들』, 서울: 새물결.

랍비 색스, 조너선(2022), 김준우 옮김, 『매주 오경 읽기 영성 강론: 하나님보다 앞서 걸어라』, 공양: 한국기독교연구소.

레비나스, 에마뉘엘(2013), 김도형 외 옮김, 『신, 죽음, 그리고 시간』, 서울: 그린비.

레비나스, 에마뉘엘(2019), 김성호 옮김, 『우리사이 — 타자 사유에 관한 에세이』, 서울: 그린비.

레비나스, 에마뉘엘(2020), 김도형·문성원 옮김, 『타자성과 초월』, 서울: 그린비.

레비나스, 엠마누엘(2000), 양명수 옮김, 『윤리와 무한』, 서울: 다산글방.

레비나스, 임마누엘(1996), 강영안 옮김, 『시간과 타자』, 서울: 문예출판사.

레비나스, 임마누엘(2018), 김도형 외 옮김, 『전체성과 무한』, 서울: 그린비.

로스, 케네스 R. 외(2018), 한국에큐메니컬학회 옮김, 『에큐메니컬 선교학』, 서울: 대한기독교서회.

루카치, 게오르그(1998), 반성완 옮김, 『소설의 이론』, 서울: 심설당.

룩만, 토마스(1990), 이원규 옮김, 『보이지 않는 종교』, 서울: 기독교문사.

리오타르, 장 프랑수아(2018), 유정완 옮김, 『포스트모던의 조건』, 서울: 민음사.

마수미, 브라이언(2018), 조성훈 옮김, 『정동정치』, 갈무리.

메를로 퐁티, 모리스(2002), 류의근 옮김, 『지각의 현상학』, 서울: 문학과지성사.

몰트만, 위르겐(1998), 이신건 옮김, 『나는 어떻게 변하였는가』, 서울: 한들.

몰트만, 위르겐(2017), 김균진 옮김, 『십자가에 달리신 하나님』, 서울: 대한기독교서회.

민경배 외(1983). 『한국 민중신학의 조명』. 서울: 대화출판사.

바디우, 알랭(2001), 이종영 옮김, 『윤리학』, 서울: 동문선.

바움, 그레고리(2009) 엮음, 연규홍 옮김, 『20세기 세기의 사건들과 현대신학』, 서울: 대한기독교서회.

박근원(2017). 『여해 강원용 목사 평전』, 파주: 한길사.

박명림·장훈각(2017), 『강원용 인간화의 길 평화의 길』, 파주: 한길사.

버거, 피터(2002), 김덕영·송재룡 옮김, 『세속화냐? 탈세속화냐』, 서울: 대한기독교서회.

베버, 막스(2013), 전성우 옮김, 『직업으로서의 학문』(서울: 나남출판, 2013)

벤야민, 발터(2008), 최성만 옮김, 『발터 벤야민 선집 5』, 서울: 도서출판 길.

보쉬, 데이비드(2000), 김병길·장훈태 옮김, 『변화하고 있는 선교』, 서울: 기독교문서선교회.

본회퍼, 디트리히(2010), 손규태. 정지련 옮김, 『저항과 복종』, 서울: 대한기독교서회.

불, 맬컴 엮음(2011), 이운경 옮김, 『종말론: 최후의 날에 관한 12편의 에세이』, 서울: 문학과지성사.

불, 맬컴 엮음(2012), 이운경 옮김, 『종말론 무엇이며 어떻게 볼까?』, 서울: 쿰란출판사.

브라이도티, 로지(2015), 이경란 옮김, 『포스트휴먼』, 파주: 아카넷.

비트겐슈타인, 루트비히(2006), 이영철 옮김, 『논리-철학 논고』, 서울: 책세상.

샌델, 마이클(2010), 이창신 옮김, 『정의란 무엇인가』, 파주: 김영사.

서남동(1975). 「민중의 신학에 대하여」. 『기독교사상』 203, 85-90.

서남동(2018), 『민중신학의 탐구』, 서울: 동연.

서보명(2011), 『대학의 몰락』, 서울: 동연.

서영채(2021), 『왜 읽는가』, 고양: 나무나무출판사.

소쉬르, 페르디낭 드(2012), 김현권 옮김, 『일반언어학 강의』, 서울: 지식을만드는지식.

소포클레스(2011), 김종환 옮김, 『안티고네』, 서울: 지식을만드는지식.

손규태(1998), 『개신교 윤리 사상사』, 서울: 대한기독교서회.

손화철(2020), 『호모파베르의 미래』, 파주: 아카넷.

순더마이어, 테오(1999), 채수일 옮김, 『선교신학의 유형과 과제』, 서울: 대한기독교서회.

슈메이커, 폴(2010), 조효제 옮김, 『진보와 보수의 12가지 이념』, 서울: 후마니타스.

아감벤, 조르조(2008a), 강승훈 옮김, 『남겨진 시간』, 서울: 코나투스.

아감벤, 조르조(2008b), 박진우 옮김, 『호모사케르: 주권 권력과 벌거벗은 생명』, 서울: 새물결.

아리스토텔레스(2018), 천병희 옮김, 『니코마코스윤리학』, 파주: 도서출판 숲.

안병무(1975). 「민족·민중·교회」. 『기독교사상』 203, 78-84.

안병무(1979), 「예수와 민중」. 『현존』 106, 3-18.

안병무(1990), 『민중신학 이야기』, 서울: 한국신학연구소.

안병무(1996), 『너는 가능성이다』, 파주: 사계절.

안병무 외(1982). 『民衆과 韓國神學』. 천안: 한국신학연구소.

암스트롱, 카렌(2010), 정영목 옮김, 『축의 시대: 종교의 탄생과 철학의 시작』, 서울: 교양인.

에코, 움베르토(2006), 이윤기 옮김, 『장미의 이름 II』, 파주: 열린책들.

에코, 움베르토(2008), 이윤기 옮김, 『장미의 이름 (하)』, 파주: 열린책들.

엘리아데, 미르치아(1998), 이은봉 옮김, 『성과 속』, 파주: 한길사.

여해에큐메니컬포럼 편(2013), 『VOICE 빈들에서 외치는 소리』, 서울: 대한기독교서회.

이경민 외(2021), 『인간 너머의 인간』, 고양: 사월의 책, 2021.

이글턴, 테리(2010), 강주헌 옮김, 『신을 옹호하다: 마르크스주의자의 무신론 비판』,
　　서울: 모멘토.

이글턴, 테리(2017), 조은경 옮김, 『신의 죽음 그리고 문화』, 파주: 알마.

이상철(2012), 『탈경계의 신학』, 서울: 동연.

이상철(2014), 「관점. 상상. 그리고 믿음」, 『씨네 21』, NO 983.

이상철(2018), 『죽은 신의 인문학』, 파주, 돌베개.

이상철(2019), 「한국 개신교의 정치의식: 극우정치와의 관련성을 중심으로」, 『기독
　　교사상』, 11월, 26-37.

이상철(2020), 「한국 개신교는 진정 극우적인가?」, 『신학연구 76』, 6월, 7-38.

이상철 외(2018), 『민중신학, 고통의 시대를 읽다』, 서울: 분도출판사.

이상철 외(2019), 「특집: 길 잃은 종교의 내일을 그리다」, 『불광』, vol. 535(5월호).

이상철 외(2021), 『코로나19와 한국교회의 사회인식』, 서울: 대한기독교서회.

임지현 외 엮음(2022), 『우리 안의 파시즘 2.0』, 서울: 휴머니스트출판그룹.

장회익(2019), 『장회익의 자연철학강의』, 서울: 청림출판.

제3시대그리스도연구소 편(2017), 『당신들의 신국』, 돌베개.

제닝스, 테드 W.(2012), 「바울의 구원의 정치학」, 『기독교사상』(5월).

제닝스, 테드 W.(2014), 박성훈 옮김, 『데리다를 읽는다/바울을 생각한다』, 서울: 그
　　린비.

제닝스, 테드 W.(2018), 박성훈 옮김, 『무법적 정의: 바울의 메시아 정치』, 서울: 길.

제라르, 르네(2000), 박무호·김진식 옮김, 『폭력과 성스러움』, 서울: 민음사.

지용근 외(2022), 『한국 교회 트렌드 2023』, 서울: 규장.

지젝, 슬라보예(2002), 이수련 옮김, 『이데올로기라는 숭고한 대상』, 고양: 인간사랑.

지젝, 슬라보예(2008), 한보희 옮김, 『전체주의가 어쨌다구?』, 서울: 새물결출판사.

지젝, 슬라보예(2009), 김서영 옮김, 『시차적 관점』, 서울: 마티.

지젝, 슬라보예(2010), 김성호 옮김, 『처음에는 비극으로, 다음에는 희극으로』, 서
　　울: 창비.

지젝, 슬라보예(2011), 이현우 외 옮김, 『폭력이란 무엇인가』, 서울: 난장이.

지젝, 슬라보예(2012), 주성우 옮김, 『멈춰라, 생각하라』, 서울: 와이즈베리.

지젝, 슬라보예(2020), 강성우 옮김, 『팬데믹 패닉』, 서울: 북하우스.

지젝, 슬라보이(2007), 김정아 옮김, 『죽은 신을 위하여』, 서울: 도서출판 길.

지젝, 슬라보예·밀뱅크, 존(2013), 배성민·박치현 옮김, 『예수는 괴물이다』, 서울: 마티.

채수일(2002), 『에큐메니칼 선교신학』, 오산: 한신대학교출판부.

최정운(2012), 『오월의 사회과학』, 오월의 봄.

최현숙(2016), 『할배의 탄생 — 어르신과 꼰대 사이, 가난한 남성성의 시원을 찾아서』, 서울: 이매진.

최형묵(2024), 『민중신학 개념 지도』, 서울: 동연.

카푸토, 존 D.(2003), 최생열 옮김, 『종교에 대하여』, 서울: 동문선.

칸트, 임마누엘(2006), 백종현 옮김, 『순수이성비판』, 서울: 아카넷.

콕스, 하비(1996), 유지황 옮김, 『영성, 여성, 음악』, 서울: 동연.

콕스, 하비(2010), 김창락 옮김, 『종교의 미래』, 서울: 문예출판사.

콘, 제임스 H.(1987), 현영학 옮김, 『눌린 자의 하느님』, 서울: 이화여자대학교출판문화원.

크리스챤아카데미 편(1983), 『한국 민중신학의 조명』, 서울: 대화출판사.

크리스챤아카데미 편(1992), 『대화의 철학』, 서울: 서광사.

테일러, A. E.(1986), 이정우 옮김, 『아리스토텔레스』, 서울: 종로서적.

틸리히, 폴(1960), 강원용 옮김, 『새로운 존재』, 서울: 대한기독교서회.

틸리히, 폴(1997), 김천배 옮김, 『흔들리는 터전』, 서울: 대한기독교서회.

틸리히, 폴(2018), 남성민 옮김, 『문화의 신학』. 서울: IVP.

푸코, 미셸(1993), 이정우 옮김, 『담론의 질서』, 서울: 새길.

푸코, 미셸(1999), 김부용 옮김, 『광기의 역사』, 서울: 인간사랑.

프로이트, 지그문트(1997a), 김석희 옮김, 『문명 속의 불만』 (서울: 열린책들, 1997)

프로이트, 지그문트(1997b), 박찬부 옮김, 『쾌락원칙을 넘어서』(프로이트 전집 14권), 서울: 열린책들.

하라리, 유발(2017), 김명주 옮김, 『호모 데우스』, 파주: 김영사.

하이데거, 마르틴(2000), 신상희 옮김, 『동일성과 차이』, 민음사.

하이데거, 마틴(2008), 전양범 옮김, 『존재와 시간』, 서울: 동서문화사.

한국기독교교회협의회 & 크리스챤아카데미(2023), 『바이러스, 팬더믹, 그리고 교회』, 서울: 여해와 함께 대화출판사.

한국기독교교회협의회 신학위원회, 크리스챤아카데미 편(2022), 『바이러스, 팬데믹 그리고 교회』, 서울: 여해와 함께.

한국기독교사회문제연구원 편(1982), 『한국교회 100년 종합조사연구: 보고서』, 서울: 한국기독교사회문제연구원.

한국기독교사회문제연구원(2020), 『2019 주요사회현안에 대한 개신교인 인식조사 통계자료집』, 서울: 대한기독교서회.

한국기독교장로 총회(2017), 『제102회 총회 국내선교 자료집』, 서울: 한국기독교장
　로회 총회.

한병철(2023), 『서사의 위기』, 서울: 다산초당.

헤넬, I.C. 엮음(1983), 송기득 옮김, 『폴 틸리히의 그리스도교 사상사』, 천안: 한국
　신학연구소.

후쿠야마, 프랜시스(1997), 이상훈 옮김, 『역사의 종말』, 서울: 한마음사.

힉, 존(2007), 김장생 옮김, 『신과 인간 그리고 악의 종교 철학적 이해』, 파주: 열린책들.

Altizer, Thomas J. J.(1966), *The Gospel of Christian Atheism*, Philadelphia:
　Westerminster.

Altizer, Thomas J. J. and Hamilton, William(1966), *Radical Theology and
　the Death of God*, Indiannapolis: Bobbs Merrill.

Badiou, Alain(2001), *Ethics*, Translated and introduced by Peter Hallward,
　New York: Verso.

Barth, Karl(1975), *Church Dogmatics 1/1, The Doctirine of the Word of
　God*, part1. trans. G. W. Bromeiley, Edinburgh: T.&T. Clark.

Benjamin, Walter(1968), *Illuminations*, New York: Schocken Books.

Berger, Peter L. eds(1999), *The Desecularization of the World*, Washington,
　D.C: Ethics and Public Policy Center.

Derrida, Jacques(1977), *Limited INC*, Trans. Samuel Weber, Baltimore &
　London: Johns Hopkins Press.

Derrida, Jacques(1995), *Points... Interviews, 1974-1994*, Ed. Elisabeth
　Weber, California: Stanford University Press.

Derrida, Jacques(1997), *Of Grammatology*, Corrected edition. Trans. Gayatri
　Chakravorty Spivak. Baltimore & London: Johns Hopkins Press.

Derrida, Jacques(2002), *Acts of Religions*, Edited and with an Introduction
　by Gil Anidjar, New York: Routledge.

Derrida, Jacques(2002), *Who's Afraid of Philosophy?*, Stanford: Stanford
　University Press.

Derrida, Jacques(2005), "Confession and 'Circumfession': A Roundatable
　Discussion with Jacques Derrida," moderated by Richard Kearney.
　in *Augustine and Postmodernism: Confessions and Circumfession*,
　ed. John D. Caputo & Michael J. Scanlon, Bloomington: Indiana
　University Press.

Einstein, Albert(1941), *Science, Philosophy and Religion: A Symposium,*

New York: Conference on Science, Philosophy and Religion in Their Relation to the Democratic Way of Life, Inc.,

Jennings, Theodore W.(2005), *Reading Derrida/Thinking Paul,* California: Stanford University Press.

Jennings, Theodore W.(2013), *Outlaw Justice: The Messianic Politics of Paul,* California: Stanford University Press.

Lacan, Jacques(1992a) "The Essence of Tragedy: A Commentary on Sophocles's Antigone," *Seminar* VII, The Ethics of Psychoanalysis 1959-1960, W. W. Norton & Company, Inc., 243-287.

Lacan, Jacques(1992b), "The Paradox of Jouissance," *Seminar* VII, The Ethics of Psychoanalysis 1959-1960, Trans. Dennis Porter, W. W. Norton & Company, Inc., 167-240.

Levinas, Emmanuel(1969), *Otherwise than Being or Beyond Essence*, Trans. Alphonso Lingis, PA: Duquesne University Press.

Levinas, Emmanuel(1987), *Time and The Other*. Trans. Richard A. Cohen, PA: Duquesne University Press.

Levinas, Emmanuel(1990), *Difficult Freedom*, Trans. Sean Hand, Maryland: The Johns Hopkins Univ Press.

Levinas, Emmanuel(1999), *Levinas Readers*, ed. Sean Hand. MA: Blackwell.

Lyotard, Jean-François(1984), *The Postmodern Condition: A Report on Knowledge*, translated into English by Geoff Bennington and Brian Massumi. Minneapolis: The University of Minnesota Press.

Minjung Theology: People as the Subjects of History(1981), Edited by the Commission on Theological Concerns of the Christian Conference fo Asia. Singapore: C.C.C.

Moltmann, Jürgen(2000), "Minjung Theology for the ruling classes," *Experiences in Theology: Ways and Forms fo Christian Theology,* Minneapolis: Fortress Press, 249-267.

Niebuhr, H. Richard(1963), *The Responsible Self*, New York: Harper & Row.

Niebuhr, Reinhold(1956), *An Interpretation of Christian Ethics*, New York: Meridian.

Tillich, Paul(1948), *The Shaking of the Foundations*, New York: Charles Scribner's sons.

발표 지면

본문에 실린 글들의 최초 발표 지면은 다음과 같다. 대부분의 글은 책으로 묶는 과정에서 편집 의도와 의미 맥락의 변화에 따라 대폭 수정·보완하였다.

팬데믹 이후의 종교: 탈종교의 묵시록(1)_「코로나19시대 종교현상학의 이슈와 기독교사회윤리학의 테제들」, 『기독교사회윤리』 49 (한국기독교사회윤리학회, 2021), 73-103쪽.

포스트휴머니즘과 종교: 탈종교의 묵시록(2)_「포스트휴먼 시대, 이타성의 신학과 윤리학을 위한 서설」, 『신학사상』 198 (한신대학교 신학사상연구소, 2022), 9-42쪽.

그들은 진정 극우적인가?: 탈종교 시대, 오늘의 한국 개신교 읽기_「한국 개신교는 진정 극우적인가?」, 『신학연구』 76 (한신대학교 학술원 신학연구소, 2020), 7-38쪽.

에마뉘엘 레비나스: '무한의 종말론과 메시아론'_「레비나스의 신담론과 이타성의 윤리학」, 『신학사상』 207 (한신대학교 신학사상연구소, 2024), 167-195쪽.

자크 데리다: '메시아주의 없는 메시아적인 것'_「김창주의 구약신학에 대한 데리다적 읽기」, 『신학연구』 85 (한신대학교 학술원 신학연구소, 2024), 129~163쪽.

테드 제닝스: '기독교 이후의 신학'_「법 밖의 정의를 향하여: 왜 좌파철학자들은 바울에 주목하는가? 이에 대한 진보신학의 답변」, 『인간과 평화』 제4권 제1호 (천주교 서울대교구 민족화해위원회 부설평화나눔연구소, 2023), 269-281쪽.

전광훈 현상, 어떻게 볼 것인가?: '한국 개신교 극우주의' 읽기_「전광훈을 잉태한 한국 개신교 _ 교회의 극우화와 전광훈」, 『기독교사상』, 2025년 4월, 00-00쪽.

물신의 시대, '종교적인 것'을 다시 사유하다: 영화 〈기생충〉 읽기_「〈기생충〉이 내게는 종교영화인 이유」, NCCK 사건과 신학, 2019, https://nccktheology2019.tistory.com/49

실패해서 성공한 종교 텍스트: 다큐멘터리 〈나는 신이다〉 읽기_「다큐가 '종교적인 것'을 다룰 때: 〈나는 신이다〉에 대한 인문/신학 비평」, Docking, 2023 여름호, http://dockingmagazine.com/contents/31/274

양심이란 무엇인가?: '양심적 병역거부'에서 양심의 문제_「양심이란 무엇인가? 인문/신학적 관점으로 바라본 '양심적병역거부'에서 양심의 문제」, 『현상과 인식』 Vol. 45, No. 1(한국인문사회과학회, 2021), 89-110쪽.

중동의 평화를 위하여: 이스라엘과 팔레스타인 잔혹사_ 「중동의 평화를 위하여: 이스라엘과 팔레스타인 잔혹사」, NCCK 사건과 신학, 2023, https://nccktheology2019.tistory.com/308

동성애 혐오에 반(反)하다: '소돔과 고모라' 전복적 읽기_ 「동성애 혐오에 反하다: '소돔과 고모라' 전복적 읽기」, 웹진 제3시대, 2018, https://minjungtheology.tistory.com/1043

보론1. 21세기 에큐메니컬 운동의 전환_ 「'주변부로부터의 선교'와 '마음의 에큐메니즘'」, 『신학연구』 83 (한신대학교 학술원 신학연구소, 2023), 265-291쪽.

보론2. 강원용과 안병무의 대화_ 「강원용과 안병무의 대화: '따로 또 같이' 걸어간 두 거인의 행보, 강원용이 묻고 안병무가 답하다」, 『신학연구』 81 (한신대학교 학술원 신학연구소, 2022), 255-288쪽.